三教論衡之
佛學新解
龔鵬程著

編序

人文的感應，友情的見證

陳曉林

編印這套「龔鵬程學、思、俠、遊特輯」，是由我向一些友人倡議，獲得熱烈回應而成事的。故而這一特輯問世之際，鵬程兄要我略綴數語以誌始末，我當然義不容辭。

鵬程兄是我深為敬重的朋友，就年齒言，尚小我數載，但他在人文學術上之造詣與著述，頗有非我所能企及的境域。更遑論他曾是佛光大學、南華大學的創校校長，及諸多民間著名學院、學會、學刊的創始人或主持者。我對鵬程這些與學術領域相關的煌煌履歷倒沒有什麼高山仰止的感覺，但對他於費心辦學與用世的同時，猶能寫出數量如此龐大、內容如此精湛的著作與論述，委實感佩無已。

在人文學術方面，我與鵬程論學脈則各有師承，論哲思亦各有宗主；但他對儒、釋、道三大主流的疏釋，及融貫三教而扼要詮述的創見，在大關大節處之把握，我率多能欣然認同，甚且歡喜讚嘆，至於若干考證或比勘上的細節，看法或有異同，則無關宏旨。總之，我認為鵬程在人文學術上的論述，其價值自有可大可久者在焉。

而我與鵬程能成為莫逆之交，亦非偶然，實因在一特定的時空情境下，他與我皆面對不測的凶險，卻不約而同表現了「臨大節而不可奪也」的氣概。後來發現，我與他皆從小認同俠義精神，並喜愛俠義傳奇，所以事到臨頭，能夠不畏強權、冷對橫逆，實也不足為奇。嗣後，鵬程和我及兩岸某些喜好俠義理念及武俠文學的朋友創辦中華武俠文學學會，推鵬程為會長，我則在主辦的出版社規畫出版古龍、梁羽生、倪匡、溫瑞安等的武俠經典，以迄於今，自也殊非偶然。

這套特輯的編選出自我的心裁，三教新論，是鵬程多年來對儒釋道三脈經典及相關理念的學術論述，海涵地負，自成一家。吟遊、大俠、武藝、食趣，是鵬程從文化與精神層面呈現古今詩人、文士、俠客的特殊風貌。九州心影，則是他遊歷神州大地的人文記錄，其間涵括論學的篇章、文化的光影，固不待言。

事實上，迄耳順之年，鵬程成稿的書籍早已遠逾百冊，由這十書編成的「學、思、俠、遊」特輯，不過只占其十分之一。但於我而言，這些是我在鵬程著作中特別珍視的篇章，充分凸顯了鵬程的深廣學思、俠義心性和淑世情懷；而這些，正是包括我及一些朋友和鵬程最能深心契合的交集所在。

常有關心的友人問我：你曾以文章述學抒懷，給人留下印象，何以多年未見大論述？我輒答以：在文化思想的大關節、大方向上與龔鵬程相近，他既寫下偌多著作，我便偷懶了。這雖或是戲言，卻真切反映了我對鵬程著作的契合和肯定。

此次和我一起出資集印這套特輯的友人，包括張正、黃滈權、吳安安、林鍾朝銓、龔明湘、古凌等位，皆是我引介給鵬程認識的朋友，且皆非人文學界中人（**張正為陽明交大生技學**

院前院長，亦非人文學界）；他們與鵬程一見如故，多年來有機會便相聚暢敘，如平生歡。鵬程雖學養深厚，然為性情中人，與我們這些朋友尤其意氣相投，每聚皆開懷忘憂。他們一聽我有此倡議，皆熱烈回應，認為這套書可作為一個紀念，見證彼此友誼長在，文化價值長存。

自大陸經濟起飛後，常見內地一些具人文情懷的企業家基於對中華文化的認同，熱心拾穗蒐珍，捐資為在台灣漸被遺忘的文史大師們印行全集；而我確信，未來必有識貨之人會隆重編印鵬程的上百冊全集，當成重要文化典籍，垂諸久遠。然而鵬程畢竟是出身台灣的學者，是我們的好友，故此時推出這套特輯，誠然也不無微衷，意在彰示於所謂去中國化的狂潮下，台灣仍有對人文理念和實踐念茲在茲的明眼人也。

寫至此，忽憶起唐朝詩人韋應物的「喜會故人」五律，遂略易數字，藉以表達身邊這些俠氣朋友的情誼：

兩岸曾為客，相逢每醉還。
浮雲一別後，流水數年間。
歡笑情如舊，蕭疏鬢已斑。
何因不歸去？海上望空山。

自序

定光古佛今又來

龔鵬程

一、羊頭燉之已爛，挑燈說劍未央

晚清楊守敬以書名天下，友朋來往，箋札亦多妙趣。如梁鼎芬一短簡云：「燉羊頭已爛，不攜小真書手卷來，不得吃也。」詩人周棄子先生外祖母就是楊氏女兒，故後來看見此柬，不禁感歎「承平文宴，脯醊風流。神往前賢，心傷世變，不止妙墨劫灰之可為太息也！」

周棄公之嘆，當然與他們那一輩師友棄其鄉里、流散入台有關。但當年楊守敬、梁鼎芬等人的詩酒文墨之樂，台灣未必不能繼承。棄公自己在東坡生日時與友人劇談，便曾說：「清班台省夙迴翔，載酒江湖亦敢狂。直以友朋為性命，豈因才略掩文章……」。

當時他們一批輾轉入台的學仕文人，迴翔於故土和島嶼，歌哭於清班和江湖，正如此詩所云。大難之後，友朋尤親。我和陳曉林兄即在此時，因緣際會，輒與作歡，羊頭燉之已爛，挑燈說劍未央。

後來少年子弟江湖老，前輩師友漸漸消散，幸而陪著我們的共樂同袍卻始終不曾離去。

從前孫悟空怕闖禍，連累了師父，所以起誓說「絕不敢提起師父，只說是我自家會的便罷！」希臘赫拉克利特（Heraclitus）也說自己不是誰的學生，辯證法皆出於自己的探討。我非老孫，豈敢說此違心之語？我的本領，都憑師友。早期的，是前文所述周棄公一類人，後來仰賴同行同業則愈來愈多。相信許多人也是如此。

但道遠而歧、術用而紛，靠知識專業或職業維繫下來的友誼，往往經不起消磨，因為人事變遷，知識專業和職業也隨之屢變。所以我還需要另一群非親、非故、非同鄉、非同行、非同業、也無任何利益交換的朋友。

不必噓寒問暖，不必引經據典，也不用家長里短，更不須以國破家亡、新愁舊怨來藉口。我鴻飛冥冥，他們也天南地北，擔簦異路，事業各別，彼此不能長聚。但想到王維形容古遊俠：「新豐美酒斗十千，咸陽遊俠多少年。相逢意氣為君飲，繫馬高樓垂柳邊」，或李白高歌「天生我材必有用，千金散盡還復來。烹羊宰牛且為樂，會須一飲三百杯」時，我馬上就會遇到他們了。

我是靠曉林兄跟他們聚起來的，非儒非墨，蓋近於俠乎？飲於山巔水涯，必以缺一人為憾。

今年我將返台，曉林說疫後久不見矣，應大集慶祝以補憾。乃輯編了我論儒道佛三教、論遊、論俠、論武、論飲食，以及在大陸十年間的遊記，合為十本，諸友贊助，共為紀念。

二、定光古佛今又來

我的感動是不消說的。但在此刻，正猶豫著，欲說感謝之辭還是休說為好呢，忽然想起從前恰好日本有位和尚就叫一休。

一休出身本也高貴，父親是後小松天皇，母親是藤原照子。可惜父母不合，照子逃出宮廷，生下了他。所以一休之名，意思大約同於「也罷」。

也罷之人，行止不免狂亂，狎妓縱酒，無所不為。「夜夜鴛鴦禪榻被，風流私語一身閑」「美人雲雨愛河深，樓子老禪樓上吟」。本應為名教所訶，不料竟暴得大名。晚年自稱「忍辱仙人常不經，菩提果滿已圓成。拔無因果任孤陋，一個盲人引眾盲」，也不知是自詡還是自傷。

我曾看過一休自己寫的「一個盲人引眾盲」書法條幅，拍賣價格三十八萬八。其實此語是用典，早期丹霞天然、大慧宗杲等禪師都說過這等話。

大慧宗杲尤其是臨濟宗楊岐派高僧，與富季申，張九成等友善，積極參政。秦檜恐其議己，竟褫奪他僧籍，刺配衡陽。不料入城前夕「太守及市民皆夢定光佛入城，明日杲至」。所以百姓赴從者萬餘人，都說是定光佛降世。

一休寫這句詩，雖謙稱自己只是一盲導引眾盲，但心中不會沒有大慧宗杲這段故事，也不會不知道佛教自家的忍辱仙人故事。

我們學者文人，大抵皆如一休，乃時代之棄嬰。或苟全性命於亂世、或詩酒婦人以自晦、或議政干時以賈禍、或膺淡泊寧靜之空名、或蒙盲以導盲之譏誚，誰能僥倖有定光古佛之譽望哉？

詩曰：我亦定光佛，曾燃七寶燈，煮字三千萬，塊然土木僧。感激唯舊友，冰膣曾偕登，又觀雲中道，稽首謝鯤鵬。

三、莽蒼歲月，大海洄瀾

回首當年，我還年輕時，時代倒真是站在我們這邊的。梁啟超《少年中國說》曾經講得豪氣干雲：「今日之責任，不在他人，而全在我少年。少年智則國智，少年富則國富；少年強則國強，少年獨立則國獨立……」。

大概那時民國肇建，少年中國遂給了少年無窮底氣，故歌聲嘹亮若此。隨後毛澤東、方東美、王光祈都參加了的「少年中國學會」顯然即繼其風而起者，五四運動期間的北大「新青年」也是，但少年很快就成青年了。

青年都做了些什麼？壯烈者，如十萬青年十萬軍；陷於盲動者，如學潮不斷，趕老師、趕校長；到台灣以後，馮滬祥雖然還在寫著《青年與國運》，青年其實已對國運無從措手。

不只台灣如此。年輕的美國，才剛剛以年輕氣盛自誇，看不起老大腐朽的中國和英國；卻很快，二十世紀五十年代，青年就成了垮掉的一代（或稱疲憊的一代，Beat Generation）；然後是性解放、搖滾樂、衣衫襤褸、反戰和躺平。青年成了國家的對立面。

台灣不是美國，青年的氣焰張揚不起來，學潮都壓住了，時代也不一樣。一九四九年大批中壯老年學者來台，「新青年」只成為期待，老專家和中壯學者文化人才是主力。

張其昀、錢穆、唐君毅、牟宗三等在辦學；臺靜農、魏建功、洪炎秋、何欣等在台大、國語日報社；林尹、魯實先在師大；故宮、中研院、中央圖書館也是大老雲集。出版界，如王雲五的商務、劉國瑞的學生書局、劉紹唐的《傳記文學》等等更是。台灣及港澳新馬緬越各地不願附從紅旗之青年，乃亦因緣際會，群聚於此。

青年得前輩調護引導，甚或可以詩酒相從，無疑是幸運的。那些年，雖然李敖一直悻悻然喊著老人應該交棒，可實際上老輩愛才、獎掖青年，佳話頗多。

那時，美國流行大師為青年開設大一通識課程，台灣也頗從風。像我大一參加國學營，方東美先生居然親臨授課，大氣磅礴、渾淪浩瀚，令人難忘。

台北以外地區，隱士素儒，教化一方者也不罕見。友人王財貴，於師專畢業後去鄉間實習，聽聞當地有掌牧民先生，常指導鄉人讀書。財貴好奇，也跟著去看看。掌先生一問才知，除教科書外他並沒讀過任何古籍，於是才教他讀經之法。如今財貴在大陸推動兒童讀經，成果斐然，皆掌先生之賜也。

我最近在花蓮，地方人士也常與我談到當年老儒駱香林成立說頑精舍、奇萊吟社，編《洄瀾同人集》的事。花蓮青年受其裁成鼓舞者甚多。近年風氣澆薄，一說起五六十年代，好似白色恐怖之外，這些激揚文運、少長咸集的事都不值一提了。我對此，是深不以為然的。

四、出入三教，以實濟虛

當然，論斷老蔣在台功過，非我小文所能為。但相對於大陸之文化大革命、破四舊，老蔣主推的中華文化復興運動，無論如何，都是裨益千秋的大事，我自己亦深獲其益。

首先是潘重規、周何先生等所編語文課本，加上以四書為主的「中國文化基本教材」，對於國人之文化教養，植基甚厚。大陸至今引進、仿擬不斷，便足以見其價值。

我父立逑公，江西吉安（古名廬陵）人。鄉邦素以「文章節義」自許，崇拜歐陽修、文天祥。明正德年間，廬陵知縣王陽明又在當地青原山講學，嘉靖年間且在六祖惠能弟子行思的道場（淨居寺）旁創青原會館，並於附近安福、泰和、永豐、吉水、新建、南城等地廣設書院。一時人才稱勝，故黃宗羲說：「姚江之學，惟江右為得其傳。」

我生長雖在台灣，但廬陵父老很早就教會我歐陽文章、文山節義、陽明心學了。入學後，對於國語文課程植本立基之教自然也就少習若天成。

學校對我很滿意，要不就勸我跳級，不必浪費時間；要不就鼓勵我自學，免得在校淘氣；要不則留著我，派去各種國語文競賽（作文、閱讀、朗誦、演講、書法）得獎。我則樂於以此為保護傘，可以雖在校而嬉遊浪蕩為俠客行。老師輩憫其憨直，看了也只是笑笑。

其實那時已漸入魔道，不只是行為上練武、鬥狠、打架、爭地盤，更是從台灣武術秘笈漸漸搜羅到了香港《當代武壇》之類；從神打，進而講求神術神方如《秘術一千種》、《萬法歸宗》之類江湖術士的奇門道法，續命、起魂、入陰、養鬼、圓光、降神、修禪等等，差點還要去台北南懷瑾的十方叢林。

我家世傳之學，本來瞧不起這類江湖道術。伯父乾升公出身國立中正大學，可算新派知識份子。離開大陸時，與六十三代天師張恩溥大真人在韶關相遇，一時莫逆，竟爾結拜入台。天師後來主持政府冊封之嗣漢天師府，伯父翊贊甚力，而道法本諸易學易圖，從不講怪力亂神。即使後來以風水揚名，所用亦不過江西楊救貧、賴布衣之法。堂兄龔群後來輔佐天師多年，以符法精湛見稱，但大抵也是如此。

所以這時隱然覺得不妙，武人李小龍又猝死了，我則考上了大學，改弦更張，正當其時。乃下定決心由正道上去探微掘隱，闡發儒、道、佛的奧秘。

除了努力聽講，還要氾濫群書，充分利用淡江大學舊藏。其次是擔心遊騎散漫無歸，每年都要自訂功課，寫成稿本。大一是註解《莊子》，大二寫《謝宣城詩研究》，大三是《古學微論》，總說儒、道、名、法、墨、與陰陽，大四又寫了《近代詩家與詩派》。一年義理考據、一年詞章，交替而行。

五十年來，總是如此，縱橫求索，文學史、思想史、文化史、藝術史、社會史，什麼論題都要研究。每年不少於七十萬字，不徐不急，盈科而後進。

思想當然逐年遞有進境，範圍也愈來愈為廣袤，精勤博大，學界少有其比。古人常惋惜才子多半沒學問，因為揮灑其才即足以驚世了。享此才名，就懶得在書卷裡打熬氣力。這是才子的虛名和危險，所以我要下滿堅實工夫，不敢懈怠。

五、遊者不拘墟、百家不通竅

「我用我自己的流浪，換一個在你心裡放馬的地方，像那遊牧的人們一樣，把寂寞憂傷都奔到天上。」

讀書人何嘗不如此？他們雖只在書齋裡坐破蒲團，四體不勤、五穀不分；可總是自以為在書中流浪，尋找適合墾牧的地方。而學者思想流浪之處，也希望能成讀者心裡放馬馳騁的草原。

可是，流浪的歌者並不曉得學者所謂浪跡、放馬只是飾詞。守著地盤的專家哪需博學？田連阡陌，就耕不過來了，更何須草原連天？糊口學林，亦不能如孔子「博學而無所成名」，或如老子之為博大真人，只須簡單扼要、旗幟鮮明，便於品牌行銷即可。

此等專家，莊子就不滿了：「天下大亂，賢聖不明，道德不一。天下多得一察焉以自好。譬如耳目鼻口，皆有所明，不能相通。猶百家眾技也，皆有所長，時有所用。雖然，不該不遍，一曲之士也。判天地之美，析萬物之理，察古人之全。寡能備於天地之美，稱神明之容。是故內聖外王之道，暗而不明，鬱而不發，天下之人各為其所欲焉以自為方。」

我當年既註莊子，自然就不肯再做一曲之士，想要博通載籍，「判天地之美，析萬物之理，察古人之全」。內聖外王，能到不能到，不曉得，但立志當然如此。

我如此博、大、高、遠，迥異於一般學人，源頭雖皆本於孔子；入機，也就是方法和方法論卻無疑來自莊子。我自稱能「以逍遙遊為養生主」，當然也是從莊子那兒學來。

無論莊子孔子，所說道術當然沒能包括後世佛教道教，但論析判查他們的方法，我覺得可與研究古代道術一以貫之，也要通、博、美、備，不受某宗某派某時代之限。像道教，我傳承的是正一，但全真、金丹南北東西中也都講，辦「中華道教學院」時，於符籙、練養、文獻、科儀等更沒少傳授。佛教，我生長台中市，最盛的是李炳南居士的蓮社，但我沒參加，研究佛教仍從般若學六家七宗開始，空有雙輪，加上唯識和禪宗，原原本本。

後來我把這些三教論衡的文章稱為新論、新思、新解。是因為「三教講論」形成制度，是在唐高祖時期。每年祭孔後，邀請儒學祭酒、道教大法師、佛教大和尚一齊商兌義理。可是此等論辯，成果有限，甚至增添了誤解和火氣，原因在於沒一個人真能同時懂三教，所以爭來辯去，不免出主入奴、雞同鴨講，唯我乃期一洗舊觀，再開新局。

換言之，傳統整齊貫通了，自然就能脈絡井井，洞明諸家聚訟之癥結，並打開新思想的空間。

六、遊居四野，以義合天

想這樣，不只須要博極群書，也得遊半天下（這次特輯中《時光倒影》、《龍行於野》、《遊必有方》即是我一部分遊記）。

因爲學與遊不是一般人說「讀萬卷書，行萬里路」的分列關係。《論語》第一句話「學而時習之」就強調學本身就該時時練習熟習。朱子解習字為「鳥數飛也」。可見學本來就有實踐性，人不斷學，猶如鳥不斷飛。《莊子．逍遙遊》開頭大鵬小鳥那一大段，即是從《論語》這兒化出。

遊即是學，學在遊中，故孔子「從心所欲，不踰矩」，就是消遙遊，學與遊是二而一的。學，依文獻、耳目見聞和思慮省查；遊就加上了貼地的人類學、鄉土志工夫，以及遊屐中偶得的機緣。

機緣屬於天，不可能以計劃、調查得之，而要靠我的性氣、人緣，「以人合天」庶幾得之。所謂性氣、人緣等說不清楚的條件，古人常統稱為俠氣。俠，很難從階級屬性、行為類型或是非善惡去辨認，但其共同點是「俠」，其人皆有俠氣，能聚眾。聚眾當然也可憑權、錢、勢，但涉及俠和遊，卻還有個「義」的性質需要考量。

義是什麼？我有次說自己寫書，有點俠義心腸。古詩《獨漉篇》云：「雄劍掛壁，時時龍鳴。不斷犀象，繡澀苔生。」在我看，中國文化現今就彷彿這柄原是神兵利器，可以斬犀斷象的寶劍，無端遭了冷落，瑟縮在牆角裡生苔長蘚。美人落難、明珠蒙塵，皆是世上大不堪之事，我遂深懷出而搭救之心。

這不就是義嗎？見義勇為；義不帝秦；義憤填膺；路見不平、拔刀相助……說的都是這個。

而這種義，有美國羅爾斯《正義論》或我國一般政治社會學者如陳喬見《義的譜系：中國古代的正義與公共傳統》之類所不能含括者，即是俠的精神。

俠有不軌於正義者，但正義不彰，俠者恥之，俠又是人間正義的持守者。凡事有可為、當為、不能不為，則俠客出焉，不出不足以為俠。學者的毛病，是書卷氣太重而人氣多半不足，所以要張天義、行俠道以振作之。這次特輯中《吟遊：遊的精神文化史論》、《大俠：俠的精神文化史論》、《武藝：俠的武術功法叢談》，即是例證。

七、集思，也集喜怒哀樂

我如此學、如此思、如此俠遊不已，當然成書數百種、交友無量數。此中是要有真正實踐工夫的，如人飲水。書要寫、酒要喝，一字一思，千折百轉，不是昏沉懵懂即可花開見佛。一人一緣，覿面相親，不是僅有「人類」、「人民」、「同胞」、「民主」等大詞就能歃血心傾。

歷年同學、同事，與我一同闖蕩社會，辦報、辦學、辦雜誌、辦活動之同懷友生，乃因此幾乎人人皆有可憶之處。

其中最特別的，當然是與這套書直接相關的陳曉林、吳安安、黃滈權、龔明湘、古凌、林鍾朝銓、張正諸位。曉林與我，文字骨肉，俠情尤為我所敬重。擅張鐵網之珊瑚，收輯神州欲散之文心；心光無量，又能傳將盡未盡之燈。黑白有集，宗風不替。他和安安、滈權等時日相聚，輒常邀我，或竟與我同其沆瀣。如我遠去新疆特克斯辦周易大會武林大會，他們也鷹揚草原，隨至雪山；明湘號召於台灣東北角觀海嘗鮮，我等亦簇湧而聚……，實踐並體驗著我這特輯中《食趣：飲饌叢談》的趣味。此時，定光佛亦跳牆過來矣！

孔子說詩可以興、可以觀、可以群，可以怨。友道裏人，未嘗不能如詩。故我的學、思、俠、遊，朋友們也最能欣賞。現在大家一起玩玩，把它印出來，也為時代添些光彩罷！

壬寅虎兒年，龔鵬程寫於泰山、倫敦、花蓮旅次

弁言

三教論衡

龔鵬程

儒、道、釋，在中國社會裡被並稱為三教，亦為中國社會與文化之骨幹，這是大家都曉得的事，但很少人能真正深入理解之。三教經傳浩如煙海，歷史又極複雜，理解起來也確乎不易。我因特勝因緣，得以略窺堂奧，漸乃兼通三教，而皆能得益。劉夢溪先生曾說我做學問：「於儒學能得其正，於道家能得其逸，於釋氏能得其無相無住。」這種境界當然是我所嚮往的，能否臻及，卻不敢說。但儒道釋三教既是中國社會與文化之骨幹，不知此或不汲潤於此，焉能得中國文化之精髓？因此鑽研含咀，不敢不勉。頻年積漸，成稿甚多。今承出版社朋友的好意，略輯一些，由艾英費心編為「三教論衡」，凡分說儒、論道、解釋三部。

儒家之學，我童而習之，對它感到熟悉、親切，自然不在話下。而與一般人不同的，是我還相信孔子、喜歡孔子。

相信，不是宗教式的感情或信仰；喜歡，不是道德文化使命式的敬愛。同樣地，我對孔子和儒學的理解，也不僅是客觀知識的掌握、考古材料的梳理或理論認知的拼圖。我能知孔子，殆如莊周之知魚於濠上，千古遙契，莫逆於心。我的性氣與處事方式，多幻設、喜遊戲、矜才情；我的學問，雜於道、釋、文、俠之間，皆與孔子貌不相似。然而，正因不求貌襲，所以神似，此則非他人所能知也。

孔子並不容易學，也不容易像。正如儒家之不易知。我自少年時期起，借徑於康有為、章太炎、劉師培、熊十力、馬一浮以及清代諸儒，以上窺周秦學術之大凡，著《古學微論》數十萬言，略申儒道會通之義。後治漢唐經學，撰《孔穎達周易正義研究》等，又數百萬言。更與當代新儒家諸師友摩習切磋數十載，上下其議論。積聞漸博，研練漸精，反覆思維而後知之，足證其難。

但孔子與儒學其實也是不難懂的。童年一晤，握手成歡，那時我事實上就已經懂了。後來的積聞研練，只不過是與那些把孔子和儒學解釋得歪七扭八的各種說法、把孔子和儒學亂批一通的各類反儒言論相糾纏罷了。為了證其誤、訂其譎、明其踳駁糾繚，而費了許多年許多工夫，回想起來，實在頗覺不值。學非所以見道，徒疲精神於辨訛，哀哉！

而這也就是吾人生於這個時代的無奈。在這個時代中，反思儒學之境況、擬測其發展，寫點東西，說明往哲時賢在儒學研究上的毛病，乃是不得已的。倘以儒家成己之學的標準來說，學貴自得，誰耐煩做這些捨己徇人的工作？而從現實上說，做這些事，那些被我指稱為走錯了路、少讀了書的人，當然也不會領情。吾人破費工夫為此吃力不討好之務，能說不無奈嗎？

《儒學新思》所輯，即為此類無奈之篇什。內容大體可分兩部分，一說明歷來儒者如何走錯了路；一為研究儒學的人補習補習，告訴大家儒學還有許多豐富的內涵有待抉發、還有許多面向可供開展。

談儒家的飲饌政治學、星象政治學、曆數政治學、聖典詮釋學、性學，以及儒家與道教之關係，都屬於替大家補習的性質。民國以來，對於這些課題，學界大抵不知道、沒想過，或是在視域中遮蔽、漠視之。開發這些課題出來，才有助於推展儒學之研究。否則學界講來講去，大家都以為已經很懂儒學，儒學也講得爛熟、聽得煩膩了，可是實際上還早著呢！許多材料，研究儒學的人根本沒看過；許多論域，大家根本沒想到。故現有的一些研究成果，也是淺陋不足以語儒學之深美閎約的。

正因儒學內涵豐富，所以過去談儒學或以儒者自居的人不僅所見不廣，瞎子摸象，還有不少人誤入了歧途。本書論以儒學經世的問題、宋明儒學喪失歷史性的危機等，就是要破邪顯正，以定真詮。

除了批評古今研究儒學者的錯誤，開發一些新的論域外，居今之世而論儒學，我當然還希望指出向上一路，提出一個值得努力的方向。

這個方向，乃是企圖順著當代新儒家所說的「生命的學問」，進一步發展，將儒學建立成一種「生活的學問」。我在一九九八年出版的《生活美學》一書中，即曾揭櫫此義，本書賡續發揮，來說明生活的儒學才是這個時代的儒學實踐之路。吾人可以此經世，亦可以此避免儒家喪失歷史性的危機。這個路向，過去幾年，除了理論上的闡明，我也與一些朋友做了不少實踐的嘗試，希望將來可以繼續做下去。

儒家以外，我又喜歡佛道，對各種宗教事務也都感興趣。蓋性喜幽奇，博涉多方，輒於此寄寓遐思也。但並不只是單純的宗教感情導引著我去接近宗教、試圖理解宗教，而是基於對中國文化的總體關懷，使得我必然注意到儒家及儒家以外的宗教狀況。

一九七八年左右，友人林明峪作《禪機》、《媽祖傳說》、《台灣民間禁忌》等書，我曾參與其研究過程，對佛教和民間信仰做了些初步的探討，零零碎碎寫了點文章。其後我又花了一些氣力研究我國的宗廟制度、祖先崇拜、宗族會社等，並試圖通過天命思想去鉤勒中國小說史的嬗變、利用佛家三性說去處理宋代詩學理論及「學詩如參禪」的問題、由儒佛對抗關係上去理解唐代孔穎達所編修的《五經正義》……這些研究，在發表時多少均引起過一些爭議，因為取徑略異於時賢，亦非純宗教之研究，乃是依我對文化史之研究方法和分期的整體看法來的。我的文化史研究，主要是想觀察一個文化體在時間和空間的延展中，如何與自覺的價值意識互相感應，而帶出意義的追求及處理事務時的不同取向。宗教所涉及的，正是一群人的終極信念與存在安頓之問題，由這個地方來審察其意義取向及性質，當然最為真確。因此我較喜歡由此切入，撥開表像，直探意義之核。

一九八九年，我在台灣淡江大學中文研究所籌辦了第一屆中華民族宗教國際學術研討會，其後並襄助道教協會成立中華道教學院。這個學院，在道教界是個創舉，我即擔任其教務長、副院長，並講授「道教文獻選讀」等課。一九九〇年，我又與靈鷲山般若文教基金會合作，創辦國際佛學研究中心。這些事務，使我與宗教界有更廣泛的接觸，也更直接地進行了宗教研究。

我家世原本即與道教有些淵源。家伯父龔乾升先生，在《歷代張天師傳・序》中提到「余與六十三代天師張恩溥真人，自韶關遇合，至浮海入台，時聆妙緒，既上書內政部以維道統，復翊創道教會以振玄風。交契苔岑，誼聯蘭譜」云云，即指其事。我幼年體弱，民間俗習，例須奉繼予僧道，因此我也就拜張真人為義父。義父與伯父、父親交好，常來往燕談。家堂兄龔群先生，則長期在嗣漢天師府任秘書長，且辦有《道教文化》雜誌，弘傳正一法脈。道教之科儀掌故，我因熏習日久，故亦漸有所知。借著辦道教學院的機緣，乃通讀《道藏》，並因往遊大陸之機會，參訪宮觀、檢輯資料，以與昔日所曾思慮者相印發。

我跟佛教的淵源，不如道教這般直接，但人生機緣倒也難說得很。我本來便兼做一點佛學研究，因為研究中國文化，豈能不懂佛學，故於此亦熏習久之。文士說禪，漸且氾濫於筆端。辦了國際佛學研究中心以後，在闡述義理、整齊文獻，積極與世界佛學哲界對話方面，自然又越來越熟稔。一九九三年起，籌辦佛光大學，先設了南華管理學院，嗣後改制為大學，乃又續辦佛光人文社會學院。替佛教奔走了十幾年，凡所倡議或創立之典章制度、觀念構想，不可勝數。對教界和佛學研究界，當然也有入乎其內的理解。

道教學院或佛光大學，均是佛道教數千年來之新猷，我因歷史之機遇，得以出入其間，自來儒者之福報，豈有過於我者？故我之深知佛道，恐怕也勝於古今諸儒。

但正因入乎其內出乎其外，我之理解和體會，便與教內教外都不相同。或以我為同盟之友，或視我為異端之邪，而我實有取於兩端而不為其所攝也。論佛論道的文章，取名《道教新論》、《佛學新解》，就表明了這種不與人同的意味。此等新論新解是否即為正論正解，唯通人知之耳。

戊子歲暮，風聲淒緊，序於燕京小西天如來藏

目錄

目錄

目錄

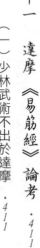

一　佛學與學佛

（一）

最近讀到台大哲學系教授楊惠南先生的新著《佛教思想發展史論》，頗有些感觸。楊先生是著名的佛學研究者，可是據他說，他原本卻是甚為排斥「佛學」，只注重「學佛」的人士：

我是一個講究「學佛」而輕視「佛學」的傳統佛教徒。我周遭的師父和老師，都告誡我：不要讀太多經典，因為那和解脫成佛無關。有一次，我請教過台中一位有名的淨土宗居士，問他在我讀完《阿彌陀經》之後，應該繼續讀些什麼經典？結果他反問我一句：「讀那麼多經典幹什麼？」還有另外一位法師也叮嚀我：除了《阿彌陀經》《楞嚴經》之外，不許再讀其他的經典！當時，我是多麼相信這些老師和師父的話，我忘了每天早課時，在佛菩薩面前所發下的弘願：「法門無量誓願學！」事實上，就一個剛剛進入佛門的我來說，並不瞭解這句弘願的真義。原來，在佛門中，強調「學佛」的人，常常批評那些研究「佛學」的人士只是「說食數飽」、「畫餅充饑」，永遠不能解脫成佛。現在突然要我放棄「學佛」的修行，跳入自以為矛盾衝突的「佛學」異域，著實困擾了好一陣子！

楊先生後來是抱持著悲痛壯烈的心情去進行佛學研究的。這一段佛學與學佛的矛盾衝突，現在當然不會再困擾他了。但是整個佛教界呢？不是還一樣存在著佛學與學佛的矛盾嗎？佛教界不仍是只重學佛而較忽視乃至貶抑佛學嗎？

我在《國際佛學研究年刊》第二期的序文中，曾經談到當前佛教界所必須面對的問題，其中之一便是「教義的研修」：

台灣佛教的活動固然十分蓬勃，家家阿彌陀、戶戶觀世音，各寺廟無不香火鼎盛，經懺法會亦從不間斷。每逢法師開示或宣講，輒見萬頭攢動，即使是達官顯宦，也往往參禪打七。但在這類佛教活動極其繁盛的背後，卻是對教義的極度陌生，表面熱鬧而內裡空洞。因為絕少人瞭解什麼佛教的教史與教義，他們信佛拜佛，僅是隨俗或祈求功利福報而已。某些以學佛修密為時髦的知識份子，亦以神秘經驗為主，談佛法義理，類皆荒誕不經。這是佛法傳佈的危機，我們不能只要求信教者做功德而不讓他們明白自己信的究竟是什麼。宗教的道理，關涉了客觀真理及個人終極關懷兩個方面，此為何等大事，而可以迷糊蒙混乎？故如何加強信眾對教義之瞭解，如何在教義的研修方面提出我們這個年代的貢獻，實在是個大問題。從歷史上看佛教的發展，每個時代都有其對教義的闡發，我們這個時代可不能繳了白卷。

信教而不知義理，蔚為風氣，成為當今佛教的大問題，相信此處說得並不過分。這不是教界及信眾僅重學佛修證而不重佛學使然嗎？

正因佛教界不甚重視佛學，故一旦蓋寺廟，各方捐獻極多，若是辦佛學院或研究中心，信徒、寺院都興趣寥寥。僅有的幾座佛學院，也往往經費困窘，發展困難，使得佛教教育迄今仍未步入正軌，整個佛教界仍然缺乏夠水準的弘法人才，對於信徒們所提出的各種問題，例如經典的義理、歷史發展所造成的教義變化、各宗派教理的差異、不同區域教理的分別及其發展狀況等等，往往不能正確或深入地解答。因此，我們會發現，目前的佛教界似乎是一知半解、糊裡糊塗的弘法人員，在指導著茫無頭緒的信眾。盲以導盲的情況，實在令人憂慮。

或許一般信仰佛教者並不以為這是個問題，只要佛教的道場仍然興旺、法會仍然盛行、其所推動之宗教慈善事業仍為社會所肯定，佛教彷佛就會一直蓬勃發展下去。這真是大謬不然之見。

須知中國佛教自隋唐以來，一般都認為宋元明清已漸衰頹，晚清以來始漸復興。而宋元明清諸朝民間信仰佛教者難道少了嗎？道場、法會、經懺又何嘗不興旺呢？佛教所辦的養老、慈幼、救濟、租賃事業不也十分普遍嗎？既如此，何以謂其為衰？於此便可見教義發展之重要了。隋唐以後，佛教的教義已無太大發展，流行於民間之佛教信仰，事實上僅成為一種缺少靈魂的儀式化行為，燒香、拜佛、念經、吃素以及超度亡魂而已。整個佛教，在個人，便是欲求往生淨土或利益福報（**求菩薩佛祖保佑平安富貴、子孫昌旺之類**）；在教團，則是趕經懺辦法會（甚至出現迎財神之類法會）。

這種儀式化的結果，自然就形成了佛教的世俗化與庸俗化。拜佛祖菩薩的人，視佛祖菩薩其實與大樹公石頭公無異，求其保佑、豔其靈異罷了。此豈仍可稱之為佛教耶？佛教講因果，係用以解釋世界及生命之緣起，民間則轉變成為一種「善有善報，惡有惡報，因果報應，相與循環」的觀念。這與追求無生涅槃寂滅之佛教義理，實是南轅而北轍。以此信佛，又何怪乎佛道不分、佛與民間雜祀不分呢？換言之，儀式化、庸俗化之後，佛教更可能面臨「異化」的危機，變成佛教的對立物，導致佛教死亡。

宋元明清佛教界之發展正是如此，所以才有晚清佛學的復興運動。從楊仁山居士設金陵刻經處刻經開始，重新教人重視經典、讀經、注釋詮解經典，一步步走向教義的探索，從而找回佛教的真精神，把佛教發揚起來。因此，我們可以說，佛教之衰，即衰於其道場莊嚴、法會盛大、經懺流行、慈濟事業興旺；而其復興，則是經由佛學之研究才使其復興的。

歷史的教訓，豈能漠視？現今佛教之所以社會形象較以往好些，不再被視為庸俗迷信，有一大部分原因是教界努力做社會工作（例如「淨化人心」活動）及社會福利（如慈善、醫療、救助）等等。但這不是佛教界才能做或才會做的事。任何社會工作及社會福利團體、任何宗教團體也都能從事於茲。何況，只要政府在社工社福業務上更能盡其職責，此類工作即能充分被替代。故佛教界不能以善為社工社福事自矜，更不能自我定位於此。且救貧濟眾，若徒救其貧、恤其病，而不能令其法喜充滿，又怎能自稱是佛教事業？然則，欲令病者得法，我們自己對法的理解如何？得法了嗎？本身對佛法不瞭解、也不注意，又怎能施法濟世，普度眾生？

宗教與一般社會團體不同。它並非為解決人之社會生活困難而存在，乃是基於解決生命價值意義之終極問題而存在的。因此，世俗化或庸俗化的走向，縱或因其具有政治社會功能而風光一時，其利未必便能溥久，對知識分子也不會有吸引力。這些決定社會價值觀和思想發展趨向的知識階層，倘不能被佛教所吸引，勢必尋求其他代替的宗教，這對佛教是相當不利的。即或知識份子不改選其他宗教，仍企圖從佛教中獲取其安身立命之契機，他們也常會因為反世俗化而走向神秘化，不重視宗教的社會工作福利事業，而著重個人修持體證的宗教感應驗印。這時，如若缺乏佛學的導引，便極易流於異端神秘經驗，大講神通靈異。這種發展，事實上已成為台灣佛教界的隱憂，許多新興教派拓展均極為迅速，所談雜於風水星相嬰靈神通之間。此皆因佛教之正知正見正聞正信不彰，信佛者不得其法使然。長此以往，佛教焉能不日益異化？

當然我不是說佛教發展上的一切問題都導因於佛學研究不昌。佛學不受重視只是現今佛教發展的問題之一，但由於佛教界普遍重視學佛而不看重佛學，致使佛教日漸儀式化、世俗化、庸俗化、神秘化，產生了異化的危機，則是非常明顯的。我們必須注意這種趨向。

（二）

但這也不是隨意呼籲幾句「重視佛學」，或歸咎現今佛教界人士不明事理便能解決問題的。佛學與學佛的衝突或緊張關係，其實有理論上的深刻原因。唯有正視這一事實，方能逐漸疏理兩者之關係，使其各安其位或彼此互益。

為何說學佛與佛學之間的緊張關係有其深刻的理論原因呢？因為人類面臨的知識，基本上有兩類，一種是可以客觀認知、判斷的，如數學上的定理定律，如地球繞行太陽，如憲法及諸制度，如歷史事實楚漢相爭而項羽自刎於烏江之類，是可觀解、可形成理論、可客觀討論的知識。

另一種知識則涉及人的「存在態度」。該知識是否有價值、有意義，須是主體才能決斷、才能肯定、才能有態度的。所以這種知識只能在具體存在的個人身上說，客觀的知識要轉成主觀的才有意義。佛經上說「如人飲水，冷暖自知」者，即指此種知識而言。人對於不安、失望、痛苦、怖慄、放棄的理解，均屬於這種知識。無此類感知者，這些詞句對他便無意義，正如不信基督教的人，「神愛世人」、「基督以其寶血洗淨我們的罪」、「諾亞方舟」、「死後審判」等，都是不知所云之空洞言詞，對他毫無意義一樣。

相對於前述那種可觀解的知識，這種知識型態可稱為「實踐的知識」。這種知識不是說客觀上我覺得有佛陀、知道佛陀的教誨即是三法印十二因緣，而是只有我們在實踐性地學習佛陀之教法時，才能真正理解什麼是佛法。猶如唯有親自去飲水，方能知其甘澀與冷暖。

從這個意義說，一切宗教，基本上都是實踐性的知識，若僅從理論上去觀解之，而未進行工夫實踐，確實是難以進入宗教之核心的。學佛人士著重於踐履工夫而反對客觀的理論的佛學，基本上並無錯誤。

然而，縱使承認了這一點，我們仍然會發現：宗教在發展流布的過程中都必須要「傳教」。對於尚未信仰（亦即在存在之態度上尚未肯定此類知識，也對此類知識尚未進行實踐性認識）其宗教的群眾，這些已飲水者，勢必要將其主觀實踐所得之知識客觀化，轉換成為可觀解的理論性說明，否則旁人如何能夠瞭解？這一情勢，保證了主觀實踐性知識必然有轉換為客觀理論性知識的可能。人們正是基於這種可能，才能衡量甲宗教與乙宗教之間的高下是非，來重新決定自己的存在態度：或仍堅持原有之信仰，或轉而接納新的宗教。同樣地，這一情勢也說明了，在宗教中事實上存在著大量可觀解、可說明的理論性知識，否則該宗教便無法向外人說明其教義，無法傳佈。

宗教中並存著實踐知識與理論性知識這個事實，往往造成了宗教內部的困惑。究竟在宗教裡，該以信仰（實踐性知識）為主，還是可以以知識（理論性知識）為主呢？

這個問題，其實不僅在宗教中有，一切所謂「生命的學問」中也都有。如儒家之學，本質上即是種實踐性知識，強調成己成德，踐履躬行。但儒學內部卻也有「漢學」、「宋學」兩大體系的衝突。宋學對於儒學的性質，偏重在修養面，主張克己去私，修身養性，窮理盡性；漢學則注重經典，講究客觀的理論性知識，因此要博學、考訂篇籍真偽、訓詁文字、辨析名物制度。在宋學之中，又有程朱與陸王的不同。以漢學、宋學來分，漢學代表「道問學」的傳統，宋學代表「尊德性」的傳統；以宋學內部來說，程朱又可稱為宋學中的「道問學」，陸王則為宋明學中的「尊德性」一派。講陸王學的人，認為走漢學一路者完全不能觸及儒家生命之學的精神血脈，都是外在的知識堆積而已。講漢學的人，則批評走陸王心學一路者根本引用了偽書，文字解讀也不正確，對於孔孟諸子發言時之歷史情境更缺乏瞭解，任意自由心證，講什麼道統心法，根本就是胡扯。雙方互諍，迄今未已。

類似儒學的爭論，也存在於佛教中。學佛者強調「行」，類似儒家之所謂尊德性；言佛學者強調「知」，猶如儒者中之講道問學。二系分流，一偏行入，一偏理入。行入者證福，理入者見慧。行入者悲，理入者智。行入者重行，理入者重解。故「學佛——信——行入——福——悲——行」、「佛學——知——理入——慧——智——解」恰成一相對之結構，彷佛儒學中有漢學與宋學、尊德性與道問學之分那樣。

這樣的對比，還可以繼續深化下去。例如藍吉富先生即曾將佛教分成「知識份子的佛教」和「非知識份子的佛教」。這便不是說佛教中有理入與行入之分，而是說佛教中有一種是無論行解都較單純的宗派，這些宗派，整體來說較偏於行門，其理論亦甚簡約，易於持循。此即可稱為非知識份子的佛教，如淨、密、禪等，重修持，理論均甚簡捷。相對來看，像三論、唯識、天台、華嚴諸宗便可說是較具系統，理論複雜，重視經論法度，因此較有學術性價值，可稱為知識份子的佛教。當然天台等宗亦有修持法門，如天台有「止觀」之類。但其理論性格較強，由《小止觀》、《法界次第初門》、《釋禪波羅蜜》、《摩訶止觀》等書構成一套詳密完備的修持體系，對修持中之次第與可能發生的病患、魔事、境界、對治方法等，均有詳密的討論，顯然較禪宗之頓法要客觀化、理論化多了（見藍氏《二十世紀中日佛教》所收《現代知識份子佛教信仰》一文）。

即就禪法而論，印順導師也提到兩種修禪定的方法。他認為《雜阿含經》與《中阿含經》對於禪定的講法有精神之不同；《雜阿含》重在慧的體悟，

《中阿含》則較重視四禪、八定、九定的說明。故後來大乘經典中繼承《雜阿含》定慧綜合的風格；小乘薩婆多部卻分別定慧，專在四禪八定上去分析。又如一切有系，偏於由定中觀如病、如癰、如刺、如殺、無常、無我而證慧解脫，但定本身不是慧，定境也不是解脫；大眾分別說系，則謂滅定亦即煩惱滅，定可以是空理之定，所以定與慧是合一的。（**見《性空學探源》第三節**）這兩種區分，事實上也就是一種偏於慧，一偏於定。

另外，韋伯在《宗教社會學》中則主張早期基督教、古伊斯蘭教、古猶太教都是「反理智主義之宗教」，其經典與信仰內容，僅為一些宇宙起源之說詞、預言、歷史、律法、聖誡，此外並無太多特定的理智觀點。換言之，這些宗教的核心，在於信仰。但亞洲各大宗教之教義卻多為知識份子所創，此即理智主義者之宗教。此類宗教，多反對精靈、自然、鬼神崇拜，反對大眾化巫術。它們由知識份子擔任其主要傳播者，甚至宗教也成為知識傳統的主要來源，成為哲學知識的形式。他舉佛教為例，說：「佛教和耆那教（Jainism）的拯救教義及其他與此相關的教義，都是靠知識子中的那些經過吠陀（Vedas）訓練之菁英傳播。」（**見其書第八章**）

以上這些看法，均顯示宗教會在處理信與知之問題時，因其不同而區分成兩種類型。與古基督教相比，佛教不講啟示（**神或上帝顯現其自己，稱為啟示**），也不講人對啟示有所反應的信仰。佛陀乃是以其對人生世界之理的覺悟而講緣起。此乃其對世界與人生之理論性解釋，故基本上是透過思維辨析而得，非修持、感應、神啟而獲。這就有知識份子理智主義的色彩。但在佛教內部，因為佛教畢竟是一種宗教，不純是一套哲學，因此，思想落入存在的實踐層，究竟該如何去印證、去獲知佛陀所說之理，仍然構成一實質之問題。由於對此問題處理方法之不同，佛教內又可再分成知識份子的佛教和非知識份子的佛教等等。

或者，在宗教流傳擴大的過程中，也必然使得知識份子宗教本身產生分化。韋伯言道：「只要一個宗教變成了一種大眾宗教，那麼，由知識份子創立的救贖教義及其倫理的發展，往往會出現某種秘教或某一貴族階級的倫理道德要求，以滿足受過教育之知識份子的需求；而此同時，該宗教又會逐漸變成某種大眾化且具有魔力的救世主宗教，以便滿足非知識階層人們之需要。」換言之，宗教雖或為知識份子所創，然既成為大眾宗教，便可能出現屬於社會大眾的神聖化、禮儀化、世俗化、民間信仰化傾向，以及反抗此一傾向的知識份子們所發展之內在化、理論化、出世化傾向。

此一分化狀況，倒過來說也是一樣的。非知識份子所創的宗教，雖重於實證而輕視理論知識，或偏於信仰而不願費力去從理論上證明與說明其信仰之理據，卻也可能在傳播擴大後發生分化或質變。例如禪宗，本是強調「不立文字」的，惠能更是根本不識字。其理論重在直指見性，簡易斬截，自當屬於非知識階層之宗教類型，故唐宋以後，流傳於民間甚盛。然而，此宗之簡易，對知識份子乃竟有另一種吸引力，因為具有一切理論知識之後的渾化境界，與完全無理論知識的素樸境界是有其類似性的。因此文士哲人亦酷喜談禪。禪之簡易直截，乃竟轉而成為超絕言象的智慧高峰，只有冰雪聰明者才能攀躋，以致機鋒如同啞謎，公案成為懸案，茫無頭緒，莫測高深。近人呂澄批評禪宗：「重智輕悲，偏於接引上機，和平民的關係比較疏遠。」就是這個道理。

另一個例子，則是基督教在中古時期的發展。早期基督教係以信仰為主，乃希伯來文化之一支。其後傳播日廣，與希臘羅馬文化接觸融合後，希臘哲學傳統便在鞏固基督教信仰之理論面，提供了強而有力的支援。以至整個中古基督教神學均由經院、教團所掌握，成為知識份子型態的宗教。

由此看來，宗教的理論知識性與其宗教修證信仰行為之間，實存在著極為複雜的動態關係，它們之間的激蕩與衝突，可能就顯示了宗教發展的軌跡。

（三）

從佛教的理想來說，悲、智、願、行，應該是合一的，《佛說阿彌陀經》謂阿彌陀佛曾發四十八願，其中便包含「修行無礙」和「說法順智，誦經演說，無邊辯才」。可見行入與理入俱臻者方能廣修福慧。但佛菩薩中也有只修行不修智的，例如觀世音便是。《華嚴經入法界品》曾云觀音告善才童子：「我修大悲法門，願救護一切眾生」，因此他也是最受民間尊崇信仰的對象，與那些「重智輕悲」的菩薩不同。然從整個佛教看，此畢竟只是方便，所以觀音只能成為阿彌陀的輔佐之一，另一位輔佐則是大勢至菩薩。大勢至菩薩是相對於觀音之悲而顯其智，其智慧之光，能使大眾離三塗苦，其無上力能給予眾生菩提心種子。依經文所述，阿彌陀佛與觀音、大勢至三聖乃是相繼補位成佛的。可見佛教甚為明白：在佛法傳播過程中往往是悲智遞運的，但其歸趣，畢竟應以悲智合和為宗旨。此西方三聖之象徵意蘊也。

除了大勢至菩薩外，佛教中尚有一位智者之象徵，即文殊菩薩。所謂文殊慧劍，寓悲於智，「為佛道中父母，譬如世界小兒有父母」（《放鉢經》），暗示了一切諸佛皆須智慧乃能成就。與他相對的，則為普賢。猶如大勢至與觀世音，善才童子訪求五十三位善知識，從文殊始而於普賢終，正象徵醒覺於智慧而終於願行，智與行也是不可偏廢的。在華嚴三聖的關係中，毗盧遮那佛，左普賢右文殊，即為大行大智合而成佛之意。

同理，釋迦牟尼佛左為苦行第一的大迦葉尊者，右為多聞第一的阿難。行解合一，乃得果行圓滿。意蘊與西方三聖、華嚴三聖完全相同。

這些象徵語言，都告訴了我們：佛教是真正理解到宗教生活中行解有衝突或分立現象的宗教，故強調悲智雙運、行解合一、福慧雙修。但行解既有衝突，如何雙修合一呢？從文殊的例子看，似乎佛教基本上走的是一條「以知成信」的路子。也就是說，佛教並非自然崇拜、鬼神信仰或精靈奉祭之類宗教，它不講究神跡感應與啟示，乃是以信仰佛陀對人生與世界之證悟為內容，以學習佛陀思想與人格為目標。信徒要在人格及思想上成為佛陀的追隨者，必須對佛陀的人生證悟有所理解。無此理解，不明白緣起的道理，如何修證？此所以是以智成信。

由此入者，方為正途。若不重空理，遽修證，恐怕並非上策。印順導師曾批評許多偏好禪，急求證入的人，落入了「沉空滯寂」之境，認為只有強調空的「重知見、重慧學，可以給這般重定者一種改變」。又說現觀有兩種，一種是親切明白且直接的體驗，乃直覺之經驗，非意識的分別或抽象的說明。

此類神秘經驗，為各宗教所共有，修持者親行實證的即是此種體驗。但許多宗教信徒們是以此種經驗為其理想境界的。他們以狂熱的信心，加上誠懇的宗教行為，或祭祀、或懺悔、或禁食、或修定，由精神的集中，迫發出一種特殊的經驗，在直覺中或見神或見鬼或見上帝，有種種神秘的現象。佛教之現觀則不同於此，認為學佛而專注重在此種直覺上，每易與外道相混，失卻佛法的特質，不免走上歧途。因為此種現觀直覺並未通過理智，故易混入由信仰及意志集中而生之幻象，雖確有內在之體驗，卻與真相不符。

佛法之現觀，號稱正覺，就是因為它特重理智，是通過理智之思擇。由多聞、尋思、伺察、簡擇種種程序，獲得正確之觀念後，再以誠信、集中意志去觀察審諦，以達到現觀。所以是如《阿含經》所云，「先得法住智，後得涅槃智」，從聞而思、從思而修、從修而證（見《性空學探源》，第十六、廿六頁）。

印老所指出的，適與我所主張佛教應「以智成信」之途徑相同。蓋佛教徒修習佛法本應如是。凡僅求修定，侈言體驗境界，而於佛學蒙焉囫圇者，恐怕多屬狂花客慧，幻象妄見而已。因為以智成信，對教義以及自己為何修？修什麼？方能有較準確的理解，較不會越修越偏離佛法，或在不甚切要處斤斤計較，卻在大綱維、大關鍵處滑移流宕。

例如許多學佛者將「茹素」視為是否虔誠學佛的重大關鍵，不戒葷腥彷彿便失去了學佛的資格，甚或將吃素神聖化、本質化，謂殺生不戒葷者是造了殺孽、會下地獄受苦、會輪迴入畜牲道去受報應……

事實上，佛教的教理中，殺不殺生並非根本義，佛弟子之戒律生活中或茹素、或不戒葷腥，亦無一定之規定，何必執著於此呢？佛教徒在西藏、蒙古、西域，都習慣吃肉，因蒙藏人習俗不吃青菜，只用茶去除油膩而已，此等地區，焉能以不殺生、吃素來要求？佛教由西域傳進中國，原來也是葷腥不甚禁的，直到梁武帝頒佈《斷酒肉文》，提倡斷酒肉之後，中國佛教徒一般才不食肉。因此，吃不吃肉，與佛教的思想主旨及倫理要求，基本上不甚相干。雖然我們也可以從佛經中找到護生戒殺吃素的一些文字佐證，但我懷疑護生戒殺吃齋這些，多是受道教「貴生」思想的影響使然。提倡這些，並未觸及真正的佛法的核心；強調戒律生活應以此為主要內容，也是對佛教精神的理解偏差。若有人以齋戒表示誠信以及對自己意志身心的鍛煉，當然很好，但在此不甚緊要處執固不肯放鬆，就無謂得很了。

佛經中還有許多跡近邪魔的東西，例如《文殊師利菩薩及諸仙所說吉凶時日審惡宿曜經》，乃唐三藏沙門不空譯，類似今日之黃曆，說明日月星象的位置變化，以及人應如何應對。可是它並不只教人趨吉避凶，更要人隨宿曜之吉凶善惡而為善為惡，如云：「胃星張箕室。此五是猛惡宿，宜守路險行劫行盜，構鬥端起設詐，博戲攎捕，強梁侵奪，奸非淫穢，圖城斫營，造械具戰具，書兵謀，放毒藥，施殘害一切艱難事務，悉須為之。」這是教人去打劫行搶、姦淫侵奪了。此非大有邪氣乎？

又如《文殊師利耶曼德迦咒法》教人於黑月十四日取屍陀林木燃火，取赤芥子和血及毒藥等，咒燒成灰。將這灰撒在人身上，人就陽痿了，婦女也不能和丈夫行事。若強欲性交，男子陽具會壞爛，女人陰門會出蛆。諸如此類講術法、神通、咒力的經典非常多，其術法亦千奇百怪，如《曼殊室利焰曼德迦萬愛秘術如意法》、《穢跡金剛百變法》、《阿吒婆拘鬼神大將上將佛陀羅尼經》、《龍樹五明論》、《青色大金剛藥叉辟鬼魔法》等，不勝枚舉。這些經典，或教人畫符，以朱書此符吞之滿七日即有種種妙寶自然而至，若求他財物，當「書彼人姓名於符下，其人立即送物到」；或教人隱身術；或教人念咒，因為要「男人上年欲求官進職，貴人見之歡喜愛念」。凡此種種，載入《大藏經》中，誰也不能說那不是佛法，但學佛者是不是就要學這些？

在此等處，便見得佛學的重要了。唯有瞭解佛教的基本義理，明白它的發展、流布、演變過程，方能有所檢擇、有所判斷，所信所修才是正信正修。

二　孔穎達《周易正義》與佛教

大唐貞觀四年，唐太宗以經籍去聖久遠，儒學多門，章句繁雜，詔孔穎達與諸儒撰定五經義訓百八十卷，名曰《正義》，所以課國子而權制舉也。其名為正義者，猶顏師古之撰《匡謬正俗》，立名之初，即具統一之意，豈漫為輯摭，以炫文治者乎？顧其書囊括典謨，包備五經，抽繹古義，斷在斯文，其中因革屢殊，短長互掩，且雜出眾手，條義或棼。①覽者若不能秉犀照以燭幽，運駑緘而通結，鮮有不譏其浮濫而棄去之者。

其實孔疏義蔚旨深，條理明遞，求其理趣，蓋多有宋明儒者之所本，而為漢魏六朝經說之集粹。若妄意忖度，寧知其諦？褒彈無當，徒詞費耳。在昔學者，以此書為制舉之程本，昕夕呫嗶，知其然而不知其所以然。斯猶朱注四書自元頒為功令以來，少有能為發揮精義者；抑且科令之所尊，輒與當世之顯學相牾，明清崇朱注，而前有陽明、後有樸學，以後例前，理勢然也。②余悼孔疏之湮霾久，溯沿往跡，特創一編，顏曰《孔穎達周易正義研究》。鼴飲易盈，鷦據一枝，非能觀其大全也。雖然，即以《周易正義》言之，亦有吾國思想史中之大因緣在：曰體據老莊也；參會佛義也；參佛而排佛，據老以明易也。揔茲三事，蓋有可為賡論之者，別撰一篇，以疏釋其調融佛義之跡，述其條目如次：

一、緒論
二、三教講論
三、參用佛義
1本無
2心無
3識含
4如來藏與阿賴耶
四、斥佛之誤
1不解般若學的空義
2不解能所的關係
3偏取住義

（一）緒論

一切大小乘經典是否均為佛陀所說，不可知，但一切部派佛教及大小乘皆是為了詮釋佛說而出現的。其說經翻譯而入中國，早期以輪迴果報、福德罪業等觀念為主，與吾國民間符籙祭祀之風氣相混淆，或統名為浮屠道。自鳩摩羅什與釋道安以後，大乘空宗流行一時，至隋代吉藏而集其大成，構創成一種非宗教非哲學的體貌：不立上帝，依法不依人。但又非僅是純思辨的研探，更有著存在的託付（existential commitment），有解脫拯救之功能與目的，是以亦宗教亦哲學。其塗轍雖仍印度大乘空宗之舊，但在意義上已略有轉變。

至於大乘有宗，則遲至唐代玄奘、窺基而法相、唯識之說已大昌盛。此派以世界虛實、名相有無為思辨之主題，宗教氣味愈趨淡薄。與吉藏、玄奘同期，另有天台、華嚴與禪宗之創立，一切義理雖從空有二宗匯出，而精神意趣輕重之間，實與印度本有之空有兩宗不盡相同。這種旁溥流會，而漸與我國本有義理相融契的現象，一般稱為佛教的中國化。唯牟宗三先生不喜佛教曾與吾國哲學思想契匯之說（若承認此說，則宋明以後儒者採擷佛義即不能解釋為直承孔孟義理），故認為佛教未曾中國化，他說：

> 中國佛教與印度佛教只是一個佛教之繼續發展。此一發展是中國和尚解除了印度社會歷史習氣之制約，全憑經論義理而立言。中國的傳統文化生命與智慧方向對他們並無多大的影響，他們亦並不契解，他們亦並不想會通、亦並不取而判釋其異同。（《佛性與般若》，第四頁）

這種理論，頗可訾議。果如其說，則一切學術均無影響可談，不但王弼、何晏以老莊入易，是直據本經而發展；即或今日以馬列釋解經傳，也是經傳本身義理所應有。然乎否乎？何況佛教本為解決印度社會歷史等問題而產生，現在既已解除了這種制約，又因適應我國的社會歷史而作了若干調整，它為什麼仍是印度佛學的繼續發展呢？又，僧侶佛徒在兩漢魏晉南北朝間，果真不曾和我國本有文化會通或判釋其異同嗎？那些格義之學、形神因果之辯、本末之爭究竟又為了些什麼呢？

退一萬步說，即使我們承認天台、華嚴與禪宗之義諦為佛學經典義理所應有，是佛學發展的最終圓極之境，但何以印度不能發展至此，又不能作如此發展，必以吾國土壤孕此靈葩？總之，佛入中國，與此土舊學相挾而俱變，為不爭之事實，受老莊影響尤深。魏晉南北朝四百年間，與玄學相劘相切，因羼入了老莊玄學或正或反的影響，而逐漸遠離其本株，進而中國化。唐初天台、華嚴、禪宗等，可視為此一現象之具體表徵。吳經熊說：

> 禪宗之形成，最早是受到大乘佛學的推動，但說來似乎矛盾：由於大乘佛學的推動，使老莊透闢的見解在禪的方式上獲得復興和發展。我們不能否認禪師們都是佛家，但他們對老莊思想的偏愛，卻影響了他們在佛學中選取了那些和老莊相似的旨趣，而作特殊的發展。禪宗五家，雖宗風各具，但都來自慧能而植根於老莊：（1）溈仰宗：溈山在得意忘言這點，和莊子完全相同。（2）曹洞宗：以自忘來完成自我的實現。（3）臨濟宗：認為無位真人就是真實的自我。（4）雲門宗：一面逍遙於無極，一面又返回人間。（5）法眼宗：完全奠基於莊子的「天地與我並生、萬物與我為一」。——禪宗可以說是道家結合了佛家的悟力和救世的熱情所得的結晶。（《禪學的黃金時代》，第一章）

禪宗如此，天台亦然，陳寅恪說：「台宗乃儒家《五經正義》二疏之體，說佛經與禪宗之自成一派，與印度無關者相同。如天台宗者，佛教中道教意義最富之一宗也。」（〈與妹書〉及〈馮友蘭哲學史審查報告〉）凡此類佛學，又與我國儒學的發展關係極為邃密，何以故？佛學固然在與老莊玄學抗衡的過程中逐步調融而至中國化；儒學也經魏晉以後玄學的影響而逐漸參取佛教義諦，開創了李翱〈復性書〉以降輝光絢燦的理學世界。本持老莊與佛教抗，轉而因玄言而會通佛義，章太炎《經學略說》最能闡發這點：

孔穎達云：「易理難窮，雖復玄之又玄；至於垂範作則，便是有而教有。若論住內住外之空，就能就所之說，斯乃義涉於釋氏，非為教於孔門。」然《正義》依王韓注為說，往往雜以清談；後之解者，因清談而入佛法。

儒者學習佛法，其實在六朝已多，而風氣至唐未熠。但此數百年間，不論儒者抗佛或入佛，大抵都以老莊為橋樑，則為顯見之事實。唐人《正義》表現這種特色尤為完整而一貫。陳寅恪說：「凡新儒家之學說，似無不有道教或與道教有關之佛教為之先導」（此所謂道教，系指道家之學，非丹鼎符籙之屬），孔氏《正義》以老莊形上學為基礎而參融佛學，更開隋唐儒學的新契機，從陳氏這幾句話中可得其端倪。陳氏又說：「道教對輸入之思想，如佛教摩尼教等，無不儘量吸收，然仍不忘其本來民族之地位。既融成一家之說以後，則堅持華夷之論，以排斥外來之教義。此種思想上之態度，自六朝時即已如此。雖似相反，而實足以相成。從來新儒家即繼承此種遺業而能大成者。」以此觀點來看孔穎達《周易正義》中排擊佛教而又隱采其教義的現象，即可不覺其突兀。

我們縱觀《周易正義》一書，對應於這個問題，應可紬繹出三個特點：一是孔穎達論《易》兼采老莊，此由其〈序〉中說易理玄之又玄可見。二是《正義》排斥以佛理解《易》的作法，說亦明著於〈序〉中。三則是孔穎達隱采浮屠義諦，這就非通考全書不能知之了。就第二點而言，孔氏為什麼排斥佛家？其排佛之見解（即攻擊是否能洞中要害）又如何？均不可置諸勿論。就第三點而言，則此種採擷究竟是自覺的參取采襲，抑或不自覺的錄用，固然難以偵知，但我們若把當時佛學界若干問題當做一種文化現象來處理，則唐初視為文化整合表現之《五經正義》，斷無理由不對此一現象作某種程度上的反映。換言之，對《周易正義》與佛家之關係，不但是經學或儒學史上亟待解決的論題，也是研究唐初文化狀況時所必須探釋的內容。

職是，本文擬從唐代三教講論的研究中，說明孔氏《正義》黨道排佛的哲學及心理立場，並指出其不得不相融會的基本原因。繼而考論《周易正義》一書實際內涵中採擷佛義的蹤跡，進窺佛家大乘思想演變過程裡如來藏與阿賴耶之嚴重疑難與消解。當然，因為孔穎達並非僧徒，其基本哲學立場與沙門不同，故不能有同情的瞭解和會悟；其書駁詰佛義處，也有若干誤解。此種誤解，是文化融匯過程中無可避免的差失，無可諱亦不必諱。今略考其原委如次。

（二）三教講論

唐人易疏以孔穎達《周易正義》及李鼎祚之《周易集解》為最著。前者以王韓注為本，認為輔嗣易注獨冠古今；後者則務在「刊輔嗣之野文，補康成之逸象」。途轍雖殊，但其包含著三教之間的糾葛則同，孔氏排擊佛教，著於序例，李鼎祚《集解．序》則說要：「權輿三教、鈐鍵九流」。這一權一拒之間，即是唐代儒者對佛家態度的全貌。中唐以前，儒者以老莊拒浮屠；中唐以後，則以老莊合釋氏，談經而雜以佛理，如李翱〈復性書〉之類，即其顯例。

《新唐書》卷一九八〈儒學陸德明傳〉說：「德明善名理言。高祖已釋奠，召博士徐文遠、浮屠惠乘、道士劉造喜各講經。德明隨方立義，循析其要。帝大喜曰：『三人誠辯，然德明一舉輒蔽，可謂賢矣！』賜帛五十匹。」這就是三教講論。借著講經與論難，溝通三教之間的隔閡，而成為日後融合的基礎。

三教，是種通俗的名詞（陶弘景〈茅山長沙館碑〉：「百法紛湊，無越三教之境」），大概是六朝時流行的稱謂。聚集儒、道、釋名德講經論難，始於北周，但其成為定制則在唐朝。希望透過論難，彼此商榷旨意，互為觀摩。其產生的背景一是六朝以來三教攻詰之風太盛，希望藉此稍予緩和；二則是玄風大起之際，即有一本之談與殊途同歸之說，例如向子期以儒道為一，應吉甫稱孔老可齊，《梁書．徐勉傳》也說：「勉以孔釋二教殊途同歸，撰《會林》五十卷。」以調合三教為志者，代不乏人。雖說跡有左右，教成先後，而終知理歸一極，致本則同。如《南齊書》卷四十所載，張融臨終時，左手執《孝經》、《老子》，右手執小品《法華經》，可視為此種類型的代表。

當然，有調合即有批判，人情所偏，不無異同優劣於其間，所見互殊，爭哄即起。加上儒者和沙門間的華夷之辨、道士和釋氏間的衣食煙火之爭，彼此的攻伐激烈異常。當時民間曾繪造三教吸酸圖。畫儒生僧人道士三人，共圍一醋甕，持杯攢眉而吸醋（此圖日本尚有，繪入百科大辭典）可謂極盡譏嘲之能事。三教講論，就是在這兩種背景上興起的，常在國子學釋奠之後或帝王誕辰時舉行。《新唐書高祖本紀》：

武德七年二月丁巳，帝幸國子學，親臨釋奠。引道士沙門有業舉者，與博士相雜駁難，久之乃罷。因下詔曰：「自古為政，莫不以學，則仁義禮智信五者俱備，故能為利溥深。朕今欲敦本息末，崇尚儒宗，開後生之耳目，行先王之典訓，而三教雖異，善歸一揆。」

宏闡儒教，為唐初推行文化運動中極重要的一環。但高祖本人信奉道教，又自以為是老聃之後，所以講論的席次，以道士居首，沙門殿後。唐京師西門寺僧所撰《集古今佛道論衡》卷丙說：「武德八年，歲居協洽，駕幸國學，禮陳釋奠，堂列三座，擬敘三宗。天子下詔曰：老教孔教，此土元基，釋教後興，宜崇客禮。今可老先次孔，末後釋宗。時太宗為秦王，躬臨位席。」到了玄宗時，已將沙門列在道士之前，可看出其學風與彼此勢力之消長。在這種講辯論難中，宗旨固應墨守，別派也須兼通，此即有助於彼此認識而融合。《續高僧傳》卷九〈羅云傳〉：「時松滋有道士姓俞者，學冠李宗，業賅儒史。常講老莊，私用內經。」學兼儒玄與雜采佛義為此時學術界兩大特徵。暗取其義，陽拒其跡，固不僅僅一孔穎達《周易正義》而已。張說〈唐玉泉寺大通禪師碑銘〉記神秀和尚少為諸生，遊學江表，「老莊玄旨，書易大義」並皆精熟。既可見唐代國子監諸生所學雜於老莊，也可看出當時三教講論確有融通三教之效。

當時的時代意識與風氣既然如此，在此風氣下的孔穎達其本身的立場與態度又復如何？這是直接影響《周易正義》內容的主要關鍵。除了《周易正義・序》表現的援據老莊而排斥佛教之態度外，其黨道排佛又可見於《集古今佛道論衡》卷丙：

貞觀十二年，皇太子集諸官臣及三教學士於弘文館開明佛法。紀國寺慧淨法師預斯嘉會。有令，詔淨開《法華經》。奉旨登座，如常序胤（即道士在前，沙門居後）。道士蔡晃，講道論妙，獨冠時英，下令遣與抗論。有國子祭酒孔穎達者，心存道黨，潛煽斯語曰：「承聞佛家無諍，法師何以構斯？」淨啟：「嘗聞君子不黨，其知祭酒亦黨乎？」皇儲怡然大笑，合座歡躍。（又見唐釋道宣《高僧傳》二集卷三〈慧淨傳〉）

案：三教講論，必有優劣，但僧徒道所記，往往不甚可信。凡《高僧傳》、《續高僧傳》、《集古今佛道論衡》等書所錄，一定是沙門獲勝、儒道皆支絀折角。如高祖時三教講論之會，史冊所載，明以陸德明為冠，僧徒所記則漫誇浮屠能夾以二難，雙征兩教。此段所稱開明佛法，合座歡躍云云之不可信，也與高祖時同。因為三教講論，本非專為宣揚佛法而設；且穎達所駁與慧淨所辯，持理相同，本無軒輊。《集古今佛道論衡》所記，絕非事實可知。但此處明指孔穎達「心存道黨」卻頗與《正義・序》所表現的精神相合，這是孔穎達的基本立場，《周易正義》全書都以此精神貫串流布。所謂「承聞佛家無諍」、「若論住內住外之空，就能就所之說，斯乃義涉於釋氏」等等，均可看出孔氏對佛義並不陌生，故排佛與用佛這兩種相背逆的現象可以同時並存於《正義》中。此事若不透過三教講論予以觀察，終難瞭解。

（三）參用佛義

熊十力曾說：「魏晉融佛於三玄，雖失則縱，非佛之過，曹魏流蕩之餘毒也。宋明融佛於四子，雖失則迂，非佛之過，東漢名教之流弊也。揆之往事，中人融會佛家思想，常因緣會多違，而未善其用。」（《佛家名相通釋》，第三頁）論曹魏處仍不脫顧亭林唇吻，極非情實；但所說宋明融佛於四子，未善其用等等，則頗有見地。稽之往古，儒者對於佛教，雖亦能窺弋鱗爪，但真能作完整的吸收與消化，並以之與儒學相孚會的學者尚少。宋明儒者固執於道統之說，以護持名教自視，用佛而排佛，與孔穎達相似。儒者既不能善觀其本末原委，收納含會佛學之責，即落在佛門諸大德身上，唐宋二代佛教最盛，名師輩出，非為無故。然而，儒者既有參取佛義之實，其效績也不會毫無影響；換言之，天台、華嚴諸宗門，固是和尚修持創造而成，但若無儒者推助波瀾，給予或正面或反面的刺激與宣導，佛家要中國化只怕很難。儒者因緣會多逮，不能善會真用的言論，也往往是佛學進一步與吾國思想融契的踏板。孔穎達一書，可以看出這種跡象。他所接受的是三百年老、莊、易等三玄與大乘空宗交參的結局，所以，不能避免地，他也很自然地收納了它。

佛家宗派雖多，總其大別，不外空、有兩系。龍樹菩提開創的是大乘空宗，無著世親則為大乘有宗。無著為法相學、世親為唯識學，在中國的發展遠較空宗為後。空宗，大抵以般若學為主，自支婁迦讖譯出《道行般若經》後，永嘉、正始之際，其學即已大昌。論者既多，持說即有異同。分判科門，原是佛家所最擅長的，當時般若學者也有六家七宗及爰延十二等分別。今按，六家七宗之說有二：

一為宋曇濟《六家七宗論》，見《高僧傳》卷七，分六家為七宗，其說出自梁釋寶唱所作《續法論》，即：

（1）本無宗
（2）本無異宗
（3）即色宗
（4）幻化宗
（5）心無宗
（6）識含宗
（7）緣會宗

二為《續法論》中所引釋僧鏡所撰的《實相六家論》，論空之六義：

（1）以理實無有為空，凡夫謂有為有，空則真諦，有則俗諦。

（2）以色性是空為空，色體是有為有。

（3）以離緣無心為空，合緣有心為有。

（4）以心從緣生為空，離緣別有心體為有。

（5）以邪所計心空為空，不空因緣所生之心為有。

（6）以色色所依之物實空為空，世流布中假名為有。

此處（1）相當於本無宗與本無異宗；（2）相當於即色宗；（3）相當於識含說；（4）相當於幻化義；（5）相當於心於無宗；（6）則相當於緣無義。分判諸法與此相似者，尚有僧肇所說三家，其為一時流派無疑。般若性空，而僧肇獨立「不真空義」以拔於三家之表，勝義夐出，當時號為解空第一；但周彥倫三宗論假名空宗，自謂上承僧肇學，而以為「世學未出於前二宗，而第三宗假名空則為佛之正說，非群情所及」。若依此說，則除了僧肇以外，各家均不純，雜於老莊，而非佛之正說。般若學六家七宗，既與老莊相紊，則孔穎達《周易正義》據老莊以通會其義，也不是什麼奇怪的事了。其與佛義有關諸說大抵如後。

1. 本無

《周易正義・復卦》卦辭疏：

天地以本為心者，本謂靜也。靜非對動者也。寂然至無，是其本矣。

此說與王弼《易注》所謂「凡動息者靜，靜非對動者也。語息則默，默非對語者也。然則天地雖大，富有萬物，雷動風行，運化萬變，寂然至無，是其本矣」義趣不殊。本，指絕對之本體（substance），為一最高的存有，非指與「有」相對之無與靜。無名無形，物皆各得此一以成。為一真絕待之實體，孔疏名之為「無」。般若學中主本無義者，說與此同。

大乘空宗，自漢以來，即以本無譯真如，以無為譯涅槃。是故本無者，即真如、即本體、即法性、即真諦；末有者，即因緣、即俗諦。竺法深說：「諸法本無義，廓然無形，為第一義諦。所生萬物，名為世諦。」（《山門玄義》卷五〈中二諦章〉下）「本無者，未有色法，先有於無，故從無出有，無在有先，有在無後，故稱本無。」（吉藏《中觀論疏》卷二引）有從無出，此無指貞一絕對的本體，為萬物存有之根源。真如性空，本亦虛無，此本，即是諸法的本性，又名空如性、寂滅性、涅槃性。

《大乘起信論》：「真如自性，非有相、非無相；非非有相、非非無相」，又「一切法從本以來，離言說相、離名字相故真如者，亦無有相因言遣言，此真如體無有可遣，亦無可立」。一切色法皆有空分，而真如本性非有非無，非生非滅，究竟清靜，是「本末究竟等」之空如實相。說它非有非無、非非有非非無，是雙遣雙遮之法，旨有說明「有」、「無」這些名相分別的詞語，不可用以說釋道體。孔穎達在《周易正義》中稱它為「太虛」，又強調此「無」不與「有」相對立，義與此同。《正義‧序》說：「以無言之，存乎道有」，道為諸形固有之本性個體，即釋氏所說真如為諸法之本性之意。本性空寂，所以稱為本無。慧遠說：

> 因緣之所有者，本無之所無；本無之所無者，謂之本無。本無與法性，同實而異名。（《肇論疏》引）

以此看來，所謂本無義，是以法性為本無，因緣所生為末有。此無，是究竟等的畢竟空，亦即西洋哲學所說的「最後實體」（ultimatereality）。本無，是真諦，也是無為法；而末有則是俗諦，是有為法，是可道之道，而非常道（詳道安《合於光贊略解‧序》）。本無宗的旨趣，乃在揭示這真如法性的存在，使人勿墮於因緣果業與萬法流轉中，不得脫悟。故吉藏《中觀論疏》卷二引釋道安本無說：

> 無在萬化之前，空為眾形之始。夫人之所滯，滯在末有。若心托本無，則想使息。

無在有先，有在無後的形上辯證，實即心托本無、勿墮末有的人生論之基礎依據：透過思辨，達成一種「空的智慧」。其與孔穎達不同處，在於本無宗沒有宇宙論的考慮，而孔穎達本無的理論卻是包攝在一個大的宇宙論之中，故其論及存有雖同，而意義卻不盡相似。所謂「心

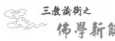

托本無」，孔穎達也有此說，其與般若學相參互的痕跡是極明顯的。但即這一點，已可看出「本無」在般若學中是種共法，不但主本無義者如此說，其他六家七宗也無不有此觀念。

何以說「本無」是般若學六家七宗之共法？本無為真如與法性之古譯，支讖《道行第十四品》、竺叔蘭《放光第十一品》，均稱本無品；竺念佛所譯之第七品，也稱為本無。是故本無幾已成為般若學的別名，曇濟《六家七宗論》說：「如來興世，以本無弘教，故方等深經，皆備名五陰本無：本無之論，由來尚矣。」可為明證。王洽〈與支道林書〉也說：

今本無之談，旨略例坦。然每經明之，可謂眾矣。然造精之言，誠難為允，理詣其極，通之未易。豈可以通之不易，因廣異同之說。遂令空有之談，紛然大殊。後學遲疑，莫之所擬。今道行旨歸，通敘色空，甚有清致。然未詳經文為有明旨耶？或得之於象外觸類而長之乎？（見《廣弘明集》）

本無之談，即是般若性空；而所謂紛然大殊，後學遲疑云云，則在說明當時各有各的本無義。即以支道林為例，其《大小品對比要鈔》說「盡群靈之奉無」，「還群靈乎本無」，他的即色義又稱「即色本無義」，可見以本無釋般若在當時應為諸家所同。至於釋道安所說有從無出，也是東晉一切佛學者普遍的禪業觀，以為真如道體，為空中妙有（梵文Scnyasubhava），在萬化之前、為眾形之始。站在這基礎上說不可滯於未有，是「本無義」。說世諦俗諦都屬幻化，即是「幻化義」。以真如法性為本無、因緣所生為未有，而說因緣之所有者，本無之所無，緣會故有，名為世諦；緣散即無，名為第一義諦的，是「緣會義」。如果以專空心神、內止其心，不滯外色宗旨，則成為「心無義」。此皆站在同一基礎上更相演繹，而著重點不同。湯用彤以為「緣會」、「幻化」、「識含」諸家均為色無，唯「心無宗」空心而不空色（《魏晉玄學論稿》，第五九頁），非。《山門玄義》卷五引竺法汰《神二諦論》說：

> 一切諸法皆同幻化，同幻化故名為世諦，心神猶真，不空是第一義。若神復空，教何所施？誰修道隔凡成聖？故知神不空。

吉藏《中觀論疏》卷二也引其說：「世諦之法，皆如幻化。是故經云：從本以來，未始有也。」就其以諸世法世諦皆如幻化而言，此義誠然和心無宗不同；但若就其從法有而入空，持護心神不為俗諦諸法所亂而論，則與心無宗何以異？所謂「心神猶真，不空是第一義」與心無家「心神性空」之空，義實不同。從竺法汰所說「從本以來，未始有也」這類話裡，我們可以很清晰地看出它與本無宗並無根本上的差異。而這由無出有的觀念，也正是孔穎達在《周易正義》裡所一再堅持的。

總括上述，可見本無之說，雖源出於老莊，但大乘空宗真如性空之旨即在於此，厥後我國佛學的發展即是依此性格而展開，並不因有宗之輸入而改變。真空妙有，般若即無知、真照即無照，是以妙有故無不空，無知故無不知。而智愚、淨穢、生死、存滅等等，均是本性空寂平等，非一非異。天台與華嚴、禪宗等，都含有這種義趣。善慧大士傅翕有偈：「有物先天地，無形本寂寥；能為萬象生，不逐四時雕。」（《語錄》卷三）以（無）性為中心，說實相平等，《維摩詰所說經》上卷《佛國品》中所謂「欲空處造立宮室，隨意無礙」也。這是中期大乘佛學的根本要義，故首論其與孔《疏》之關係如上。

2. 心無

孔穎達《周易正義・乾卦・文言》疏：

天地運化，自然而爾，因無而生有也，無為而自為，天本無心。

〈復卦・彖辭〉疏：

凡以無為心，則物我齊致，親殊一等，則不害異類，彼此獲寧。若其以有為心，則我之自我，不能普賴於我。

睽卦上九《疏》也說：「道通為一，得性則同。」今案：大乘佛學自形上實體與有後無先的形上認識出發，論真如性空，心無神無；與孔疏自天地運化，因無生有處指明天本無心，在義理結構上說，是很相似的。而大乘佛學以無性為中心，論實相平等；又與孔疏所說以無為心故物我齊致、親疏一等不異。本性空寂平等，非一非異，是以孔穎達有「道通為一，得性則同」的說法。這些，不但可與上節所述者互參，也可證明我以「心無宗」植根於本無的說法不謬。由本無匯出心無，故〈復卦‧彖辭〉疏說：「天地寂然，至無於其內，內是其本，言天地無心也。」寂然無心者，以無為心，而又無心於萬物。何謂無心於萬物？言其於物上不起執心也，故唐元康《肇論疏》引支湣度心無義說：

經云言空者，但於物上不起執心，故言其空，然無是有，不曾無也。

日僧安澄《中論疏記》卷三引竺法溫《二諦搜玄論》心無義也說：「經所謂色為空者，但內止其心，不可滯外色。」不但不空形色，甚且所謂心無之「無」，也是一真如實體之存在，並非果真是空幻不曾存在。只是於物上不起執心，所以稱之為空，指其不滯於外色而言。無心於萬物，而萬物未嘗無，這在孔穎達即是「聖人無心」。〈繫辭〉上傳《疏》：「君子寂然無心，體道以為用，不滯於所見，為而不宰，功成而不居。任其自然之理，不以他事繫心，端然玄寂，至極空虛而善應於物，不可思量而玄遠覽照，乃目之為神。」——據此而論，義與心無家不殊。劉遺民〈致僧肇書〉說：「聖心冥寂，理極同無，不疾而疾，不徐而徐。」又，《世說新語假譎篇》注論心無義說：

種智之體，豁如大虛，虛而能知，無而能應，居宗至極，其為無乎！

虛而能知、無而能應，不就是孔《疏》所說的「至極空虛而善應萬物」嗎？聖心冥寂，理

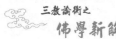

極同無，不也就是孔《疏》所說的「聖人無心，端然玄寂」嗎？但僧肇曾批評心無義「此得於神靜，失在於虛」（**因此宗昌言心神虛豁**）。就心無義而言，確有此病，而孔氏《正義》則無此失，何以故？孔氏論聖人無心，是從其作易垂教治化處立說，故在其無心之中，又恒有一經營之憂在，為而不宰，畢竟與無所作為不同。心無家啚言神靜，旨在修持為一個「真人」，不空形色，以證法性，與孔穎達所說的聖人有著根本上的差異，其言似，而其所以言則殊。〈繫辭〉上傳《疏》說：「聖人作易者，本為立教故也，非是空說易道，不關人事也。」這就是無心有跡，與心無家的內發虛靜其心，不著於外色，以達到大寂與無為之解脫身者不同。孔穎達參錯心無本無之義，而終與沙門殊路者，即是儒道二家與釋氏義諦分歧之所在。儒道二家，恒有一層政治與教化的考慮在；《周易正義》之所以不慊於空有之談，其基礎與原因也在此。這是討論《正義》與佛教關係時，首應審知的。

3. 識含

《周易正義・乾卦・彖辭》疏：

無識無情，今據有識而言，故稱曰情也。

按，孔穎達疏咸卦〈彖辭〉時曾說：「夫人之情也，感物而動。」既以感物而動為情，又說隨時念慮謂之情，無識無情，立義未免駁雜。識出於心（**《文選・五君詠》李注：「識，心之別名，湛然不動謂之心；分別是非謂之識。」**），孔氏在性與情之間，加入了一個「心」的作用，所以說「有識有情」，這和他所說「情者性之欲」不類，而其原委則須在此書與佛教的關係處勘求之。

又案：般若談空，本有識含之義，倡之者為于法開。法開精於放光般若，曰僧安澄《中論疏記》卷三引其《惑議二諦論》說：「三界為長夜之宅，心識為大夢之主，若覺三界本空，惑識斷盡，位十地。今謂其以惑所睹為俗，覺時都真空。」吉藏《中觀論疏》也引于氏說云：「三界為長夜之宅，心識為大夢之主。今所見群有，皆於夢中所見，其大於夢。既覺，長夜獲曉，即倒懸惑識，三界都空。是時無所從生，而靡所不生。」心識之所以為大夢之主，原因即在其含有雜染諸法。所謂「識含」，意即識中含有雜染，熏生真妄。須菩提說議即是六情，若以皆 **Nagarjuna** 之說釋之，識是十二因緣中之第三事，其中亦有色，亦有心數法。從識生六人，是二時俱有五眾，色成故名五情，名成故稱意情，六情不離五眾，所以說六識即六情。孔穎達疏曰：「今據其有識而言，故稱曰情也。」又說：「貪欲謂之情。」以心識及貪欲等說情，實即隱采此義，故其底蘊與先秦以來就宇宙自然與氣化論情性之說不同。

無識無情，據其有識而言，故名之為情。它的基本理論在於識有雜染諸法（情有忿欲），故此說有二重點：（1）本性清靜，而又同時為染法所依、為客塵煩惱所染。（2）若能舍彼外塵，知此心識非真，則如長夜獲曉，復得其本來清靜之性。——就這兩點來看，都是孔穎達人性論裡已括之義，分別述之：

（1）如來藏系經典，如《勝鬘經》、《不增不減經》等，都以自性清靜但又同時為染法所依為其主要觀念。部派佛教也視「淨」為心的本質，染汙為後起（其所謂淨與如來藏系理

論不盡相同）。在孔穎達《周易正義》裡，以識釋情，識含雜染諸法；而天性清淨，又為此情識所依；情不自情，因性起用，情有貪欲好惡，故能滅其天生清淨之性。《禮記・樂記》疏：「人初生未有情欲，是其靜稟自然，是天性也。若人既化物，逐而遷之，恣其情欲，故滅其天生清靜之性而窮極人所貪嗜欲也。」以識中含有雜染；熏生真妄言之，真妄的關係是能依與能持；以虛妄分別十一識說言之，顯識與分別識的關係是所緣與能緣（**詳後**），孔《疏》論心論性，確認情能亂性，初生未有情欲，染汙為後起等等，正是隱采識含義。

（2）〈乾・文言〉疏說：「性者天生之質，正而不邪。情者性之欲也，若不能以性制情，使情如性，則不能久行其正。」就大乘佛學而言，如來藏系所展示的佛性（buddhadhatu）觀念，本由法性（dharmata）轉出，是繼般若空觀之後才出現的。所以般若學「識含義」所說的舍彼外塵，知其非真為妄的觀念，在如來藏系裡，即以此「真」（**眾生的先驗結構——本性**）為能破惑識的「清淨」。孔疏所說以性制情，使情如性，在如來藏系而論，即是以如來智察照一切煩惱皆空，外塵薰染盡去，法性呈顯之意。這個法性或佛性，是成佛的本質，所以說一切眾生皆有佛性；而成佛的條件即在於以此佛性淨化勘破情識非真。孔穎達《尚書・洪範》疏說：「凡人皆有善性。」又，《易・乾・文言》疏說：「若不能以性制情，使情如性，則不能久行其正。」這些話的根結，固然與他承繼先秦與兩漢的宇宙論人性論有直接的關係，但佛家理論，在其義理系統裡，也有著不容忽視的地位，普察上文，自可審見。《大乘莊嚴經論》說：「已說心性淨，而為客塵染，不離心真如，別有心清淨。」性能制情，非別有一能制情與久行其正的力量存在。

又案：孔穎達說：「性之與情，猶波之與水，靜時是水，動則是波；靜時是性，動則是情。情之所用非性，亦因性而有情。」這種詮說，和程伊川水波之喻似同實異。伊川《語錄》說：

「情非出於外，感於外而發於中也。」問：「性之有喜怒，猶水之有波否？」曰：「然，湛然平靜如鏡者，水之性也。及遇沙石或地勢不平，便有湍激。」

性與情為一體兩面，當湍流波急時，不復見其平靜如鏡之性；且不動者性、既動者情，情之相顯則性不可見。這和李翱《復性書》所說「性不自性，由情以明」相同，性情兩者，都無自性，性也無法制情；與孔穎達所論，實不相同，所謂「情之所用非性，亦因性而有情」。在佛家說來：識是污染法因，污染法為識因，八識之中，前七妄識，情有體無，起必詫真，名之為依，《楞伽經》說：「妄之依真，如波依水；真之持妄，如水持波。」真有體用，本淨真心，說之為體；隨緣隱顯，說之為用。用必依體，名之為依；體能為用，說之為持。能持如水，能依如波（也見《楞伽經》）。情，與物相接而有，所謂感物而動，隨緣變化，其用非性，亦因性而有情；情，又化物無極（情化物無止極，見《尚書・洪範》疏），虛妄非真，情有體無，起必詫真。這就是慧遠《大乘義章》的依持說，孔穎達論性情處頗用此說，而與周秦漢魏以來言性諸說參融無礙，成就書中一段異彩。

4.如來藏與阿賴耶

從以上的討論，我們可以知道在孔穎達的哲學系統裡摻雜了許多佛教的義理，若不對此加以疏通，則不但不能瞭解中古儒佛兩家的關係，對孔穎達《正義》本身的探討也將陷入迷局。從他論性情處，尤可看出這點。

但是，在這種考察裡，我們碰觸到一個問題：性正而不邪、人皆有此善性等觀念，固然和《法華經》、《大涅槃經》所說的一切眾生均有佛性相近，但《尚書洪范》疏又說：「本性既惡，必為惡行。」這將如何解釋？且性是天生之質，秉自然而有，既為自然之質，不應又有善惡之名。就此看來，孔疏仍存在著一個顯然的疑難，而這個疑難，實際上又與佛教思想演變過程中如來藏與阿賴耶的爭論有關。

如來藏思想是站在一個超越的立場上提出來的，肯定了如來種性的存在義，以為眾生均可成佛，與部派佛教時期主張眾生成佛各有其自身性分上的限制諸說不同。此種如來藏思想，在初期大乘般若系統的解釋下，產生了《勝鬘經》、《佛性論》、《寶性論》一類強調以如來智（**法性**）照察現實世界為空幻不實的觀念；由此產生佛身與法身的觀念，再發展為《華嚴經》的性起觀，認為世間種種色身的顯現都是如來法身的活動，如來與眾生不二，無邊法界都是如來法身的全體大用。——這是如來藏。

至於阿賴耶識，又稱一切種子心議或阿陀那議，首先提出此觀念者為《解深密經》。此經認為現象是識中藏攝的種子所轉化虛構的，是分別心的作用。這原與《般若經》無異，但般若系統強調人應從真實法性的立場來察照此世界之為虛幻；而《解深密經》則追探此一虛幻世界是如何產生的，並由此出發，尋求人生實踐過程中應如何提升與超拔。職是，阿賴耶識遂攝藏一切善惡，有漏無漏種子，而為善惡與正負得以產生的依據。它是非善非惡的中容無記性，可以相容善惡的活動而不產生拒斥，與如來藏系思想截然不同。就阿賴耶識而言，生命既是一個統一體，善惡都在此發生，則本性必為無記性；且善惡是能熏，也必須有一所熏存在，這個所熏，就是無善無惡而可善可惡的心性。這種說法與老莊自然宇宙觀的人性論頗有契合處，孔疏也近於這個系統。

在佛教本身，則二系綜合融會以後，如來藏系經典終不得不採取阿賴耶識的觀念，如《佛性論》與《大乘起信論》等書均是。《大乘嚴密經》卷下頌曰：「佛說如來藏，以為阿賴耶，惡慧不能知，藏即阿賴耶。」阿賴耶與如來藏其實不同，但在隋唐之間，包括《大乘起信論》及孔穎達《正義》等一般性觀念裡，卻已將它們合併討論了。孔穎達論性處，須從這裡探覓其究竟。其駁雜處，即是如來藏思想與阿賴耶由爭論而融會的縮影！

（四）斥佛之誤

韓愈〈原性〉曾說：「今之言性者，雜佛老而言也。」從孔氏《正義》以後，儒者論性既已雜用佛義；佛教又因受武則天崇奉，其勢愈張。逮及中唐，風氣尤烈，所以韓愈有此感慨。然而，彼此的溝通本自不易，心與法的契會也必須有一段長期的摸索，中唐儒者雖雜有不少佛家言，但與佛法畢竟仍有隔閡，《景德傳燈錄》載李翱問崇信禪師：「什麼是真如般若？」師說：「我無真如般若！」李說：「幸好遇到禪師。」師又說：「這還是外行話！」真如般若指自性，禪師所答，暗示自性應自覓，不該外問。李翱領悟到這一點，故感激禪師開悟。但禪師卻以為以心印心，貴在當下默契，何必多言，所以又斥李仍是外行。——所謂外行，說明了這不是李翱根器或識解不夠，而是對禪家參悟的方式和意向仍欠熟悉。自孔穎達到李翱，年歷歲永，尚且只能達到這種溝通，對孔穎達，我們能作多少苛求呢？換言之，孔穎達對佛義的認識不夠準確深入，時為之；程明道「看得禪書透、識得禪弊真」（**高攀龍語**），也是時為之。觀議孔《疏》，首須具此認識。此其一。

《正義・序》說：「若論住內住外之空，就能就所之說，斯乃義涉於釋氏，非為教於孔門。」這一段的要旨在攻擊六朝以佛家義解《易經》的學者，而非直接詰難浮屠。歷來讀者頗有誤解，故特說明如上。此其二。

我們現在要談的即是孔穎達對佛家義理究竟瞭解多少，而所論當時以佛義解經諸家之失又是否正確。在此擬分三點說明孔氏的闕失：（1）不解般若學的空義；（2）不解能所的關係；（3）偏取住義。分述如下：

大乘般若學所說的空，據玄奘所譯《大般若波羅蜜多經》所說，有內空、外空、內外空、空空、大空、勝義空、有為空、無為空、畢竟空、無際空、散空、無變異空、本性空、自性空、共相空、一切法空、不可得空、無性空、無性自性空等二十種。在空的動性轉化遮撥過程中，各有不同層次境界的呈顯手法和精神意態的遷升，含義極為繁複。

《維摩詰所說經文殊師利問疾品》第五說：「佛家所謂空者，畢竟以何為空耶？以空空。空何用空？以無分別空故空；空可分別耶？分別亦空也。」空由單純的空，越向雙重否定的空，而此空才成為無分別之空。在其無分別與所分別之分解層次中，將其空也空掉，以直顯分別無分別之空。

《大般若波羅蜜多經》卷三十六說：「若菩薩摩訶薩修行般若波羅蜜多時，不見內空，不待空空，而觀外空。不見外空，而觀內外空。不見內外空，不待內外空，而觀外空。不待內外空，而觀空空。不見空空，不空空空，而觀內外空。不待空空，而觀大空。不見大空，不待大空而觀空空。不待大空，而觀勝義空。不待勝義空，而觀大空。不待勝義空，而觀有為空。不見有為空，不待有為空，而觀勝義空。不待有為空，而觀無為空。不見無為空，不待無為空，而觀畢竟空。不待畢竟空，而觀無為空。不待畢竟空，而觀無際空。不見無際空，不待無際空，而觀畢竟空。不待無際空，而觀散空。不見散空，而觀無際空。不待散空，而觀無變異空。不見無變異空，不待無變異空，而觀散空。不待無變異空，而觀本性空。不見本性空，不待本性空，而觀無變異空。不待本性空，而觀自相空。不見自相空，而觀共相空。不見共相空，不待共相空，而觀自相空。不待自相空，而觀一切法空。不見一切法空，不待一切法空，而觀共相空。不待一切法空，而觀不可得空。不見不可得空，不待不可得空，而觀一切法空。不待不可得空，而觀無性空，而觀自性空。不見自性空，不待自性空，而觀無性自性空。不見無性自性空，不待無性自性空，而觀自性空。」

據此而論，佛家之所謂空，可以是一種超升的方法程序，所以《內學年刊》第六三七頁說：「般若者，智也。智也者，用也。用也者，以空為具，非以空為事也。」一空諸所有，以成動性之實相：「重觀一切法之空」。這種歷程，大致和柏拉圖所說「靈魂的升遷」（up lift of the soul）相似。超越一切現象世界，而證見其本來面目，就是觀空，就是徹悟諸法自性皆不可得。因諸法均以無性為性，是以無性亦不可得，明瞭諸法如響、如像、如夢、如幻、如陽焰、如光影，則能以寂滅心，住平等性。若能知一切法平等性，於一切法無分別，即是無所住而生其心：「涉有未始迷虛，常處有而不染，不厭有而觀空」（僧肇語）。

無所住而生其心，是「不住於內，亦不住於外」，《大般若經》卷五九九所闡述的「不依止」、卷六〇〇所說的「不可住」以及《金剛般若蜜經》所論「無位」等義諦，均指此言。《大般若經》卷五九九：「於一切處無所依止，諸有所作，亦無所依」，「由無依止，除遣一切，證得一切依止淨法」；卷六〇〇：「一切法不可住故」，「非一切法有可住義以一切法皆無執藏，無執藏故，無可住者。」由於終無住義，始能「於一切法皆得自在」（同上）；由無依止，是以能轉而證得一切依止淨法。——依照這種觀察，孔穎達〈周易正義・序〉所說「住內住外之空」云云，對佛家的認識並不正確。佛家義不住內外，即或強言其所住，也應就「於一切法無著而住」之處說。住內住外，並不是佛學的義諦！

除此而外，孔疏所論「就能就所之說」，就佛學上看，也是有些問題的。

寂滅性空，心境雙遣，能所俱空，能知之智照所知之境，境智冥會，能所無差，通而為一，才是佛家義。因為所緣既遣，能緣亦空，能所泯然，不一不異。故《華嚴行願品別行疏鈔》說：「無分別智，證理法界，以為五門：一能所歷然，二能所無二，三能所俱泯，四存亡無礙，五舉一全收。」

「第一能所歷然者，謂以無分別智證無差別理，心與境冥，智與神會，成能遍智，證所證理，如日合空，雖不可分，而日光非空、空非日光。

第二能所無二者，以知一切法即心自性，以即體之智，還照心體，舉一全收。舉理收智，智非理外；舉智收理，智體即寂，如一明珠，珠自有光，還照珠矣。

第三能所俱泯者，由智即理，故智非智，以全同理，無自體故。由理即智，故理非理，以全同智，無自立故，如波即水，動相便虛，水即波故，靜相亦隱，動靜兩亡，性相齊離。

第四存泯無礙者，以前三門說有前後，體無二故，離相離性，則能所雙泯；不壞性相，則能所歷然；正離性相，即不壞，存亡無礙。如波與水，雖動靜兩亡，不壞波濕。

第五舉一全收者，上列四門，欲彰義異，理既融攝，曾何二源？如海一滴，具百川味。」「若以無障礙智，證無障礙境，境智圓融，難可言盡，總為能所相契。」

據此而言，孔穎達所說「住內住外之空，就能就所之說」云云，前者與佛家「雖觀有而無所取相，然則法相為無相之相；聖人之心，為住無所住矣」之說舛異；而後者又分剖能所，也非佛家究竟義。說孔穎達對佛家整體理論的瞭解還不夠深入，應該不是冤枉他的。③

注釋

① 《五經義疏》貞觀十六年書成，凡百八十卷。博士馬嘉運駁正其失，至相譏詆。有詔更令裁定；功未就。永徽二年，詔中書門下與國子三館博士弘文館學士考正之，長孫無忌、于志甯、張行成、高季輔等就加增損。四年書始頒下，是為《五經正義》，每年明經，依此考試。蓋前後因革者三，統名孔穎達撰者，尊始也。

② 案：科舉之制，創自李唐，然有科舉以來，學者所習，咸與朝廷違逆，此事大奇。姚鼐曰：「其始

厭科舉之學，而疑世之尊程朱者皆束於功令，未必果當於道。及其久，意見益偏，不復能深思熟玩於程朱之言，其辭遂流於蔽陷之過而不自知。」（《文後集》一〈程綿莊文集序〉）以清代漢學係激於八股而興，甚是。然不僅清學如此，顧寧人《日知錄》謂注疏刻於萬曆中年，頒行天下，藏之學宮，而學者且有不知《十三經注疏》為何物者。不尤可異耶？大抵唐以注疏為功令，而注疏之學不得發揚，宋之官學如王安石新學等，皆流傳不廣。明以朱注及十三經時文等為官學，而學者亦少究心。清仍明舊，其勢亦然。若歸有光、方苞、姚鼐、劉海峰等，俱有時文之刻，今皆不傳，可與唐宋尊用《正義》而無闡述之文獻可稽者互參。即唐宋應制之駢文，當時流布宇內者，今皆聲光黯然，不如古文勢張。應制詩亦少佳者。此為吾國學術之特徵。

③ 孔穎達論佛學有誤會處，郭文夫《孔穎達周易正義序質疑》論之甚詳，本節多參考其書。書為台大哲學研究所碩士論文，未刊。

三　成玄英《莊子疏》與佛教

（一）與郭象注不同的第一部道教莊子解

莊子書之有疏，應始於南朝。《隋書・經籍志》所收，如宋李叔之《莊子義疏》、陳周弘正《莊子內篇講疏》、隋何妥《莊子義疏》、戴詵《莊子義疏》，今皆不傳。《梁書・賀場傳》云場有《莊子講疏》、《南史・庾詵傳》云庾曼倩有《莊子義疏》，亦已亡佚。僅陸德明《經典釋文》中尚有一鱗片爪可考者，為宋王穆夜《莊子義疏》、梁簡文帝《莊子講疏》、陳張譏《莊子講疏》等。故今存最早之義疏，且猶為全帙者，乃唐初西華法師成玄英之《莊子疏》。

據《新唐書・藝文志》載：「玄英字子實，陝州人，隱居東海。貞觀五年，召至京師，永徽中流鬱州。書成，王元慶遣文學賈鼎就授大義。嵩山人李利涉為序。唯老子注、莊子疏著錄。」這是指成玄英「注莊子三十卷、疏十二卷」而說的。注體與疏體不同。成玄英注，現已不存，但成玄英的疏卻影響很大。它與郭象注並行，構成了莊子學中的詮釋典範。清郭慶藩

《莊子集釋》先列郭注，次錄成疏，再雜舉其他各家釋義以為補充，這種結構，最能說明成玄英疏在莊子學中的正統地位。

但是，成玄英疏本身的義理價值，並不像郭象注那麼被重視。郭象注，不但其作者問題纏訟甚久，其本身的義理價值，如它在魏晉玄學中的地位、它與莊子義理的異同等，都曾受到熱烈的關注。成玄英疏便不然了，很少人獨立地檢視過它，既不曾由這部書進窺唐初道家之學的發展，也不關心西華法師成玄英對莊子的理解情況如何。

偶爾也有人會提及此書，但基本上是將它視為郭象注的附庸，也就是作為閱讀郭象注時的輔助性材料罷了。例如蘇新鋈《郭象莊學平議》第五章《郭象注對成玄英疏之影響》一文便認為：成玄英以前，雖已有人替莊子作過疏，但都是直接疏解莊子本文，成玄英才開始依郭象注作疏。因此，郭象注成為莊子學中的權威，成玄英居功甚偉。而且，蘇先生說：「漢唐以來，疏解原典而始終主從一注之義旨以引申發揮者，多只為儒家經典。至於道家經籍，則似惟成玄英之疏獨著耳。」①彷彿成疏可作為道家義疏與儒家分庭抗禮的代表。

蘇先生所謂「主從一注之義旨以引伸發揮」的疏，主要是以《五經正義》之類儒學經典為模型的。這些義疏，多半選擇一家注解為對經典的基本詮釋，然後再疏解引申補充之。如孔穎達《周易正義》選用王弼注、《尚書正義》采偽孔傳之類。成玄英疏釋莊子，也採用郭象注。因此，蘇先生便把成疏看做是對郭象莊子注的詮釋者與遵行者。由這個角度看成玄英，則成疏的價值，全依它能不能準確掌握郭象注義理系統而判斷。能掌握，就是個好的紹述者；不然，便是「雖受郭象注之影響，而未能全面圓善，致所解未必盡有象注之全部恰當義旨者」。

蘇先生這篇文章，是少數討論到成玄英疏的論述，其意見也很具代表性，但我以為這樣談成疏是不對的。為什麼不對？

漢唐以來，儒家經籍的義疏，是否是專主一家之注而引申發揮之呢？不是的。義疏是配合講論風氣而形成的另一種注解，它本身是獨立的，並不依傍注文。所以成玄英以前的莊子疏，也只是直接疏釋原文，並不依據誰的注。唐初的義疏作者，身處南北朝大亂之後，天下一統，在學術上產生了一種判攝南北朝的態度及需要，所以才在南北朝各種對經典的解釋中檢尋一家，作為基本依據。如孔穎達修《五經正義》時，就先檢別南北朝對各部經典的消化情況，然後選擇一家作為釋義的基本根據：

> 爰從晉宋，逮於周隋，其傳禮業者，江左尤盛。其為義疏者，南人有賀循、賀瑒、庾蔚、崔靈恩、沉重宣、皇甫侃等。北人有徐遵明、李業興、李寶鼎、侯聰、熊安世等。其見於世者唯皇、熊二家而已。熊則違背本經，多引外義又欲釋經文，唯聚難義，猶治絲而棼之。皇氏雖章句詳正，微稍繁廣；又既尊鄭氏，乃時乖鄭義。此皆二家之弊，未為得也。然以熊比皇，皇氏勝矣。今奉敕刪理，仍據皇氏以為本，其有不備，以熊氏補焉。（《禮記正義・序》）

《五經正義》每一部都是這樣，選擇一本漢魏南北朝的注或義疏，「據以為本」。但這種據以為本，並不是「始終主從一家之義旨以引申發揮之」的專門之學，而是加以刪補訂正，以形成自己的一套解釋。

這個特點，在講儒家經學史時，就從來沒有人弄懂過，所以才產生了「注解經，疏又解注」的錯誤看法，而且把這種看法規則化，提倡「著書之例，注不駁經，疏不駁注，不取異義，專宗一家，曲徇注文，未足為病」（皮錫瑞《經學歷史》七）。蘇先生所說那種始終主從一家義旨的儒家漢唐義疏傳統，即是在這種誤解下說的。②

這是由於不瞭解義疏這種著作之體例及流變、亦不能知唐人撰此義疏之意所形成的誤解，更沒有檢查一下這類義疏中是否真是「疏不駁注」。

我們必須注意唐初處在南北文化重新統合的歷史情境中，整個學術所顯現出來的那種「判攝精神」，亦即判別與融攝。此不只表現在像孔穎達編修《五經正義》這方面，佛家如天台宗、如華嚴宗，也都在這個時候，展開了判教的活動。他們的宗義，正是在這種判教活動中建立起來的。道教並沒有如此大規模的判教，但其情況一如儒家，乃是通過經典義疏之判檢與融攝而推展出新的格局、新的義理系統的。這一步，即是唐代道教或道家理論，之所以不同於南北朝時期，且能進而影響、開啟了宋代道家與道教義理的關鍵。若把成玄英疏看成是郭象注解的傳述者，並以合不合乎郭注來要求成疏，對這一點，就無法理解了。

縱使我們不採這個思想史的觀點，也應注意到成疏和郭注顯然的差異。在成玄英的義疏中，他不是以郭象的辯護者姿態出現的。他在大部分地方順著郭注去講，或替郭象解釋闡發，只是因為這樣最方便。但他對郭象以外的解說並不排斥，對於自己的心得也頗珍惜，序文說：

自古高士，晉漢逸人，皆莫不耽玩，為之義訓。雖注述無可閑然，並有美辭，咸能索隱。玄英不揆庸昧，少而習焉，研精覃思三十矣。依子玄所注三十篇，輒為疏解，總三十卷。雖復詞情疏拙，亦頗有心跡指歸，不敢貽厥後人，聊自記其遺忘耳。

這種口氣，不是做郭注傳人的唇吻。因此，我們也不能指望他「曲徇注文」。舉幾個例子。〈齊物論〉：「人之生也，固若是芒乎！其我獨芒，而人亦有不芒者乎」，疏曰：「郭注稍乖，今不依用。」「吾待蛇蚹蜩翼邪」，疏曰：「昔諸講人及郭生注意，皆云蛇蚹是腹下齟齬，蜩翼者是蜩翅也。言蛇待蚹而行，蜩待翼而飛，影待形而有也，蓋不然乎！今解蚹者蛇蛻皮也，蜩翼者蜩甲也，言蛇蛻舊皮、蜩出新甲，不知所以，莫辯其然，獨化而生，蓋無待也。」

又，《養生主》：「古者是謂帝之懸解」，疏曰：「老君大聖，冥一死生，豈復逃遁天刑，馳騖憂樂？子玄此注，失之遠矣。若然者，何謂安時處順，帝之懸解乎？文勢前後自相矛盾。是知遁天之刑，屬在哀慟之徒，非關老君也。」〈天地篇〉：「天下有道則與物皆昌」，注：「猖狂妄行而蹈乎大方也」，疏：「運屬清夷則撫臨億兆，物來威我則在時昌盛。郭注云猖狂妄行，恐乖文旨。」這都是成玄英明顯反駁郭象的地方。小至字詞的理解，大至對莊子義理的全盤掌握，成玄英其實是自有權衡的，所謂「亦頗有心跡指歸」，即指此言。我們只推崇他確立郭注地位的功勞，實在還是小看他了。

不只如此，道士成玄英以這種方式提出他的莊子詮釋，對道教思想史也有極為深遠的影響。莊子學在漢代並不顯。魏晉時期，玄風大暢，老莊與易學號稱三玄。但治莊子者，頗有佛教中人，卻難得看到道士跟《莊子》有什麼關係。當時著名的和尚支遁，解〈逍遙遊〉極為出名。僧肇的《肇論》與莊子的關係也極深。《釋門自鏡錄》又載：「智稜，事沙門道乘為師。善《一涅槃》、《淨名》，尤攻《數論》，《莊》、《老》二書，彌所留意。」這些和尚精通老莊，是因為佛教傳入中國，必須通過老莊，以便於格義，所以莊老不得不熟。相對於佛教界，南朝道教徒對莊子書的態度便頗不相同。

道教利用老子書，淵源甚久長；六朝時道士釋講老子的事，也時有所聞。如孟智周作《老子義疏》和《道德玄義》、臧矜作《道德經疏》、庾承先屢講《道德經》等，都是六朝道士繼張陵父子《老子想爾注》之後，進一步消化老子義理的事例。莊子學則不然。道教與莊子的關係，本來就很淡遠。正一派固然只尊崇老君；上清派卻依《大洞真經》、《黃庭經》等立派；靈寶派奉《度人經》；三皇派則有《三皇經》。他們各造經卷，各成體系，都用不著《莊子》。連《老子》似乎也不放在眼裡，故《二教論》言道士云「老經五千，最為淺略，上清三洞，乃是幽深」。《抱朴子》也說：「五千文雖出老子，然皆注論較略耳，了不肯首尾全舉，其事有可承案也。至於文子、莊子、關令尹喜之徒，雖祖述黃老，但演其大旨，永無至言。」對其書之評價如此之低。所以魏晉南北朝間，難得看到道士參研《莊子》的例子。③

而且陸修靜的《三洞經書目錄》，據《笑道論》載，「本無雜書諸子之名」。其後的孟法師《玉緯七部經書目》，似乎也只收了一些有關老子的書。北朝道士所編《玄都經目》，雖收了諸子書八八四卷，但《笑道篇》曾指出《連山》、《歸藏》、《易林》、《太玄》、《金匱》、《六韜》等都不在其中，譏其所收為「八老黃白之方，陶朱變化之術，翻天倒海之符，辟兵殺息之法及藥方咒厭」，則《莊子》一書亦未必即在其中。可見從目錄上考察，也不能說當時道士已經重視《莊子》這本書了。

換言之，道士正視《莊子》，替它作注疏，成玄英可能是第一人。成玄英著作之可考者，別有《老子道德經》二卷、《老子開題序訣義疏》七卷，見於《新唐書》著錄（原書久失，蒙文通從《道藏》中輯出）④。又，北宋陳景元《靈寶度人經集注》也收了成玄英的注。注老子，是六朝道士之慣技。《度人經》，齊嚴東、宋文同、唐薛幽棲、李少微等，亦皆有注。也就是說：這些都是道士的份內事，唯獨注莊，對道教來說，倒還是件比較新鮮的經驗。

這件事對道教關係重大。唐代道教，顯然在義理上遠勝於六朝，卿希泰《中國道教思想史綱》第二卷嘗云：「道教在唐宋時代，是教理的不斷深化和向前發展的時期。這時研究道書的風氣空前濃厚，著名的道教學者相繼出現。」⑤為何如此？可能有各種原因，但道教開始吸收消化莊子，實為重要原因之一。從成玄英開始注莊，至天寶二年，玄宗詔令崇玄館學士於三元日講《道德》、《南華》，群公百辟，咸就觀禮（《唐大詔令集》卷七八），莊子在道教中的地位才算奠定，《莊子》才真正成為道教教理的骨幹。著名道士司馬承禎的重要教理著作《坐忘論》，即得名於莊子「心齋坐忘」的故事。司馬承禎之外，趙堅也有《坐忘論》七篇；另外《通志》還記載了吳筠《坐忘論》一卷。這是盛唐最重要的幾位道士吸收了莊子學的例證。由這個線索來看，我們就更能明白成玄英注疏《莊子》的價值和意義了。

（二）成玄英注疏諸書所顯示的兩個方向

在成玄英所曾注疏過的經籍中，我們特別注意莊子疏，當然是基於上述理由。另外，則是因為《度人經注》尚不足以代表成玄英成書當時的思想發展。

為什麼說《度人經注》尚不足以代表當時思想的發展，亦不甚能見成玄英之思想呢？成玄英所注《度人經》全書已不可見，今只部分收入陳景元《度人經集注》中。

依現存成注觀察，他與齊朝嚴東的理解並沒有太大的不同。某些段落，固然也能見出成玄英個人特殊的義理思路，如「人皆十惡不生，動合真常之理」（卷一），「以心識為患，若能舍除心識，以至無為，即得升入妙成天中也」，「若令空有都無，即失真中之應」（卷二）之類，畢竟只是少數。該注主要的重點，乃是強調真文信仰。如云：「真文之體，為諸天之根本」，「天尊布落玉策真文，普度天人神鬼也」（卷二）；「天尊以火煉之真文開列天地運化，乾坤三光，運度有常，各是自然之理，非關造作之功也」，「三界魔王，自作洞玄之歌，人能誦持，尚得成真。況有聞我靈寶本章之人，若能誦持，悉得三界魔王敬其形體」（卷三）；「學者能服其字，則隨人所習，功滿之日，各歸其處，其法在內音玉訣」，「天有八字，合成六十四音。修學之人，隨所服佩」，「佩服靈文，即隨氣所至，功圓行滿，升為金闕之臣。是知積學成真，通真入聖。有知玉字之音，骨肉同飛」（卷四）。

這些有關真文玉音信仰的論述，是順著《度人經》說的，屬於文字崇拜和咒術信仰，道教之所以為教，即建立於此。成玄英作為一個道士，信仰這種真文玉音，乃是鞏固其宗教情操所必需。但這一部分，純係原初道教教理的繼承，並無開拓可言；也看不出成玄英對這種文字崇拜和語言信仰有什麼理性的反省。其態度和注老疏莊，頗為不同。

所謂真文玉音，是說宇宙由混沌顯現出秩序，這個秩序就是道，道就是一種文理秩序，天地萬物都依這個秩序運化。所以天地萬物之文理皆來自這原初的文理秩序，或者說它們有內在的一致性。一切天文地文人文，皆根源於這最初之文，故名此最初之文為「真文」。最初何以有此真文秩序？道教的說法主要採用氣化自然形成說，但也羼雜了至上神創造說，謂為元始天尊或其他人創造者。成玄英即是要調和這兩種說法，所以他認為：「真文之體，為諸天之根本，稟元始妙氣之自然，而化成大道之法身。妙氣自成，不復更有先祖也。」此外，道教認為修真者要掌握宇宙創造性的奧秘，其關鍵就在掌握這種真文，所以成玄英也說：「修學之人，無此真文，則不得成真人道。」（見卷二）⑥

在這些地方，成玄英顯然是位篤守道教基本理路的道士。正是為了對道教有根源性的理解與掌握，促使他進行了《靈寶無量度人經》的注釋。

但僅有這樣的注，可以使成玄英成為一位合格的道士，卻不足以成為一位對道教思想有開拓性貢獻的道士。他對道教思想的開拓性貢獻，主要就表現在他所注的《老子》和疏釋的《莊子》上。

在《老子注》和《莊子疏》裡，成玄英論道體、道之生化，均不再採用真文說，例如《老子》云：「道生一，一生二，二生三，三生萬物」，成注：「從本降跡，肇生元氣，又從元氣，變生陰陽，於是陽氣清浮，升而為天；陰氣沈濁，降而為地。二氣升降，和氣為人。有三才，次生萬物。」就顯然避開了元始天尊和真文的說法，與上文所舉《度人經注》不同。在《莊子疏》裡也是如此。這並不是成玄英依文為釋，缺乏定見，故形成矛盾，而是他面對不同的道教經典，注疏態度和目的不同使然。宗教徒在進行思想創造活動時，往往會出現這種現象：一方面先安頓自己的宗教信仰問題，一方面嘗試展開新的可能跨出自己宗教領域的探索。成玄英是個顯著的例子。

（三）由其吸收佛學看唐初道教義理之新發展

成玄英的探索之一，是吸收佛學。

例如《老子》「塞其兌，閉其門」，成玄英說：「體知六塵虛幻，根亦不真。內無能染之心，外無可染之境。」六塵、根，都是借用佛教名詞。《老子》「善行無轍跡」，成云：「此明目業淨」；《老子》「善言無瑕讁」，成云：「此明口業淨」；老子「善計不用籌算」，成云：「此明意業淨」。三業清淨，也是用佛教說法。在《莊子疏》中，他更是廣泛使用「淨／智」「能／所」「聖／凡」「空／有」來說明玄理，也認為玄悟者應該「內蘊慈悲，外宏接物，故能俯順塵俗，惠救蒼生」（《齊物論疏》）。這都是他明顯受到佛家影響或有意識地運用佛家義理解釋老莊之處。⑦

我們習慣了一種說法，認為佛教傳進中國後，是通過老莊學才使得其教義廣為士庶所知。特別是般若學六家七宗，皆與老莊之學關係密切。⑧因此，講老莊的人，採用佛學來談玄理，似乎也沒什麼不可以，應該也是很自然的事。殊不知「格義」只是佛學流傳初期的方便，後來佛教便不樂意和老莊混淆了。像僧肇評論當時解空諸家，分為三宗，後來周彥倫論假名空宗，自謂上承僧肇之學，即以為：「世學未出於前二宗，而第三宗假名空則為佛之正說，非群情所及。」所謂佛之正說就是指它不雜於老莊。湯用彤《漢魏兩晉南北朝佛教史》曾指出：

> 魏晉以來，自佛家言，則釋迦實達空玄無形之真境，而五千文只以導俗。神仙張陵，更為下劣。明僧紹作《正二敬論》，謂釋迦所發乃「窮源之真唱」，周孔老莊乃「帝王之師」。又言「佛明其宗，老守其生。守生者蔽，明宗者通」。張融《門律》以為「道也與佛，逗極無二，寂然不動，致本則同」。周顒難之。周氏之意，老於之虛無，實不及佛法之即色非有。本固無二，致本者，釋而非李。（第二分第十三章）

可見當時佛教徒已經把佛老之分看得十分嚴重了。故《廣弘明集》載梁武帝《舍道歸佛文》曰：「弟子經遲迷荒，耽事老子，歷葉相承，染此邪法。」佛教界的態度，恐怕正是要努力和這老莊「邪法」區分開來的。

在道家方面，名士論佛論道，固多依違之談。道教對佛教卻抱著很強的敵意。西晉道士王浮作《化胡經》，把佛道問題提舉成夷夏文化之爭的問題。而道家的自然說，也成為破斥佛家因果說的武器，如陳朱古卿的《法性自然論》就是如此。蓋於種族文化上、基本教義上，道教是不與佛教妥協的？湯用彤提到：「北朝道教勢力，由寇天師而光大，遂有太武世之法難。南方佛道之爭亦漸烈。晉簡文帝時，尼道容反對清水道師王濮陽。宋時沈攸之刺荊州普沙簡沙門。攸之在荊州曾有道士陳公昭，貽以天公書。攸之當信道教者也。齊初丹陽尹沈文季奉黃老，欲沙汰僧尼。又於天保寺設會，令道士陸修靜與僧道盛議論。因二教之鬥爭，而雙方偽造經典，以自張其教。及至宋末，道士顧歡乃作《夷夏論》以為黜佛，為宋齊間二教上之一大事。」這些尚只是南北朝佛道之爭中一小部分事例而已。但這些事例已足可供我們瞭解南北朝時期佛道之間的緊張關係了。⑨

這種關係，到隋唐並未解凍。唐高祖與唐太宗都獎崇道教甚於佛教，高宗亦然，故而兩教爭論不斷。成玄英處在這樣的環境中，自然也仍堅守著道教的基本立場。所以他引用《老子化胡經》、《老子西升經》甚多。

除了在《度人經注》中如此之外，他注《道德經》亦屢引《西升經》作解，並說「太上是玄天教主，太上大道君也」，「在玉京之上，京闕之中」（「太上下如有之」疏）；且多次稱老子為「教主」；一再援引老子化胡之說，以申明經義。如「將欲歙之，必固張之」疏「昔者老君西入？賓化胡之日，初忞其凶悖，然後化之以道是也，其委曲逗留，具在《文始內傳》」之類。疏莊子時，也是這樣，如〈天地篇〉「記曰：通於一而萬事畢」疏：「一，道也。夫事從理生，理必包事，本能攝末，故知一，萬事畢。語在《西升經》。莊子引以為證。」這是認為《西升經》係老子所作，故莊子引其語也。據此，他亦把莊子書中的許多「夫子曰」，解成老子曰，認為「夫子者，老子也。莊子師事老君，故曰夫子也」。這與某些人將莊子書裡的夫子看成是指孔子，顯然不同，突出了成玄英特舉老莊、高出儒墨的立場。故老子不但是道教的教主，其書亦「是三教之冠冕，眾經之領袖」（《道德經開題》），莊子書則是「鈐鍵九流，括囊百氏」之作。對於莊子《養生主》敘述老子死的事，他也有另一番解釋，曰：「老聃，大聖人也，降生陳國苦縣。當周平王時，去周度流沙，適之罽賓。而內外經書，竟無其跡。而此獨云死者，欲明死生之理泯一，凡聖之道均齊。此蓋莊生寓言耳。而老君為大道之祖，為天地萬物之宗，豈有生死哉？故托此言聖人亦有死生，以明死生之理也。故老君降生、行教、升天，備載諸經，不具言也。」⑩

相不相信老子化胡西升，是道教徒對佛教態度的最重要指標。越相信，其對抗佛教的態度越積極。同理，佛教界對道教的老子化胡西升傳說，也最反感。《化胡經》後來終於不傳，即是佛教界長期反擊的結果。成玄英是一篤信老君化胡西升說的道士，他不可能沒有這種佛道畛域之念；何況他堅稱老君係三教教主，更不可能沒有道教本位的立場。既然如此，他的《老子注》、《莊子疏》為何極力吸收或運用佛教義理呢？

這才是唐初道教最有趣的地方。也就是說唐初佛道之爭雖然極為激烈，道教徒雖然仍篤守本身宗教立場，但消化吸收佛教理論，以深刻化其本身之教義，似已成為像成玄英這樣的道士之用心所在。

不但成玄英是這樣，《續高僧傳》卷九載：「時松滋有道士姓俞者，學冠李宗、業賅儒史。常講老莊，私用內經。」這位俞道士，所採取的途徑，即與成玄英相仿。可惜他的著作並未流傳，故不能知其吸收情況如何。我們可以找到並持與成玄英之注疏老莊相比觀者，厥惟王玄覽的《玄珠錄》。

王玄覽生於唐高祖武德九年，卒於武周神功元年，與成玄英活動的時代幾乎完全一樣。但他只在四川活動，故二人蹤跡並不相接；《玄珠錄》之流傳亦稍後於成玄英所注諸書。然而，王玄覽這位道士，與西華法師在取徑上實在極為肖似。他一方面接受了四川老子學的傳統，依漢代嚴遵的《老子指歸》進行對老子的理解；一方面「耽玩大乘」，以至「三教經論，悉遍披討，究其源奧」。所以他被益州長史李孝逸召見時，「與同游諸寺，將諸德對論空義。皆語齊四句，理統一乘，問難雖眾，無能屈者」。不僅如此，他在至真觀出家時，更曾作過《真人菩薩觀門》。此書今雖失傳，但大體可以判斷它是以道教「真人」的說法，融攝佛教「菩薩行」，或吸受天台觀法之作。宗旨大概與他晚年另作《九真任證頌道德諸行門》兩卷，相去不會太遠。⑪

今依道士王太霄所編《玄珠錄》來觀察。王玄覽的思想，完全不曾出現過有關莊子的影響，而主要是一種由《道德經》發展出來的新道論。利用佛教的義理，他以道言心，「以心道為能境」、「身為所能」，希望達到「法界圓成，能所各息」的境地。借用了佛教「法」的觀念，他又說：「諸法無自性，隨離合變為相為性。釧鈴無自性，作花復作像。花像無自性，不作復還金。所在不離金，故得為真常。」（卷下）此說吸收佛教義，極為明顯。而且佛教理論，對王玄覽來說，不是枝枝節節地羼用與比附，而是真正消化重新構造的一套老子詮釋。南北朝諸高道均不可能達到此等地步。

此即道教義學的發展。王玄覽與成玄英都代表了這個階段的努力。由道教史看，魏晉南北朝前期，葛洪代表神仙思想的系統性總結以及確立丹鼎派的理論與發展，另外，上清派、靈寶派的經典以及信仰體系也確立於此一時期。中期以後，陸修靜在南方整頓科儀、整理文獻，寇謙之在北方改革教團；陶弘景繼起，建立道教神仙譜系、發展煉養理論。此時有關的理論固然素樸，大抵不外「以藥石煉其形，以精靈瑩其神」（陶弘景《答朝士訪仙佛兩法體相書》）而已。但在信仰譜系、教團組織、經典文獻、科儀規戒皆獲整理而齊備之後，立基於原先較為素樸的理論上，求進一步的發展，正是勢所必至者。成玄英和王玄覽不約而同地表現了類似的思想狀態，恰好幫我們說明了什麼叫做時代的需要和思想史的發展脈絡。

（四）由其貶抑儒家論成疏之詮釋情境與策略

過去講思想史，對這些問題均缺乏關注與瞭解。就連論道教史也是如此。像著名的窪德忠《道教史》，論隋唐一段，即只談到道教禮儀的制度化、道教教團的發展。而且他說：「或許有人認為，從道教史上看，隋朝是毫無意義的時代，我以為不能如此斷言」。那麼，他看出了什麼特殊意義嗎？沒有。他只發現「隋朝的道教是南北朝時代道教的延續」罷了。關於唐代道教的內容和特點，他認為：「教理方面繼承了南北朝以來的傳統，並無多少新發展」，「值得注意的是儀式和禮儀」。這樣的論斷，不僅是買櫝還珠，且真不知思想史為何物矣。⑫

我們應注意隋唐之際思想融攝與競爭的態勢。這不是沒有意義的時代；恰恰相反，這是一個關鍵時期。儒、道、釋都一樣。儒家集修《五經正義》綜攝六朝之經典注疏予以判釋，並力破以佛義解經者（如孔穎達〈周易正義・序〉云：「若論住內外之說，就能就所之說，斯乃義涉於釋氏，非為教於孔門」⑬）。佛家由空有雙軌轉入真常心的發展，形成「中國式佛教」也正在此一時期。

在這個時期，儒佛彼此都是處於對抗競爭的立場上，但又互相吸收消化。如儒家固然批判利用佛義解經者，可是孔穎達自己的注就吸收了不少佛學義理，像乾卦象疏云「無識無情，今據有識而言，故稱曰情也」，以識言情，便是其中一例。佛教在對抗批判儒道時，也是聲勢洶洶，動輒說別人盜剽了佛教理論。然而若不是深受中國哲學的影響，中國佛教怎會在隋唐之際特別發展在印度並不顯盛的如來藏自性清淨心系統？怎麼會有《大乘起信論》一類標示著由唯識到真常的經義和華嚴等宗派？

道教也是如此。重新對道家原始經典，如《道德經》、《元始度人經》等，加此理解；判攝六朝玄學；吸收佛家理論，對南北朝道士所未及注意的《莊子》，展開詮釋：正是像成玄英這樣的道士努力之方向。

據澄觀《華嚴經疏鈔懸談》卷廿四載：「今時成玄英尊師作莊老疏，廣引釋教，以參彼典，但見其言有小同，豈知義有大異。」可見成玄英疏在當時，即已引起佛教界的注意並予以反擊了。但成玄英利用佛理，以參彼典，本非為了弘揚佛法，因此必然義不同於釋教，乃是自己建構的一套新玄學。

這套新玄學，在當時除了要用以與佛教競爭外，也欲持與儒家對抗。批判與貶抑儒家，是成玄英《莊子疏》的重要氣氛，也是它跟郭象注很不相同的地方。如〈齊物論〉疏曰：

夫詮理大言，由猛火炎燎，原野清蕩無遺。儒墨小言，滯於競辯，徒有詞費，無益毅方（「大言炎炎，小言詹詹」郭注：「此蓋言語之異」）。

昔有鄭人名緩，學於求氏之地，三年藝成而化為儒。儒者，祖述堯舜、憲章文武、行仁義之道、辨尊卑之位，故謂之儒也。緩弟名翟。緩化其弟，遂成於墨。墨者禹遁也，尚賢崇禮，儉以兼愛，摩頂放踵以救蒼生，此謂之墨也。而緩翟二人，親則兄弟，各執一教，更相是非。緩恨其弟，感激而死。然彼我是非，其來久矣。爭競之甚，起自二賢。故指此二賢為亂群之帥（「故有儒墨之是非」疏，郭象無注）。

這都是超出郭注之外的議論，編出一套故事來譭謗儒家⑭。由於《莊子》原文即有批評儒墨的言論，所以我們常忽略了成疏這種特殊的主張，對郭象與成疏之異，亦未留心。事實上，對莊子毀儒墨之言，注解者常有不同的理解與處理，成玄英和郭象便迥然異趣。如〈德充符〉「無趾語老聃曰：孔丘之於至人，其未耶？何賓賓以學之為？」一段，郭象曲折婉轉地說明孔子仍是至人，仍然達到了「冥」的境界；成玄英則趁機大肆貶抑孔子：

【莊】無趾語老聃曰：「孔丘之於至人其未耶？彼其賓賓以學於為？彼且蘄以諔幻怪之名聞，不知至人之以是為己桎梏耶？」老聃曰：「胡不直使彼以死生為一條，以可不可為一貫者，解其桎梏，其可乎？」無趾曰：「天刑之，安可解？」

【注】夫無心者，人學亦學，然古之學者為己，今之學者為人。其弊也遂至乎為人之所為矣。夫師人以自得者，率其常然者也。舍己效人而逐物於外者，求乎非常之名者也。夫非常之名，乃常之所生，故學者非為幻怪也。幻怪之生，必由於學禮者，非為華藻也。而華藻之興，必由於禮，斯必然之理，至人之所無可奈何，故以為己之桎梏也。

【疏】夫玄德之人，窮性極妙，忘言絕學，率性之知，而仲尼執滯文字，專行聖跡。彼之仲尼，行於聖跡，所學奇譎怪異之事，唯求虛妄幻化之名。不知方外體道至人，用此聲敬，為己枷鎖也。

【注】今仲尼非不冥也。顧自然之理：行則影從，言則響隨。夫順物則名跡斯立，而順物者非為名也。非為名則名至矣，而終不免乎名，則孰能解之哉？故名者影響也。影響者，形聲之桎梏也。明斯理也，則名跡可遺。名跡可遺則當彼可絕。當彼可絕，則性命可全矣。

【疏】仲尼憲章文武、祖述堯舜、刪詩書、定禮樂、窮陳蔡、圍傷周，執於仁義，遭斯戮恥。亦猶行則影從、言則響隨，自然之勢，必至之宜也。是以陳跡既興，疵釁斯起，則不困弊，其可得乎？故天然刑戮，不可解也。

郭注的重點在於：孔子本身雖已「以直理冥之，冀其無跡」，達到了冥的境界，但名是會自然隨生的。對這種名，至人把它視為桎梏，無可奈何，更不會去求名。此乃以孔子為至人者也。成玄英不然，他說孔子只是學奇怪譎異之事、求虛妄幻化之名，故宜受天之刑戮。

這個例子，顯示了郭注與成疏迥異的詮釋情境。依郭象注，他所想處理的是自然與名教的調和問題。所以雖分自然為本、名教為跡，但強調跡冥。人若能體冥以致道，則自然與名教是可以合一的。所謂：「未有遊極外之致而不冥於內也，未有能冥於內而不游於外者也。」故孔子是倡言名教者，但同時也是已冥於內者。

尋求自然與名教的調和，係魏晉玄學的主要傾向。且當時談老莊者雖多，孔子是聖人的觀念仍未動搖：或視孔子為已體無者、老莊僅係能言無者；或企圖說明老莊與孔子不相衝突。郭象注即是在這種氣氛中寫成，並想處理這些問題。所以他努力把莊子抨擊孔子之語，解釋成孔子無心以成化，說「聖人常遊外以宏內，無心以順有」。此聖人即指孔子而言。⑮

成玄英面對的問題，不是要調和孔與老、自然與名教。他站在道教徒宣教的立場，抨擊儒墨、貶抑仲尼，並吸收佛家來推舉老莊。所以他把老莊與孔子分成方外與方內兩途，說：「玄儒理隔內外，道殊勝劣，而論不相及。仲尼既依方內，則是自然之理、刑戮之人也，故〈德充符篇〉云：天刑之，安可解！」「仲尼顏子猶拘名教，為昏於大夢之中，不達死生，未嘗暫覺者也。」（皆見〈大宗師〉疏）「聖跡為害物之具，而儒墨方復攘臂分外，用力於桎梏之間，執跡封教，救當世之弊，何荒亂之能極哉？」（見〈在宥〉疏）⑯

這種詮釋情境與策略，使得成玄英在碰到莊子誇獎孔子時，便不得不繞個彎。例如〈德充符〉言魯哀公告訴閔子騫：「今吾聞至人之言，恐吾無其實，輕用吾身而亡其國。吾與孔丘非君臣也，德友而已矣」，顯然是以孔子為至人。但成疏卻扯上老莊之教，曰魯君解悟後，「友仲尼以全道德，禮司寇以異君臣。故知莊老之談，其風清遠，德充之美，一至於斯」。這樣的解說方式，強烈地顯示了宣教的立場，與郭象只把《莊子》看成是「未體之」的「不經」之談，實在極為不同（見郭象《莊子注・序》）。

蓋成玄英是在「名教」之外，另揭一教：道教。他說：「下機障重，信根不足，故貴重世俗浮偽之言，故不信至道真實之教。是以迷惑日久，罪障滋深也。」（《老子》「信不足有不信」疏）這個教，有時他也稱為頓教、大乘、玄宗、玄教、大教、天尊大道等。他注《老子》時，所採用的經文和所參考的注就都屬於道教系統。例如蒙文通發現他所依據之經文和唐代易州遂州龍興觀《道德經》碑文相合。這即是道教系統的本子。另外，成疏在校勘時頗有論案，如「諸本皆作『亦』字，唯張系師及陸先生本作『之』字今用『之』為是」（「聖人之不傷人」疏），「諸家云『笑』，河公本作『肖』字，云不肖猶不善」（「夫唯大故不笑」疏），這些地方也可發現他所引據參考的本子多來自道教系統。⑰在疏釋文義時，引用的更是教內經談，如《西升經》之類，從來不採錄王弼等教外人士對老子的看法，可見他在注疏《老子》時是非常自覺地把自己放在一個特定的解釋傳統中發言。疏《莊子》，態度當然也是如此。故彼雖「依子玄所注，輒為疏解」，卻涇渭分流，全然異趣也。⑱

成玄英之所以採取這樣的態度，應當是由於唐初「三教講論」的歷史情境使然。自北周以來，帝室即常召百僚及三教名德共講經義，使相論辯。如《新唐書・高祖本紀》「武德七年，二月丁巳，帝幸國子學，觀臨釋奠。引道士沙門，有業舉者，與博士相雜駁難，久之乃罷」，即其一例。朝廷上爭論教義之高下是非，正反映了民間對三教的態度。在這種相雜駁難的情況下，道士運用莊子，並吸收佛理以強化本身的理論、貶抑儒士，是挺高明的策略選擇。蓋於競爭駁難的情境中，成玄英並不同時與二教為敵。他先將儒道區分開來，貶抑儒家，而不正面批評佛教；但在不得罪佛教之際，他又深入佛教教義，吸收轉化以為我用。明代釋德清《觀老莊影響論》曾說：「西域諸祖，造論以破外道之執。須善自他宗。此方從古經論諸師，未有不善自他宗者。吾宗末學，安於孤陋，昧於同體，視為異物，不能融通教觀，難於利俗。」為了競爭駁難，他認為必須「善自他宗」，瞭解對方說些什麼。成玄英則不只如此，他乃是善自他宗以強化本身的教義，以應敵利俗、宣教接物的。

（五）成玄英治身與治國合一的理論結構

以上第一節我們說明了成玄英疏係依郭象注作解，但其理論實與郭象不同，且為道教吸收《莊子》之首例。第二節討論成玄英注莊和他注《度人經》之不同，是開闢了新的方向與內容。第三、四節試析其展開新探索之故，認為成玄英因處在隋唐特殊歷史情境中，故以吸收佛學、對抗儒家為念。

現在，我準備通過一個例子，來具體說明成疏如何順著郭象注，去講出一套既融攝佛學，又批判儒家的理論。然後，再借著這種說明，徹底推翻現今已有的研究觀念，建立起新的解釋模型。

我選擇的事例，是最能代表郭象學說的「逍遙義」。

顯然成玄英也最重視逍遙義。《莊子疏‧序》中，成玄英即特別提到莊子「以逍遙建初」的辦法。我們就也從這兒展開吧！成玄英曰：

所言逍遙者，古今解釋不同。今泛舉紘綱，略為三釋。所言三者，（1）第一顧桐柏云：道者，銷也；遙者，遠也。銷盡有為累，遠見無為理，以斯而遊，故曰逍遙。（2）第二支道林云：物物而不物於物，故逍然不我待，玄感不疾而速，故遙然靡所不為，以斯而遊天下，故曰逍遙遊。（3）第三穆夜云：逍遙者，蓋是放狂自得之名也。至德內充，無時不適，忘懷應物，何往不通？以斯而遊天下，故曰逍遙遊。所以逍遙建初者，言達道之士，智德明敏，所造皆適，遇物逍遙，故以逍遙命物。

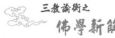

此於古人逍遙義，有釋而無斷，但已提出自己的看法：蓋以逍遙乃達道者之境界，且又「以逍遙命物」。這應是順郭象注而說者。

郭象解莊，係以適性為逍遙，說：「物任其性，事稱其能，各當其分，逍遙一也」，「苟足於其性，小大雖殊，逍遙一也」，「極小大之致，以明性分之適」。大小、年數、能力等，是自然材質上的限制，也是被決定的本分，郭象稱為本性或性分。物各充分發展此本性，即為適性逍遙。但是，這些小大短長等等，皆屬生之限制，所以也落入客觀因果之牽扯中，不可能

「無待」。如何才能真逍遙呢？郭象說：

> 夫唯與物冥而循大變者，為能無待而常通。豈獨自通而已哉？又順有待者，使不失其所待。所待，則同於大通矣。
>
> 自此以下至列子，歷舉年知之大小，各信其一方，未有足以相傾者也。然後統以無待之人，遺忘彼我，冥此群異，異同得而我無功名。

客觀地說，萬物適性的自然狀態，因仍為有待，故仍非真逍遙。唯聖人通過「冥」的工夫而達到的境界，始「為能無府而常通」的真逍遙之境。但聖人不只自通而已，更要通物，以「順物」的方式，順物之性，使各安其性，「順有待者，使不失其所待，同於大通」。到此地步，有待與無待者，因皆同於大通，故又皆可謂逍遙矣。

這是郭象注的義理曲折處。而大體也可以解釋成疏的立場，或者說成玄英是依郭象注予以發揮，認為達道之士，不僅能通過修養工夫，達到「所造皆適」的境界，也能以逍遙命物、匠成庶品。內七篇大概即以此分為兩部分：〈齊物論〉是「無待聖人，照機若鏡，既明權實之二智，故能大齊於萬境」，〈養生主〉是「混同庶物，心靈凝淡，可以攝衛養生」，〈人間世〉是「善惡兩忘，境智俱妙，隨變任化，可以處涉人間」，這三篇屬於內聖部分。後三篇，〈德充符〉「支離其德，外以接物」，〈大宗師〉「接物無心，忘德忘形，契外會內之極，可以匠成庶品」，〈應帝王〉「即寂即應，既而驅馭群品」，則屬於命物逍遙的外王部分。

成玄英是認為外篇以下「既無別義」的。因此這個結構應該也就是他所理解的整個莊子義理架構。特著於序文中，要非無故。

然則，其故安在？

依前者，內聖無待，必須兩忘雙非，境智俱妙。在討論這一部分時，成玄英是徑以佛學空宗義理解莊的。對於後一部分，則佛學本無處理，成疏即必須消化郭注以正視之。

前文曾經說過，成疏有強烈貶抑孔子、批判儒墨的言論。這些言論事實上也顯示了成疏無意於迴避有關治世治國的問題。據杜光庭說，歷代老子學可分成幾種進路，一是明理國之道者，如河上公、嚴君平；二是明理身之道者，如孫登、陶弘景、顧歡；三是明事理因果之道者，如鳩摩羅什、佛圖澄；四是明虛極無為理家理國之道者，如何晏、王弼、鍾會等。（《道德真經廣聖義》卷五）道教中多半為講治身養氣、攝衛養生之士，論道自然亦偏於理身修養、虛寂靈照方面。成玄英是道士，他亦未必要為帝王師，故其理論必然會著重在治身方面。但他又面對著儒家教化治世的型態，逼使他必須作一回應。這種回應，不是在儒家之外，另舉一道教之價值理想便罷，而更是要具體說明道教對治世理國的態度與方法。因此，他藉郭象的逍遙義，架構了這個內聖外王的格局，企圖說明道教才真能治世，不僅能治身而已。〈駢拇篇〉疏曰：

（1）曾史之德，性多仁義，羅列臟府而施用之。此直一家之知，未能大冥萬物。務此為行，求於天理，既非率性，遂成淫僻。（2）夫仁義之情，出自天理，率性有之，非由仿效。

彼仁人者，則是曾史之徒，不體真趣，橫生勸獎，謂仁義之道可學而成。莊生深嗟此迷，故發噫歎。（3）曾史之徒，行此兼愛，遂令惑者舍己效人。於是憂其紛擾，還救以仁義；不知患難之所興，興乎聖跡也。

第一段借駢拇枝指為喻，說大家應安於性分，勿慕駢拇枝指者，勸告一般人不必企羨那些特別仁義聰明如離朱師曠曾參之類的人。性多仁義智慧者，也不應以個人的特長來規範大家；或以自己為標準，要大家學他。適性、率性、知足於性分等說，至此，即有一新的政治意涵。率性知止，乃具有積極意義。

第二段也顯示了成疏的特殊立場，亦即反對行仁義而並不反仁義。他認為仁義本出於天理，只要率性，便能有仁義；行仁義、鼓吹仁義、叫人學為仁義，則是執滯仿效，舍己徇人。反之，若能率性冥物，「夫能與物冥者，故當非仁非義而應夫仁義；不多不少而應夫多少」。這種態度，在下文將會再予討論。蓋所謂「不舍有而證無」之思路也。依此思路，成疏顯然非舍儒而言道者——不是將儒家道家分開，批判仁義而言道德，以各行其是而已，乃是非仁義而應仁義的。

因此，在第三段我們便可看到他把儒家治國之道吸收在他的架構中，說曾史之徒是「跡」、「教」、「末」、「俗」、「學」，非「理」、「性情」、「本」、「真」：

仁義者，出自性情；而三代以下棄情徇跡。夫物賴鉤繩規矩而後曲直方圓，此非天性也。諭

> 人待敬跡而後仁義者，非真性也。夫真率性而動，非假學也。故矯性偽情，舍己效物而行仁義者，是減削毀損於天性也。由是觀之，豈非用仁義聖跡招慰蒼生，使天下蒼生棄本逐末而改其天性耶？

這一段，義理極為屈曲，讓我們略作分析：自然本性，又稱真性、真常自然之性、天性、性情。它才符合自然之正理（又名為天理）。與此本性相對的，是末、是教、是跡、是凡情偽情、是俗、是學、是有為。前者為「保分率性」之正道，後者為「尚名好勝邪淫之道」。修道者，就是要「冥」此「跡」。郭象的跡冥論，在此遂有了新的意義。

郭象言跡冥，乃是把跡與冥喻為「跡」與「所以跡」，叫人勿執跡，應得其所以跡。所以跡是體、是自然；跡是用、是名教。執用固不能見體，有體當然即有用。故說到底，體用仍是一體的，有體有用，所以「理有至極，外內相冥，未有遊外之致而不冥於內者也，未有能冥於內而不游於外者也」（〈大宗師〉郭注）。在自然與名教相調和的立場上，郭象是藉此「常遊外以冥內」的理論，來辯護魏晉名士行為的合理性。成疏則不然，「跡」本身就被認為是錯的：「從理生教，遂至於此」（〈天運篇〉疏），「患難之所興，興乎聖跡也」。此類感歎都說明了：行仁義、以仁義立教，本身就是跡，就是災禍的根源。郭注說不可執跡，他則說跡本身即是執。冥，便成了破執破跡的工夫。

由於「今論乃欲反彼世情，破茲迷執」（〈齊物論〉疏），所以理與教的結構關係基本上是對立的，非調合自然與名教，而是反名教。所謂：「仲尼顏子猶拘名教，為昏於大夢之中，

不達死生，未嘗暫覺也。」（〈大宗師〉疏）

但成疏論理並不如此簡單。他說：「欲反彼世情，破茲迷執，故假且說無是無非。無是無非則用為真道。此則遣於無是無非也。既而遣之又遣，方至重玄也」，只破執還不夠，必須再破破執。《老子》疏云：「非但不滯於滯，亦乃不滯於不滯，此則遣之又遣」（第一章），即指此言。如此，其破執以顯之理，實乃一空理。他把這種空理稱為「重玄」或「重玄之域」，《太宗師》疏：「一者絕有，二者絕無，三者非有非無，故謂之三絕也。夫玄冥之境，雖妙未極，故至乎三絕，方造重玄也。」非有非無，就是空，也就是無待。

理是空，與理相對者當然也是空。據此，則「彼此俱空，是非兩幻」，「當體即空」，「無是無非，是非無窮」，「世情用之為顛倒，故有是非、可不可，迷執其分。今以玄道觀之，本來無二」，〈齊物論〉疏：

前從有無之跡，入非非有無之本。今從非非有無之體，出有無之用。即體即用。夫玄道窈冥，真宗微妙，故俄而用，則非有無而有無；用而體，則有無非有無也。是以有無不定，體用無恒。

這就由破教顯理、舍有歸無，轉到有無不定、是非不二了。必至於此，方才「是非息而妙理全」。

這種思路，成玄英自己說是「因是非而無是非，循彼我而無彼我」，「不由是得非，只因此是非而得無非無是，終不奪有而別證無」（以上皆見〈齊物論〉疏）。由於是不奪有而別證無、乃因是非而得無是非，故又是因教而得理。如〈大宗師〉疏所謂「理能生教。魚必因筌而得，理亦因教而明」，「初既依文生解，次則漸悟其理」，「因教悟理」，「必須依教遵循，勤行勿怠？懈而不行，道無由致」。

就其執跡而言，是凡；破執返本，是聖。「既而凡聖不二」（〈大宗師〉疏），「即跡即本」（〈應帝王〉疏），聖凡本跡之間乃存在一辯證關係。⑲人不能在凡之外另成一聖，只能是因此凡而為聖；同理，也不能舍教而別證一理，必須因教得理。成玄英正是通過這樣的雙遣玄觀，先破儒家仁義治國之說，再予以安頓之。

經由以上的分析，不但可以看到成玄英如何轉化運用郭象注和佛家空宗義理，也能具體解釋成氏的聖人觀。成氏的聖人，非遁世無悶之隱居高蹈士，非導引養生或神通變化之士，乃是可以做君王的人：「一時動靜相即，故可以為君中之君，父中之父，所謂窮理盡性，玄之又玄」（〈天地篇〉疏），「聖人威跨萬乘，王有世界，位居九五，不亦大乎」（〈天道篇〉疏）。換句話說，成玄英是由「治國治身，內外無異」（〈齊物論〉疏），來講「雖居廊廟，無異山林」（〈逍遙遊〉疏）。對於人倫世教，亦不廢棄。我曾在另一篇文章中描述道教的基本性質，是「不離世而超脫」，成玄英的態度，大概正是如此。⑳

應該這樣去看，對成玄英疏才能有一總體的掌握，不能像現在這樣，將他納入「重玄派」去討論，便算完事。

「重玄派」之名，在一切道經中皆無文獻根據。乃是近代蒙文通及日本砂山稔、麥谷邦夫等，以杜光庭《道德真經廣聖義》卷五中的一段話推闡出來的。㉑杜光庭說：魏之隱士孫登，注解老子，以重玄為宗；另外，「梁道士孟智周、臧玄靜、陳朝道士諸柔，隋朝道士劉進喜，唐朝道士成玄英、蔡子晃、黃玄頤、李榮、車玄弼、張惠超、黎元興，皆明重玄之道」。所以研究者便據此定了「重玄派」的系譜，說以上諸人皆可以稱為道教中的「重玄派」。

這個派別，已獲許多研究者認同，並據以描述隋唐道教史，如卿希泰、任繼愈的《道教史》就都採此觀點。但是：孟智周等人注解《老子》時都提到重玄之道，就足以證明他們屬於同一教派嗎？

說這些話的人，大概對於「何謂教派」均缺乏理解。所謂宗派（sect），無論其為教派或學派，都必須有各自的師承、宗重的經典、固定活動的場所、特殊的主張。如湯用彤所云，宗派係以「（1）教理闡明、獨闢蹊徑。（2）門戶見深，出主入奴。（3）時時說教，自誇承繼道統」為必要條件。否則便只能說是某時某地流行的一種學說或思潮，而不能說是建立了什麼學派或教派。㉒隋唐道士，或更早即有人喜歡用「重玄」來形容「道」，但那只能說是一種學說的流傳，或該時代較廣泛被採用的觀點。引一些道經，說它們都有重玄之語，故皆為重玄派，實在是推論上的大跳躍。

其次，許多人都提到「重玄」二字，對這兩個字的觀念可不見得一樣。㉓如成玄英，在注疏老莊時固多論及重玄，注《度人經》便無此語，倘重玄為其學術宗旨所在，義理攸關，何以竟不一及之？又，《太玄真一本際經》述重玄曰：「於空於有，無所滯著，名之為玄。乃遣此玄，都無所得，故名重玄眾妙之門」（敦煌Pelliiet文書3674）。把重玄解釋為遣之又遣，事實上只是一種觀法。《玄門大論》論重玄，雖也有此義，如「直趣重玄之致，因之蕩慮，終歸雙遣之津」云云，但它又說：「因為觀境，則開眾妙之門。果用成德，乃極重玄之道」，似重玄便不只是觀法，更是一果位。由此，可知光談他們「都論重玄」是無意義的。曾經提到「重玄」的劉進喜、孟安排、杜光庭等，跟成玄英的想法其實都不太相同。故僅僅指出彼等皆屬重玄派，並用這個派來概括隋唐道教學，在思想史之研究上也是無效的。

再者，成玄英說：「莊子者所以申道德之深根，述重玄之妙旨，暢無為之恬淡，明獨化之窅冥」，重玄與無為、獨化等辭是並舉的，何以知成玄英便特重「重玄」，以重玄為宗呢？今若開列成氏言「獨化」之語數十條，曰成玄英者，獨化派也，以獨化為宗，始自晉朝郭象，以至成玄英，秩為宗派，排出譜系，可乎？研究古人思想，不是這樣做的。我們應該找出成玄英整個論理的脈絡，並說明像「重玄」這樣一個觀念居其中何等位置、為何提出、與其他觀念之聯結情況如何、能否作為成玄英的主要關懷或核心觀念等問題。

成玄英如果只是個學究，純粹依一理論之興趣，追隨郭注去瞭解莊子，那麼，我們要問：郭象並不言「重玄」，也講適性逍遙的成玄英，如何在郭注的架構上安放「重玄」這個觀念？重玄說與其依郭注而來的各種講法，何以整合？如若成玄英不只是位學究，他的義理也如郭象一樣，面對了他的時代問題，那麼，似我們也該問：郭象的「跡冥論」、「適性逍遙論」是要解決當時仕與隱的矛盾、凸顯個體特性，並使人安於定分，成玄英呢？他的問題當不同於郭象，則他又是如何使用這些講法？

無論我們選擇何種立場，顯然都不可能由「重玄」這個觀念去理解成玄英。目前的道教研究者，彷佛只要把他歸入「重玄派」中，並解釋一下他所謂的重玄是啥意思，便盡了詮析者的義務，豈其然乎？我們應注意：《太玄真一本際妙經》論重玄的部分，跟成玄英差不多，但該經便全未涉及治國的問題。也就是說，光談重玄，是無法處理成氏「治身治國，內外無異」的內聖外王理論結構的。希望研究莊子學和道教哲學的同道，於此稍加思索。㉔

注釋

① 蘇新鋈：《郭象莊學平議》，台北：學生書局，一九八〇年。

② 有關義疏的形成及體例，牟潤孫先生〈論儒釋兩家之講經與義疏〉一文首先提出解釋，見《新亞學報》四卷二期。後來我根據牟先生的說明，研究唐初儒家的義疏，主要是孔穎達所主修的《五經正義》，才發現歷來對義疏的誤解，駁正了「疏不駁注」的說法。詳細的考證與說明，請另詳龔鵬程《孔穎達周易正義研究》，國立台灣師範大學國文研究碩士論文，一九七九年。

③ 桓譚《新論・本造第一》云：「世人多云短書不可用，然論天閑莫明於聖人，莊周等雖虛誕，故當采其善，何云盡棄耶？」對莊子並不甚推崇。其〈祛蔽第八〉云：「莊周病劇，弟子對泣。應曰：我今死則誰先，更百年生而誰後，必不可免，何貪於須臾。」亦只做佚事來引用。馬融〈長笛賦〉將老莊並舉，云：「論記其義，協比其象，彷徨縱肆，曠敞罔，老莊之概也。」這是指老莊之論音樂。東漢人論及莊子者，如此而已。比較談得上是以莊子為主，並有以發揮其思想者，只有張衡〈髑髏賦〉。文謂張衡出遊，路上看到一髑髏，一問之下，才知就是莊周，發了一番「生為役勞，死為休息」的議論。依此可知東漢人對莊子的義理，雖基本上已能掌握，但重視之程度，遠在老子之下。當時引述老子不但頻繁，且至遲在永平年間，老子即已被道體化，如王阜〈老子聖母碑〉說：「老子者，道也。乃生於無形之先，起於太初之前，行於太素之元。浮游六虛，出入幽冥。觀混合之未別，窺清濁之未分。」道教之所以把老子視為道體，視為至上神，正是因為當時已有這種思想了。莊子在漢朝無此地位，道教徒也不曾想到利用莊子書。

④成玄英《老子道德經注》二卷、《開題序訣義疏》七卷均佚，蒙文通將《道藏》中強思齊《道德真經玄德纂疏》等書所引者細心輯出，為《老子義疏》。見蒙文通《校理老子成玄英疏敘錄》，四川省立圖書館《圖書集刊》第七期；《老子義疏》，一九四六年校印，台灣廣文書局一九七四年影印本。日本藤原高男另有一部《輯校贊道德經義疏》，在《高松工業高等專門學校記要》第二號，一九六七年刊，未見。

⑤卿希泰：《中國道教思想史綱》第二卷，四川人民出版社，一九八五年。

⑥有關道教的真文信仰，詳「三教論衡」系列之《道教新論》中《道門文字教》一文。有關成玄英注《度人經》的內容，另參藤原高男《元始無量度人上品妙經成玄英注》，香川大學教育學部研究報告，第四九號；砂山稔《靈寶度人經四注劄記》，《世界宗教研究》一九八四年第二期。此不具贅。收入砂山稔《隋唐道教思想史研究》，平河出版社，一九九〇年。該書第四章論成玄英思想亦可參看。

⑦蒙文通已經注意到這個特點了，他說：「成公之疏，不舍仙家之術，更參釋氏之文。上承臧（玄靜）、孟（智周），更接車（玄弼）、蔡（子晃）。重玄一宗，於是極盛。」他的意思是說，六朝人注老莊，已頗采佛家義理，成玄英即是該風氣之沿續者，故推贊成氏「萃六代之英菁而垂三唐之楷則」。他指出成疏參用佛理，是不錯的，但這能不能視為六朝人注老莊時已經參用佛理的沿續呢？下文我準備辯駁這一說法，提出另一種解釋方式。

⑧鳩摩羅什的弟子僧肇、惠觀、惠儼都曾注過《老子》，宋僧慧琳也注過《老子》和《莊子逍遙遊》。

⑨並不是說兩教於此時水火不容，也不是說兩教在這段時期沒有混融的現象，而是說兩教各有宗教上的基本立場，互相競爭互相對抗；且二教此時的互相吸收，大概也只在表象上進行。如道教仿佛教造神像，也講六道輪迴和地獄天堂。佛教吸收了道教的神仙思想，講仙方（如淨土宗初祖向陶弘景求「仙方」）、講神丹（如天台宗三祖慧思先學五通神仙再學第六神通、受釋迦十二部經，借外丹力修內丹）；又將佛家五戒比附為五行五臟，認為修五戒積功德即能延年益壽；又吸收道教的禁咒方術等等。這些都只能算是粗跡，談不上思想上的混融。

⑩一、《在宥》疏云：「廣成即老子別號也」。說廣成子即是老子，是採用老子變化說，這是道教的看法。

二、成玄英之道派如何呢？無記載可考。現在研究道教的人，一般將他稱為「重玄派」，因為他喜歡講重玄之道。但事實上道教並沒有重玄一派。凡稱為教派者，除了應有一派之主張外，還應該有經典，有傳承、有教團組織、有布教活動。成玄英只是提到重玄而已，其他條件皆不具備，焉能即名為重玄派？

三、成玄英係陝州人，該地主要活動者為樓觀道。樓觀道尊尹喜為始祖，堅主老子化胡出關之說，主要經典為《老子化胡經》、《老子西升經》、《老子開天經》和《道德經》、《妙真經》等。成玄英認為《西升經》是老子所作，正是樓觀道的觀點。成玄英之注《靈寶度人經》，可能也是樓觀道吸收靈寶派的一種現象。例如趙道一《歷世真仙體道通鑑》記載樓觀道士馬儉，得孫徹授以《五符真文》、《三皇內文》、《諸天內音》、《道德經》和《六甲符》（卷三十《馬儉傳》）。成玄英之注《度人經》、論真文玉音，與之適相合同。因此我推測成玄英縱使非樓觀道，亦必與之頗有淵源。

四、樓觀道的資料甚少，關於這個道派的思想狀況也很少人研究。卿希泰《中國道教史》第一卷（四川人民出版社，一九八八年）懷疑該派可能獨創性不多，乃雜采各家而成。我則認為該派在方術上之所以無特殊立場、無專門的修煉法門，正可以顯示該派不以此見長，它的特點應該是在義理上。如《西升經》、《妙真經》乃至後來出現的尹真人《文始真經》，都偏重於對老子哲學的詮釋，玄理性格較強。成玄英如果確與此派有淵源，更可以說明這一點。

五、樓觀道因為主張老子化胡西升，故與佛教關係最壞。但是它們所採用的經典卻與佛教思想頗有淵源。像南齊謝鎮之〈重與顧道士書〉駁顧觀《夷夏論》時便提到了：「靈寶、妙真，采撮法華。」《度人經》描述天尊說法，是與《法華經》類似的；《妙真經》采撮《法華經》的痕跡如何，因原書已佚，今不可考。但這是個有意義的線索，可以讓我們擬想成玄英注《度人經》及采攝佛教義理的道派原因。

⑪卿希泰《中國道教史》說王玄覽的思想「受大乘有宗和法相宗的思想影響」（第六章第五節），大謬。王氏乃受空宗系統之影響。此外，對王玄覽研究較深入的，是朱森溥《玄珠錄校釋》，巴蜀書

社，一九八九年。但朱君對王玄覽融攝菩薩行的觀法亦未討論。

⑫窪德忠：《道教史》，一九七七年出版。蕭坤華譯本於一九八五年上海譯文出版社出版。此處所引，見第四章。

⑬有關孔穎達評斥以佛義解經的問題，詳龔鵬程《孔穎達周易正義研究》，師大國研所碩士論文，一九七九年。另外，筆者尚撰有〈孔穎達《周易正義》與佛教〉，收入本書。

⑭以這個故事解釋儒家的起源，不見於其他記載中，疑是道教內部的一種傳說。

⑮詳細的情況，可以參看林聰舜《向郭莊學之研究》，台北：文史哲，一九八一年。

⑯在此我們便要注意詮釋情境與詮釋策略的問題。蓋成玄英所使用的雖然仍是郭象「跡冥論」的講法，但解釋的方向已經不同了。所以，兩個人都講跡冥、都講適性、都講廊廟即山林，但意義並不一樣。

⑰郭有守《道德經義疏．序》說：「蒙君知成公之經典強顧諸家所據經皆不能合，爰更取老子異本數十種勘之，最後始決唐遂易二州龍興觀道德經碑最與成公經合。爰據遂州以求成公之經。偶有違者，更以易碑輔之，即無一不符」，述蒙氏的發現甚詳。但郭氏進一步指出：「《敘錄》中依甄鸞《笑道論》定張系師為張衡，以損字本五千文出，於此為成公及遂州碑之所據。余按《登真隱訣》云：隱居云《老子道德經》有玄師楊真人手書張鎮南古本。鎮南即系師魯。系師內經有四千九百九十九字。由來缺一，是作『三十輻』應作卅輻。甄鸞為北周人，隱居值梁武世，殆南北所傳又各殊耶？」郭氏蓋用劉大彬《茅山志道山冊》之說，另詳饒宗頤《老子想爾注校箋》解題。朱謙之《老子校釋》則謂《老子》版本系統有二：一由河上公至遂州碑；一為文人系統，如王弼注即屬此系統。成玄英所依據的板本，應該是前一個系統。

⑱《莊子疏》對儒家的態度，比《老子義疏》更激烈。《老子義疏》中沒有攻擊孔子的言論，只有一則詆評俗儒，云：「俗人儒教亦尚謙柔。我之法門，本宗靜退。然儒俗謙柔，猶懷封執，我之靜退，貴在虛忘，所以為異也。」

⑲沈曾植《海日樓札叢》卷六云道教言三洞本跡是受了天台宗的影響，誤，殆未詳考成玄英之說也。

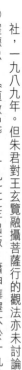

⑳詳龔鵬程《道教新論》（台北：學生書局，一九九一年）第三章〈受天神書以興太平——太平經釋義〉。

㉑關於重玄派，詳蒙文通〈道教史瑣談〉、〈校理老子成玄英疏敘錄——兼論晉唐道家之重玄學派〉，收入《古學甄微》，巴蜀書社，一九八七年；藤原高男〈老子解重玄派考〉，《漢魏文化》二號；前引砂山稔文，及其〈道教重玄派表微〉，日本東北大學《集刊東洋學》四三號；任繼愈《中國道教史》第六章〈隋唐道教重玄學〉，上海人民出版社，一九九〇年；王志忠〈成玄英的重玄之道與佛教中道觀〉，《宗教學研究》，一九八九年第一至二期，四川大學發行。

㉒另參楊惠南：《吉藏》，台北：東大圖書公司，一九八九年，第七六頁。湯用彤說，見其《隋唐佛教史稿》。

㉓一、杜光庭的話本來就不能作為史料，如其〈序〉云歷代注解《老子》者六十餘家，其中有何晏、郭象、鍾會、沙門羅氏、沙門圖澄、沙門僧肇等，其中有些不可考，有些顯屬誤傳或託名。二、杜光庭說：解老各家，宗趣旨歸不同，河上公、嚴君子皆明理屬之道，魏代孫登、梁朝陶弘景、南齊顧歡皆明理家之道，唐朝道士成玄英、蔡子晃、黃玄賾等，皆明重玄之道，「此明注解人意不同也」。但他接著又說：「又諸家稟學立宗不同：嚴君子以虛玄為宗，顧歡以無為為宗，孟智周、臧玄靜以道德為宗，梁武帝以非有非無為宗，孫登以重玄為宗。宗旨之中，孫氏為妙矣。」孫登以重玄為宗，但他是講理家之道的；孟智周、臧玄靜皆明重玄之道，但他們是以道德為宗的。這說明了把孫登、孟智周、臧玄靜一直到成玄英等人視為一夥，並稱為重玄派，是荒謬的。「重玄」不足以判各人之學術屬性，彰彰甚明。

㉔蒙文通〈校理老子成玄英疏錄——兼論晉唐道家之重玄學派〉一文認為：「（老子）成疏，唯出經文，不牒注說，知不據注為疏，與其莊子疏同。」大謬。成玄英《莊子疏》與《老子疏》不同，乃是據郭注為疏，明著於序文，何得妄說？蘇氏《郭象莊學平議》所見，自勝於此。

四　唐代的文人與佛教

唐代文人與佛教的關係，是老話題，也是近年益趨熱門的論域：或談某文人之佛教信仰、與佛教人士之交遊、佛學與佛教信仰對其創作的影響，或論某文人與佛教、道教、儒學之間的關聯，研究著作已甚豐富。但這個論域其實頗不易馳騁，因為論者至少要對文學、佛教都十分理解，有時還必須準確掌握儒家和道教之歷史與義理。兼綜博涉者既罕，踵訛迭謬者遂多，其間之錯誤也是很驚人的。

本文想檢討的，就是針對這個論域的研究方法與觀點，指出其中一些常見的錯誤。所討論的，有以下三種類型：一是與佛教淵源極深的文人，以王維為代表；二是涉及儒佛關係的文人，以柳宗元為代表，兼論古文運動諸相關人等；三是涉及佛道關係的文人，以白居易為代表。

（一）文人與佛教關係

王維是唐代文人與佛教關係最密切的代表人物。他自號維摩詰居士，後世則稱他為詩佛。近來的研究者，則通常說他是禪，如孫昌武便認為影響王維最大的是禪宗，是由北宗漸教轉向南宗頓教（〈王維的佛教信仰與詩歌創作〉，收入《唐代文學與佛教》，台灣谷風出版社翻印，一九八七年）。

王維與南北宗禪師均有交往。〈為舜闍黎謝御題大通大照和尚塔額表〉，寫的是神秀與其弟子普寂；〈謁璇上人並序〉，寫的是道璇，亦出於普寂門下。道璇弟子元崇，則於安史亂後，在王維輞川別業遊處。〈過福禪師蘭若〉，寫的也是普寂同門的義福或惠福。這些都是北宗禪師，王維與之交遊的年代並不都在早期。王維所寫的南宗禪師，如給惠能的碑、與馬祖道一的詩、〈送衡岳瑗公南歸詩序〉說「滇陽有曹溪學者，為我謝之」等，數量上絕不比寫給北宗禪師的多，關係也不特別顯得親密。因此，說王維由北宗轉入南宗，純是論者主觀的想像。

而且，論王維的思想，也不能僅由他與誰交往或替誰寫過碑銘來判斷。為舜闍黎寫謝表，其實只是應酬文書；〈能禪師碑〉也明說該文乃是受神會之請托：「謂余知道，以頌見托」。這些應酬文字與另一些自我表白的文字，如〈大薦福寺大德道光禪師塔銘〉，是迥然不同的。談古人思想，應檢別資料的性質，不能只因王維替惠能寫過碑、去住過馬祖道一的寺院，就遽爾斷言他的思想已歸入南宗禪。

如此斷言，也顯示了論者對禪宗史之陌生。遽將王維歸入南宗頓教，其實是受了南宗禪在後代宣傳成功之影響。

據《宋高僧傳》卷八載，開元二十二年，神會在滑台大雲寺設無遮大會，主南宗頓教宗旨，攻擊北宗，「南北二宗，時始判焉」。可見南北宗之分，乃神會時之事。六祖惠能的事蹟，大抵也與神會之傳述有關，貶低神秀，自詡傳宗。後世講禪宗史，受此影響，不自覺地以南宗為正宗，北宗則被汙名化。把王維勉力納入南宗思想譜系中，即是此一思想作祟。

豈不知，此等認識是大有問題的。以神會以後所標榜的頓教來說，其實除了五祖弘忍傳六祖惠能這一系統外，可能還有別的脈絡。王維在〈大薦福寺大德道光禪塔銘〉中談到道光禪師「遇五台寶鑒禪師，曰吾周行天下，未有如爾可教。遂密授頓教，得解脫知見」，即可見在五祖弘忍傳六祖惠能之外，至少尚有五臺山寶鑒禪師一支，傳授了頓教法門。王維跟這一支的關係，也遠比跟惠能神會更密切。論禪宗史事者，對此不能不予留意。①

雖然如此，仍不能徑指王維為頓教。因為親近某些大德、與某派人士有交往，跟他自己的思想並不必然相等。王維本人自處，或其對禪法的證會，恐怕恰好不在頓而在漸。

王維〈過盧員外宅看飯僧共題〉曾形容自己：「趺坐簷前日，焚香竹下煙，寒空法雲地，秋色浮居天。身逐因緣法，心過次第禪，不須愁日暮，自有一燈燃。」次第禪，正與頓悟禪法相反，而為北宗所提倡。故〈大唐大安國寺故大德淨覺禪師碑銘〉說禪師「九次第定，乘風雲而不留」，〈為舜闍黎謝御題大通大照和尚塔額表〉說神秀「登滿足地，超究竟天，入三解脫門，過九次第定」。這是王維所理解的北宗禪法，也是他形容自己境界的用語。所以說王維的思想絕非南宗頓教。

何況，南宗禪號稱祖師禪，王維所欣賞的卻是如來禪。為淨覺禪師寫的碑銘說：「無量義處，如來之禪，皆同目論，誰契心傳」，固然是對淨覺的描述，但證之以《過香積寺》所云「薄暮空潭曲，安禪制毒龍」，即可知王維所修禪法必非南宗禪。

如來禪，是小乘的數息觀和大乘的三昧禪法。達摩的禪法雖有人認為已是祖師禪，但其壁觀之法，「外止諸緣，內心無喘，心如牆壁，可以入道」（宗密《禪源諸詮集都序》卷三），固開心宗之漸，實與惠能以後禪法差距甚大。達摩之後，道信講「五事」、弘忍講「念佛」，也都是漸修的。因此王維才會將之稱為如來禪。

對於惠能，王維完全未談到南宗所強調的「明心見性，頓悟成佛」、「不立文字」等特色，只稱讚惠能「教人以忍」。益可顯示他對南宗禪並不認同或並不太理解。②

故孫昌武對王維與禪宗的關係，可說認識完全錯誤。他說王維因為思想屬於南宗禪，所以反對淨土思想，更是錯的。如說：

《阿彌陀經》、《涅槃經》、《法華經》等許多佛教經典，都鼓吹淨土迷信。虛構一個西方極樂淨土，說功德圓滿則可以往生，這是宣揚「六道輪迴」、「靈魂不死」說的騙局。但禪宗卻不相信什麼淨土。南宗禪更主張心淨土淨，當前無異西方，所以《壇經》說：「三進講佛，十二部經。亦在人性中，本自具有若識本心，即是解脫」，「隨其心淨，則佛土淨佛是自性作，莫向身（外）求」。王維〈西方變畫贊〉就宣揚這種觀念。

其實，心淨則佛土淨，並非《壇經》獨特的主張。《維摩詰經》以降，說唯心淨土者，即不乏其人；後世講禪淨合一的更多。因此禪宗與淨土並不見得就是對立的。且佛教是講「彼岸」的宗教，淨土乃其通義，禪宗又怎能不相信有淨土呢？修淨土之法門不同，更不能被解釋成是不信淨土、反對迷信騙局。

以上這些，是他論王維與佛教關係的錯誤。底下要談他論王維以禪入詩之誤。

他說：「禪宗影響於王維的詩歌藝術，可從三個方面分析：以禪語入詩、以禪趣入詩、以禪法入詩。」以禪語入詩，不必再解釋。以禪趣入詩，他說是「於進入禪定時體驗到的那種輕安寂靜、閑淡自然的意味」，舉〈積雨輞川莊作〉、〈歸輞川作〉為例。以禪法入詩則是「強調主觀的心的作用，強調直覺、暗示等等是與藝術創作的規律相通的。宋人以禪喻詩，主要講的是這個方面」，舉〈鹿柴〉、〈辛夷塢〉、〈鳥鳴澗〉等詩為例。這些都是錯的，分別說明如下：

禪定時所體驗的，並非輕安寂靜、閑淡自然的意味。以達摩禪法說，禪定是舍妄歸真的過程，定則是要「堅住不移」的。後來百丈懷海說「心如木石」、「兀兀如愚如聾相似」，希運禪師說「心如頑石頭，都無縫隙，一切法透汝心不入，兀然無著」，均是形容禪定工夫。用此工夫體驗到的意味，就絕非道家式的閑淡自然。以南宗禪來說，禪定也是要在「一切境界上念不起」、「見本性不亂」，於定中明心、見性。如此，又豈能出現如孫昌武所說的「這就有助於形成一種觀賞、體察自然美的態度」？

王維〈積雨輞川莊作〉等詩也證明了它們與禪定之體驗無關，甚且根本背道而馳。因為禪定本不觀境，可是王維卻要「山中習靜觀朝槿，松下清齋折露葵」，在漠漠水田、陰陰夏木之間，見積雨空林煙火遲、蒸藜炊黍餉東災。此與觀心無關，與見性無關，更非凝心壁觀、兀兀如愚如聾。故此乃道家任運自然、物我兩忘之旨，非禪宗意趣。〈歸輞川作〉云：「谷口疏鐘動，漁樵稍欲稀。悠然遠山暮，獨向白雲歸。菱蔓弱難定，楊花輕易飛，東皋春草色，惆悵掩柴扉」，感菱蔓楊花之飄零，悵人生如春色之易逝，尤其與「舒卷自如，無所窒礙的禪趣」矛盾，更非禪家「青青翠竹，盡是法身；鬱鬱黃花，無非般若」之云云。因為既知禪理者，不會見楊花飛絮而惆悵傷春；見黃花翠竹，而悟般若實相者，更不用慨歎菱枝弱、柳絮輕，色相如幻。孫釋完全弄錯了。

再說以禪法入詩方面。宋人以禪喻詩，是否主要在強調心的直覺與暗示呢？當然不是。宋人以禪喻詩時，一是說創作時要消除情癡理障，才能超越識執的經驗世界，真正掌握事物的本體實相，此所謂「以智心照境」；二是說創作時不要執著文字層面的技法，而須在心上做工夫，心活則語活，此即所謂「活法」；三是說讀詩者也要「如參曹洞禪，不犯正位，切忌死語」。③孫昌武說他們主要在強調心的直覺、暗示、聯想、感應在藝術創作上的作用，於此實可謂牛頭不對馬嘴。聯想是賦比興的比或一部分興，感應是秦漢以來的氣類感應思想，跟禪宗又有什麼關係？

換句話說，他論王維與佛教的關係，一方面不懂佛教，尤其不懂禪宗，故於王維思想究竟屬於何種系統，一說便錯；談及禪宗與他宗之關係，也是一說就錯。另一方面是不懂詩與禪的關係，故論到詩禪關係、佛學思想，亦無有不誤者。

談唐代佛教與文人這個題目，王維是一個指標性人物。以王維研究來檢查我們學界對這個論題的處理水準，便不難看出現今學界討論唐代佛教與文學時的毛病所在。這些毛病，是有普遍性的。在討論其他詩人文士時，也總可以看到。

（二）文人的儒佛關係

以上是談個別詩人與佛教關聯的。這類作家，王維當然是最典型的例子。但論唐代文學與佛教時，除了討論這些人的佛教淵源、佛學思想、佛學與其文學創作之關係之外，還常會涉及儒佛關係的論題。因為像王維這類詩人，文人性較高，缺乏思想家之氣質；另一些文人，如韓愈、柳宗元便不然。韓柳所提倡之古文運動，本身也是一項思想文化運動，故其文學創作、思想內涵，會關聯到儒佛關係這個議題。而處理這個議題時，論者之手法也常令人不敢恭維。

以柳宗元為例，孫昌武〈試論柳宗元統合儒釋〉認為柳宗元貶官永州後，「當時湘粵一帶正是天台宗和禪宗南宗流行的地方」，柳氏之思想也因此有著統合天台、禪宗南宗與儒家的特色。

但正如孫先生所統計的，柳宗元《柳河東集》四十五卷，釋教碑佔兩卷，記祠廟、贈僧侶的文章各近一卷。百四十多首詩中，與僧贈答或宣揚佛理者有二十多首。可見柳宗元與佛教的關係甚為密切，來往的各派僧侶較為複雜，憑什麼斷定影響他最大的是天台與南宗禪呢？王國安《柳宗元詩箋釋》便只說柳奉天台宗而不談他與南宗禪的關係。

不過，王國安認為「宗元所奉天台宗兼習淨土」（卷一），引〈永州龍興寺修淨土院記〉為說，也顯得外行。我講過，淨土乃佛教各宗通義，天台講法華淨土，華嚴講蓮花藏世界，各有各的淨土，故並非兼習淨土，天台宗原本就講是淨土的。

又因孫昌武認為「柳宗元向後期天台宗和禪宗宣揚的唯心哲學做了讓步」，所以他努力地想論證柳宗元接受了它們的佛性論，即天台宗「無情有性」與南禪「頓悟成佛，人人皆有佛性」。但他只以為「天台宗和禪宗的這些理論都主張佛性在每人自身之中」，卻不知其中大有問題，儒佛關係是不能這樣論的。

佛教初入中國時，並不強調佛性觀念，論成佛問題時也以「一闡提不能成佛」為主。竺道生始云「一闡提人皆可成佛」，後得北本《大般涅槃經》以為印證，佛性問題才越來越被強調。④故強調佛性觀念，主張人皆可以成佛，一般均認為乃是佛教傳入中土之後，受中國文化影響，或為適應中國環境才有的發展。因為儒家自來講性善，那種一闡提不能成佛的種姓思想，與中國社會確有扞隔不入之處，若不在理論上作此轉向，佛教恐不能大昌。故此為「佛教中國化」之一端。有些人不主張說佛教中國化，認為在中國這些發展亦未違背佛教之義理，故若依義理合理地發展，也必將發展為此種型態。即或如此，我們也不能不承認：在中國後期佔主流的如來藏系統思想，從某些以印度佛教為典範的人士看，並非正統教義，此即所謂「大乘非佛說」。民國初年，支那內學院便執此觀點。如今，大乘非佛說，已少人堅持；但在印度，如來藏清淨心系統乃旁支小流，卻是不爭之事實。⑤

也就是說，天台或南禪論佛性論淨心，本來就是佛教中國化或具中國特色的部分。現在，孫先生卻拿這個部分，倒過來說中國本來是講「性三品」的等級制人性論，後來受了佛教影響，才轉變談普遍人性，柳宗元也是受其影響才講心；韓愈表面上排佛，骨子裡同樣是「把佛教的心性學導入儒學」，且是將「人皆有佛性」和「性三品說」糅合的結果（**見上引書〈韓愈與佛教〉**）。如此論儒佛，真可謂顛倒見矣。

中國自孔子以來，就說普遍人性：孔子以「仁」為說、孟子以「性善」為說、荀子以「心」為說。孔子所指上智下愚不移，乃智力才性問題。漢人所指性三品也者，即指此言。故才性雖分三品，天生而靜之性，仍是天理、是普遍的人性。基於這種人性論，中國人強調「人皆可以為堯舜」、「塗之人皆可為禹」。漢傳佛教自竺道生以後所說人皆可以成佛，正是符合了這個傳統。談儒佛關係，不能扭曲這些基本認識，刻意把它講成儒學是受佛教影響才說人皆可以為堯舜的。

也因為在中國講佛性論原本就是受到儒學的影響，或為適應中國社會而生，故佛教在中國說佛性，與在印度其實頗有不同。在印度佛教中，佛性主要是指真如、實相、法性，謂一切諸法均為佛性之顯現，具有本體論的意涵；在中國，則佛性主要是指人的心性，天台、華嚴、禪宗俱是如此。而其所以如此，無疑與中國哲學傳統有關。故不僅與小乘佛教否認眾生皆有佛性不同、與大乘空宗依空無我得解脫不同、與大乘有宗五種種性說不同，也與般若學由實相說佛性不同，更與印度佛教所說之心不同。⑥

這是在儒佛關係方面。若再就天台思想與柳宗元之間關係說，則論者也不應只注意到天台講佛性而已。

孫昌武一再說柳宗元受後期天台宗與荊溪湛然講「無情有性」之影響，云：「柳宗元把這種觀念與儒家的性善論調和起來」。可是，無情有性恰好與性善論是衝突的。無情有性，是說草木瓦石等無情之物亦有佛性。性善說，則是說人之異於禽獸者，在於有仁心善性，這是不與禽獸性共之性，更不能推拓到無情草木瓦石上。柳宗元如何調和此矛盾？此為能調和之矛盾乎？柳宗元採用了荊溪湛然的無情有性說又有何證據？

再者，天台宗之特點，不在論人皆有佛性，而在說人性既具善，亦具惡。故元朝懷則《天台傳佛心印記》說：「諸宗既不知性具惡法，若論九界，唯云性起。縱有說云圓家以性具為宗者，只知性具善，不知性具惡。」這才是天台與其他各宗不同之所在。可是柳宗元何嘗有性具惡之思想？

談唐代佛教與文學，乃至論唐代古文家（如梁肅、權德輿、柳宗元、韓愈、李翱等）之思想問題時，論者大體都是如孫先生這樣，胡掰一氣，顛倒妄說，既不真懂佛教義理，也不清楚儒學肌理，即來大談儒佛關係，說他們是陽儒陰釋、調和儒釋、把佛教心性論導入儒學啦等等，令人見之，哭笑不得。⑦

（三）文人的佛道關係

談唐代佛教與文學，另一個會涉及的面向，就是文人的佛道關係。這裡以白居易為例來討論。

白居易的佛道關係，早先陳寅恪就曾認為是：「實與道教關係尤密」，「其思想乃純粹苦縣之學，所謂禪學者，不過裝飾門面之語」（《元白詩箋證稿》）。後期研究則多反其說，努力論銓白居易與佛教之關係。這裡舉兩位來看。

一是平野顯照《唐代的文學與佛教》。該書第一章即《白居易與唐代文學》。他認為：白居易對佛教確有真摯的求道熱情，其認識也絕不膚淺，具有高度識見。其次，他透過對白居易所撰釋教碑的注釋，說：「我們在釋教碑上看到有關禪的教理，與今天禪給我們的印象不同，是具有相當廣義融通性的東西。」意謂當時禪師「心行禪，身持律」，又有淨土思想，非常融通，白居易也具此性格。

二是羅聯添先生《唐代文學論集》中《白居易與佛道關係重探》（台北：學生書局，一九八八年）。此文把白居易生平分成六個階段，考察他與佛道兩教交往之經過及思想上的轉變，並列出白氏作品有關佛道之編年對照表，結論是：「陳寅恪之說不確，白居易思想言行實受禪學影響為多。」

平野顯照完全不談白居易與道教的關係，羅先生則強調佛教比道教影響更大，而兩人又異口同聲說白居易是禪學。

兩位先生都講錯了。茲先說白居易是不是禪宗。

平野自己注釋過的白居易釋教碑中，如〈唐撫州景雲寺律大德上弘和尚石塔碑銘並序〉明明講廬山東林寺僧來請序，而此僧乃是律宗，闡南山宗，說四分律，入滅於東林寺。〈唐江州興縣寺律大德湊公塔碑銘並序〉也明言興果為律師，志在首楞嚴經，行在四分毗尼藏。只有〈如信大師功德記〉說如信「禪與律交修，定與慧相養」。此外，〈華嚴經社石記〉載杭州沙門南操等結社，則是華嚴社也；〈修香山寺記〉，則為淨土。唯一論及「討論心要，振起禪風」者僅有〈沃州山禪院記〉一篇。如此怎能說白居易與佛教交往最多或自己的思想最近的是禪呢？

白居易與華嚴、律、淨土各宗均有來往，既親近南宗禪，也不廢北宗，常持《楞伽經》（如〈晚春登大雲寺南樓贈常禪師〉云：「求師治此病，唯勤讀《楞伽》」），南宗禪並不特別為其思想之重心。我們很難說他就是禪宗，或受南禪影響最大。

平野未必不知此理，但是為了說白居易是禪宗，竟說當時禪宗非常融通，所以禪家也可以融通律與淨土等，這是曲說。禪宗可兼淨土、可兼律，是一回事；白居易來往的，許多乃是華嚴宗、律宗之人而非禪宗，是另一回事；白居易是否曾想或實際上用禪去會通律宗、華嚴宗、淨土宗等等，又是一回事。論思想史不能如此亂扯一氣。

姚南強《禪與唐宋作家》另出一解，謂：「白居易在教理上有一種統一論的傾向。雖然他接觸最多的是南宗禪，但也不排斥北宗禪，以至華嚴、楞伽、淨土、律宗都有參悟。」（江西人民出版社，一九九八年）這仍然坐實白居易為南禪。且不說南禪會通（甚至統一）其他甚為困難，南禪與北宗禪又如何統一？「統一」或「融通」的基礎又是什麼？白居易又是如何融通的？

依我看，佛教各宗之不同，是佛陀再世也融通不了的。白居易之依違來往於各宗之間，正顯示了他對宗派之分不甚了了，對佛理亦無深究。這一點，孫昌武倒是說對了，他說：「居易在佛教各宗派間沒有固定的宗派，在理論認識上沒有明確的統緒，奉佛的態度是相當自由的，他對佛理的理解更多任意之處。」（同上引書）

不但如此，需要更進一步說明的是：白居易對佛理的掌握，基本上也不是南宗禪。如元和六年作〈自覺詩〉云：「我聞浮屠教，中有解脫門，置心為止水，視身如浮雲」；九年〈渭村退居寄禮部崔郎翰林錢舍人詩一百韻〉說：「息亂歸禪定，存神入坐亡」；寶曆二年〈途中有感悟妄緣題如上人壁〉云：「有營非了義，無著是真宗」，太和九年〈因夢有悟〉云：「我粗知此理，聞於竺乾師，識行妄分別，知隱迷是非，若轉識為智，普提其庶幾」這些詩，哪一點可證明他是南宗禪？更不用說他以讀經持齋為修行了。

論者於佛理禪法蒙無所知，但見白居易自己說「近歲將心地，回向南宗禪」（〈贈李杓直〉），就以此判斷其宗派歸屬。殊不知白居易雖自認為他歸向南宗禪，可是其所得，僅在「外順世間法，內脫區中緣」而已。其禪亦僅為禪定息亂而已，此豈足以語南宗禪乎？何況詩與多因機應緣而作，逢禪客即說禪，見律師則說律，此處自稱回向南宗禪，用來論證其思想的證據力不會高於同年所作〈重讀莊子〉：「為尋莊子知歸處，認得無何是本鄉」，不足以定其平生祈向。而縱使此時傾向南宗禪，長慶以後也以持齋受戒、「日尋倡普濟寺律師」為事，怎能說他就只是南宗禪？

白居易不唯無固定宗派信仰，對佛理之認識亦無統緒，頗為隨意，亦頗為膚淺。這點，古人亦已指出，如宋阮閱《詩話總龜後集》卷四五即謂：「世稱白樂天學佛，得佛光如滿時趣，觀其『吾學空門不學仙，歸即須歸兜率天』之句，則豈解脫語耶？」

可是像平野顯照這類學者，看見此語，卻認為是推崇，說這是白居易透露出通向解脫的心境，佛教素養相當成熟。這難道不是心有蓬塞使然嗎？

羅聯添先生於此，亦復如是。羅先生不懂禪，他不知白居易詩中雖寫到不少禪學者，可並不都是禪宗。如〈呈智滿禪師詩〉：「新年三五東林夕……松房是我坐禪時」，東林乃是律宗寺院，在其中坐禪的禪師，即未必為禪宗，南宗禪亦不以坐為主。早期禪法均強調坐，道信《入道安心要方便門》就以坐禪為入門；弘忍《修心要論》也說：「端坐正身，閉目合口，心平觀，隨意遠近，做一日想守之。」慧能則不然，他一方面把坐禪解釋為「外於一切境界上念不起為坐，見本性不亂為禪」，另一方面說「一行三昧者，於一切時中行住坐臥常直心是」，謂禪悟不是靠坐出來的，行住坐臥也都是禪。此僧松房兀坐，即非南禪宗趣。又如〈晚春登大雲寺南樓贈常禪師〉云：「求師治此病，唯勤讀《楞伽》。」

《楞伽經》是達摩至五祖所宗法的。南北分宗後，北宗仍奉此經，南宗則以《金剛經》為主。故此處所稱之禪師必非南宗禪。凡此等等，羅先生都無檢別。

更糟的，是他論白居易的佛道關係。他花了極大氣力，去說明白居易生平與佛道兩教之關係，想得出「居易思想實受禪學影響為多」的結論。可是，交遊考這類做法，在討論思想問題時，作用實在不大。一個人，盡可能與僧徒來往頻繁，而於教理無多契會。大部分的信教者就多是如此。吃齋、念佛、奉經、拜懺、坐禪，可是腦子裡的觀念可能仍是功名利祿、仍是孔、孟、老、莊。故對思想之分析，須有思想解析能力。

白居易與佛教關係當然密切，但所得其實只是莊子義。請看底下兩首詩：一、〈贈李杓直〉：「近歲將心地，回向南宗禪，外順世間法，內脫區中緣。」二、〈遊悟真寺〉：「自著居士衣，手把南華篇，終來此山住，永謝區中緣。」這兩首詩，理境可說完全一樣。遊悟真寺所領悟的，卻是莊子義趣，正可以代表白居易所謂佛學思想為何。他屢作此等語，把莊子與禪並舉，如「息亂歸禪定，存神入坐亡」，「大抵宗莊叟，私心事竺乾」等都是。可見他是以莊子義來把握佛教，或由佛教中獲得一種近乎莊學的體悟，如「是非都付夢，語默不妨禪」，「唯有無生三昧觀，榮枯一照兩成空」之類，均甚明顯。

由這個角度看，陳寅恪說「其思想乃純粹苦縣之學，所謂禪學者，不過裝飾門面之語」，確是有道理的。論者每見白居易會昌二年〈答客〉二詩有「吾學空門不學仙，恐君說此是虛傳，海山不是吾歸處，歸即應歸兜率天」諸語，即以為足資證明居易晚年已由道入佛。未考慮到此二詩係針對海客奇遇，見海上仙山，中有一樂天院，云待居易來住，故作此謙語，是不能舉以論證其思想歸趣的。且主觀歸依之意願與思想造詣也是兩回事，不可混為一談。

羅先生對此均不注意，甚且白居易明明說「大抵宗莊叟，私心事竺乾」，他竟據以云：「知白居易實已偏向佛教」。如此論佛道關係，焉能中竅？更不要說他對道教並無理解了。其文解釋道教丹法，謂姹女為汞，黃芽為鉛華，引彭曉《參同契》「河上姹女者，真汞也」為證，不知真汞非汞，黃芽非鉛也。談佛道關係，不懂道教，又怎麼能談呢？⑧

（四）有待健全的論域

論唐代文學與佛教，夙多野狐禪。如季羡林說：「司空圖明確地認識到詩禪的一致」（《禪和文化與文學》，商務印書館，一九九九年），司空圖何嘗講過一個有關詩與禪的字？而季老先生居然可以如此斬釘截鐵地胡說。則上文所舉各例，實不過千豹一斑而已。

大部分的論者都缺乏「多聞闕疑」的精神，對佛教教史教義欠缺基本常識，便冒冒失失高談闊論起來，更不用說對道教不識之無了。這個論域中錯誤特別多，知識貧乏為一大原因；而更糟的，是常不自覺自己不懂，反而欺侮讀者反正也不懂，堂而皇之地大賣野人頭。

其次是缺乏思想解析能力。大部分論者所運用的，仍是排比文獻，考證作時作地、交遊狀況的辦法。方法陳舊，又毫無概念解析及理論構造之本領，對思想問題含糊懵懂處理之，或根本未處理。

三是偏好禪宗。什麼都扯到禪宗，尤其是南宗禪。而其實缺乏判別能力，對唐代佛教各宗分佈狀況普遍不甚留意。⑨

四是討論唐代文人與佛教關係時，更嚴重的問題，是論者只從唐詩中挑一些人出來談，借著這些例子，讓讀者得到一個「唐代文人幾乎都奉佛，或都與僧人來往，或與佛教關係密切」的印象。實況當然並不如此。因為挑出來的，大多只能稱為特例，很難推概。像王維同時之名詩人高適，除了三首與友人同登寺塔的風景詩之外，幾乎跟佛教毫無關係。初唐四傑，王勃家世奉道，其叔王績亦只學仙、遊仙，而完全無與佛教有關之行跡及詩作。楊炯亦只一首〈和旻上人傷果禪師〉而已。盧照鄰與他相同，而那僅有的一首〈赤谷安禪師塔〉說：「高談十二部，細核五千文。且當事芝朮，從吾所好云」，竟是說求仙長生而非以無生寂滅為歸向的。駱賓王同樣，只一篇與僧人酬唱者，餘仍與奉道者周旋為多。其他如上官儀、杜審言等，大抵均是如此。本文不便一一數下去，但論者倘不持著放大鏡去看文人與唐詩的關係，好好把《全唐詩》清理一遍，就會發現大部分文人是與佛教無大關聯的。偶或尋寺訪僧，跡近遊賞，若論信仰或對佛教之理解，則難一例相量。如張九齡〈祠紫蓋山經玉泉寺〉說：「靈異若有對，神仙真可尋」，講的就分明是他對道教的信念。這一類詩人或詩作，討論時就須極為小心。而佛教之外的道教信仰問題，便也不是可忽視的。

論者持放大鏡看唐代詩人與佛教的關係，而無視其道教淵源，例子太多了。王維就是其中之一。

王維不僅奉佛，也有深厚的道教淵源。清杭世駿序趙殿成《王右丞詩箋注》時說王維「比物儷辭，賅達三教」，尚是指其字句典故而言，不知其關係不止於此。案：《海錄碎事》載：「唐司馬承禎，與陳子昂、盧藏用、宋之問、王適、畢構、李白、孟浩然、王維、賀知章，為仙宗十友。」不論此是否為事實，王維好仙，或好與仙道人士親近，殆為當日社會上對其之一種認知。考王維〈座上走筆贈薛璩慕容損〉有云：「君徒視人文，吾固和天倪。緬然萬物始，及與群物齊」，可見王維所關心者，在於超越界的問題。同時也因這種關懷，令他親近佛道，著意探索天道與性命，與僧道之交往均甚多。〈過太乙觀賈生房〉說：「昔余棲遁日，之子煙霞鄰，共攜松葉酒，俱竹皮巾，攀林遍雲洞，採藥無冬春」，講的就是與修道者相遊處，並採藥煉丹的事。其中〈贈東岳焦煉師〉、〈贈焦道士〉、〈送王尊師歸蜀中〉、〈送方尊師歸嵩山〉、〈贈李頎〉、〈送張道士歸山〉等，皆屬此類。查詩語所述，李頎、焦道士等，乃其同輩修道人士，王尊師、方尊師則為道長，均是煉丹的。所以他贈李頎說：「聞君餌丹砂，甚有好顏色。」他自己也採藥煉丹、學長生法。而且長生之學與佛教無生宗旨，在王維的信仰中也不發生衝突，《春日上方即事》說他自己「好讀高僧傳，時看辟穀方」，即可證明這一點。歷來論王維者，均不注意他與道教的關聯，故亦不談他對佛道關係的處理，實在是只知一偏。

這樣的論域，想要健全，實在有賴大家努力。

注釋

①禪宗之授受源流甚為複雜。葛兆光《中國禪思想史》第五章認為：八世紀後半時期人們心目中的禪門，應包括北宗、菏澤、牛頭、天台、洪州五大系（北京大學出版社，一九九五年）。實際狀況，恐怕更甚於此。

②周裕楷《禪宗與藝術》曾考論王維應為北宗禪（台北：復文出版社，一九九九年），但未論及他與如來禪之關係。

③詳見龔鵬程《詩史本色與妙悟》，台北：學生書局，一九九五年。論詩禪關係時，胡扯的人最多，

其實多不能掌握兩者之分際與關聯。

④但所謂得《涅槃經》以為印證，仍是爭議不斷的。原因一在於《涅槃經》雖云「一切眾生悉有佛性」，卻仍認為一闡提不能成佛：「一切眾生皆有佛性，以是性故，斷無量億諸煩惱結，即得成阿耨多羅三藐三菩提，除一闡提外」（《大正藏》十二，四〇四c），「彼一闡提雖有佛性，而為無量罪垢所纏，不能得出，如蠶處繭。以是業緣，不能生於菩提妙因，流轉生死無有窮已」（四一九b）。其次，如上述，一切眾生皆有佛性，也不等於一切眾生皆可成佛。

⑤二十世紀八〇年代，日本佛教界以駒澤大學為中心，發展出了一股以原始佛教為主，重新批評及解釋佛教史的思潮，號稱「批判佛教」，代表人物為松本史朗。其主要觀點即為：如來藏思想不是佛教（見《緣起與空》，蕭平、楊金萍譯，香港經要文化公司，二〇〇二年）。

⑥詳賴永海《中國佛理論》第九章第二節，中國青年出版社，一九九九年。

⑦章士釗《柳文指要》說：「子厚自幼好佛，並不等於信佛。求其道三十年而未得，自不足言信仰」（中華書局，一九七一年），刻意抹殺柳宗元與佛教的關聯，則又是另一個偏鋒、另一個錯誤。

⑧這樣說，可能的另一原因，是兩先生對道教都比對佛教更陌生。平野顯照〈佛教用語與李白的文學〉、〈李商隱的文學與佛教〉兩章都完全沒有討論李白、李商隱的佛道關係，正可以顯示這個窘境。大部分談唐代文人與佛教這個題目的人，也都無力處理佛道關係這一領域。

⑨安旗《李白研究》（台北：水牛出版社，一九九六年）中《李白與佛教》一文也犯了同樣的錯誤。他引李白〈廬山東林寺夜懷〉說：「由此可知李白此時從思想到實踐均皈依南禪」，根本不曉得東林非禪寺，《宋高僧傳·習禪篇》附錄所說的「廬阜禪那之學始萌時遠公也，密傳坐法，深幹玄機」之遠公非禪宗、「禪那」也非南禪。故所論可笑殊甚！

五　李商隱與佛教

李商隱年輕時，曾入玉陽王屋之山學道；移家關中以後，也一直跟道教中人有所往來。詩文中敘述這類事蹟很多，早已為世人所熟知了。①宋楊億、錢惟演等人學李商隱詩，作《西崑酬唱集》，稱西崑體；「西崑」二字，用的就是神仙家的典故。②可見李商隱跟道教的關係，幾乎是密切得可以用來作為一種標記了，世人對它當然也十分熟悉。

但是李商隱的研究者雖多，似乎還很少人討論到他跟佛教的關聯。我不太瞭解產生這種現象的原因，可是論義山而不及於此，畢竟是椿憾事。這篇短文，就是想替義山稍補遺憾。

（一）李商隱學佛的經過

李商隱早歲學道，同學有彭道士參寥等人。後來漂泊江湖，依人奔走，生活極為苦悶，所以內心中雖然非常渴切地想創立一番功業，但失意時又總不免想到歸隱之事。甚至在七月二十九日崇讓宅燕作詩中，很淒惻地說：「豈到白頭長只爾，嵩陽松雪有心期。」這種感慨，熟悉義山詩的人都知道，並不是率爾而發的。因為義山本人對於求道，不像當時許多人那樣，視為時髦有趣或帶有某些特殊目的的事，他是真誠的嚮往，並且有生命的熱情在，所以常會自負有仙才，且能「十年長夢采華芝」，眷情於道，把它當做生命最深與最終的歸宿。

但偏偏奇怪的，是他晚年並未以道為歸宿，反而選擇了佛。《樊南乙集》自序說：自桂林至蜀東川，「三年以來，喪失家道，平居忽忽不樂。始克意事佛，方願打鐘掃地，為清涼山行者」。這種口吻，實在不像義山平時的語氣。也許我們可以說他是喪妻後，意緒寥落所致，或者像白居易，早歲學道，晚而棄之拜佛。③但一來，喪妻與奉佛並無必然的關係，倘若說奉佛是為了安慰心靈，入道又何嘗不能撫慰心靈上的創傷？何況，嵩陽心期，很可能是指他與妻子間共同的歸骨或歸隱願望，奉佛豈不又違背這種願望嗎？至於說早年求道，後來轉而奉佛，歷史上不乏先例。可是這種人生終極嚮往的抉擇，是件大事，在文獻上我們看不到李義山類似白居易那樣，有心理上一段反覆退省、掙扎、激蕩的歷程。如此輕描淡寫的一兩句話，就要交代這種轉變，我們認為是不可能的。因為義山不是個不自覺的創作者，他的反省力很強，如果確實有這麼重大的轉變，他的生命中必有刻痕，可供人玩味摩挲。

因此，我們不妨換個角度來看。譬如李商隱有一首〈憶住一師〉，詩云：「無事經年別遠公，帝城鐘曉憶西峰；爐煙消盡寒燈晦，童子開門雪滿松。」這首詩寫得很清淡，而且末句暗用徐陵東陽雙林寺傳大士碑「京洛名僧，學徒雲集，莫不提函負帙，問慧諮禪，居蔭高松，臥依磬石」，也能融情入景，意餘言外，在義山集中風格很特殊。但這首詩，根據《北夢瑣言》

的記載，又作王屋匡一上人、屋山僧匡一。馮浩注，認為住一就是匡一。④如果住一即是匡一，匡一又在王屋山，則很可能李商隱早年學道於玉陽王屋之間時，已經跟和尚頗有往來了。

這個訊息，在義山與僧人有關的詩篇中，可說是非常統一而且明顯的，例如這首詩說經年相別、題僧壁詩說「琥珀初成憶舊松」、歸來詩說「舊隱無何別，歸來始更悲；難尋白道士，不見惠禪師」，都是如此。白道士，是義山學道玉陽王屋時的舊識，集中有贈白道者詩；惠禪師自然也是這段時期即已結織的舊隱了。

由此看來，李商隱跟佛教的關係，幾乎是與道教同時發生的。道與佛，也一直在他身上起著作用，所以後來崔玨〈哭李商隱詩〉說：「只應物外攀琪樹，便著霓衣上絳壇」，就是兼包佛道二教而說。

要這樣看，我們才能理解義山集中某些含義不明的作品，對他的生命型態，也較能掌握。義山有仙道的嚮往、有人間功業的追求，乃是大家所熟悉的。可是在義山本人來說，他對於佛法，也是非常癡迷的。〈自桂林奉使江陵途中感懷寄獻尚書詩〉說得好：「白衣居士訪，烏帽逸人尋；佞佛將成縛，耽書或類淫」，居士與逸人，可以簡單代表佛道二教，上兩句表明自己經常與二教中人來往，下兩句則述說自己的造詣。⑤所謂縛，見《維摩經》，經云：「何謂縛？何謂解？貪著禪味是謂菩薩縛，以方便生是謂菩薩解。」義山用這個典實，表面上誠然非常謙退，事實上卻自負得緊，所以〈明禪師院酬從兄見寄詩〉又云：「貞吝嫌茲世，會心馳本原，人非四禪縛，地絕一塵喧。」據《楞嚴經》載：「一切苦惱所不能逼，名為初禪；一切憂愁所不能逼，名為二禪；身心安穩得無量樂，名為三禪；一切諸苦樂境所不能動，有所得心，功用純熟，名為四禪」，四禪並非根本，故云會心馳本原。義山大概自認學佛工夫已經達到了菩薩解縛之間，所以才有這一類話。《別臻師二首之一》又說：「昔去靈山非拂席，今來滄海欲求珠；楞伽頂上清涼地，善眼仙人識我無。」靈山為世尊說法之地，義山自稱是從靈山講會中來，已經很了不得了；次句竟又說自己是想要尋找代表佛法精奧的摩尼寶珠（**善友太子乞摩尼寶珠於龍王之耳，見《報恩經》**），自抬身分之餘，當然也充分揭明瞭自己整個人生嚮向，在於求得人生的究竟歸宿或目標，即使入世，亦非拂席逃叛。

傳統的箋注家，以馮浩、張爾田為代表，顯然並未注意到義山這一類作品所流露的意識。因此，義山從新舊《唐書》以下，就都在「背恩無行，恃才詭激，放利偷合」的評價漩渦中打轉。有人肯定他，有人批判他，但沒有人理解義山所追求的，並不是現實層面的利害或遇合，而是整個人生問題的安頓；錦瑟無端的惘然，也正來自滄海求珠不可得的憾痛。⑥這樣，義山的生命型態及其內容，當然就被貶低了；他的「憂生念亂」（**張譜語**），也只能被看做是個人得失的悲喜或對時局的感憤，不是真正對人生發出一聲深沉的憂生之嗟！

其實，義山正是因為生命中有這樣深刻的憂生之嗟，所以才會畢生嚮往佛與道，並在晚年擺脫一切地刻意佛事。由文獻上看，他越到晚年，越虔誠奉佛。⑦集中所錄，除了〈同崔八詣藥山融禪師〉作於武宗以前；〈憶往歲與澈師同宿〉作於桂林之外，多半屬於隨柳仲郢入蜀後所撰。另外，他又在常平山慧義精舍藏經院，創石壁五間，金字勒《妙法蓮華經》七卷，並寫了〈四證台記〉、〈彌勒院碑〉、〈為八戒和尚謝複三學山精舍表〉、〈佛頌〉等文。隨柳仲郢還朝以後，居西京永崇裡，更有與僧徹一段故事，宋贊甯《高僧傳・悟達國師知玄傳》載：

李商隱者，一代文宗，時無倫輩，常從事河東柳公梓潼幕久，慕玄之道學，後以弟子禮事玄。時居永崇裡，玄居興善寺，義山苦眼疾，慮嬰昏瞽，遙望禪宮，冥禱乞願。玄明旦寄天眼偈三章，讀終痰愈。迨乎義山臥病，語僧錄僧徹曰：「某志願削染，為玄弟子」，臨終寄書偈訣別。鳳翔府寫玄真，李義山執拂侍立焉。

義山與知玄相遇，在大中八年左右，但此傳敘述在回京以後；而義山因病還歸鄭州時，玄弟子僧徹正充左右街應制賜紫，也不見得能親與接聞臨終之語。所以我們很懷疑這段記載的真實性。大抵義山與知玄僧徹確有往來，但詳情卻未必如此處所述。僧徒記僧事，例多浮誇，好抑人以尊己，例如《佛祖統記》云：「元和元年，詔沙門知玄人殿問道，賜號悟達國師。玄五歲能吟詩，出家為沙彌，十四講經。李商隱贈以詩云：十四沙彌解講經，似師年紀止攜瓶。沙彌說法沙門聽，不在年高在性靈。」元和元年義山根本尚未出世，怎能贈詩？這種記錄就明顯是錯誤的。《佛祖統記》既誤，《高僧傳》自也不能盡信。因為害怕瞎眼而禱告，義山性格中固然也有這柔弱的一面，可是把他跟知玄的交往，係於知玄的法術神通，便不免太小覷義山對佛理的深湛造詣了。⑧

（二）李商隱學佛的原因

義山集中有關知玄與僧徹，只有一首〈奉寄安國大師兼簡子蒙〉。這首詩引起很多爭執，釋道源認為是指大達法師端甫，錢牧齋認為是知玄，張爾田則認為只有僧徹才住過安國，但如果指僧徹，似又不必稱其為大師。⑨另外〈別智元法師詩〉，釋道源與錢牧齋都認為即是知玄，詩說：

雲鬢無端怨別離，十年移易住山期，東西南北皆垂淚，卻是楊朱真本師。

這首詩，馮浩、張爾田駁得很有道理：唐時女冠也稱法師，天下無雲鬢之和尚，故此詩必非贈知玄，而是贈女冠智元。但是，通過這首詩，我們也許更容易明瞭李商隱學佛學道、佛道交雜的原因。

以時代來說，唐代中葉，正是士大夫普遍學佛法的時代。《癸辛雜識》云：「唐世士大夫重浮屠，見之碑銘，多自稱弟子，此已可笑。柳子厚〈道州文宣廟記〉云：春秋師晉陵蔣堅，易師沙門凝安。有先聖之宮，而可使桑門橫經於講筵哉？此尤可笑者。然《樊川集》亦有燉煌郡僧正徐州學博士、僧慧苑除臨壇大德制。則知當時此事，不以為異也」（《全唐文記事》卷一〇七引），可以觀一時風會。在這個時代裡，不僅士人學佛，即使道教中人也常摭采佛理，以闡發道教宗旨，故《玉澗雜書》說：「司馬子微作《坐忘論》七篇，道釋二教，本相矛盾，而子微之學，乃全本於釋氏，大抵以戒定慧為宗，觀七篇之序自見。」⑩在這種風氣習染之下，義山要避免與僧人來往或研習佛理，本來就不是很容易的事。

但就另一方面說，唐代道教與佛教的界限也是非常清楚的：信佛出家者稱為僧尼，通道者則為道士女冠；僧尼衣袈裟、剃髮，道士女冠羽衣道服、蓄髮作髻；僧尼住寺，道士女冠居道觀；道士女冠先隸宗正寺、後改司封檢校，僧尼先隸司賓、後改祠部；且道士有仕進之途，僧人則無。⑪兩教也彼此相傾軋，最著名的就是唐武宗與李德裕因通道而發動的會昌法難，幾乎完全摧毀了唐代佛教徒辛苦建立的基業，使許多大宗派一蹶不振。李商隱親身經歷了這次法難，而他與李德裕、杜悰又有相當的關係，何以還會在佛道交哄鬥爭得最激烈的時候，兼習二教呢？⑫

原因可能就在「東西南北皆垂淚，卻是楊朱真本師」這兩句話上。李商隱一生屢以楊朱自喻，如〈西溪詩〉「苦吟防柳渾，多淚怯楊朱，野鶴隨君子，寒松揖大夫，天涯常病意，岑寂勝歡娛」，〈荊門西下詩〉「洞庭波闊蛟龍惡，卻羨楊朱泣路歧」之類，均屬自傷之作，這在其他詩人集中是很罕見的情況。造成這一現象的主要原因，是由於李商隱本人特殊的生命型態中，有一種強烈的尋求生命之寄託的傾向。他常感身世悠悠，對於時間，尤有深刻的感愴，每每在物華繁盛時，便興起眾芳蕪穢、繁華消歇之感，像〈夕陽樓〉、〈岳陽樓〉、〈樂遊原〉這一類詩，都是如此。他之傷春，而且以傷春作為人生的一種情調，也未嘗不是由於這種特異的性格。⑬

像這一種人，才會時常有「無端」之感，猶如當年衛玠渡江，而說：「對此茫茫，不覺百感交集。」義山就有這樣悵觸無端、百感遝來的情況，如〈錦瑟〉的「錦瑟無端五十弦」、〈別智元法師〉的「雲鬢無端怨別離」、〈潭州〉的「今古無端入望中」、〈屬疾〉的「秋蝶無端麗、寒花只暫香」等，無不是這樣憂來莫名，愁去莫止。

而這番無端的哀感，來自生命內部最深邃處，所以基本上是無法排遣的；但義山的悲哀就在於他一直想要替無可排遣的無端之哀，尋個安頓。他在情感上、在事業上乃至於仙佛之嚮往上，都不只是純粹的沉溺、發洩或遭遇挫折後的逃避，而是有尋找內在安頓的人生渴求。他一生不斷在作這樣的找尋，所以也徘徊在情愛、仙佛與仕途之間，往復交纏，茫茫然不知涯際；這樣的人生，可說是矛盾極了、悲苦極了，他不曉得什麼才真能安頓他自己、什麼才真是人生的歸趣，因此，他從內在的體驗上，開始逐漸理解到楊朱泣歧的意義。因為歧路，代表一種抉擇；路固然通往目的地，但選擇本身就是令人迷惘、狐疑甚至痛苦的。抉擇時誠然可以有堅持理想的昂揚，但選擇必然也代表某一部分的割捨。

生命瀕臨割捨，已經是一種難堪的痛楚了，偏偏這些叉路又令人無法確知自己的抉擇與割捨是否可以正確無憾，在此，於人又不能不有所懷疑。楊朱之所以臨歧而泣、阮籍之所以窮途痛哭，哭的都是這種人生抉擇的悲哀。

但是，不幸的是，李商隱的悲哀比他們更甚，因為他不但徘徊於歧路，有人生失路之感傷哀痛，更深沉地，他也曉得這些路，可能沒有一條是可以安頓人生的路。所以，在兩性關係上，他歌詠情愛，肯定情之尊貴，但同時，他又確信情愛只是虛幻，「莫訝韓憑為蛺蝶，等閒飛上別枝花」（〈青陵台〉）；在人與外在世界的關係上，他追求現實世界的政治秩序與功業，有「欲回天地入扁舟」的抱負，有理想主義之氣質，但同樣地，他對這樣的事功及評價，也感到不可信任，而且歷史興亡，在時間的淘洗之下，現實世界的事功更是顯得脆弱無意義，集中如〈李衛公〉、〈舊將軍〉、〈過伊僕射舊宅〉、〈籌筆驛〉、〈武侯廟古柏〉、〈詠史〉、〈茂陵〉等詩，都表現了這種意識；同理，在人與超越世界的關係上，他也是既嚮往仙道，視之為生命中的終極歸趣，又對這種安頓方式感到幽渺難憑，否則就不會說「八駿日行十萬里，穆王何事不重來」（〈瑤池〉）。這豈不是一種矛盾嗎？是的，李商隱就生活在這層層矛盾之中，徘徊於這不可消解而又必須執著的傷痛之中。他說「卻羨楊朱泣路歧」，正是因為楊朱所泣，只是人生之抉擇的苦痛，他則根本無路，只能站在原地，傷情地高吟：「東西南北皆垂淚」！

佛教，跟道教一樣，都是李商隱在追尋人生歸宿以安頓自我時的一條道路，代表了他對超越的形上世界之關懷與嚮往，希望能通過人與形上的結合，躍離現實生命的沉淪與痛苦。他曾作〈夜憶往歲秋與澈師同宿〉、〈題白石蓮華寄楚公〉一類詩，對有交往的和尚深致懷念，這種懷念，即包含了他對佛家境界的歆慕。而他那一些情詩，也在某種意義之上，跟他對佛家境界的蘄向有異曲同工之妙，所以錢牧齋為釋道源所撰的〈李義山詩集序〉才會說：

> 義山無題諸什，春女讀之而哀，秋士讀之而悲，公真清淨僧，何取乎爾也？公曰：佛言眾生為有情，此世界情世界也。欲火不燒燃則不乾，愛流不飄鼓則不息。詩至於義山，慧極而流，

思深而蕩，流漩蕩復，塵影落謝，則情網障而欲薪燼矣。春蠶到死，蠟燭灰乾，香銷夢斷，霜降冰涸，斯亦筐蛇樹猴之善喻也。且夫螢火暮鴉，隋宮水調之餘悲也；李牛駐馬，天寶淋鈴之流恨也；籌筆儲胥，感關張之無命；昭陵石馬，悼郭李之不作。富貴空花，英雄陽焰，由是可以影事山河，長挹三界，疑神奏苦集之音，阿徒證那食之果⑭。

義山認定愛情、人間功業乃至仙道都是虛幻的，剛好在意義上是由執著與追求，進而到洞知一切執著與追求都屬虛妄，而近於佛家的講法。他末年以佛為歸宿的主要原因，當亦在此。如果我們朝向外在的解釋來看這個問題，恐怕就很難體察到這中間的曲折幽微了。

（三）李商隱與僧佛有關的詩作

通過以上這樣的理解來看義山詩，詩境便開闊深廣了許多，而義山與僧佛有關的詩篇，也較易明白其意趣。

李氏與僧佛有關的詩並不很多，但表現的層面卻很廣。其中第一類是對佛家及其所開顯之世界的描述，例如〈詠三學山〉詩：

五色玻璃白晝寒，當年佛腳印旃檀，萬絲織出三衣妙，貝葉傳經一葉難。夜看聖燈紅菡萏，

曉驚飛石碧琅玕，更無鸚鵡因緣塔，八十山僧試說看。⑮

這種詩，不但與李商隱描述道教及其所開顯的世界同一機杼，也是唐人一般的寫法。一方面刻繪實景，一方面廣泛而靈巧地運用佛家典故，像聖燈一詞，傳燈以昭無住之心，是佛家常用語，但也呼應了三學山神燈的奇蹟。這跟杜甫〈望牛頭山詩〉所云：「牛頭見鶴林，梯徑繞幽深，春色浮山外，天河宿殿陰，傳燈無白日，布地有黃金，休傷狂歌老，回看不住心」，正復相似。⑯大抵唐人寫佛與僧，還很少禪趣證悟的意涵，即使是王維、白居易，也是禪語多而禪味少，且喜用釋家典，義山亦不能例外，如〈奉寄安國大師兼筒子蒙詩〉：

憶奉蓮花座，兼聞貝葉經。岩光分蠟屐，澗響入銅瓶。日下徒推鶴，天涯正對螢；魚山羨曹植，眷屬有文星。

蠟屐銅瓶，用《高僧傳》釋僧會事。其〈四證堂碑〉也用過這個典：「石磬朝吟，銅瓶夜滿。」從前紀曉嵐曾批評他這一類詩說：「禪偈為詩，易墜惡趣。以東坡語妙天下，猶時不免於俚鄙，況下於此乎?無撏撦內典之跡，而山水清音，味含禪悅，則善之善矣」，講得很對。⑰但唐人一般作法即是如此，試看王維〈夏日過青龍寺謁操禪師〉，白居易〈讀禪經〉、〈感悟委緣題如上人壁〉一類詩，不也都是語木聲希，撏撦內典以成篇嗎？固然我們不能說其他人詠僧佛的詩也不好，就等於義山詩這樣的創作型態是合理的，但討論歷史時，我們理應存有一份同情。味含禪悅的作品，自宋以後，較擅勝場，乃是文學創作史上處理題材後出轉精的現象，我們正不必據此以諷嘲古人。

不過，這樣撏撦內典的作品，近乎客觀的描述，並無多少作者主觀的情感與思想寄存其中，義山本身並不是這種創作型態的詩人，所以他大多數與僧佛有關的作品，都不是如此的。他有些詩，確實可以看做是他在追尋人生安頓時的一種感傷，譬如〈遊靈伽寺〉詩：「盡日傷心人不見，石楠花滿舊琴台」，以及〈題白石蓮花寄楚公〉詩：

> 白石蓮花誰所供？六時長捧佛前燈。空庭苔蘚饒霜露，時夢西山老病僧。大海龍宮無限地，諸天雁塔幾多層；漫誇鶖子真羅漢，不會牛車是上乘。

蓮花養神、燈前禮佛，見徐陵〈孝義寺碑〉，《涅槃經》「若於佛法，供養一香燈，乃至獻一花，則生不動國」，又，《佛升忉利天為母說法經》「摩耶夫人兩乳血出，猶白蓮花而入如來口中」，首二句蓋用此典。馮注未及詳。但馮浩解釋這首詩後四句說：「下半喻職官之多、階品之積，乃我不得效用朝家，而惟寄身使府，譬之說法，徒歎小乘耳」，卻很有意思。他純從外在的得喪遇合來解釋，可是由詩意看，後四句是從「時夢西山老病僧」這一句中生出來的。

所以後四句不可能一下蕩開，而與佛境界無關；何況，大海龍宮，不也正與義山滄海求珠的願望互相呼應嗎？因此，我們覺得這是義山在嚮往佛家義理時，對自己存在處境的一種感歎，故題名憶。是由白石蓮花，現在的佛燈與白石蓮花，想到西山的「老病僧」，再想到楚公所代表的佛家境界（注意「時夢」二字），而與自己現在的處況作一對照與思省，詩境無限延伸擴大。這位楚公，不知是誰，然而西山之西，與〈憶住一詩〉所說「帝城鐘曉憶西峰」之西，正復相似，難道這西山即是他少年時學佛之地嗎？

同樣地，義山懷舊中兼有對佛家世界之嚮往的作品，還有許多，如〈題僧壁〉：

舍生求道有前蹤，乞腦剜身結願重；大法便應欺粟顆，小來兼可隱針鋒。蚌脂未滿思新桂，琥珀初成憶舊松。若信貝多真實語，三生同聽一樓鐘。

按：徐陵〈東陽雙林寺傅大士碑〉：「割身奉鬼，聞半偈於涅槃；賣髓祠天，能供養於般若。理當刳心靡吝、摧骨無疑。」《彌勒所問本願經》：「往過世有王天子，號曰蓮華。王見一人身體病癩，曰得王身髓以塗我身病乃愈。王子即破身骨，以得其髓，持與病者。」又，《千佛因緣經》：「雪山有婆羅門，名牢度跋提，白夜叉言：我今不惜心之與血。即持利劍破胸出心與之。」義山首二句應即用此典，馮注亦未舉出。舊松憶僧，且明言若確信貝多真實之語，則已必與僧同聽此一樓鐘聲，題旨較白石蓮華憶楚公尤晰；義山后來在蜀中，曾以金字勒《妙法蓮華經》七卷於壁，亦當是此類詩作意識的延續。

比這些作品更為明顯的，是〈北青蘿〉詩：

殘陽入西崦，茅屋訪孤僧。落葉人何在？寒雲路幾層？獨敲初夜磬，閑倚一枝藤。世界微塵裡，吾寧愛與憎？

「北青蘿」，題不知何義，其實出自《高僧傳》。義山〈四證堂碑〉說：「隴右沙門，尚餐松葉，奚求往哲，度青蘿之獵客」，即用此典；而且此詩獨敲初夜磬句，也見〈四證堂碑〉。因此，此詩是藉訪僧的行動，象徵自己對於佛世界的追尋，所謂落葉人何在，寒雲路幾層，正是說明自己追求之誠之篤；詩中借著孤僧、人何在、寒雲、獨敲、閑倚一枝，點明了這種追尋乃是個孤寂的旅程與探索，而所謂訪孤僧，更揭示了他探尋的目標。這種目標，與〈別臻師〉詩也是一致的。〈別臻師〉之二：

苦海迷途去未因，東方過此幾微塵？何當百億蓮華上，一一蓮華見佛身。

微塵世界，見《涅槃經》。《法華經》又云：「假使有人磨以為墨，過於東方千國土，乃下一點，大如微塵；又過千國土，復下一點。如是輾轉，盡地種墨，是諸佛土。若算，師知其數否？」《梵網經偈》云：「我今盧舍那，方坐蓮花台，周帀千華上，復見千釋迦，一華百億國，一國一釋迦，各坐菩提樹，一時成佛道。」佛家論世界，有一切法界、虛空界等世界，見《華嚴經》；徐陵〈齊國宋司徒寺碑〉也有眾生無盡、世界無盡，芬若披蓮，遠如散墨的說法。李義山在這兒，就是說眾生迷惑，如在廣大苦海之中，如果能讓人人得道，皆為釋迦，豈不甚妙！前文曾說義山有通過形上超越世界的追尋以安頓人生之企圖，這類詩是最明顯的證據了。⑱

由於他對佛法有這樣的嚮往及對人生有廣大的悲願，所以對於僧人不守佛法，格外感到無法忍受，例如〈僧院牡丹詩〉所謂粉壁蕩水、緗緯卷燈，以及枝輕露倚、色淺依僧之類，馮浩說他寫得太刻薄，大傷詩教。就詩來說，誠然不夠敦厚，但他之所以會表現出這麼強烈的憎厭與譏諷，未嘗不是因為他有嚮往佛法以求安頓的心願啊！

另外，義山詠僧人，既多是表現他對佛境界的嚮往，當然在詩藝上便會儘量避免堆垛刻畫，而傾向於鋪展一個清淡幽遠的境界，以景托境，而顯禪心，例如〈華師〉：

孤鶴不睡云無心，衲衣筇杖來西林。院門晝鎖回廊靜，秋日當階柿葉陰。

寫景極寧靜、極清雅，而且深得禪趣。因為鶴驚露則不眠，何況是孤鶴？但此處所謂孤鶴，猶如〈北青蘿〉之所謂孤僧，關鍵在於「無心」二字。《楞嚴經》不是說過「有色無色，有想無想，若非有色，若非無色，若非有想，若非無想」嗎？這首詩就是寫這種無心之境。其次，例如〈訪隱詩〉：「路到層峰斷，門依老樹開，月從平楚轉，泉自上方來。」上方指僧舍，故此詩是訪僧而非尋道士；層峰路斷，樹倚門開，也充滿了禪趣，可以跟義山其他詠僧佛之詩合看。像這一類寫法，是義山所慣用的，如〈憶住一師〉：「爐煙消盡寒燈晦，童子開門雪滿松」；〈同崔八詣藥山訪融禪師〉：「岩花澗草西林路，未見高僧且見猿」⑲；〈遊靈伽寺〉：「碧煙秋寺泛湖來，水打城根古堞摧」；〈訪隱者不遇〉：「秋水悠悠浸野扉，夢中來數覺來稀；玄蟬去盡黃葉落，一樹冬青人未歸」，「滄江海石樵漁路，日暮歸來雨滿衣」，這些清幽淡遠的寫法，與〈無題〉、〈錦瑟〉一類風格，有顯著的差異。因為它來自一種特殊的心態，我們必須瞭解這種心態，才能深入玩索這些作品。

（四）結語

李商隱與佛教的關係，早在錢謙益為釋道源、朱長孺義山詩注作序時，即已提出來了，可以說是第一次正式出現有關李商隱的論題，其次才是有關義山政治人格的評價問題。但是三百年來，論者幾乎傾全力去探討義山政治與道德的問題，而對他與佛教的關係，漠視不論。其實，正如錢牧齋說的，有關義山與佛教關係的研究，一定會影響到我們對義山人格的理解，所以也一定會改變我們對義山政治人格的解釋。⑳

本文就是通過整個義山人格成長及發展的歷程，來說明他學佛的原因、經過和結局，解說他對人生的看法，提供一種新的詮釋方式。文章當然寫得不太詳盡，但我相信，這也許能為讀義山詩者開拓一個較寬廣的視野、較深刻的層面。

必須附帶一提的是，本文最先是受了張之淦老師的啟發，一九七八年寫成《玉溪生與佛教》，發表在《淡江文學》第九期。一九八二年輯入我的《讀詩隅記》中。後來又被選入台灣中山大學所編《李商隱研究論文集》，一九八四年出版。現在重寫，補充了一些材料，詮釋觀點上也略有寸進。為學艱難，個中甘苦，誠不易為知者道；我寫這篇文章，是很有感觸的。

注釋

①學仙玉陽王屋之間，馮浩係在寶曆元年，張爾田說在太和九年左右，筆者則以為可能在義山喪父奉母歸鄭州之後數年，即長慶三年以後數年之間。詳龔鵬程《讀詩隅記》之〈劉著李商隱評傳舉錯〉。

②《淮南子》：「崑崙山有層城九重，高萬一千里，上有不死樹在其西」，徐陵〈天臺山徐則法師碑〉：「長生之樹，尚挺西崑」，即用此典。

③像張爾田，雖然明知「義山東川時雖耽禪悅，然早已在惠祥上人講下」，卻仍然說：「義山晚年棄道逃禪」（《玉溪生年譜會箋》卷四）。

④張譜也承認這個異文。見卷四。

⑤白衣居士，出《楞嚴經》；烏帽，則見《隋書・禮儀志》：「隱居道素之士，被召入謁者，黑介幘。」因此這兩句是指佛道中人。

⑥馮注解滄海月明珠有淚，引鮫人泣珠事為說。然鮫人有淚，非珠有淚也；且鮫人泣淚成珠，乃在岸上，與滄海月明無關。張譜卷四則謂錦瑟為自傷之詞，即騷人所謂美人遲暮，甚是。但譜又說滄海句指李衛公毅魄久與珠海同枯，簡直匪夷所思；張氏《李義山詩辨正》也並不用這種說法，而說滄海句指己，言流涕時多。其他各家解法很多，但似乎無人認為這是指理想的失落。

⑦《樊南乙集》自序，寫於大中七年，自云方願打鐘掃地，為清涼山行者。清涼山，指五台山。道經稱五台山為紫府山，內經則以為清涼山，《華嚴大疏》中也有這種稱呼。序又說：「於文墨意緒闊略，為置大竹篋，塗逭破裂，不復條貫。」「四六非平生所尊尚，應求卒備，不足以為名。」這種態度，跟他在《樊南甲集》序中，自以為能集韓文杜詩彭陽章檄的意興風發，迴然異趣。

⑧張爾田曾駁斥《佛祖統紀》的記載，卻認為「知玄一傳，即出僧徹所述，事皆徵信，不必懷疑」，其實這兩篇記錄性質並無不同。

⑨詳錢牧齋〈朱長孺箋注李義山詩·序〉（《有學集》卷十五），及張譜卷四。我認為安國大師可能既非知玄，亦非僧徹，而是安國寺紅樓僧廣宣。廣宣事蹟，見於昌黎、香山、夢得諸人集中；本詩題名奉寄，應該是長者，廣宣的身分正相吻合。據《新唐書·藝文志》載，令狐楚與廣宣唱和，有詩一卷。或許李商隱早年在令狐楚幕中時，即曾與廣宣來往了，所以詩中有「憶奉蓮花座，兼聞貝葉經」之句。

⑩亦見《全唐文紀事》卷一百七。案佛道兩教之評論，由來已久，入唐以後，由於朝廷有三教講論的制度，民間的傳教活動中也不免有此混淆。因此到了唐期中葉以後，三教已經有逐漸融合的趨勢，以佛理說道家宗趣，只是這種趨勢中一個常見的現象。同書同卷又載「楊綰為中書侍郎平章事，雅尚玄言，宗道釋二教，嘗著王開先生傳以見意」，此與牛肅《紀聞》所記牛應貞「學窮三教，博涉多能」（《廣記》卷二七一引）之類，也都顯示了這種趨向。另參龔鵬程《孔穎達周易正義研究》（師大國研所碩士論文，一九七九年）、《江西詩社宗派研究》（台北：文史哲，一九八三年）。

⑪詳見張之淦《柳文探微小識》（《大陸雜誌》六五卷三、四期；收入《遂園書評匯稿》，台北：商務）「佛道不分」條。

⑫案：《通鑑》二四八會昌五年五月下：「祠部奏括天下寺四千六百、蘭若四萬、僧尼二十六萬五百」，八月下又云：「壬午，詔陳釋教之弊，宣告中外」。此名為會昌法難，但會昌元年，帝已舉趙歸真等八一人建九天道場，親傳法籙，度明經、進士為道士；四年，又以趙為右街道門教授先生；五年春，於尊號中中旨加道字。因此會昌滅佛，實由武宗主持，而趙歸真慫恿附會之。李德裕雖也信奉道教，自稱上清玄都大洞三景弟子，又與杜悰、崔鉉，李讓夷等人率文武百僚上徽號，稱武宗為仁聖文武章天成功神德明道大孝皇帝。然而與趙歸真不睦，會昌四年更曾上諫武宗不宜親近。且據《舊唐書·李德裕傳》載：「五年，武宗上徽號，（李）累表乞骸骨，不許。德裕病月餘，堅請解機務」，可見他對武宗的做法，也不是很贊同的。《通鑑》對此，記敘頗不盡合理實，既在會昌五年八月詔陳釋教之弊，毀佛滅法之前，夾敘一段李德裕請廢寺材修太廟；又在後面記李德裕勸幽州使勿納僧人，且謂「主客郎中韋博以為事不宜太過，李德裕惡之，出為靈武節度副

使」，彷彿滅法之事，全由李氏主持發動，這是錯誤的。另外，會昌以後，滅佛的風氣及輿論，並未止熄。宣宗四月聽政，十月即受三洞法籙於衡山道士劉玄靜；大中五年，孫樵又上書請汰佛寺；六年冬十二月，中書門下又奏嚴禁私度僧尼；十一年，遣中使迎回會昌六年被流放的道士軒轅集；十二年，李義山死在鄭州，而次年宣宗即因為吃道士虞紫芝的藥而發疽崩。故義山奉佛最虔誠的這段時間，剛好是朝士奉道最熾盛、佛教勢力最黯淡的階段，更是兩教交惡最激烈的時期。

⑬傷春，始於《詩經．豳風．七月》：「春日遲遲，采蘩祁祁，女心傷悲，迨及公子同歸」，傳：「春，女悲；秋，士悲。感其物化也」，箋：「春，女感陰氣而思男；秋，士感陰氣而思女。是其物化，所以悲也。悲則始有與公子同歸之志，欲嫁焉。」詳錢鍾書《管錐編》，第一三〇至一三三頁。義山之傷春，實異乎此。因為義山說：「年華無一事，只是自傷春」（〈清河〉）「通谷陽林不見人，我來遺恨古時春」（〈涉洛川〉），「對泣春天類楚囚」「莫驚五勝埋香骨，地下傷春亦白頭」（〈與同年李定言曲水閒話戲作〉），「細意經春物，傷心屬暮愁」（〈即目〉）「曾苦傷春不忍聽」（〈流鶯〉），這些傷春的作品，有些可以用豔情來解釋，有些卻顯然與思念女子欲娶之意無關。因此注家有時以豔情為說，有時則說是悼亡、是政治諷喻、是唐人以下第為傷春。但我們以為，義山如此刻意傷春（所謂刻意傷春復傷別），傷春在他的生命中一定佔有一種感情的主導地位，否則何以能說「我為傷春心自醉，不勞君勸石榴花」或「天荒地變心難折，若比傷春意未多」？故而我們覺得傷春不是思得女子，乃是義山生命情調中無端而有的一種美人遲暮、眾芳蕪穢之感！

⑭見錢氏《有學集》卷十五。

⑮本詩與〈遊靈伽寺〉詩，張爾田存疑，《年譜會箋》卷四：「以上〈遊靈伽寺等〉八首，皆非本集，由後人采摭附入者。又《佛祖統紀》載李商隱贈知玄七絕，《浩然齋雅談》載李商隱晉元帝廟詩七律，《萬花谷別集》載李商隱重午七絕，《續集》載李商隱詠三學山詩七律，亦皆不似義山者。」但〈詠三學山〉詩，就用典的手法及典故本身來看，應該是義山的作品。

⑯三學山神燈，詳《法苑珠林》。又，剜身以作千燈，又見義山〈唐梓川慧精舍南禪院四證堂碑〉，亦用《法苑珠林》引《菩薩本行經》。馮注皆未詳。

⑰紀批曾遭張爾田痛駁。實則紀氏並沒有講錯，而且紀氏的講法，是受到王漁洋論神韻禪趣的影響以後形成的。晚清常熟一帶有些詩人，如沈曾植、張爾田，務反神韻之空疏，竟又回到以佛典堆砌成詩的路子上去，黏皮滯骨，反而不好。

⑱義山這種企圖，表現在他一生對釋與道的嚮往和追求上，晚年雖說歸於佛，其實也仍只是意義上的歸，對道教並未排斥或背棄。所以《雲笈七籤》載道士胡宗居梓州紫極宮時，梓之連師，及柳仲郢幕下如周相公、李義山等，皆加敬致禮。義山集中，有〈道興觀碑〉、〈道士胡君新井偈銘〉等，均是這段期間所作。可見義山到晚年，並不曾「棄道歸佛」，而只是覺得佛家義理對他自己尤為親切罷了。

⑲這位崔八，可能是與義山一同習佛的朋友，所以詩開頭就說：「共受征南不次恩，報恩惟是有忘言」；另外義山又有一首〈酬崔八早梅有贈兼示〉，云：「維摩一室雖多病，亦要天花作道場」，用佛家典。

⑳錢氏《朱長孺箋注李義山詩・序》：「余往為源師撰序，推明義山之詩，忠憤挫鬱，鼓吹少陵以為風人之博徒，小雅之寄位，其為人詭激歷落，厄塞排笮，不應以浪子嗤點。少陵云：余亦師粲可，又云身許雙峰寺。謝康樂言學道必須慧業，未有具慧業而不通於禪者。靈山拂席、滄海求珠，豈可香匳金縷、裁雲鏤月之流比類而訶之哉？」

六　晚唐的禪宗與道教

偶讀《景德傳燈錄》，見其中有涉及禪宗發展史者數事，頗有趣。先予摘錄雜考之，再綜合起來，談一談唐末佛道之關係。

（一）論易卜

《景德傳燈錄》卷十一曾載：

漳州浮石和尚，上堂云：「小僧開卜鋪，能斷人貧富、定人生死。」時有僧出難云「離卻生死貧富、不落五行，請師直道」，師曰：「金木水火土。」

解脫死生，超越輪迴，乃禪家之大事，故僧人以此為問，浮石和尚則就五行占卜作答。這種對答，是禪宗常用的一種詭辭，所謂不落五行，即是五行。《金剛經》最常見此運用，如「所謂佛法者，即非佛法」，「佛說般若波羅蜜，則非般若波羅蜜」，「諸微塵，如來說非微塵，是名微塵。如來說世界非世界，是名世界」之類。完整的論式，應該是「P即非P，故是P」，如「莊嚴佛土者，則非莊嚴，是名莊嚴」。禪宗特別喜歡以這種邏輯顯無自性空，熟悉禪宗義理者，對此必不陌生。①正因為如此，故引起我們注意的，不是浮石和尚的開示，而是他借喻於開卜鋪及用五行立說。

五行非佛家名相，卜筮非禪家所為。佛家論五行，是指地水火風四大與空大，合稱五大。密教五大，始有以五大配五方五佛之說。但其中善無畏仍以地水火風空，順其次序，配東西南北中；不空則取五行木火土金水，配東南中西北、青赤黃白黑，分別指大圓鏡智、妙觀察智、平等性智、成所作智、法界體性智。②浮石和尚顯然不是採用這個講法，他談的，只是一般的卜法。據同書同卷所載仰山慧寂禪師事考之，當屬易卜：

師問一僧：「汝會什麼？」僧曰：「會卜。」

師提起拂子曰：「這個六十四卦中阿那卦收？」

僧無對。師自代云：「適來是雷天大壯，如今變為地火明夷！」

浮石和尚論卜，尚是借喻，這個僧人卻是真會占卜的。不只他會卜，慧寂也會，故論卦能如此之熟。依他所解卦象來看，當時所用，並非《火珠林》一類卜法，而是正統易卜。雷天大壯，是乾下震上之象，象曰：「雷在天上，大壯，君子以非禮弗履。」變而為地火明夷，是離下坤上之象，象曰：「明入地中，內難而能正其志。」仰山的意思，大概是說卜筮非禪家事，勸這個僧人要端正其志，用晦而明自性。取譬頗為善巧，所論卦變，則可能是用虞氏易說。即乾二之坤，故為離，震初又變為坤，所以才能由大壯變成明夷。③

當時僧人善於運用這種易卜以論禪理，還有一個旁證，即是該書卷四「舒州天柱山崇慧禪師」條：問：「達磨未來此土時，還有佛法也無？」師曰：「未來時且置，即今事作麼生？」曰：「某甲不會，乞師指示」，師曰：「萬古長空，一朝風月。」良久又曰：「闍黎會麼？自己分上作麼生，干他達磨來與未來作麼？他家來，大似賣卜漢相似。見汝不會，為汝錐破卦文，才生吉凶。在汝分上，一切自看！」僧問：「如何是解卜底人？」師曰：「汝才出門時便不中也。」

把達磨未渡喻為賣卦卜者，可見卜卦的經驗在當時僧人中是極為普遍的；僧人對於占卜之原理，如易象與五行，也是頗為熟悉的。

（二）談鬼神

佛家言鬼不言神。真諦《佛說立世阿毗曇論》卷七《受生品》謂造惡業者，死後生鬼道、禽獸道、地獄；造善業者則生下品家、長者家、婆羅門家、剎利家以至生天。天有三界諸天等等，天有天王管轄，亦有城廓園池林樹珍寶等，諸天天人即生活於其間。漢魏六朝佛家各教派及經典對於天堂地獄的描述，雖然極為紛紜複雜，但其基本理論大抵如此。④當時神滅與神不滅之爭，主要關鍵就在於「疑人死神滅，無有三世」（僧佑《弘明集．後序》），因為若無三世輪迴，則地獄天堂諸說便均不能存在了。但這個「神」，是與「形」相對的神氣神識，不是鬼神的神。諸天亦但有菩薩，並無神祇。

可是唐代的禪宗和尚，似是已用神祇的觀念來看待佛陀了。《五燈會元》卷五神山僧密禪師條云：「裴大夫問僧：『供養佛，佛還吃否？』僧曰：『如大夫祭家神』。」暗指孔子所謂「祭如在」。這就是用儒家的神祇觀了。不只如此，他們似乎又吸收了若干民間通俗信仰，例如：

金陵牛頭禪第三世慧方將入滅時，見有五百許人，髻髮後垂，狀如菩薩，各持旛華，云：「請法師講。」又感山神現大蟒身，至庭前如將泣別。（《景德傳燈錄》卷四）嵩嶽破灶墮和尚隱居嵩岳時，山塢有廟甚靈，殿中唯安一灶，遠近祭祠不輟，烹殺物命甚多。師一日領寺僧入廟，以杖敲灶三下，云：「咄！此灶只是泥瓦合成，聖從何來？靈從何起？恁麼烹宰物命？」又打三下，灶乃傾破墮落。須臾，有一人，青衣峨冠，忽然設拜師前。師曰：「是什麼人？」云：「我本此廟灶神，久受業報，今日蒙師說無生法，得脫此處，生在天中，特來致謝」，師曰：「是汝本有之性，非吾強言。」神再禮而沒。（同上）

這兩個例子都吸收了民間的神祇信仰，說山神化形為大蟒、灶神寄託於灶，但均在輪迴業報之中，可受法師點化。此一講法，看似荒誕，實甚重要，可以看出禪師與鬼神的關係，亦可見禪宗如何處理它與民間信仰的問題。故後世對此「破灶墮」公案，均極為重視。《五燈會元》卷十九謂臨濟宗五祖法演弟子清遠佛眼，即係閱《傳燈錄》此一因緣而得悟者。⑤

類似「破灶墮」的例子，還有《傳燈錄》卷四的嵩岳元珪禪師事、卷十一婺州金華山俱胝和尚事、卷十四石頭希遷大師事等，然發明無多。較有意思的，是卷十一筠州末山尼了然與灌溪閑和尚的對答：「閑和尚問：『如何是末山？』了然云：『不露頂。』閑云：『如何是末山主？』了然云：『非男女相。』閑乃喝云：『何不變去？』然云：『不是神，不是鬼，變個甚麼？』閑遂服膺。」鬼神雖能幻化變形，但不為禪師所重，於斯可見。另外，卷八又載：

池州南泉普願禪師，擬取明日游莊舍。其後土地神先報莊主，莊主乃預為備。師到，問：「莊主爭知老僧來，排辦如此？」莊主云：「昨夜土地報導和尚今日來。」師云：「王老師修行無力，被鬼神覷見。」有僧便問：「和尚既是善知識，為什麼被鬼神覷見？」師云：「土地前更下一分飯。」

後來玄覺曾參此公案，問雲居錫曰：「什麼處是土地前更下一分飯？」雲居錫曰：「一是賞伊罰伊，只如土地前見是南泉不是南泉。」此解恐未諦當，南泉之意似乎只是賞而非罰，只是自愧行止有跡，故被鬼神覷著。⑥

這顯示禪家自信其境界高於鬼神，認為鬼神仍受業報，故要常來聽法，且不能窺測禪師底蘊。不過，這只是一種信念，所以有時不免參差。如卷十一講某夜「山神告俱胝和尚曰：『不須離此山，將有大菩薩來為和尚說法也』，果旬日，天龍和尚到庵」，不又是行跡為鬼神覷著了嗎？雖然如此，理想上仍以禪師修為應至他人無法揣度為高，詳下文。

（三）說心通

《傳燈錄》卷五載慧能大師法嗣西京光宅慧忠國師：

有西天耳三藏到京，云得他心慧眼。帝敕令與國師試驗。三藏才見師，便禮拜立襪右邊。師問曰：「汝得他心通耶？」對曰：「不敢。」師曰：「汝道老僧即今在什麼處？」曰：「和尚是一國之師，如何卻去西川看競渡？」師再問：「汝道老僧即今大什麼處？」曰：「和尚是一國之師，何得卻在天津橋上看弄猢猻？」師第三問，語亦同前。三藏良久，罔知去處。師叱曰：「這野狐精！他心通在什麼處？」三藏無對。

這是個有名的公案，唐代宗時事也。後來有僧問仰山：「大耳三藏第三度為什麼不見國師？」仰山曰：「前兩度是涉境心，後人自受用三昧，所以不見。」又有僧以此問玄沙，沙說：「汝道前兩度還見麼？」玄覺云：「前兩度若見，後來為什麼不見？」能不能被耳三藏覷見，與能不能被山神覷見是一樣的問題，而這個問題因為涉及修行次第及工夫境界，故爭論也較多，大家的解釋也都不一樣。有些解不出來，便只好以不解解之，椎破五連環，如：「僧問趙州曰：『大耳三藏第三度不見國師，未審國師在什麼處？』趙州云：『在三藏鼻孔裡。』僧問玄沙：『既在鼻孔裡，為什麼不見？』玄沙云：『只為太近。』」這都是叫人勿執黏滯縛的話，卻不是解釋問題的答案。

但這並不是個新的論題，早在莊子〈應帝王〉中即有一「壺子四示」的故事：鄭國有神巫，名叫季咸，能知人死生禍福，列子引他去見壺子。第一次季咸見壺子面如一灘濕灰，認為壺子快要死了。第二次，則見到壺子又有了生機。第三次，他看不見；抱怨壺子沒有齋戒，要他齋戒了再來相。第四次，見了壺子，因壺子「示之以未始出吾宗」，他完全無法覷相掌握，只好逃走。

鄭有神巫曰季咸，知人之死生存亡、禍福壽夭，期以歲月旬日，若神。鄭人見之，皆奔而走。列子見之而心醉，歸，以告壺子，曰：「始吾以夫子之道為至矣，則又有至焉者矣。」壺子曰：「吾與汝既其文，未既其實，而固得道歟？眾雌而無雄，而又奚卵焉？而以道與世亢，必信，夫故使人得而相汝。嘗試與來，以予示之。」明日，列子與之見壺子。出而謂列子曰：「嘻！子之先生死矣！弗活矣！不以旬數矣！吾見怪焉，見濕灰焉。」列子入，泣涕沾襟以告壺子。壺子曰：「鄉吾示之以地文，萌乎不震不止。是殆見吾杜德機也。嘗又與來。」明日，又與之見壺子。出而謂列子曰：「幸矣子之先生遇我也！有瘳矣，全然有生矣！吾見其杜權矣。」列子入，以告壺子。壺子曰：「鄉吾示之以天壤，名實不入，而機發於踵。是殆見吾善者機也。嘗又與來。」明日，又與之見壺子。出而謂列子曰：「子之先生不齋，吾無得而相焉。試齋，且復相之。」列子入，以告壺子。壺子曰：「吾鄉示之乙太沖莫勝。是殆見吾衡氣機也。鯢桓之潘為淵，止水之潘為淵，流水之潘為淵。淵有九名，此處三焉。嘗又與來。」明日，又與之見壺子。立未定，自失而走。壺子曰：「追之！」列子追之不及。返，以報壺子曰：「已滅矣，已失矣，吾弗及已。」壺子曰：「向吾示之以未始出吾宗。吾與之虛而委蛇，不知其誰何，因以為弟靡，因以為波隨，故逃也。」

這個故事，郭象注說：「至人，其動也天，其靜也地，其行也水流，其止也淵默。其於不為而自爾一也。今季咸見其尸居而坐忘，即謂之將死；觀其神動而天隨，因謂之有生。誠應不以心，而理自玄符；與變化升降，而以世為量，然後足為物主而順時無極。故非相者所測耳。此應帝王之大意也。」扣住「無心任化」來講應帝王，恐怕較接近莊子本義。但是，這個故事在唐代道士成玄英手上，意義就不一樣了。

成玄英是位有佛學修養的道士，他看這則故事，不免就試著用他的佛學知識去處理。所以他說：「壺子示見，義有四重。第一示：妙本虛凝，寂而不動。第二示：垂跡應感，動而不寂。第三示：本跡相即，動寂一時。第四示：本跡兩忘，動寂雙遣。」這就是用「本／跡」「動／寂」以及「本跡兩忘、動寂雙遣」來處理壺子之四示了。⑦

這一處理方武，與《壇經》所述慧能語，若合符契。慧能云：「吾今教汝說法。說一切法，莫離自性。忽有人問汝法，出語盡雙，皆取對法，來去相因，究竟二法盡除」，不就是成玄英的「寂——動——動寂雙遣」嗎？但是，禪家在這個時候並未意識到此一論理模式，一直要到百丈大智，才將此一論法總提為「三句」，或稱「三關」。故萬松行秀《從容錄》云：「三句之作，始於百丈大智，宗於金剛般若。」

三關，名初關、重關、牢關，實即有、空、中三重境界。各以一句表示之，故名三句。但三關中的中道，可以有兩種標記法，一是雙照明中，一為雙遮明中。雙照是空有相即，即成玄英所說的「本跡相即，動寂一時」；雙遣雙遮，是空有兩泯，即成玄英《莊子疏》所說的「本跡兩忘，動寂雙遣」。所以三關有時可演為四句，恰好與成玄英所理解的壺子四示相符。

換言之，禪宗雖得《壇經》之提示，但仍未能發展出一套具體的說法方式，其後各家說法悟道時又各有不同之因緣，所以必須依其基本教義來發展說法形態與論理模式，以總攝各種應機的狀況，此即百丈三關、曹洞五位正偏、臨濟四料簡等說所以形成的原因。夷考他們創立此類說法的經過，則《莊子》一書應是極為重要的借徑。「大耳三藏」的故事，更是與「壺子四示」有密切的關聯。禪家得此啟發，對其創立三關說，實有極大助益。再詳下文。

（四）參同契

《碧巖錄》云：「石頭因看《肇論》，至此『會萬物為自己』處，豁然大悟。」這個故事，《五燈會元》卷五論之較詳。曰：

師因看《肇論》至「會萬物為己者，其唯聖人乎！」師乃俯几曰：「聖人無己，靡所不己。法身無象，誰云自他，圓鑒靈照於其間，萬象體玄而自現。境智非一，孰云去來？至哉斯語也。」遂掩卷，不覺寢夢：自身與六祖同乘一龜，游泳深池之內。覺而詳之：「靈龜者，智也，池者，性海也。吾與祖師同乘靈智遊性海矣。」遂著《參同契》曰：「竺土大仙心，東西密相付。人根有利鈍，道無南北祖。靈源明皎潔，枝派暗流注。執事元是迷，契理亦非悟。門門一切境，回互不回互，回而更相涉，不爾依位住。色本殊質象，聲元異樂苦。暗合上中言，明明清濁句。四大性自復，如子得其母。火熱風動搖，水濕地堅固。眼色耳音聲，鼻香舌鹹醋。然依一一法，依根葉分佈。本末須歸宗，尊卑用其語。當明中有暗，勿以暗相遇。當暗中有明，勿以明相親。明暗各相對，比如前後步。萬物自有功，當言用及處。事存函蓋合，理應箭鋒拄。承言須會宗，勿自立規矩。觸目不會道，運足焉知路？進步非近遠，迷隔山河固。謹白參玄人，光陰莫虛度。」

石頭希遷因《肇論》而開悟，未必有代表性，因每個人悟證的因緣並不一樣，但《肇論》確實是禪家所極重視的書。《虛堂和尚語錄》載：「韓文公問僧（無德禪師）：『承聞講得《肇論》，是否？』云：『是。』」可見當時禪宗有講《肇論》者。《碧巖錄》又載：「陸亙大夫與南泉語話次。陸云：『肇法師道天地與我同根，萬物與我一體，也甚奇怪。』」南泉指庭前花。召大夫云「時人見此一株花，如夢相似」，則又可見當時對《肇論》是有討論的。

陸亙與南泉之論，係在文宗太和初年。他之所以會覺得《肇論》的講法奇怪，是因為「天地與我同根，萬物與我一體」，源出《莊子‧齊物論》，與佛教的涅槃思想並不一致，僧肇作《涅槃無名論》，乃是以莊子之齊觀妙悟解釋涅槃滅度。但南泉則認為境由識顯、幻由心生，心物相融相即，「有無齊觀，彼己莫二」，認同了僧肇的說法。

有趣的是石頭希遷之得悟，也即在這一點，即「會萬物為己」這一句。所謂「圓鑒靈照於其板，萬象體玄而自顯」云云，純係以老莊玄理解釋佛家義。

南泉係南嶽下三世，石頭則為青原下二世，宗派不同，但皆同參《肇論》而有所契悟。而且，如上文所述，石頭更因契悟萬物與我為一之理而造《參同契》，希望參玄之人勿虛度光陰。

這篇五言古詩四十四句的《參同契》，後來被視為曹洞宗的聖典。歷來詮解甚多，如法眼之注、覺範之科段、雪竇《瀑泉集》、永覺《洞上古轍》等，對此均有闡析。一般認為它對當時喧騰一時的南北分宗說有所調停，且能揭示禪宗的宇宙觀。但它的基本觀點，是莊子的齊觀妙悟；它的書名，則與易學上的名著、亦為道教中講丹法的聖典《參同契》同名。蓋《參同契》或稱《周易參同契》，東漢魏伯陽作，乃以月象之晴、晦、圓、缺、進、退、上、下，言燒丹之鼎爐火候。姑不論石頭希遷是否亦有取於魏伯陽之說，他自證心得，而採用了這樣一本書籍的舊名，本身就很值得玩味。

此若與文章開頭時我們所舉僧人賣卜論易之事合看，豈不就更有意思了嗎？

（五）唐末禪宗發展史的一種解釋

以上幾則僧人論易卜、鬼神以及他心通的事例，分開來看，並沒什麼意義，也不引人注意。但併在一塊兒，我們就會發現它似乎顯示了這時禪宗的一種趨向。

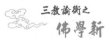

因為易卜及鬼神信仰固然為當時民間所流行者；他心通，基本上也是一種巫術，「鄭國有神巫」的季咸，其藝能便與大耳三藏相似。這些信仰或卜卦測相，都是想預斷人之貧富與生死，故浮石和尚云「小僧開卜鋪，能斷人貧富、定人生死」，季咸也是「知人之死生存亡禍福壽夭，期以歲月旬日，若神」。對人生命運禍福吉凶之預測，乃是一般民眾所關切之事。

佛教在中國社會中傳播發展，存活於此氣氛中，不能不對此狀況有所回應。但回應的方式頗為分歧。直接轉為配合俗世福報，為人消災祈福，應付未來之困厄、預示來生之幸福，是最常見的一種，此即佛教的世俗化。禪宗並不採此途向，它對於一般民間鬼神命相之說也很熟悉，但只是借勢，借著這些民間信仰與卜卦測相，再予轉化而說佛理，把預卜前知之術，視如「他心通」。而如何處理有關他心通之類神通的問題，正是當時禪宗在禪定修為上主要的突破。

蓋依小乘禪法，修習四禪之行者，到一定階段，多有神通感應之力。這些神通包括神足通、天耳通、天眼通、他心通、宿命通、漏盡通等。早期修禪定者，類皆以具神通自喜，如《安般守意經》康僧會序，即謂：「修安般行者，厥心即明。舉明所觀，無幽不睹。往無數劫、方來之事、人物所更、現在諸剎無遐不見，無聲不聞。」許多著名高僧宣教時要令群眾起信，仰賴的都是這些神通。但溺於神通，即成魔障，《景德傳燈錄》卷廿七載天台慧思禪師「盡夜攝心坐夏、經三七日，獲宿智通，倍加勇猛。尋有障起，四肢緩弱，不能行步」。可見禪宗之禪，殊不以追求神通感應為宗旨。⑧

禪宗在佛教內部批評神通感應。這種禪觀，也同樣適用於卜筮前知與鬼神信仰等問題上。因此，處理這類問題，禪宗並不覺得困難。可是，禪家之反對卜相感應，並非一味峻斥排擊了事，而是熟習易數，對一般民間信仰亦有所吸收。這種態度，使得從南北朝以來一直處於對抗狀態的佛道關係漸趨緩和。隋唐之間，佛道爭論仍然十分嚴重，但我們會發現，禪宗是較少產生佛道之爭的佛教宗派，其原因或即與此態度有關。而且，這種態度一方面吸收了若干非佛教的因素，一方面又保住了佛教義理的基本性格，上文所舉《景德傳燈錄》所載之事例，亦不難讓我們瞭解當時這個新興宗派何以能傳教成功，在中國社會民間獲得廣泛的信從。

這種態度，非僅一策略而已，對其宗派之發展，應有實質的影響。

阿部肇一《中國禪宗史——南宗禪成立以後的政治社會史的考證》對於禪宗之所以能在唐代末期蓬勃發展，曾提出一種解釋。他認為長安洛陽逐漸沒落，且會昌法難使得華北佛教如華嚴、唯識及淨土念佛等宗派生存困難，是北方佛教逐漸衰微的主要原因之一；當時江南經濟安定，吳越及閩王朝之宗佛政策又加強了這個態勢。但這些政治社會乃至經濟狀況，並不能算是南宗禪整體發展之直接因素。他以雪峰義存為例，認為在晚唐禪宗之發展中，出現了吸收道家與道教的現象。如義存本人玄學式的佛教，或圓寂禪師擁徒至王真君成仙的怡山之類事蹟，均可證明當時禪宗在理論層面，因吸收了道家玄學性格，故頗能為士大夫知識份子接受；而在道教方術、鬼神信仰、符咒命相方面之汲取，亦使禪宗具有國民性，與當時庶民社會甚能契接。因此，「依佛教正統理論，去接受民族的宗教性或民間的宗教性」，才是南宗禪得以蓬勃發展的原因。⑨

他的看法非常準確。從前文所舉之事例觀之，應可補其舉證之不足，而證成其論斷。但是阿部肇一認為，當時佛教吸收道家理論與道教術數，只不過是為了因應社會傳教之需要，其本身並不認同道學，故在史書中未曾出現像魏晉時期那樣以「般若空」去與「無」相對比的事。如此，把禪宗發展過程中融攝道家學理及民俗信仰的現象，僅視為一應機策略，是否恰當？

依本文所論壺子四示、《參同契》兩節來說，禪宗在發展其理論的過程中，確曾借徑於道家與道教。特別是曹洞宗，絕不能說不是融匯道佛而成者。石頭希遷因讀《肇論》而悟入，著書自述心得則曰《參同契》，是再明顯不過的證據了。其後洞山良价撰《寶鏡三昧》、《五位君臣頌》，亦均與《參同契》有密切之關係。這兩篇文獻，諸祖釋解極多，但眾說紛紜，也不肯指明它與《周易參同契》的關係，所以講來總是描頭畫腳、模糊懵懂。其實，所謂寶鏡即指月亮，故曰：「夜半正明，天曉不露」，「正中偏，三更初夜月明前」。以月亮的偏正圓缺，配《易經》巽、兌、大過、中孚、離卦，就構成了他的一套五位君臣說。這是因為《周易參同契》係以月象講燒丹之火候，所以洞山良价轉用之如此。一講燒丹火候之深淺，一以分判修證工夫之深淺，所指雖異，理論殊無不同。我們應該更認真地面對這類現象，才能深入瞭解禪宗史。

替《景德傳燈錄》撰序的楊億，在其《武夷新集》卷七中就有一首詩很有意思，頗能顯示佛教在唐末五代乃至宋朝初年這種吸收參會道教的狀況。他說：

跡寄浮屠敬，心將汗漫遊。無眠長達曙，卻立動經秋。秘訣神仙授，靈苗洞壑求。誅茅探虎穴，投杖溺龍湫。丹熟爐應冷，禪餘室更幽。登山不累息，入夏亦重裘。名已標真籍，身猶隱沃洲。消遙訪岩穴，迢遞別林丘。徧覽縉雲境，還浮一葉舟。三千功欲滿，鶴馭恐難留。

本詩是〈送覲道人歸故〉。此一道人乃是僧人，但他寄跡浮屠，雖在禪室靜參，卻又求神仙之秘訣、燒丹鼎之爐火。此類參禪而又求仙的僧人，亦可見諸楊億另一首〈送僧歸越〉，說此僧「中枯宴坐赤髭繁，水月禪心出世間。說法音同海潮震，隨緣身比嶽雲閑」，但是「曹溪嫡嗣多參見，碧落仙鄉循往還」，豈非亦為禪師而兼學仙者乎？

楊億的佛學素養以及他和宗門人士交往的情誼，絕不至於弄不清楚禪和道教丹鼎的分別，所以他的詩應該是真切地顯現了當時禪宗發展的實況。這種行為，表露於思想層面的，就是像前文所提到的曹洞宗理論那樣。這類理論，歷來均未從道教《參同契》這個角度去理解，因此講起來總是迷頭霧影，不知所云。釋行策曾傷悼曹洞宗旨後世已難知曉，謂《人天眼目》等書所述皆多外誤，故作《寶鏡三昧本義》，以六種圖來說明。其一是《寶鏡三昧圖說》，二是《正偏回互圖說》，三是《三疊分卦圖說》，四是《五變成點陣圖說》，五是《二喻顯法圖說》，六是《六爻攝義圖說》。

其圖如下：

(一)寶鏡三昧圖說

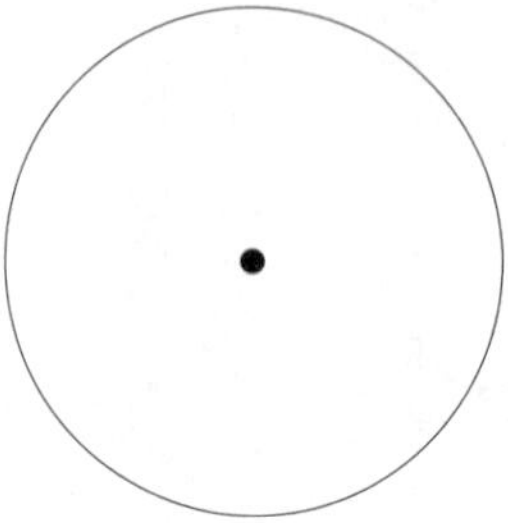

向上一竅，千聖不傳。隨義悉檀，故形文彩。此在儒乘，謂之太極。本不可名，強名太極。……今論此相，人我法中，有種種名，華嚴名此為一真法界、法華名此為一實相、涅槃名此為秘密藏。六道眾生具此味，此為第八阿賴耶識，名如來藏性。三世諸佛，轉此證此，為第九菴摩羅識，名大圓鏡智。歷代祖師，悟此傳此，為最上秘密宗旨，名寶鏡三昧。

(二)正偏回互圖說

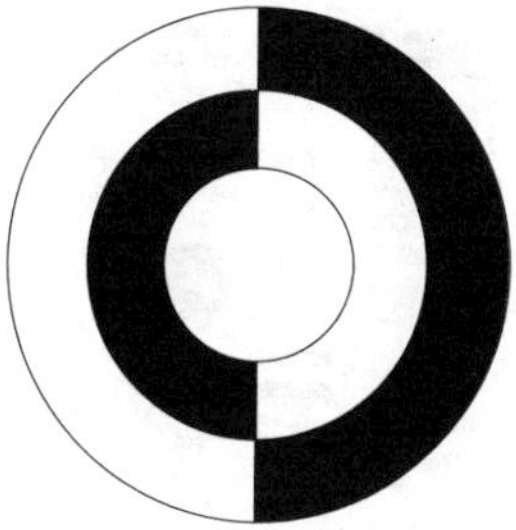

此圖兩儀既判，黑白已分……黑白是奇偶二數。……所謂黑者，於位表正、於相表暗、於時分表夜、於界處表內、於人倫表內、於人倫表君父、於二家表主、於法界表理、於二智表實、於二門表本、於四十二位表果。所謂白者，為偏位、為明相、為書分、為外界、為臣子、為寶家、為事法界、為用門、為修德、為功動、為權智、為跡門、為因位。

(三)三疊分卦圖說

先將本卦六爻、分為三疊，以象三德，所謂而為三者也。

(四)五變成位圖說

以初一爻為正中偏，蓋全理即事。故此正中即有偏，但偏相不可見。譬如朔日之月，暗中明相不可言無。故《參同契》云：當「暗中有明，勿以明相覩」是也。……次以第二一爻為偏中正，蓋全事即理。故此偏中即有正，但正相不可見。譬如望日之月，明中暗相決定是有。故《參同契》云：當「明中有暗，勿以暗相遇」是也。

(五)二喻顯法圖說

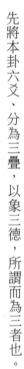

此圖理趣較前愈妙。前約正偏單複以配位，今約總別闊狹以顯法味，闊狹是顯法相。所如莖草味、如金剛杵是也。以此二喻，雙顯五位之法，是謂玄之又玄眾妙之門也。今先明總別者，喻中莖草為總五味為別。法中離卦為總，五位為別。……天一生親水為初爻陽位。水曰潤下，象初爻居一卦之下，潤下作鹹，故為鹹味也。地二生火，是為二爻，附位。火曰炎上，象二爻自下而上炎上作苦……故約五行配五位味也。

(六)六爻攝義圖說

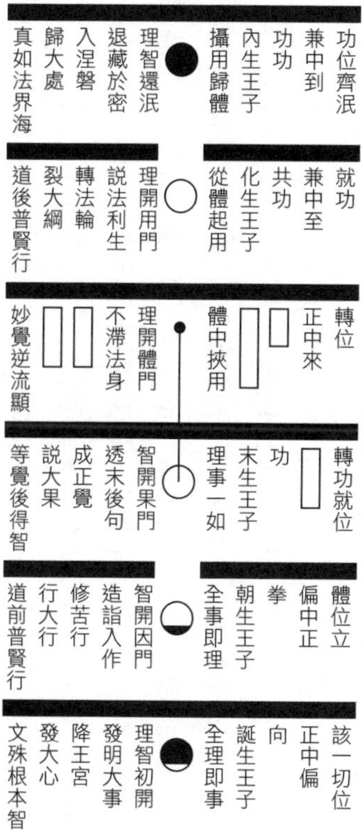

方山長者制論，動輒以八卦五行陰陽義理配釋。豈皆出偶然耶？且河豈偶出圖？洛豈偶出書？伏羲氏豈偶畫卦？而數聖人者，妄著言象而玩索之耶？既非偶然，即此重離一卦中圓具世出世間一切法，若廣攝義類，則諸佛教綱、列祖綱宗，罄無不盡。

以上一、二兩圖與周敦頤得自陳摶之太極圖完全一樣，也是《道藏》中圖。

這六個圖，顯然是以陰陽五行八卦來講佛理。他雖稱大圓寶鏡是太極，事實上同時也是月象，所以黑表示夜、白表示晝，而以黑為正、以白為偏。又，《二喻顯法圖》及《六爻攝義圖》之中的圓圈黑白，也只能由月象的明晦進退來解釋。而其所謂三疊分卦、五位成變、六爻攝義，都是以離卦示意的，與道教內丹法之坎離交姤圖也完全一樣。他雖辯護道：「非取離為心火之卦義也，而本卦自具三疊五變天成之妙趣」，但若易卦之中，僅此一卦具如此妙趣，那又何必論易，專談離卦可也。這均可見後世禪門仍然諱言《參同契》及《五位君臣頌》之來歷，不肯直承它與《周易參同契》之關聯，才會半隱半現，弄得參禪人如墮五里霧中。

我當然不是說曹洞宗旨即是調和坎離、攢簇五行，而是說：當時禪宗對道教陰陽五行及丹道之說頗為熟稔，或許也頗有躬行其道、參采其法者。石頭希遷、洞山良价等人亦由此獲得啟發，融會其理以言禪。當時進行這類工作者，想必不止希遷等一二人。《閒居編》卷五載宋初釋智圓〈寄瑞應經疏及注陰符經與體玄上人〉詩云：

《瑞應》《陰符》盡索看，封題欲寄意盤桓，自慚才識非通敏，不得同歸得異端。

他對體玄上人似不甚滿意，對於把《陰符經》和佛經視為同路者的態度也很不以為然。但這樣的詩，正讓我們看到了當時講究會歸禪與道的一種風氣。上人而號「體玄」，與希遷所謂「謹白參玄人，光陰莫虛度」，也似乎都把參禪視為參玄了。

值得注意的，是這種會合禪宗與《陰符經》、《參同契》之作風，也正是晚唐宋初道教發展的基本路向。

道教丹鼎燒煉之學，發展至晚唐，有了革命性的轉向，由外丹轉而講內丹。這個轉變雖然起於隋代，唐代亦有伏流漸盛之勢，但真正具體成型，風靡一世而成為道教丹道之大宗，奪外丹之席，樹內修之幟，則在晚唐五代。鍾離權、呂洞賓逐漸成為爾後各丹派之共同宗師，即代表著這種革命性的轉變已成為正宗勢力。

而內丹學最主要的典籍就是《周易參同契》和《陰符經》。宋張伯端《悟真篇》云：「《陰符》寶字逾三百，《道德》靈文只五千，今古上仙無限數，盡於此處達真詮」，又有《讀周易參同契》云：「一自虛無，兆質兩儀，固一開根，四象不離，二體八卦，互為祖孫。」都可以看出二書在丹道之士心目中的地位。所以其書後序說：「修生之要在金丹，金丹之要在神水華池，故《道德》《陰符》之教得以盛行於世。」張伯端是南宗丹法的主要宗師，因此以上這番話並不只是他個人的觀點，而同時也不只是南宗丹法的觀點，因為其他各派也都是依據《參同契》、《陰符經》而發揮的。

但宋代內丹學的興起，運用《參同契》、《陰符經》，並將之內觀化，形成一套坎離交姤、五行攢簇的修生延命之術，只是它的特點之一。內丹學的另一個特點，則在於結合禪宗，以講性命雙修。

《悟真篇．序》說：「老釋以性命學，開方便門，教人修種以逃生死。迨夫漢魏伯陽引易道交媾之體作《參同契》，以明大丹之作用；唐忠國師於語錄，首敘老莊言以顯至道之本末。如此豈非教雖分三，道乃歸一。奈何後世黃緇之流，各自專門，互相是非，是致使三家宗要，迷沒邪歧，不能混一而同歸矣。」可見張伯端是主張三教歸一的。其中《參同契》本來就是合黃老、爐火、易道為一的，儒道已合，現在再與禪宗結合起來，就是三教同歸了。其同歸之法，係以煉丹修生為養命，以明心見性為修性，合稱為性命雙修之法。

《悟真篇》末尾有禪家歌頌，包括〈性地頌〉、〈三界惟心〉、〈心經頌〉、〈圓通〉、〈寶月〉、〈讀雪竇禪師祖英集〉、〈戒定慧解〉、〈即心是佛頌〉、〈禪定指迷歌〉等等，都是合會禪宗的。書中又有絕句稱：「釋氏教人修極樂，亦緣極樂是金方，大都色相惟茲寶，餘二非真謾度量」，也將金丹和釋教合論。釋智圓所談到的那種同歸禪宗和《陰符經》之辦法，顯然也就是《悟真篇》最明顯的特徵。

〈禪宗歌頌〉有注語謂：「《悟真篇》中先以神仙命術誘其修煉，次以諸佛妙用廣其神通，終以真如覺性遣其幻妄，而歸於究竟空寂之本源矣。」若如其說，則張伯端豈非亦是禪宗？與體玄上人有何不同？但此處並不想爭論他們的宗教歸屬問題，只是藉此事例說明宋代丹道發展的一個基本路向而已。

換言之，在禪宗參採道教理論以求會歸或有所創造發展之際，道教本身也正在試圖與禪宗會通融合。雙方所採取的經典、藉以溝通融會的橋樑，又都是《參同契》與《陰符經》。這是宗教史上極罕見亦極有趣的現象，也是辨明晚唐以迄宋初這個禪宗與道教發展史之關鍵時期，最應注意之處。歷來的研究者，在此都講不清楚，我的說明，希望能對大家有點幫助。

注釋

①參見吳汝鈞《佛教的概念與方法》，台北：商務，一九八八年，第三十頁。《般若經的空義及其表現邏輯》，特別是該文第六節。

②用丁福保《佛學大辭典》說，見其書「五大」條。

③虞翻卦變之例凡四，一曰乾坤二五互之，以成坎離；二曰不正之爻，變而之正，以成既濟；三曰以爻位消息，推卦之所由來；四曰震巽特變。詳屈萬里《先秦漢魏易例述評》，台北：學生書局，一九八五年。

④佛家天堂地獄說，詳蕭登福《漢魏六朝佛道兩教之天堂地獄說》，台北：學生書局，一九八九年。

⑤《五燈會元》卷十九：「適寒夜孤坐，撥爐見火一豆許，恍然自喜曰：『深深撥，有些子，平生事，只如此！』遽起閱几上《傳燈錄》，至破灶墮因緣，忽大悟。作偈曰：『刀刀林鳥啼，披衣終夜坐，撥火悟平生，窮神歸破灶。事皎人自迷，曲淡誰能和？念之永不忘，開門少人過。』」撥火，係為山靈佑事，詳《傳燈錄》卷十一。

⑥有跡與無跡，詳次節。

⑦自成玄英以後，用佛理解此四示，已成通套，郭象注的解法反而不再流行。詳見巴壺天《藝海微瀾》，台北：廣文書局，一九七一年，第四二頁《禪宗三關與莊子》。有關成玄英採用佛家義理解釋《莊子》，另詳本書〈成玄英《莊子疏》與佛教〉一文。

⑧詳何國銓《中國禪學思想研究——上不密禪教一致理論與判攝問題之探討》第二章第二節，台北：文津，一九八七年。

⑨阿部肇一書，關世謙譯，台北：東大圖書公司，一九八八年。

七　釋「學詩如參禪」——兼論宋代詩學之理論結構

參詩之說，起於北宋，影響後世極大。擬喻學詩如學禪，與學仙、學道之喻一樣，都是中唐以後三教融合創新文化的一種表現，也具體顯示了宋代的詩學意識。本文即擬由此追索宋代詩學的基本理論結構，說明「學詩如參禪」這句口語所代表的觀念以及它和宋代詩學複雜的理論關係。有關宋代詩學的理論結構，本文以唯識宗「三自性」（遍計執性、依他起性、圓成實性）為描述系統。這是宋人論詩時就已經採用的理論架構，而其中之關鍵則在「轉識成智」；學仙、養氣與參禪，即代表了三種不同的轉識成智途徑。透過本文的詮析，將有助於瞭解宋代詩學的內涵。

宋朝，是我國詩學理論發展中處周而體備的時代；這個時代最突出的理論，就是「學詩如參禪」。以禪喻詩，代表了宋代詩學已提升到形上層次的思考，也顯示了中國文學思想的精神所在。本文即擬由此線索，勘探宋代詩學的整體理論結構，並點出中國文學（藝術）之精神。

（一）本文研究之觀點與方法

1. 研究途徑之再思

參詩之說，始發自蘇軾；而學詩詩則以吳可為首唱。其本身都屬於以禪論詩的範疇。以禪論詩，自宋以來，談者紛紛，通常的理解是：詩人受到禪宗的影響或詩境等於禪境、詩與禪融合為一。推而廣之，則一般也常把宋代富有（知性）內省精神的藝術和文化，看成是佛教禪宗的產物；以為唐宋的詩和詩學發展，是受了禪宗的影響。①這類流行而美麗的錯誤，似乎是因為不甚瞭解文學影響的範圍、性質和功能，也未詳勘兩者內在的流變和義理結構所致。

試舉一例，稍事說明：我國的書法、繪畫，都有南北宗之分。畫之分南北宗，始於明代，董其昌《畫樺室隨筆》卷二、莫是龍《畫說》十五條及陳眉公《偃曝談餘》卷下等，都曾用禪宗的南能北秀來譬擬王維、李思訓的畫風差異，認為北質實而南虛曠，但並未直指文人畫的產生即是受到禪宗影響漬潤而然。②後人則推求過甚，指實王維曾撰〈六祖能禪師碑銘〉，而其詩畫之閑淡超遠，則都是受了禪宗的影響。其尤甚者，乃更以為詩中之王孟及妙悟神韻一系，亦如禪之南宗，舉漁洋禪髓論詩之語為證。

——這些論者，似乎並未考慮到：王維某些詩，用禪宗義理來解釋，固然超超玄著；但若用天台、華嚴、法相，乃至老莊義理來詮表，亦無不可。王維本人更曾擔任八十卷《華嚴經》的翻譯工作，何以知道他定屬禪宗呢？至於以南北宗論詩文，始自《文鏡秘府論》南卷論文意、賈島《二南密旨》。宋吳沆《環溪詩話》更曾把杜甫、韓愈、李白共稱為一祖二宗。但這些絕對不可以用禪家祖師及南北宗妄加比附，因為詩文之分「祖」「宗」，本於歷代宗廟制度；而詩風之有南北，又恰好跟禪家南北宗的性質完全相反，與明末以後所說的南宗北宗也不同。③何況，即使依明末以後南北宗的劃分來看，神韻妙悟亦不當屬禪宗影響，被視為南宗的王漁洋就曾說：「近世畫家專尚南宗，而置華原、營丘、洪谷、河陽諸大家；是特樂其秀潤、憚其雄奇。余未敢以為定論也。不思史中遷固、文中韓柳、詩中甫愈、近日之空同大復，不皆北宗乎？中丞（宋牧仲）論畫最推北宋數大家，真得祭川先河之義。足破聾瞽，余深服之。其詩之工，又無論矣。」若不知神韻妙悟實出自襞積重重的宋詩，則於此真無法索解；而誇大扭曲了禪與藝術間的關係，離題恐怕就更遠了。④

「參詩說」的情形與此相似。自北宋人創此名詞以來，參詩學詩便常常與禪學合併討論。東坡《跋李端叔詩卷》所謂：「暫借好詩消永夜，每逢佳處輒參禪」，就是說詩之佳者，應如禪之能耐人細細參悟領會。⑤這「參」字，本是佛教名辭，並論自無不妥，但是，我們以為：

（1）宋代佛教之與士大夫關係深密者，實不只於禪宗。東坡、山谷等人，固然以濡染禪學著名，可是東坡向他弟子由借閱的，卻是華嚴宗典籍《法界觀》。漁洋論東坡時也說：「淋漓大筆千年在，字字華嚴法界來」（〈冬日讀唐宋金元諸家詩偶有所感各題一絕於卷後〉），此與沈德潛所說：「海外何愁瘴癘深，華嚴法界入高吟」（《歸愚詩鈔》卷六〈書東坡集後〉），於義正同。任淵評陳後山詩，以為：「讀後山詩，如參曹洞禪，不犯正位，切忌死語」（《目錄》），而後山自己也說：「可復參儂一味禪」（〈寄晁載之兄弟〉），但事實上後山所習亦包華嚴。文集《華嚴證明疏》曰弟子陳師道與妻郭悟，同心共施，因華嚴大師宗永，買《大方廣佛華嚴經》一部八十一策云云可證。

就作者而言，詩有所謂的「禪意」，其根柢卻未必來自禪宗。就評者而言，所謂詩家三昧，亦本《華嚴經十定品》，而借喻者則不止於詩歌而已。如東坡〈燕師分茶詩〉「來試點茶三昧手」，藉以喻茶道；陳簡齋〈陳叔易賦王秀才所藏梁織佛圖詩邀同賦因次其韻〉詩「淪精入此三昧手」，藉以喻絲。我們既不能說煎茶織絲是受了禪宗的影響或其境界同於禪宗，又確知許多作者的「禪趣」，其實並不來自禪宗，便應知道禪與詩本無必然的或歷史的關聯。

（2）禪學與詩，並無必然的關係，所以李東陽《懷麓堂詩話》就非常露骨地說：「僧最宜詩，然僧詩故鮮佳句」，僧人之蕭瑟淡泊，本來與詩人很像，但彼畢竟非詩人、其詩亦無佳句，則是因為詩人與僧人對文化和生命的掌握不同，禪之性質，與詩人生命及創作並不相應。為什麼呢？因為禪宗本以《楞伽經》為主，其後六祖慧能始依《金剛經》「應無所住而生其心」，悟到「一切萬法不離自性」，以「直指人心，見性成佛」為宗旨。這自性與空宗所說者不同，乃是指每個人自己的真性；既是真性，便無生起，故真生起萬法的乃是心而非性。心本是幻妄緣識之心，但因本性的作用，於幻境上不生念，便是般若清淨心，故云「性在身心存，性去身心壞」。

這種理論進路和內容，與詩大不相應：詩人應物抒感，物色之動，心亦搖焉，禪宗卻要人不在色、聲、香、味、觸、法上生心。詩人含毫吐臆，與境孚會，禪宗卻要人心無所住，在幻境上不生念，存在地實踐地自悟本心本性。因此，依禪宗義理來講，絕對開展不出「詩」來，不僅因為他們不立文字而已。後代之所謂詩禪，都是單拈一端，賦詩斷章，以供譬況，例如嚴羽說「大抵禪道在妙悟，詩道亦惟在妙悟」，妙悟是詩禪都講求的一套方法，但其目的指向則不相同，方法的根據亦不同，甚至方法本身也不同（禪必須頓悟，詩家之悟則總在漸修，故呂居仁《童蒙訓》說：「作文必要悟入處，悟入必自工夫中來」，《傳燈錄》卷廿六則說精修用功只是乾慧，無與根本），絕不能並為一談。曾茶山曾說學詩如參禪，然其所謂禪，其實卻是儒者之養氣，便是個最值得深思的例子。⑥因此，綜合地看起來，宋代與詩發生關係的既不限於禪宗，以禪論詩又不專就禪宗內部義理來論，參詩說的內涵便不能只以禪來分析，須就普遍的哲學層次予以思考，由詩人生命成就處觀察之。

（3）如上所述，將詩道之參悟和禪家的證解相提並論，可能會忽略了兩者本質上的若干差異。因為詩人的慧業必須涉及知解、勒成文字，與無言寂寥、言語道斷的禪，並不相同，故劉克莊〈跋何秀才詩禪方丈〉就說：「詩家以少陵為初祖，其說曰：語不驚人死不休。禪家以達摩為祖，其說曰：不立文字。詩之不可為禪，猶禪之不可為詩也。何君合二為一，余所不曉。」（《後村大全集》卷九九）元遺山《陶然集詩・序》也以為：「詩家之所以異於方外者，渠輩談道不在文字、不離文字；詩家聖處不離文字、不在文字，唐賢所謂情性之外不知有文字云耳。」（《文集》卷三九）

詩是語言藝術，其創作活動即是一種對符號本身的覺察，不像禪家視言語為津筏，因此在文字方面，兩者無可比論。⑦要論，只能就修持的工夫和進境上論，元遺山《陶然集詩・序》就是這樣處理的，所謂「方外之學，有為道日損之說，又有學至於無學之說，詩家亦有之」云云，皆就詩人情性生命發展之程序上談。然而，即使是修持之工夫和進境，詩人與禪客亦各異趣，因為：

一、動機和歸結處不同，工夫與進境自不一樣。

二、詩人之由技進於道，在於人格修養之完成，而其人格修養則不來自見性與頓悟。

三、所謂學至於無學，實包括詩人摶合文字的能力而言。以遺山《杜詩學引》為例，他說：「竊謂子美之妙，釋氏所謂學至於無學耳。夫金屑丹砂芝朮參桂，識者例能指名之，至於合而為劑，其君臣佐使之互用、甘苦酸鹹之相人，有不可復以金屑丹砂芝朮參桂而名之者矣。故謂杜詩無一無來處可也，謂不從古人中來亦可也」，把杜詩融溶古人字句而渾化無跡，視為學至於無學，顯然與禪人修持之道大相徑庭。——在這種種不同之下，詩人仍不妨借禪喻詩，應可瞭解他們是站在文學本身的精神及文化特質上來考慮的，絕非以禪為基點來掌握詩與詩人。六朝以前，中國並無禪宗，故詩人取義僅及老莊和孔門詩教；唐朝中葉以後，始漸借佛家名相義理以闡說詩學，其緣故亦即在此。

（4）基於以上各種理由，個人以為：無論是以禪論詩或參詩說，都不是受禪宗影響而有的觀念，只是在宋代詩學意識之發展中、中國藝術精神之凝形中，詩人默察澄觀其生命與詩歌創作之種種曲折而提出來的觀念架構。這一觀念架構，事實上又與宋文化及宋代所有詩學內部問題息息相關，不能孤立地處理。但因為它與當時所有問題互有關聯，而禪宗又是當時的重要思想系統之一，詩家即假借「禪」來譬況、來說明。這種說明，當然也不必非禪莫辦，只要是當時重要的思想系統，都能假借運用裕如，譬如《能改齋漫錄》卷五說：「鮑慎由〈答潘見素〉詩云：學詩如登仙，金膏換凡骨。蓋用陳無已〈答秦少章〉：學詩如學仙，時至骨自換之句」⑧，李勤〈十章兼寄云叟之三〉「學詩如食蜜，甘芳無中邊，陳言初務去，晚乃換骨仙」（《日涉園集》卷二）、《泊宅編》「陳去非謂余曰：陳無已之詩，如養成內丹」之類，都以道教丹鼎來譬況詩人生命成長的過程。至於方回〈詩思十首之九〉所云「生年同孔氏，傳道仰文公，爛卻沙頭月，誰參到此中」（《桐江集》卷廿八），更是以儒門道學為參詩法業。足證此事與禪無關，借儒、借道、借佛為喻，皆無不可。只不過宋代佛學以禪宗較盛，故詩人取譬，常染宗門習氣罷了。⑨

在李唐則不然，像王昌齡論詩，即有「改他舊語，移頭換尾，如此之人，終不長進，為無自性」之說（所謂無自性，是空宗般若學的義理。《中論・觀有無品》第十五說：諸法皆因緣生，所以非獨立實有，是假名，是空，故無自性，只能依他起性。王昌齡借此比喻劣等詩人只會抄摘仿襲，依其他作品因緣而生，本無自性，毫不長進，全無真實獨立之價值）。足見以禪論詩或學詩如參禪，其根本理論建構，在詩而不在禪，不是禪之義理架設使詩之發展如此，也不是「詩人以參禪之法用之於詩」⑩，而是藉仙道禪佛哲理之與詩相通者來點染、來闡發詩中奧秘。故皎然《詩式》說：「高手如蓋皆詣道至極者也。向使此道尊之於儒，則冠於六經之首；貴之於道，則居眾妙之門；精之於釋，則徹空王之奧。」詩之精詣，是可與禪之最上妙義相似，也能和儒學或寂寥芴漠之道相通的。

綜合上述四項理由，本文不擬重蹈舊轍，而將嘗試以一種佛學的普遍義理結構，來哲學地論釋詩人生命的圓成，並解釋有關「參詩說」所牽涉的各種詩學內部問題，希望能藉此彰顯整個宋代詩學的重心與精神，即不局限於禪宗，更不可能認為參詩說即是兩宋禪學向人生或詩歌延伸的產物。這是一種全然不同於過去的研究方式，所採取的說明性理論結構，就是《解深密經》所提出的「三自性」。

2.解釋系統的建立

本文的解釋系統，是根據以下幾種考慮而建立的：

（1）義理本身的原因：

首先，佛教傳入中國以後，枝分派衍，若以天台、華嚴兩宗判教的觀點來看，所謂藏、通、別、圓，或大乘始、終、頓、圓，其中實包涵甚多問題，譬如天台《法華經》與華嚴之《華嚴經》同為一乘教義，但一乘中又分同教一乘與別教一乘，若別教一乘是為圓教，則天台是否為圓教就很難判定了。

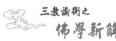

近代方東美視《涅槃經》與天台《法華經》為一乘圓頓教，但只是共教，唯華嚴別教始能信圓果滿、成就最高的宗教情操；勞思光則謂天台、華嚴與禪宗皆屬一乘、又皆歸於真常；牟宗三《佛性與般若》一書卻力陳天台三觀乃是大乘觀法之通式，而禪宗在義理上則不能獨立，只能與天台、華嚴合會。⑪

這類爭議，宋代即已有之，天台與禪宗之互爭，可勿具論；天台本身亦因此而啟山家與山外之爭，《釋門正統》五〈慶昭傳〉云：「自茲二家觀法不同，各開戶牖，枝派永異，山家遂號（奉先源）清、（慶）昭之學為山外宗」，即指此事。這些爭議，牽涉到個人對佛學義理的認識和判教標準的差異，甚難梳理。但依筆者個人來看，禪宗依其歷史，實屬有宗如來藏清淨心系統，故與華嚴宗關係十分密切；可是它後來的理論發展，則頗接近天台。而且，單就義理來看，禪宗亦無獨立的宗義，其獨特處不在義理，而在特殊的接引方式。⑫

因此，專就禪宗而言，若要討論「以禪論詩」之禪，亦須就有宗唯識理論之如來藏清淨心系統或空宗以後的天台般若學系統來論，否則即只能空洞地說些「參」、「悟」和不相干的枝葉問題。因為禪宗的特色在不立文字和接引方式，詩家既不能脫離文字表現，又不能棒打拳踢，就這一個層面來談禪與詩，其實是掛搭不上的。

其次，再就唯識與般若兩系統來看，般若空宗發展至天台、唯識有宗發展至華嚴，才成為實教而非權教。故華嚴判教，以般若和瑜伽唯識之學為大乘始教、《起信論》和一切如來藏清淨心系統為大乘終教。依解釋學的立場來說，唯有權教才能作為一種系統分析的解釋架構，透過它，才能開權顯實、發跡顯本；否則圓教實教本身就是圓實無爭的，實在無法說明。⑬因此，無論我們是否視禪宗為一圓頓教，就整個佛學立場上看，借用權教來解說都是必要的。權教中，般若乃是共法，以般若智照見一切法空，在有宗也不能不講，所以我們若要在權教中選擇一種分析的理論，只能求諸唯識法相。

再次，以唯識本身義理言之，其與般若之學最大的差異，在於唯識除承認一切法空之外，更要進而研究形成「空性」的「理」，所以它多了有關現象論的成分。換言之，唯識乃討論物質之形變和心靈之識變的一套學問。這套理論，用來解釋詩人生命之成長及詩篇構成的原理，也較其他各宗派合適。例如詩家之所謂「悟入」，歷來皆是描頭畫腳、捕風捉影，弄不清何以要悟、如何悟、悟前悟後之境界差異如何；但如借用「轉識成智」（覺悟）的義理來說明，就清楚多了。阿賴耶識執著自我，與現象界之迷妄互相雜染，不能超越解脫，是人生最大的困窒；但如果人能破除執妄，不沾滯於一切認知對象，自證本心，轉識成智，則一切宇宙法界皆能顯其究竟真實，所以龔相的〈學詩詩〉說：「學詩渾似學參禪，悟了方知歲是年；點鐵成金猶是妄，高山流水自依然。」（《詩人玉屑》卷一引《南濠詩話》）點鐵成金，是文字技巧間事；而悟則屬生命修養的層面，詩家所重，固在此而不在彼也。

（2）研究對象的性質：

首先，我們都知道：研究對象的性質，決定研究的範疇與方法。依宋人所論參禪學詩的性質來看，它與宋代普遍的「言意之辨」深具關係。言指形式結構的考慮，意指義理內涵的追求，而言究竟能不能盡意，自《易經》、《莊子》以下，一直是個爭議不休的論題。龔相〈學詩詩〉云「學詩渾似學參禪，語可安排意莫傳；會意即超聲律界，不須煉石補青天」，就是言不盡意的哲學立場。這個立場大抵為宋人之共識，所以論詩、文、書、畫都普遍講求「韻」「味」，追求言外幽旨，對義理追求的重視也在煉字鍛句等形式要求之上。如《中山詩話》就說「詩以意為主，文詞次之。或意深義高，雖文詞平易，自是奇作」，語與龔相若合符契。⑭時人所重者既在意，那麼所謂學詩如參禪，自然就會關切到作者本人的人格修養和識解等問題。例如山谷說：「丈夫存遠大，胸次要落落」（〈次韻楊明叔見餞十首之七〉），《苕溪漁隱叢話》前集卷五引《潛溪詩眼》說：「學者先以識為主，禪家所謂正法眼藏」，韓駒〈贈趙伯魚論參禪學詩詩〉說：「爾曹氣味那有此？要是胸中期不俗」，都指向詩人本身修養的層面。⑮

其次，言與意的關係，在宋代每與道器關係的思考合併討論。文（器）究竟是貫道、載道還是達道，正是當時各派詩評文論爭議的中心，對「文」本身的價值，看法也不一致。但基本上他們都主張「文與道俱」，詩文和作者本人生命之探索絕不能分開，比如黃山谷〈書王知載朐山雜詠後〉云：「詩者，人之情性也其人忠信篤敬，抱道而居，與時乖逢、遇物悲喜因發為呻吟調笑之聲，胸次釋然，而聞者亦有所勸勉」（**題跋卷二**），就指出了詩的生命，並不外在於道，詩人生命若得圓成，詩道也才能完就。因此呂本中論「活法」，即主張要從無意於文處，求詩之圓美如彈丸。⑯這種思考進路，正是南宋時期參禪學詩說的典型，故吳可〈學詩詩〉即說：「學詩渾似學參禪，自古圓成有幾聯？」詩語之不能圓成，即在於作者不悟。

再次，經覺悟之作用，而轉識成智，由「遍計執性」轉入「圓成實性」這一生命提升的歷程，正是唯識論所欲解釋的。借用這一套解釋系統，不僅在義理上非常相應，對宋代詩學意識及其實踐而言，亦是應有之義。這由上文所談言意、道器的思考轉折處，可以清晰地看出；何況，首倡學詩如參禪的吳可，亦曾標明了「圓成」在學詩歷程中的重要性呢！

（3）解說時的方便：

首先，南北宋詩人借禪或金丹大道來說明、譬況詩之性質及詩人的創作活動時，禪或仙道都只是個描述系統。而一切描述，都是約定的（conventional），被描述者本身並未規定或安排，而是描述者選擇一種語言形式予以設定，並約定俗成的。每個觀察者，都可以就其本身之立場，選擇描述該事件的獨特「語言」，這些描述，若不自相矛盾，就都可以是對等的（equivalent）描述。我們可以在許多對等的描述中，選擇一個描述系統，稱之為模範系統（normalsystem）；這個模範系統之所以「模範」並不一定是因為真，而是因為它經濟、方便、適用。⑰例如數學中歐氏幾何就是幾何學的一個模範系統，這一系統並不是要把幾何納入一個預鑄的鐵靴裡去，而是為了解說幾何學的具體內容。於詩亦然，我們必須選擇一個模範系統，以便展開我們對宋代詩學的描述。

其次，哲學的說解，必須通過語言，必須採用描述的系統觀點，因此也勢必落入假諦，成為第二義。真諦空諦雖非無法描述，但其描述的方式必須是「異法門」的詭譎遮詮方式，而非系統分析的表詮。⑱所以上文才說圓教實教本身之圓實無諍，無法說明；所以才不得不借用權教，選擇有可諍性、有戲論性的唯識宗「三自性」，作為解析的模範系統。佛教中以為佛說不能免於戲論性，是因為佛不能無方便；研究時的描述，也是一種方便。

再次，這個描述系統，不但是我們所選用的，也是宋代批評者所使用的。

《詩人玉屑》卷十九引《玉林詩話》：「方北山有絕句云：舍人早定江西派，句法須將活處參。參取陵陽正法眼，寒花乘霧落毿毿」，可見江西宗派和南宋受江西影響的詩學，唯一關鍵即在「參活句」處；而參活句，又旨在「圓成」，觀吳藏海〈學詩詩〉可證。⑲這實性圓成的理論，出自《解深密經》，意在追探虛幻現象世界產生的原因，並尋求人生實踐過程中應如何提升與超拔。宋詩的思考途徑，與此正相吻合，所謂「學道期日損，哦詩亦能事」（**《謝幼盤文集》卷一〈讀呂居仁詩〉**）。詩學合於道學，詩人自須勘破虛妄、提升自我，務使吟詠聲發，盡為志意外諭之言；比辭綴文，趨向道德沛然之旨。充其體於立意之始，從其志於造語之際，故有「換骨」、「成丹」之喻，而無刻鏤雕琢之病。謝逸所云「大抵文士有妙思者未必有美才，有美才者未必有妙思，唯體道之士，『見』亡、『執』謝，定、亂兩融，心如明鏡，遇物便了，故縱口而筆，肆談而書，無遇而不貞也」（《溪堂集》卷一《林間錄序》），正可代表南北宋一般的見解。廓聞見而去偏執，轉識成智，以臻實性圓成的思考途徑，也極明顯。今天我們研究宋詩，若不緊扣這條線索，要想觀察當時的批評標準、理解宋代詩學的整體內容，便不可能。

3.本文的解釋系統

繼空宗般若學而興起的唯識宗思想，是根據《楞伽經》、《解深密經》、《瑜伽師地論》、《攝大乘論》等著作，將宇宙的發生過程、人生的變化程序，借著識的層次，揭開一切奧妙。在《解深密經》裡，對於人面對宇宙萬象時已覺和未覺的境界，曾提出三自性的觀念予以描述。所謂三自性，是指遍計執性、依他起性、圓成實性。

所謂遍計執性，是說一般人透過經驗意識的活動，而察識到一切外在對象世界，於是便誤以為這一切外境皆屬本來實有，遂產生妄情。這種妄情之形成，是因執著於自我之虛妄意識活動而來的。

依他起性，是說萬法皆因緣所生，無自性而依他（**其他種種因緣**）起性；人若能知因緣，自然瞭解一切法皆非經驗意識之投射，而是依他起性，人之觸、受、愛、取，亦皆為因緣所涵，這樣就可免於遍計執。如白居易詩云：「峽猿亦無意，隴水復何情？為到愁人耳，皆作斷腸聲」，就是針對猿啼聲悲的說法，作一義理上的翻轉。秋聲之苦、猿啼之悲，在於人內在意識之淒怛，投射於外，所謂「心緒逢搖落，秋聲不可聞」（蘇廷碩《汾上驚秋》），正是我執使然。如果瞭解秋聲之厲乃物與人之因緣觸受所致，即能免於遍計所執。然而，這在義理上固較遍計執為高，卻仍不免溺於猿水等現象，不能照見本真。譬如遍計執見一繩而以為是蛇，依他起則徑謂此為繩，不知其本體原即是麻也。⑳

以上兩性都指出了人生幻妄的成因，瞭解幻妄，並透過「轉識成智」（轉俗諦為真諦）的覺悟歷程，即能歸人圓成實性。就唯識學來說，覺悟大略有以下三種方法：

（1）八識中，阿賴耶識本身即為真常淨識，具有覺悟的能力，可轉其他各識。此為《楞伽地論》之說。

（2）八識之外，另立一第九識：阿摩羅識，以轉八識。此為攝論宗之說。（3）視阿賴耶識為染淨同依，迷染未覺時是阿賴耶識，覺悟即為清淨如來藏，由心生滅門轉人心真如門。此為《大乘起信論》之說。㉑

不論以何種方式開悟，一旦已知識心之執，即能超越成心，契會道真，達到生命的圓成。呂居仁詩說：「文章有活法，得與前古並；默念智與成，猶能愈吾病！」（《詩集》卷七〈大雪不出寄陽翟寧陵〉）正是指詩人作詩之所謂活法，不是技巧形式上的事，而來自他本身對生命的體認，唯有轉識成智，解脫溺心浮沉、為境所牽之苦，實性圓成，才能物我圓融，觸處無礙，「不煩繩削而自合」。此所以張孝祥詩有云：「句法能如此，胸中定自奇」（《于湖居士集》卷九〈贈王茂升〉），「先生義慨雲天薄，千載參渠活句禪」（卷六〈和揔得居士康樂亭韻〉），汪藻亦云：「精神還仗精神覓」（《浮丘集》卷卅〈贈丹丘僧了本〉）。藝術精神之體現，正須由此求之，故郭若虛才會說「凡畫，氣韻本乎遊心」（《圖畫見聞志》卷一），他們的意見，在此是相當一致的。

句法活法，都來自生命境界的充實和提升，其主要原因之一，即在於詩文都以氣為主，所以作者必須經由養氣的工夫，來求得詩文的極詣。

上文曾舉呂東萊說，以為要想跟古人並馳爭先，必須具活法，王十朋恰有一句相類似的話：「余嘗語所學：文當氣為先，氣治古可到，何止科第間？」（《前集》卷四〈別宋孝先〉）。足見所謂活法，亦須來自養氣持志，故陸放翁云：「文章當以氣為主，無怪今人不如古。」（〈桐江行〉）換言之，學古人者，並不在摹仿聲腔筆調，而在學其治氣，若能涵養吾氣，則古人境界之高，亦不難到。方回〈讀子遊近詩後次前韻二首之一〉說：「孰肯剖腸湔垢滓，始能落筆近風騷」（《桐江集》八），蓋即此義。一般論者多以為宋人講句法、論奪胎換骨，是只在技巧上用工夫，但事實上宋人幾乎人人詬病純形式的追求，不但認為詩須以理、以志、以道為歸，更直接主張「李杜胸中有佳趣，詩酒聊以發其悟」（陳棣《蒙隱集》卷一）。因此，其所謂學古，便談不上摹擬或剽竊，因為所學者是在於古人所秉有的志、意，而所用以達成的工夫則在養氣和悟。㉒姜夔《白石詩說》說得好：「格出於意，先得意也；吟詠情性，貴涵養也」，這個意，並非沿襲古人之意，而即是詩人之意，是胸次玲瓏所具有的佳趣和對人生實有體悟的倫理禮義之情。㉓

這套工夫和生命修持歷程，當然也可見諸儒者之養氣持志或道家之去執，不是專受禪宗影響而有的觀念。譬如呂居仁《學道詩》即說：「學道如養氣，氣實病自除」，氣實病除，恰與上文所舉圓成實性以治病之說相符。另外，金李純甫則有詩云：「老蜣被衲染塵緇，轉丸如轉造物兒；道在屎溺傳有之，定中出幻嬋娟姿。金仙未解羽人屍，吸風飲露巢一枝。倚杖而吟如惠施，字字皆以心為師。千偈瀾翻無了時，關鍵不落詩人詩，屏山參透此一機，髯弟皤兄何見疑？」（《中州集》卷四〈為蟬解嘲獻臣伯玉不平蟬解〉）

以老莊之勝義，合參悟之玄機，其所取徑，彷彿與呂東萊不同。然轉成心為道心，認為詩不能徒求於文字，則又與東萊若合符節。所以呂氏《學道詩》下文又說：「但能嚴關鍵，百歲終不枯；道苟明於心，如馬得堅車所以季路勇，不如顏氏愚」，所謂關鍵在於明心，正與李氏所論相發；且吳曾《能改齋漫錄》卷十一〈致心平易始成詩〉條更說：「呂與叔嘗作詩云：『文如元凱方成癖，賦似相如只類俳；唯有孔門無一事，止傳顏子得心齋』，楊仲立云：『知此詩，則可以讀三百篇矣』」，為詩文者在心，尤與呂、李所論切合。

李純甫之後，金元遺山亦云：「廓達靈光見太初，詩家關捩知多少？一鑰拈來便有餘」，「好句端如綠綺琴，靜中窺見古人心」（〈感興〉）。**按，遺山此句本之南軒弟子游誠之詩，詩見羅大經《鶴林玉露》卷六引**），以道心為作詩之關鍵悟入處，可說是英雄所見略同。而其言論之相似處，則來自於對生命的共同體認。這點很可代表宋金詩論的特色，也是取禪悟以喻詩的主要原因，例如講學詩如參禪的包恢就曾說：

> 在心為志，發言為詩。……不反求於志，而徒外求於詩，猶表邪而求影之正也，奚可得

哉？……惟其志如此，故其詩亦如之……如李如杜，同此其選也。李之「宴坐寂不動，湛然冥真心」、杜之「願聞第一義，回向心地初」，雖未免雜於異端，其志亦高於人幾等矣。……所惠佳句，大旨雖正，未能無病……大抵真到宏處，其言不假妝點而自合……卻幸在在心為志上加功。不然抑末也！（〈答曾子華論詩書〉）

論詩而專注在明道於心、在心為志上，這種思想模式，在詩學中，我們可以用兩句呂居仁的詩來說明，那就是：「筆頭傳活法，胸次即圓成。」（詩集卷六〈別後寄舍弟卅韻〉）

（二）宋代詩學之理論結構

1. 遍計所執的創作型態

形成這樣一種觀念內容，當然和宋人對詩本身及整個詩歌創作活動的看法有關。宋蔡夢弼《杜工部草堂詩話》引洪邁《容齋隨筆》，說詩基本上乃是「以真為假、以假為真，均之為妄境耳」。詩為什麼多是妄境呢？

就認知論來說，外在世界一切，都必須透過認知主體——我——的活動，才能具現其一切相；而認知主體，也必然會跟經驗世界主客對立地形成各種關係。清醒時固然是透過見、聞、知、覺，與境相接，種種好惡取捨，萌生心中，不能暫止；即使在睡夢中，夢中的世界也依然是以我的認知「對象」出現。以至認知心不斷游離奔競於外在的對象上，與物相摩相刃、隨物流蕩，境既有順有逆、心便執是執非。不但使自我陷於無限的追逐中，以有涯逐無涯，不能自拔；其所認知的，事實上也只是有限且具分別性的。這不是虛妄是什麼？莊子〈齊物論〉說：「其覺也形開，其寐也魂交，與接為構，日以心鬥其溺之所為之，不可使復之也」，就指出了心識流轉、哀樂蕩人的虛妄性。

人與經驗世界的關係，除了認知活動外，還有情意活動的關係。情意活動包括生物本能、生理欲望、意念造作等，它本身必然會借著感官與外物交接，並使內心執滯於某一對象而不捨，例如見一女子而愛悅不已、見一大官而歆羡不已，終身役役而不見其成功，茫茫追索而不知其所歸，順其心則喜、逆其心則怒，喜怒的關鍵，倒不在乎外境順逆，而在於主觀意識對於順逆之境的執著。這種執著，是人類一切痛苦煩擾的根源，所以范成大說：「古人賦多情，無事輒愁苦。」（〈觀禊帖有感〉）愁苦的根源，就在於執著自我，以致成為「遍計所執」㉔。阿德勒（Adler）心理學嘗謂好譽惡毀之權力要求，是人一切心理中最根本的需索，人之一切心理病態及各種自傲自卑情緒之產生，皆由此要求之不能充分滿足而來，義亦類似於此。

本來認知我的活動，也可以開展出邏輯認識的系統，成就科學的知識，但因詩本身乃是「緣情而綺靡」的活動，因此認知活動遂恒在情意活動的控制之下進行㉕，以我觀物，物物皆著我之色彩，成為自我意識的投射，淚眼問花、愁腸聽雨，雨聲花色，莫不淒然魂斷。名實未虧，而哀樂為用，以詩人之妄執，表現出一種狂花客慧、背覺合塵的境界，龔定庵詩所謂「幽光狂慧復中宵」（〈懺心〉），正是指這種迷而非覺的頑癡之境。雖然他們在創作時，具有意向性，但這種創作，原則上允許產生一些豐富而出人意表的意象，可以構建另一個奇妙的宇宙來替代現實人生，而且可以一種非邏輯的表述程序來陳述作者內在的渴求、揭露作者意識活動的內容，例如李益「早知潮有信，嫁與弄潮兒」、張先「不如桃杏，猶解嫁東風」之類，賀裳〈皺水軒詞筌〉就稱之為「無理而妙」，表現一種悖謬於事理的頑癡之情與偏執之意，並成為傳誦人口的好詩。這是詩的特質之一，所以劉熙載《藝概》說：「文善醒、詩善醉。醉中語亦有醒時道不著者，蓋其天機之發，不可思議也」，錢振鍠《詩話》上卷也說：「詩自有一種詩理，不可以理繩之。」這種詩理，其實就是一種情溺的耽執，如醉如狂，不可理喻。㉖

這種醉，基本上是由詩人之我執而來的，但有所執必有所繫，因此其本身乃是不自由的，故亦必有所憾。朱弁〈次韻劉太師苦吟詩〉云：「癡迷竟作禽填海，辛苦真成蟻度絲」（《中州集》卷三），癡迷辛苦，身與心仇，自是詩家本分。且人心思緒，百態紛擾，騰沸於體內，不能自已；思之來也無端，則斷如復亂、亂如復亂；興之發也無定，則倏忽無見、惝怳難尋。詩人究竟不是哲人，他透過認識活動，而在經驗世界捕捉到的形象，乃是分別心與差別相的組合，本有迷妄之可能。他本身的生命，也可能只是一股盲流，落在蒼茫宇宙中，受造物者所播弄。不但心識中積蓄的印象和經驗會遞興遞滅，瀑轉旁滋，其本人也常因生命的飄忽無端而產生無名的惆悵。因此，他心靈的表象作用，便也愈發顯得畸零不整。

宋人說詩家多是「天地之畸人」，明代竟陵派鍾惺、譚元春等人則批評詩人是「幽情單緒」。他「孤行靜寄」、「獨行冥索」於天地之間，狂歌以當哭，哀樂以為歡，茫茫四顧，若噫若歎，這種不畸於天則畸於人的生命型態，說明了我執雖是常人共有的生命現象，但因詩人格外陷溺其中，其心理狀態也就特別不平衡；而且常人可以認知邏輯的「我」，紓解情識活動造成的愁苦，詩人則反而讓情意支配了認知活動，以至於一往不返，以哀情孽意自纏自縛，激蕩沉淪而不可解。韓愈〈贈孟東野序〉云「凡物不得其平則鳴」，倘將詩人的道德涵養或知識暫置勿論，則詩人的生命和性情，泰半是不平衡且有缺憾的。所謂太上忘情，其下不及情，他們與此世界相感相應，造成其所以不能已於言者，則在於一片深情。詩的傳達，發動於情，而生命之所以不能證人真源，也只為了不能忘情的緣故。此即陳含光所說的「詩家究是魔非佛」，陳散原詩「胸腹作魔一大事，只留惘惘在燈前」（〈冬日徐園看殘菊，晚歸過乙庵，出觀新句〉），也是此意。

情癡理障，其實都是修道之礙，所以稱之為「魔」，白居易詩說：「自從苦學空門法，銷盡平生種種心；唯有詩魔銷未得，每逢風月一閑吟」㉗，又說：「人各有一癖，我癖在章句，萬緣皆已消，此病猶未去」，癖就是偏執，由於內在之魔尚未消除，故有此癖，它是生命中病痛之所在，因此也只具有負面的價值。宋陳簡齋〈雨詩〉：「小詩妨學道」（卷十五）及范成大所說「詩人類癡頑」（卷十三〈自冬徂春道中多雨，至臨江宜春之間特甚，遂作苦語〉），都指出了這種意味。㉘

就哲學發展的立場來看，要能領會到這層意味，首先必須先察覺到：因妄情我執而認識的經驗世界，並非實相。自然現象的經驗世界，本來是隨序之相理、橋運之相使，窮則返、終則始，如如流行，無有定相的。但人所見所察之宇宙則有定相，這是因為人透過我執的意識，而決定了物之存在，把一切存有物認為是具有實在性的存有。不但茅庵梅影視為真實，凡當風而泣、對景言愁之際所見物象，亦以為即是物之本身。中唐哲學的突破（Philpsophic break through）以後，詩人才開始意識到有關「認識」的問題，知道這種誤以為能夠直接把握實在的想法，其實極為幼稚，像白居易「峽猿亦無意，隴水復何情」、杜牧「秋聲無不覺離思，夢澤蒹葭楚雨深，自滴階前大梧葉，干君何事動哀吟」（〈齊安郎中偶題〉）、歐陽詹「啼猿非有恨，行客自多悲」（〈聞猿〉）之類說法，都接近大乘有宗根識與分位假法之說，「識」見一白紙，並非物界或大種界之本相，只是物界或大種界中某一部分與我眼根相待而顯之相罷了。這個相，又常因觀者意識內容不同而賦予不同之意義，一失其本，背離彌甚。故宋葛立方《韻語陽秋》卷十六就直截了當地說：「人情對境，自有悲喜，而初不能累無情之物也。」這層道理，中唐以前，罕人理會，宋人則言之津津，《鶴林玉露》、《艇齋詩話》等書都曾引山谷等人的詩，加以說明。

如此，由識心本執所決定的萬物實有性，既屬虛幻，識心本身亦是妄情，妄情起滅，變轉不已，詩人若不能由此超越出來，則終究不能免於凋瘁，傷身害性，流蕩不返。[29]宋人對這點是深有體認的，所謂詩能窮人，其窮並不僅指外在的饑寒、流徙、獲罪，而更指內在情意的汩蕩；且因為僻執愈甚，詩人外向世界的開拓，也愈形困難，終致蹭蹬蹶躓不已，形成生命中的大病痛。

呂居仁〈學視詩〉：「若看林中蛇，妄想從何起？忽聞一妙語，初無強料理；回觀積年病，乃是一念使。誰能明此心？香山老居士」（卷四），便明顯指出：詩人宿疾，在於妄念，因遍計所執而見到無數幻影（蛇），唯有明心養氣，轉此成心為道心，才能超越妄執（強料理即是執），銷除詩魔。金王若虛所云「窮愁須理遣，不必淚沾巾」（〈憶之純〉第三首《滹南集・序》），於此可謂針芥之應。

2.依他起性與反省之路

遍計執性，主要是就詩人「胸腹作魔」的情況而說。因詩人自然生命的賓士、生理欲望和心理情緒的激蕩以及意念系統的造作，興起許多無名的悲詫，因成心之執著而執相，以自我之狂醉而幽疑惘惘，元盧摯〈商調梧葉兒〉曲子說「新來瘦、忒悶過，非病酒，為詩魔」（〈席間戲作四章之二〉），就說明了這種內在的耽執，能照境攝境，卻並不與境發生互相感應的關係。故詩人對景生情，或寫物敘事之際，宣洩其悵惘難酬的哀樂，表達他對時空飄移的感傷等，事實上仍依他起性，而非遍計執性。

所謂依他起性，其實本與遍計執性不可分（因為現象必與認識發生關係），而現在要分開來講，勢必先對依他起性稍作一點哲學上的界定。所謂依他起性，包含兩個層面：一是指「執」之依他而起，受現象之導引支配而產生；一是說現象本身亦依他而起，人若知諸法無自性，乃依他起性，如幻如化，即可以不執。

詩人的情癡理障，本即是執，但這執因何而有？不是在他與現實世界相互依存感興時，應物斯感、感物斯應而來的嗎？明徐禎卿《談藝錄》說得好：「情無定位，觸感而興」，無定時無執，依他則有執，這是第一個層次，是《文心雕龍・物色篇》所謂「歲有其物，物有其容，情以物遷，辭以情發」的層次。在這個層次裡，一切法不只是激萌情感的觸媒而已，它對詩人之情執更有決定性的作用，處秋則悲、逢春則喜，正如弗萊（Northrop Frey）在《文學的原始類型》一文中所說，作者的心境，常被希望新生的春或蕭條肅殺的秋所支配，帶動深刻的情感反應，《文心雕龍》也說：「春秋代序，陰陽慘舒，物色之動，心亦搖焉。是以獻歲發春，悅豫之情暢；滔滔孟夏，郁陶之心凝；天高氣清，陰沉之志遠；霰雪無垠，矜肅之慮深。」

情既隨物興起變遷，則詩歌也必然須藉物象予以表達，所以《文心雕龍》緊接著上文之後宣稱：「是以詩人感物，聯類不窮，流連萬象之際，沉吟視聽之區。寫氣圖貌，既隨物以宛轉，屬采附聲，亦與心而徘徊」，這是第二個層次。詩人在其存在活動的經驗場域之中，流連沉吟，而直接地把感動他的物、事、圖寫出來，或間接地把他的情感透過經驗的類比過程敘述出來時，物、象都是極重要的「詩之元素」。循此以往，詩人必然會發展出一種窺情於風景之上、鑽貌於草木之中的「形似」之風，外師造化、模寫自然。由齊梁「近代以來，文貴形似」，到元結《篋中集‧序》說「近世作者，更相沿襲，喜尚形似」，大抵代表了六朝三唐的風格走向。㉚

這種走向，較諸遍計所執，自是略勝一籌。遍計所執，是挾成見而執情強物，心既有執，則不能見物態之萬殊，其觀物也，實與《列子》所說亡斧者視鄰人之子無異；我既有障，物遂失真，以致詩境成為幻境，猶如法國批評家包蘭（Paulhan）所說，藝術是有欺瞞性的，它交給讀者一個幻像，使讀者迷惑。柏拉圖之不願意讓詩進入理想國，原因亦即在此。㉛依他起性則不然，它不以物象著我心境，只觀一切法之因緣和合、生滅變異，而見物之情與我相為映發。因為萬法依他，依因緣而生，而因即是阿賴耶識種子，所以成玄英《莊子齊物論疏》說：「眾生心識，變轉無窮，審而察之，物情斯見矣。」物起我情、我情觀物，於是兩相映照，風景即是心境（Un paysage quelocnque est unêtat de láme），與人心消息相通。

這就是為什麼在哲學上或藝術批評上，我們常認為「依他起性」即是已悟境界的緣故。勞思光《中國哲學史》卷二以為：就佛家義理來說，一旦遣遍計執而顯依他起，即是由未覺轉向已覺，圓成實性不過是說明已覺境界的「理」而已；錢鍾書《談藝錄》第六二頁也直接由破除執心、以顯物境，講到情景相發即是非我非物的境界。但是，依他起性事實上是兩頭通的，就依他起除遍計執，即能見到圓成實，固然不錯；但染濁依他，其中就仍有分別見存在，而且情景雖然相發，物我之相卻未刮除，錢鍾書所云「相未泯，故物仍在我身外可對而賞觀；情已契，故物如同我衷懷，可與之融會」，正是依他起的性質。一方面固可以物我交融，非物非我；一方面卻主客對立，有物有我。

既然是主客對立，自然就牽涉到遍計執的認知關係和情意活動等問題。一切法與阿賴耶識交互相引的結果，可能不再執相，卻會執生。有迷執的依他起，即有各法之相貌顯現；並因此相貌再起虛妄分別，即是分別性的相惑。緣「相」而起「惑」，其非究竟了義，顯然可知。[32]

如何由迷執依他轉入清淨依他，而成為圓成實性，是宋代詩學的主要內容之一。他們對六朝三唐追求形似的作風，頗為不滿，認為：「取成於心，寄妍於物；融會一法，涵受萬象，此唐人之精也。然厭之者，謂其纖碎而害道」（《葉水心文集》卷十七〈徐暉墓誌銘〉[33]）。取成於心、寄妍於物云云，即上文所說遍計執性的創作方武；融會一法、涵受萬象，即前文所舉依他起性的創作型態。這些創作型式，為什麼會害「道」呢？可見他們的批評，原有哲學上的考慮，因為宋人那種不講「形似」的作風，目的就是要透過分別性的物，而追探超越的道或理。

葉夢得《石林詩話》說：「詩禁體物語，此學詩者類能言之」，《許彥周詩語》也說：「寫生之句，取其形似，故詞多迂弱。」體物，即深入觀察物形、物態、物情，而藉語言文字表現出來，非以物來就我之性情，而是以我即物，體貼其性情容貌，巧構形似。詩禁體物，則是不以形似為貴，如蘇東坡所說「論畫貴形似，見與兒童鄰；賦詩必此詩，定知非詩人」，晁說之〈謝邵州五即博詩卷〉則說：「念彼形似徒，澀舌吞杜菌。」（《嵩山集》卷五）他們一致認為諸法不但皆屬因緣所生（緣起）、亦非實有（性空），故在現象上不應起執。

體物，就是執定一個對象；賦詩必此詩，也是執相，因為詩本身也是因緣所生法。詩人面對詩創作時，雖然不能沒有一個詩篇結構作為「對象」，但基本上此一對象是可以因創作型態之不同而予以轉化消除的，不是無「詩」即是無「己」。譬如繪畫，董逌《廣川畫跋》卷六〈書范寬山水圖〉說：「神凝智解，無復山水之相」，即是無「詩、畫」；東坡〈書晁補之藏與可畫竹第一首〉說：「與可畫竹時，見竹不見人。豈獨不見人，嗒然遺其身。其身與竹化，無窮出清新。莊周世無有，誰知此凝神？」則是無「我」。

無，是一種工夫，消除主客對立的工夫。唯有解消對象，獨立無待，才可以無窮出清新，而不必賦詩定此詩。雖作詩，而能忘言得意，體物得神；雖寫象，而能超以象外，進入道的領域。象尚且須超，則似與不似，自非詩人畫家所關心的了。

《夢溪筆談》卷十七說得好：「書畫之妙，當以神會，難可以形器求也。世之觀畫者，多能指摘其形象位置、彩色瑕疵而已，至於奧理冥造者，罕見其人。……雪中芭蕉，此乃得心應手，意到便成，故造理入神，迥得天意。……歐公〈盤車圖詩〉云……忘形得意知者寡……此真為識畫也。」㉞得心應乎，意到便成，則無復山水蕉雪之相，忘形忘相，而獨見真實、見「道」。宋人之所謂句中有眼者，其意蓋即在此：

凡詩之言有眼著，蓋不滯於題，詩外有所見，大抵謂道也。豈特風花雪月，區區以自蔽惑而已？（李季可《松窗百說》詩眼條）㉟

不滯於題，就是作詩不定為此詩，是《漫叟詩話》所說的不可太著題；不只蔽惑於風花雪月之間，則為《天廚禁臠》所說的言意不言名，物外見道。據他們的看法，詩雖亦寫物，但此物卻不應是意識與概念活動的「對象」，唯有超以象外，不為物之名相所囿，才能表現一超越層次的道。宋人之所以稱讚杜甫「雖皆出於風花，然窮盡性理，移奪造化」，就是因為他能由象見道。㊱

在這兒，「道—象」、「理—物」、「意—形」，是一種類似的區分。物指經驗世界諸相，而它們是透過人類意識與概念才被認知的；但是，就知性的認知活動而言，凡經驗知識皆有其概念系統的封閉性，其相之呈現，也具有分別對立性。詩，基本上是描述物的，但因為經驗世界即受類概念（classconcept）所指涉，語言又是概念的外在化，當然就僅能及於經驗世界。可是經驗世界，正如上文所述，具有封閉性、分別性，所以它本身即有所執，語言又僅能指向經驗世界，則它當然無法描述超越之道。這便構成了「言不盡意」或「意不可言傳」的問題。陳簡齋〈春日〉詩「忽有好詩生眼底，安排句法已難尋」（《詩集》卷十），講的就是這個問題。

欲瞭解這一問題，須分幾方面來談。

第一，語言之限制及現象本體之區分。

語言在表達意義時，意義所涉及的對象，可能是經驗對象（如形、色、聲、名等），也可能是超越對象；語言對於前者頗能充分把握，對後者則往往力有不逮。因此詩人若要由象見道，勢必超乎言外，釋居簡《北澗集》卷四說：

少陵何人斯？曰似司馬遷。太史牛馬走，於此何有焉？瞢者瞢不理，知言超言前。正如春在花，春豈必醜妍？又如發清彈，意豈必在弦？（《大雅堂詩》）

春由花顯、意以弦傳，花與弦代表聲色，這是語言所能及的範圍，但意與春呢？《莊子・天道篇》說得好：「意之所隨著，不可以言傳也」，成疏：「意之所出，從道而來，道既非聲非色，故不可以言傳說。」春由花顯，但花乃是分別性的經驗對象，故有妍醜可議；道由言見，而語言卻是有為性的符示工具，故有限制。花弦兩喻，正是成疏非聲非色之說，居簡用此兩喻來說明知言者必須超以言外，不能僅及於經驗概念所可及的範圍之內，因為道是不可言傳的。執著於語言文字，更不可能真正瞭解詩道，所以下文他又接著說：「（山谷）至今百歲後，此意唯心傳；炎宋諸王孫，傳癖不復痊……奪胎換骨法，妙處尤拳拳。……亦有老斫輪，堂下時蹁躚。」道不能以言傳，不能以相見，故只有以心傳了。所謂傳心者，以心見道，即是呂居仁所說明道於心之意。

遺山詩：「詩印高提教外禪，幾人針芥得心傳」（〈感興〉），「詩為禪客添花錦，禪是詩家切玉刀，心地待渠明白了，百篇吾不惜眉毛」（〈答俊學記學詩〉），論此義亦不愧為山谷嫡傳。可惜南宋以後，學江西山谷詩者，多只能在文字上用力，未得其道，僅得其癖。癖即是執，執於文字，正與莊周斫輪之喻所譏諷的得其糟粕無異。居簡此詩，與當時普遍的覺悟相似，都是主張詩外求詩，得意、得心，而不斤斤於語言文字之技巧形似。不但摹擬古人是法執，徒然死於句下（如吳可〈學詩詩〉所云「學詩渾似學參禪，頭上安頭不足傳；跳出少陵窠臼外，丈夫志氣本沖天」）；費力推敲鍛煉，亦非詩家正道。元張觀光《屏巖小稿》論詩云：「三百餘篇豈苦思？個中妙處少人知，籟鳴機動何容力，才涉推敲不涉詩」，還是客氣的講法；若江西諸子，則竟直斥言語雕琢為「俗」了。㊲俗即俗諦，不近道真。這是就他們認識到語言之限制的一方面而說的。㊳

再就本體與現象的劃分來看。遍計執是執相，依他起是執生。但《莊子・至樂篇・成疏》說「從無出有，變而為生」，執生也可說是執有。有是象，執有執象，即是執於用而未見其體。因為據宋代哲學的一般看法，理是體、像是用，有體即有用，而且即用可以見體。譬如海水，海水顯現為眾漚，海水是本體，眾漚則是本體散而在個別事物上的呈現；一個個的漚，絕非海水之全體，但這個本體，也並非超脫在無數漚水之上而獨在的。㊴猶如春顯於眾花，但妍媸分別的一朵朵花並非春之本體，因為道是全整無封閉性的存有；即用可以見道，花可以見春，但花只是全體之春的直接顯現，而非即是本體。㊵詩人藉言顯意，藉象見道，與由花見春相似，都是由用見體，故《漫叟詩話》說：「前輩謂作詩當言用勿言體，則意深矣。」㊶

作詩言用不言體，是因為即用可以見體，故有言外之意。《朱子語錄》卷四二說：「文振說樊遲問仁曰愛人一節。先生曰：愛人知人是仁知之用，聖人何故但以仁知之用告樊遲？卻不告以仁知之體？文振云：聖人說用則體在其中。曰：固是！蓋尋這用，便可知其體，蓋用即是體中流出也」，與漫叟所言，若合符節。既然每一物上皆可見其體用，則不但說體用在其中，用由體中流出，離用也不能見體，故姜夔《詩說》云：「文以文而工，不以文而妙，然舍文無妙。」詩能有體有用、亦可即用見體，卻不能有體無用。《詩人玉屑》卷十「體用」一節，曾引胡五峰論晦庵詩有體無用一段，可為此說佐證：

> 先生送胡籍溪有詩云：「甕牖前頭列翠屏，晚來相對靜儀刑，浮雲一任閑舒卷，萬古青山只麼青」，胡五峰見之，因謂其學者張敬夫曰：「吾未識此人，然觀其詩，知其庶幾能有進矣；特其言有體而無用，故吾為是詩以箴警之。」五峰詩云：「幽人偏愛青山好，為是青山青不老；山中出雲雨太虛，一洗塵埃山更好。」

浮雲舒卷聚散，譬喻現象隨時變滅；青山不老，譬喻道體兀然自存。胡五峰的意思是說不能舍用見體，雲自山出，即是用由體中流出，雲又降雨，也是一事之上又有體用；用能顯體，故雨後青山應當比無用之體美好。這裡之所謂體用，與春花、海漚之喻稍有差異，因為裡面另外牽涉了一個「物自身」（beiing in itself）的問題。

二，現象的兩種區分。

依上文所說，朱熹的詩以青山喻體，這種譬況，跟春和海不甚相似，因為山也是現象之一，胡五峰何以說它是有體而無用呢？同例，陳簡齋〈春日〉詩所謂安排句法已難尋的，也是春日眼中所見的景物、現象，若說語言所能指涉的正是經驗的現象世界，何以簡齋又有語言難尋之歎？

如果以遍計執性所執的相和佛家所說的「物如實相」來說明，以上這個難題自將迎刃而解。所謂執相，是因為它成為認知主體的對象，而認知心是識心的一種形態，所以它是由識心之執而有的一種「現象」（appearance）。

物如實相，則類似康德所說的「物自身」（或譯物自體），是物以其自身本來面目而存在。這種存在，並不是另一個對象，而只是同一物之另一面顯現。這相因為是物以其自己的身分而存在，因此它也是物的自在相，未受到識想之扭曲。自在相並非對象（object），故不能被識心所知，它只是海德格所說的「內在的自生相」（eject），所以也「不生不滅、不常不斷、不一不異、不來不去」。

萬古青山只這麼青，就是以這種不生不滅、不常不斷的物如實相呈現著，《詩人玉屑》卷一引龔相〈學詩詩〉云：「學詩渾似學參禪，悟了方知歲是年；點鐵成金猶是妄，高山流水自依然」，卷十九引方北山詩云：「舍人早定江西派，句法須將活處參，參取陵陽正法眼，寒花乘霧落毿毿」，皆須就此來理解。——點鐵成金，是文字技巧上的工夫，猶有執於文字；高山流水自依然、寒花乘霧落毿毿，則是物如實相，為悟後所見。前者虛妄，後者真實。「歲」是指時間和人識心發生交感後，成為人內在經驗的知識；「年」則指時間光陰本身。由經驗我（empirisches ich）的感官世界認識，回到物自身（zurück zu den sachen selbst），中間須有一「悟」。

悟，指轉識成智、轉俗成真。因為在現象與物自身的超越區分中，物自身非感性主體與認知主體所能知（因為這些都只是有執的識心），要能知物如實相，須以無執的智心，來靜觀萬物皆自得，見其自在相。譬如莊子所說之天籟：風吹萬竅，眾竅激聲，是為地籟；比竹喁聲，則為人籟；地籟人籟，都是心靈仍在因果條件之序列所見，所以是有待；至於天籟，則吹萬不同，使其自己心靈超越了條件之序列，獨觀每一物之物如實相，皆具天地之大美，此則可以無待。天籟地籟與人籟，並非不同的聲音，而是不同的心靈觀點所致。故姚鼐曰：「喪我者聞眾竅比竹，舉是天籟。有我者聞之，只是地籟人籟而已。」㊷

喪我，即是如何無待的工夫，這工夫是要人喪「我」、無「己」、無「耦」，由主客相對而提升到絕對的境地。換言之，人猶人也，而今之幾者非昔之幾者，其差異即在心靈層次之不同；同一物，以識執之心見之為現象，以智心見之則為物如實相，兩者為層次之差異，而非對象之不同。因此，是否能由象見道、是否能解脫識執而無待，在心，不在物。心若能悟、能無我，則「以法眼觀之，無俗不真」。康德所謂「物自身的概念、與現象之概念間的區分，不是客觀的，而只是主觀的」（《康德遺稿》，E. Adlckes編次，第六五三頁），殆即此義。墮形體、黜聰明，倫與物忘，大同乎涬溟，自能廓除理障，直觀其自在自然之道。《韻語陽秋》卷十二「妙明真心，不關諸象」，與李伯時畫自在觀音時所說「世以趺坐為自在，自在在心，不在相也」，都具同一體認。而這種體認，又可見諸陳善《捫虱新話》上集卷四：

> 天下無定境，亦無定見。喜、怒、哀、樂、愛、惡、取、舍，山河大地皆從心生。此心在焉，則管蒯不可以代匱、糟糠不可以下堂，是未嘗有正色也；心不在焉，則鼓吹不及池蛙、絲竹不如山鳥，是未嘗有正聲也：舌欲甚味也，而世有餐痂之士；鼻欲喜香也，而海上有逐臭之夫。天下事如是多矣。杜子美曰：「感時花濺波，恨別鳥驚心」，至於悶時則曰：「出門惟白水，隱几亦有山」，山水花鳥，此平時可喜之物，而子美於恨悶中惟恐見之。蓋此心未淨，則平時可喜者，適足與詩人才子作愁具耳。是則果有定見乎？論者多怪孟東野方歎出門之礙，而復誇馬蹄之疾，以為唐詩人多不聞道；此無他，心見不同耳！故釋氏之論曰：心淨則佛土皆淨，信矣！

這份文獻，不但與上文所說「宋人察覺到因妄情我執而認識的經驗世界，基本上是虛幻的」的思考內容相符合，更由此展開心淨則佛土皆淨的體會。所謂無定境，是說諸法皆由識顯，依他起性，生無自生。所謂無定見，是說識心流轉，變滅無常，相無自性。識心既執是執非、乍喜乍悲，境當然也就隨之變轉無定。

陳善的講法，是就依他起之上，加以遍計執，故說山河大地皆從心生。因為是遍計執，所以底下舉證也只談色香味等經驗知識：而這些以感觸直覺為底子的經驗知識，正是執的知識。若能放下此執，清淨其心，自然轉識成智，轉俗成真：智心所見，即不再是執妄的世界，而是般若淨土了。此處顯然是用如來藏清淨心系統講法。心既有真常心和妄心的分別，所見之境自有現象和物自身的差異。若以心為體，則現象和物自身都是用，不過物自身是本體界的存有，而現象只是現象界的存有，故上文舉朱熹詩以青山為體、白雲為用，只一事之上顯其體用而已，真正的本體依然是心。

這種思考路向，亦可見之於天台宗。《般若經》說「不壞假名而說諸法實相」，《維摩詰經》說「但除其病而不除法」，天台遂據此而講「法門不改」、「除無明有差別」，認為法本身無論好壞，都是客觀的，問題只在執與不執。執是病，不執即無病（呂居仁詩所說的積年之病，就是指這種執），所以只除病不除法。因為法對識而言，是有執相的現象；對智而言，卻是如相實相。

人通過止觀的工夫，即能掌握清淨法門，見到真正如如存在的實相，故知禮《十不二門指要鈔》說：「圓家斷證迷悟，但約染淨論之，不約善惡淨穢說也」，斷、證、迷、悟，是自己工夫上的事，善、惡、淨、穢則是萬法物如本有之事，修道人只論前者，不必管後者。因為心若能淨，境無不淨者，智顗《四念處》卷四說：「實相即一實諦，亦名虛空佛性，亦名大般涅槃。如是，境智無二無異，如如之境即如如之智，智即是境。亦名三寂三昧，亦名色寂三昧；亦是明心三昧，亦是明色三昧」，即指此理。心得神解，則真意實諦，靡不具呈，境智無二，主客合一，斯與《韻語陽秋》所云「淵明深入理窟，但見萬象森羅，莫非真境，故因見南山而真意具焉」（卷四），脣吻不殊。詩人作詩，本來即是與至道同一關捩的。

詩人作詩，既與至道同一關捩，則消除識執，以智心照境，自為不二法門。所謂詩思多生於杳冥寂寞之境，而志意所知，往往出乎埃塵之外。[43]試看陸放翁《示子聿詩》：「正令筆扛鼎，亦未造三昧。汝果欲學詩，工夫在詩外」，而這詩外工夫就是：「豈惟凡骨換，要令頂門開」（卷五七〈讀梅宛陵先生詩〉）。只在文字上下工夫，即或筆力可以扛鼎，亦無與於真實，工而不妙。因為語言所能捕捉的是經驗現象，卻無法掌握超越對象。而這種經驗對象又隨執識流轉而變滅，所以只有轉識成智、轉俗成真，物自身才能呈現。龔相〈學詩詩〉：「會意即超聲律界，語可安排意莫傳」，「欲識少陵奇絕處，初無言語與人傳」，告訴了我們為什麼要傳心，因為整個提升生命的關鍵，由虛妄轉入真實的關鍵以及詩句由俗轉入高妙的關鍵，即在透過轉識成智而「悟入」。[44]

3.轉識成智的工夫進程

「詩人滿腹著清愁，吐作千詩未肯休」（《誠齋集》卷十〈紅葉〉），因為執著，而且是耽執，造成詩人性格的偏宕與痛苦。五官之動，迷而不反，以至於賊莫大乎德有心而心有睫。這種識執，宋人稱為「病」。病之起，即為妄念之執，則所謂詩病，便只是由作者內在之妄念延伸到詩句中去的疵累。此所以宋人論「詩病」，每兼就思想內容和法度形式兩方面來談（前者如蘇轍《詩病五事》、後者如姜夔《白石詩說》）；但若要治病，則勢必拿住根本緊要處。宋人這類觀念，起自山谷、呂居仁，山谷〈次韻向和卿詩〉：「覆卻萬方無準，安排一字有神；更能識詩家病，方是我眼中人」，首句即陶鈞萬物之意，第三句言更者，方為主旨所在，故後文又云：「覓句真成小技，知音定須絕弦；景公有馬千駟，伯夷垂名萬年」，聽於無聲、視於無形，可以見其推崇陶淵明之故：以淵明意在無弦而又能淡泊其志也。一般雕琢章句、安排句法者，不足以知此，故其病亦不可瘳。

因內在的魔心不除，於境便有所癖。就詩而言，其所癖者又在於文字。呂居仁〈寄江端本諸人詩〉不是說了嗎：「誤沾文字癖，虛覺鬢毛斑」（《詩集》卷七），嘔出心肺，盡精力於詩，但文字本身卻非真實、不能盡道。㊺學者若不能跨出文字所指涉的經驗概念世界，朝向超越的層面，則其精力只是虛擲，其詩亦終不免於只是癖而已。

面對內在妄念與文字執癖這兩項困局，若借東坡的話來說，一要解除識心之執，瞭解詩和詩人「不比狂花生客慧」；二要超越文字之癖，徹知「賦詩必此詩，定知非詩人」。張鎡《南湖集》卷五就曾用兩句話來概括此二事：「胸中活底仍須悟，若泥陳言卻是癡。」換言之，整個問題的關鍵，在於悟；若悟，則識執自去、言語不泥。

悟，具有工夫的過程意義。本來詩必須悟，是呂本中《童蒙詩訓》中早已揭示的，但呂氏同時又警告詩人：「悟人必自工夫中來，非僥倖可得，如老蘇之於文、魯直之於詩，蓋盡此理也。」學詩既如學仙，換骨自非一日之功。但所謂工夫，並非刻意苦學、日日斫煉，而更在於涵養胸襟：

> 意到語自工，心真理亦邃。（謝逸《溪堂集》卷一〈讀陶淵明集〉）要將餘事付風騷，已悟

玄機窺佛祖。（謝薖《幼槃文集》卷三〈有懷覺範上人〉）

蠅頭小楷寫烏絲，字字鍾王盡可師；忽悟庖犧初畫象，工夫原不在臨池。南窗薄暮雨如絲，茗盌薰爐共論詩，天地悠然人意表，忘言相對坐多時。（《丁鶴年集》卷一〈雨窗宴坐與表兄論作詩寫字之法〉）

未悟之前，是識心執心；既悟之後，則解縛去執，能見物如實相、天地之悠然，這就是實性圓成的階段。然而，既然在依他起性之上著遍計執，必須藉轉識成智的工夫進程，才能見圓成實，則一切工夫自都必須落在怎麼樣轉化識心為智心之上。

這種轉化，正如前文所述，可以有許多不同的途徑，唯識學本身即有三種方法，天台也可以以止觀的工夫達成。依宋人詩文評論的觀點來看，在佛家方法之外，如道家莊子的心齋坐忘或儒者的道德主體，也是當時人所極重視的。譬如陳後山文集卷十九《談叢》裡，記載韓幹有匹走馬圖，絹壞了，馬足也毀損不可見了，李伯時卻說：「雖失其足，走自若也。」足已失去，便是象已不存，而走自若，正是意仍可見。

元劉靜修評論此事，就引用莊子〈齊物論〉中嗒然喪我的理論，說：「足不能行氣自馳，天機深處幾人知？世間無物能形此，除我南窗兀坐時。」南窗兀坐，主要是致虛守靜的一套工夫，借著這套工夫而喪我，消除我執；而忘象，消除對象之執。所謂喪、忘，可依胡塞爾（Edmund Husserl）現象學的觀點稍作說明：據他的看法，經驗活動的客觀對象，可以存而不論，中止判斷；而由感官世界走入超越世界，「由經驗我（bmpirisches ich）的感官世界認識，到超越世界之真實境界之間，有一條通路。要走向這條通路，第一步就是經驗我存而不論」。風花雪月諸象，是經驗我的感官認識，但經由「喪我」、「忘象」之後，卻可由感官世界的認識通往超越世界，忘象見道、忘言得意，得「象外之象，境外之境」（李洪《芸庵類稿》卷六《櫆株集・序》）。

這不是技巧閒事，更不可由形跡上求，所以劉靜修才說世間無物能形容此一南窗兀坐、嗒然喪我的境界。這個境界，即是董逌《廣川畫跋》中所說畫者凝念不釋、倫與物忘，則「心術之變，化有而出，舉天機而見者皆山也，故能盡其道」（〈書李成畫後〉）的境界。舉天機而見之山，乃是實相如相。必須如此，然後文字與線條才能盡其道，因為它本身已經超以象外，呈現出一種超越的層次了。謝逸所謂體道之士，見亡執謝，則心如明鏡，遇物便了，意即在此。㊻宋詩所強調的忘言得意、不貴形似，都可以透過這條線索來理解。

由此可知，每位藝術創作者，都跟生命的證驗者相同，一定得悟，可是每個人悟入的方法卻未必相同，禪家開悟，也是人人不同。不過這種不同並非目的或原理之異，所以依儒、依道、依佛也無根本之殊，且其方法本身也可以納入同一義理進程中合併討論。例如陳善《捫虱新話》下集卷一：「老杜詩當是詩中六經，他人詩乃諸子之流也。杜詩有高妙語，如云：『顧聞第一義，回向心地初』，可謂深入理窟，晉宋以來詩人無此句也。『心地初』乃莊子所謂游心於淡、合氣於漠之義」，事實上心地初乃佛家語，他卻並於儒道兩家義理中，來說明杜之所以高妙。又，周必大《益公題跋》卷九：「侍讀胡公平生未嘗啟梵夾、效膜拜，戲為證老作此庵記，而辭理超詣，便得儒釋之妙」（〈跋此庵記〉），亦復如此。可見在同一義理進程底下，只要是能轉化執癖、呈顯本心，由物象超越至於道意而圓融不二者，都能提供給詩人作為依據。

以下，我們便大略說說這轉識成智的幾種途徑。

（三）轉識成智的幾種途徑

林希逸《竹溪鬳齋十一稿》續集卷廿九：「放翁曰：『俗人為俗詩，佛出救不得』，此語最佳。但何以為不俗、何以為俗，此須分別得仔細，方可下筆。」離俗全真、轉俗成真，一直是宋詩第一序列的要求；所謂俗人，並非市井民氓之謂，而是俗學窒之、俗慮汩之的人。唯有解脫纏縛，「懷抱清真」，才能免俗。㊼但解脫纏縛卻有不同的途徑，而途徑雖不相同，所造則一，放翁〈與兒輩論李杜韓柳文章偶成詩〉所云「未言看到無同處，看到同時已有功」（卷廿八）即指此言，可見放翁於此深有體悟。然而陳仁子序其集時，卻忙不迭地問：「世之詩，陶者自沖淡處悟入、杜者自忠義處悟入、蘇者自豪邁處悟入，吾不知放翁詩悟入，當自何處？」（《牧萊脞語》卷七）

陳氏此問，我們未必能夠回答，但宋人幾種轉識成智的悟入之途，卻可以概略介紹一下。我們的分析模式，是葛立方在《韻語陽秋》中所推薦的。該書卷十二載：「柳展如，東坡甥也。不問道於東坡而問道於山谷，山谷作八詩贈之，其間有『寢興與時俱，由我屈伸肘；

飯囊自知味，如此是道否』之句，是告之以佛理也。其曰：『咸池浴日月，深宅養靈根。胸中浩然氣，一家同化玄』，是告以道教也。『聖學魯東家，恭惟同出自。乘流去本遠，遂有作書肆』，是告之以儒道也。」道有三途，所造則同；詩人之欲見道，蓋亦同此。

1. 儒家：由道德意識顯露自由無限心

無論途徑之異同，整個問題所關涉到的重點大抵有三：一是作者本身如何悟入的問題。二是作者與外物關係的問題。三是作者如何創作的問題。

儒者處理這些問題，基本上是由泯除識之執知，而挺立道德實體這條路子來的。換言之，其重心在於作者本人人格的修養。修養深厚，則如水有淵源，詩文皆沛然若自其胸中流出；不假外求，故亦可免於現象之執著。李綱云：「信筆輒千餘言，理致條暢，文不加點，信乎道學淵源自其胸襟流出」（《梁溪先生集》卷一六三〈書陳瑩中書簡集〉），周必大云：「觀其字如其詩、詩如其人，後世不待識面，當知為伊洛勝流矣」（《益公題跋》卷十〈跋汪季所藏朱希真帖〉），都代表了共同的體認。[48]

由詩既可以觀人之涵養，則涵養之道究當如何？固可以有許多不同的看法，但總其大妥，則不外讀書與治心養氣二事。這也是儒者尊德性與道問學的傳統，然而二事先後次第卻很難論定。

尊德性而道問學，可以黃山谷為代表，山谷〈書舊詩與洪龜父跋其後〉說：「龜父筆力可扛鼎，他日不無文章垂世，要須盡心於克己，不見人物臧否，全用其輝光以照本心。力學有暇，更精讀千卷書，乃可畢茲能事」（《文集》卷卅），不但直以養心為「學」，更認為讀書與治心不可偏廢。此與白石《詩說》謂「思有窒礙，涵養未至也，當益以學」，以學為涵養之一端者，正復相同。

道問學而尊德性，可以朱熹為代表。朱子早年以為知言而後始能養氣，知言即指知識思慮地格物致知；晚年則以涵養致知兩相穿透。這種轉變，並非其哲學立場有所遷移，而是轉識成智一般的現象。㊾前者就其工夫言，後者就其悟人之後的狀況言。換句話說，也必須讀書養心二者兼攝，涵養才算周至。

以下分別說明之。

（1）治心養氣。

晁補之曾說黃山谷「於治心養氣，能為人所不為，故用於讀書為文字，致思高遠，亦似其為人」（《雞肋集》卷卅三〈書魯直題高求父楊清亭詩後〉），治心養氣，何以能令人文章致思高遠呢？作詩文又何以必須藉治心養氣以求致思高遠呢？

就宋人的哲學觀點而言，天地以生生為心，生生之仁，又內具於人，所以經由仁心之發露，人可以見天地之心。但天本身只是一元之氣，這一元之氣運行周布，則為雲漢星斗、春夏秋冬，為「文」。天地之心見於元氣成文，人心之仁自亦如之。只有人得其氣之正，不偏不塞，此心才能通貫天地，人文也才能秩然相應。張耒所說：「詞生於理，理根於心，苟邪氣不入於心、僻學不接於耳目，中和正人之氣溢於中，發於文字語言，未有不明白條暢」（〈答汪信民書〉），即是此義。文與心之中和，自須於理氣之間求之。

以氣言之，文固出於氣，才亦根於氣。——文為天地元氣之所發露，故欲為文，須先養氣，劉宰《漫堂文集》卷廿四說：「文章所以發天地鬼神之秘必其氣之清也，故物不得而汩之；必其氣之直也，故物不得而撓之；必其氣之和且平也，故物不得而激之，必其氣之果毅奮發也，故物不得而沮之。故論者曰：文章以氣為主」（〈書單敬仲詩卷後〉），這個氣，是由人心之仁所發，理論上應是純善中和的。但性理本身不能活動，能活動發露的是氣稟之才情。才情有善有不善，所以必須通過後天的工夫，使其符合於性理，此則有待於養。㊿職是，所謂養氣也者，應是使情氣之動合於性理，朱子〈答張敬夫書〉：「感於物者心也，其動者情也。情根乎性而宰乎心，心為之宰，則其動也無不中節矣，何人欲之有？」（《文集》卷卅二）人欲就是識執(51)，詩必須得性情之正、發性情之和，當然要透過養氣的工夫，使其中節，宰乎心而得乎理。

魏了翁說文辭「根於性，命於氣，發於情，止於道」，講的就是這個道理。文或人若能止於道、得乎理，就將像孔子一樣，從心所欲，無人而不自得了。汪藻所云「理至而文隨之，如印印泥、如風行水上，縱橫錯綜，燦然而成者，夫豈待繩削而後合哉？」（《浮溪集》卷十七〈鮑吏部集序〉）之所以為宋人論文的最後祈向所在，道理亦在於此。

養氣，是要使情氣之動合於性理，勿受外物所汩蕩。這是偏於泯除識執之知的一面，但只有這一面工夫是不夠的，儒者之精彩處尤在道德實體之挺立，此即須治心。前引趙汝回〈雲泉詩序〉說作詩若能養性識體，則詩隨人格之所養而自然呈露，初非因想生見云云，最可說明此義。

養性識體，是要人自得其良心，並以此自得而見天地之生機。韓元吉《南澗甲乙稿》卷十六〈深省齋記〉說：

世之人蓋有聞鐘磬之聲，而自得其良心，以進於道者，非鐘磬使然也。杜子美〈遊龍門寺〉詩：「欲覺聞晨鐘，令人發深省」，子美平生學道，豈至此而後悟哉？特以示禪宗一觀而已。是於吾儒實有之，學者昧而不察也。曾子曰：「吾日三省吾身」，夫識其遺忘，謂之省；審視其微，亦謂之省。人能內省其身，如識其遺忘與審視其微，則所以存其心者，蓋當如何！

趙汝回的講法是要詩人知體、養性，韓元吉則要人存心、內省。試比較他們的說法，就可知道此心此性，即是道德之實體，是仁、是良心，而存養此一良心，則又有賴於反省和識察的工夫。這就顯示了：無論採取任何途徑來轉識智，都以得心為主，佛家如此，儒家亦然，此可與前文所述者相印證。且顯仁必在克欲，也說明了消除識執與顯現智心仍是不可分的。識其遺忘、察其幾微，微，指欲念之浮動而言，所以反省識察，實際上即是恭敬存養、克己復禮的一套工夫，為儒者「悟人」所必需。黃山谷所謂盡心於克己，全用其輝光以照本心，不但開宋人以克己存養論詩之漸，也與宋代一般的哲學體認相通。南宋時，上蔡、龜山、湖湘、朱熹等各系理學，對於仁的理解，雖有異同，但克己去私，以明其本心，大抵則是相同的。(52)朱子尤其主張必須通過識察才能成其涵養，《文集》卷七七有〈克齋記〉一文，以為克塞人欲，則其心藹然若春陽之溫，亦可與韓元吉說互參。

由道德意識所顯露的這顆心、藹然若春陽之溫的心，其實乃是自由無限心。所謂自由無限，是因為心體仁體本為人人皆具的良心，克私去欲之後，仁體呈露，此心之體既無所壅蔽，則皇皇四達，感通無礙、覺潤無方，其用遂亦無所不行。以自得其心來見天地之心，所以無礙，所以「活」；因見天地之心，所以人雖有限而可以無限，可以超越客觀條件的限制與阻礙，知命樂天、不憂不懼，所以又是自由。宋人詩論中喜歡稱讚某某人外物不移、雖遭橫逆險巇而夷然溫粹，具見所養，即是就這一面而說的。

（2）讀書。

宋人論詩文，都極重視書卷，這點不待強調，人人皆知。然而，讀書其實是與治心養氣密不可分的，試看陳後山《答江端禮書》說「文正心完氣，廣之以學，斯至矣」（《文集》卷九）及韓拙《山水純全集》說「天之所賦於我者性，性之所資於人者學。能因其性之所悟，求其學之所資，未有不業精於己者也。古人以務學而開其性」，便知無論文章或書畫，莫不講求積學養心，而這點實隱含了宋代詩學中一個絕大的問題。

原來宋人一直認為作詩必須以積學窮理為工夫，但詩之真正成就處卻不在於學問，而在心靈之超越，所以必須要「悟」。嚴羽所謂「詩有別材，非關書也；特有別趣，非關理也。然非多窮理，則不能極其至」，就是這個傳統下的產物。(53)於此講詩道在於妙悟，其言當然與周必大、樓鑰等人相同：

公由志學至從心，上規賡載之歌，刻意風雅之什，下逮左氏、莊、騷、秦、漢、魏、南北朝、隋、唐，以及本朝，凡名人傑作，無不推求其詞源，擇用其句法。五六十年之間，歲鍛月煉、朝思夕惟，然後大悟大徹、筆端有口、句中有眼，夫豈一日之功哉？（《益公題跋》卷四〈楊廷秀石人事長篇〉）

詩……非積學不可為，而又非積學所能到；必其胸中浩浩，包括千載，筆力宏放而後為不可及（《攻媿集》卷五二〈雪巢詩集・序〉）

與武子評詩，謂當有悟入處，非積學所能到也。……山谷晚年詩，皆是悟門。……遽讀之或不易了，而中有理窟，覽者當自知之（同上，卷七十〈書張武子詩集後〉）

悟，非積學所能到，但必須積學至此，然後有悟，不學則無悟也。且悟入之後，即是從心欲之境，則所謂悟者，當指心而言。包恢〈與留通判書〉論此義最明：「今之學者，終日之間無非倚物。倚聞見、倚議論、倚文字、倚傳注語錄，以此為奇妙活計；此心此理，宋始卓然自立也」（《敝帚稿略》卷二），讀書在儒家，為聞見之知；此心此理之卓然自立，則屬德性之知。「閱之多、考之詳、煉之熟、琢之工」，目的固然在於剝落皮膚、求造真實，但若不能自得，則亦無用。魏了翁所云「須從諸經字字看過，思所以自得」，羅大經所云「不求之六經固不可，徒求之六經，而不反之吾心，是買櫝而棄珠也」（《鶴林玉露》卷六），皆就詩文而言，恰與陳後山桴鼓相應，只不過後山較強調詩人須藉書中學問來超拔擴充心靈罷了。山谷〈題宗室大年小年畫〉說：「若（大年）更屏聲色裘馬，使胸中有數百卷書，便當不愧文與可矣」（《文集》卷廿七），亦是此意。因其性之所悟，務學以開其性，這兩句話真是講得好極了。

另外，由志學到非積學所能到的境地，也就是元遺山所說學至於無學。《詩人玉屑》卷一〈趙章泉詩法〉條云：「問詩端合如何作？待欲學耶無用學？今一禿翁曾總角，學竟無方作無略。欲從鄙律恐坐縛，力若不加還病弱，眼前草樹聊渠若，子結成陰花自落」，講的也是學至於無學。無學無作，而草花樹子自我呈現。這便牽涉到作者與外物的關係和作者如何創作的問題了。

儒者轉化僻執與障溺而悟人，歸結處既在此心仁體之自立自得，則透通此一道德實體，不難觀見天地之心；且可以觀此天地之心所即物而在的物，而見其自得。「仁之為道，乃天地生物之心即物而在」，語雖出自朱子〈仁說〉（《文集》卷六七），但羅大經《鶴林玉露》講得很清楚：「古人觀理，每於活處看。……故曰：『觀我生觀其生』，又曰：『復見天地之心』，學者能如是觀理，胸襟不患不開闊，氣象不患不和平」，所謂觀理，是指即物而窮理之理。心能觀物，但何種心觀何種物，由觀物之活，正可反映出心中甚活，所以文中又強調「如是觀理」。如是，指觀物之方法態度而言。

這種態度，亦見諸羅氏同書卷八，文曰：「杜少陵絕句云：『遲日江山麗，春風花草香。泥融飛燕子，沙暖睡鴛鴦』，上二句見兩間莫非生意，下二句見萬物莫不適性。於此而涵泳之、體認之，豈不足以感發吾心之真樂乎？大抵古人好詩，在人如何看，在人把做什麼用。如『水流心不競，雲在意俱遲』『野色更無山隔斷，天光直與水相通』『樂意相關禽對語，生香不斷樹交花』等句，只把做景物看亦可，把做道理看，其中亦盡有可玩索處。大抵看詩，要胸次玲瓏活絡。」——唯胸次活絡，才能見物見詩之活，已如上述。但此處事實上是詩人觀物，而讀者又觀詩。詩人即或觀物得活，能見天地之心；仍有賴讀者之修養始能知見，否則則以為只是景物現象而已。任淵注後山詩，警告讀者「讀後山詩如參曹洞禪，不犯正位、忌參死語。若以色見、以聲音求，是行邪道，不見如來也」，原因即於此，這仍是種超越的區分。某些人之所以能不以聲色景物求詩，能「把做道理看」、「把做什麼用」，是因為他們觀物的態度，不是認知地指向景物事件本身，而是因涉及物而引起他們有關行為思想方面的思考，反求諸己，在自己的良心上見物我無礙。這就是宋人所說的「用」與「活」。

活即不滯礙之意。於活處觀物，則鳶飛魚躍，固是心活也是物活，這樣才能在現象景物之外，看出一層道理；於活處作詩，也能因象見道、即物窮理，具有含蓄之美。這種美，兼指道德之美與美學意義之美兩方面，吳子良《荊溪林下偶談》卷二謂意尤遠而語加活者，意含蓄而語不費，屬於後者；《鶴林玉露》卷五謂楊慈湖詩句意清圓，足觀所養，則兼含二者。宋人之所謂活法，尤當如此理解。[54]

至於用，則不含美學的意義，亦與實際事物的作為無甚關係。那位「所造詣有在言語之外者，非世俗所能測」的戴石屏，在〈論詩絕句〉中說：「陶寫性情為我事，留連光景等兒嬉；錦囊言語雖奇絕，不是人間有用詩」（《詩集》卷七），認為流連光景、雕琢語言，皆是依他起性，無與真實，唯有陶寫性情，才能見道、才是有用。這種觀點，頗可代表當時的評價標準，故羅氏《鶴林玉露》亦云：「天以雲漢星斗為文、地以山川草木為文，要皆一元之氣所發露，古人之文似之。巧女之刺繡，雖精妙絢爛，才可入目，初無補於實用，後世之文似之。」

（卷一）此語不但可為戴詩注腳，以一元之氣所發露論文，也點出了詩人創作時的態度。

天地以一元之氣發露為文，人亦以其氣流顯為文。這種流顯發露，乃是自然而然的，如風水相觸、如泉源噴湧，只是自然地呈現，非作出來的。作，代表人為的創造，自然則為天機暢發、不假思索模擬而至，張元幹《亦樂居士集・序》所云「韓杜門庭，風行水上，自然成文，俱名活法」（《蘆川歸來集》卷九），即指此言。[55]

施德操《北窗炙輠錄》講得更透徹：「子美讀盡天下書、識盡萬物理，天地造化、古今事物，盤礴鬱積於胸中，浩乎無不載，遇事一觸，輒發於詩。淵明隨其所見，指點成詩，見花即道花、遇竹即說竹，更無一毫做為。」（卷六）妙識物理，盤瀠胸中，即是「含蓄」；含蓄既厚，遇事輒發，初無意於造作；而見花道花、見竹說竹，則是其心無所繫累，所以能照見物如實相，「以物觀物，而不牽於物；含詠情性，而不累於情」（魏了翁《費元甫陶靖節詩・序》）。這是在道德主體流行中，心與行為物一體呈現，心固自得，物亦現其如相實相自在相。物既是自我呈現，則非「寫物」甚明。寫物形似之所以不佳，乃因其不能自得，故《詩人玉屑》卷十引〈復齋語錄〉說：「詩吟函得到自有得處，如化工生物，千花萬草，不名一物一態。若無自得，只如世間剪裁諸花，見一件樣，只做得一件也」，涵養自得，則物不待雕琢剪裁、揣摸刻繪，以物觀物，物物自然呈現。

詩人觀物時的情形如此，其作詩亦然，在「物色人眼來，指點詩句足」的情況下，詩並非「作」出來的，而是自我呈現的，所以楊萬里有詩云：「好詩排闥來尋我，一字何曾撚白鬚」（〈曉行東園〉），「煉句鑪錘豈可無，句成未必盡緣渠。老夫不是尋詩句，詩句自來尋老夫」（〈晚寒題水仙花並湖山〉）。

詩句自我呈現，所以是天機而非人力，「默契神會，不知其然而然」。這種機籟鳴發、不假造作的詩觀，顯然有兩點值得注意：一、以上整個理論結構，與《易傳》關係邃密，由天地生物講到觀我生觀其生、復見天地之心，正是顯露自由無限心，而物皆見其自己，一如人之自得其良心在其自己：物皆見其自己、呈現其本來面目，則是佛家所謂如相實相。

呂本中〈題晁恭道善境界圖詩〉：「疇昔相從三十年，如今休去不逃禪，知君參見法輪老，始知蒼蒼便是天」，講的就是這種儒釋之妙的境界。同詩第二首說：「境界本來無善惡，人間何處有新圖。欲知個裏真消息，臘月寒松永不枯」，發揮尤切。既悟之後，只是中和，靜動言為皆自然而然，無所謂善惡；而心有本源，自也無礙自在，雖臘月亦不枯萎。二、作品出於自然，無意造作，即產生以文為寄寓的創作態度，終身言而未嘗言；而作品本身則形成文以見道、意餘於文的狀況，亦與《易》之象相似。呂本中〈夏日詩〉：「閉門觀易象，反復看如何？妙處元非畫，微言不在書」（《詩集》卷十五），與滄浪所謂詩妙處如相中之色、鏡中之象，言有盡而意無窮云云，正可互參。清宋大樽《茗香詩論》說：「易取象、詩譎諫，猶之寓言也」，於此可謂善於祖述。

當然，這條途徑之精彩處猶不在此。因為無論是含蓄，或由文以見道所匯出的氣韻風神之說，都可見諸佛道兩家轉識成智的徑路中。但唯有經由懲忿窒欲而挺立道德實體這條路子，才能透出對社會的關懷。

儒者一方面慎乎所養，一方面學問充富，「寤寐食息，必念於是；造次顛沛，必念於是，則將超然懸解、躐等頓進，徑至妙處，一日萬里」（李廌〈答趙士舞德茂宣義論宏詞書〉），達到佛家所謂妙悟、道家所謂換骨的境地。這一境地，主要是在自我道德主體的挺立與修持，以存心養性為其工夫。而存心，又以敬以直內、義以方外為其精一操存之道[56]，所以理論上必不止於自我安頓為已足，必須再透出義以方外的一方面，展示其對社會人群的關懷與責任。魏了翁〈答丁大監黼書〉說：

> 愈疾古詩見懷唐律，藹然有懷人憂世之意。非但詞工味雋，而所示近著，又以見二三年間樂天知命，從容自得之趣。（《文集》卷四六）

樂天知命、從容自得，這種由道德意識所顯露的自由無限心的作用，正是與懷人憂世之意完全結合為一體的。此所以為「適用」。戴復古、真西山、羅大經等人之所以抨擊雕繪章句、留連光景的作品，原因就像許尹在《黃山谷詩集注‧序》中所說的：「曹、劉、沈、謝之詩，非不工也，如刻繪染縠，可施之貴介公子，而不可用之黎庶。唯杜少陵之詩，出入古今，衣被天下，藹然有忠義之氣。」藹然，是形容仁者之言的狀詞。可見所謂忠義之氣、憂懷黎庶之意，本是內在仁心所發，義以方外，出乎自然。李綱《道卿鄒公文集‧序》曰：「士之養氣剛大，塞乎天壤，忘利害而外死生，胸中超然，則發為文章，自其胸襟流出。唐韓愈文章號為第一，雖務去陳言，不蹈襲以為工；要之操履堅正，以養氣為本。進諫陳謀，屢挫不屈；皇皇仁義，至老不衰」（《文集》卷二二八），頗能說明此義。士先涵養胸中之浩然，存此仁心，則義可以不蘄然而見諸外。

因為義是不蘄然而見諸外的，所以是自然流出，與發為文章相似，而非有意為之。既非有意為之，則其吟詠情性之間，自然能見禮義之所止，傷閔哀思，若有所諷諭，這就是「興」，是葛立方所說觀物有感而近乎訕的興，也是上文所說如《易》之有象的譎諫。這種諫諷，與訕謗不同的是它本身並無直斥痛詈之辭，只在文外見其興諭感諷之意，其本身即是意餘言外的一種表現，故亦能興起讀者的仁心。真德秀〈跋南軒送定叟弟赴廣西任詩〉十三章說：「棠棣之作，至今千載矣，藹然忠厚之情、惻然閔傷之志，讀者猶為興起。南軒先生此詩，於怡怡之中，有切切偲偲之意，雖使不令兄弟觀之，友悌之心尚當油然而生，況綽綽有餘者乎？」（《文集》卷卅六）殆即指此而說。

本來文學藝術若就其美學價值而言，詩篇是否具有道德意識，是否能導出社會的關懷，與論之所以為詩，並無直接而必然的關係。但基於下列兩點考慮，宋人勢必要強調這層意義：

（1）就一切文學藝術之欣賞與創作而言，欣賞與創作之所以可能、其本身何以存在，這一類文學藝術的根本問題，事實上即是哲學的問題。西方美學自始即隸屬哲學之內，是個最明顯的例證。同理，在討論詩文時，宋人認為欣賞與創作之所以可能，必須預設人心主體可以互相感通才行。而因為人心可以感通，讀者才能透過作品，諦聽作者的生命與呼吸，並興起自我的仁心，這就是他們論興、論詩之教化功能的基礎。換言之，由哲學預設到文學之美感及社會功能，這緊密貫串的一整套理論，不管後人是否同意，都必須承認它們並未用道德原理來替代文學原理，而是論詩文與藝術問題應有之義。

（2）在一個反省觀照的時代，窺探文「心」，對個人精神志氣與境物接運關係作一省視，本是極為自然的現象。但思索所得，未必相同，對創作及欣賞所持的態度，亦復相異。轉識成智，是他們共同的路向，但如何轉，轉後境界如何，皆不免小有參差，這點我們只須看看宋人往往將杜陶合論，而又說杜甫如六經、陶如老氏的情形，便可知道。挺立道德實體，開展社會關懷，正是儒者氣象與佛道妙悟不同之所在，無怪乎他們要屢屢言之了。

2.道家：以虛靜心消除造作而顯一切有

這樣的分別，當然只是一種分別罷了，宋人在論哲學文學時，往往求同多於別異，我們只能說含道應物、澄懷味象，是儒道之所同，不過在應物時小有差異而已（道家主要在講詩人應物而不傷，儒者或更要講應物而化物）。程伊川呂與叔論詩文，就是引莊子「心齋」為說的。

為什麼要以心齋來論詩文是否知本呢？陸放翁〈夜坐示桑甥詩〉「好詩如靈丹，不雜膻葷腸；子誠欲得之，潔齋祓不祥」（《詩集》卷十九），頗能點出此中消息。[57]宋人論學詩，輒曰如學仙、如養成內丹、如金膏換凡骨，這雖是受當時宗教背景影響而產生的一些比擬，但也可知詩人作詩，雖有靈丹一粒，可以點鐵成金，也必須滌腸去垢，始能得之。齋祓，就是蕩識遣執的工夫。其工夫的目的，不在詩語的刻鏤，而在識心之轉化。《畫苑補益》載張懷論畫有曰：「味於理者，心為緒使、性為物遷，汩於塵坌、擾於利欲，徒為筆墨所使，安足以語天地之真哉？」心為緒使，故不能忘我；汩於塵坌，故不能忘象；徒為筆墨所支配，故不能忘言。此即為俗！轉俗，才能成真。

這種創作的進程，基本的瞭解是：藝術並不只於媒介之表現，如何使用筆墨線條文字媒介，是作者的技巧，但藝術創作本身，當是技進於道的過程。放翁稱讚梅聖俞、杜甫的詩是「豈惟凡骨換，要是頂門開，鍛煉無餘力，淵源有自來，平生解牛手，餘力獨恢恢」，便是承認詩人可由鍛煉之精，漸至於有餘之境，忘其為技與習，而獨得道真。由技與習而到忘其為技與習，則其創作，已在不用心、不用意之中完成了。

山谷《題李漢舉墨竹》，說古人繪事妙處，類如輪扁斫斤，不能以教其子，「近也崔白畫竹，幾到古人不用心處」（《文集》卷廿七），便是技進於道的最好說明。這其中，技進於道，正如輪扁、庖丁，必須得乎手而應乎心，心識其所以然，而手亦能著其然，始能成為一種藝術創造，否則即只能止於美的觀照和內在的修養，這便是道學家與藝人最大的不同。㊳

東坡在〈書文與可篔簹谷偃竹記〉中，將手如何應心的鍛煉稱為「學」。因此我們也可以知道技進於道的藝術創造歷程，其實即是學至於無學的歷程。一位大作家，基本上必須手能應心，然後才能得心應手。心與手合，物與心合，則其能達人所不能達者，事實上即是能見人所不能見、能想人所不能想。周必大等人稱畫與詩是心畫，原因即在於此。詩文若為心聲心畫，則其高妙與庸俗，正是心境澄濁之外顯；欲使詩文佳妙，即非治心不可。心齋之作用，就在於此，它是整個轉識成智的中心，也是詩人是否能夠化俗成真的關鍵。就技進於道的藝術創作而言，得心應手，必須凝神不紛，「官知止而神欲行」。心齋也是如此，它是轉化成心的工夫，希望透過這種工夫，官知止而神欲行：「勿聽之以耳，而聽之以心；勿聽之以心，而聽之以氣；聽止於耳，心止於符。氣也者，虛而待物者也。唯道集虛，虛者心齋也。」（《莊子・人間世》）——這些不同的認知態度中，聽之以耳的是感官知覺，聽之以心的是概念思考，所謂心止於符，是指外物與概念的符應，所以成疏說：「心有知覺，猶起攀緣；氣無情慮，虛柔任氣」，情慮知覺與攀緣符應之知都屬識知，心若止於這類認知方式，則其為妄心無疑。如何由妄心轉入常心（**常心見〈德充符〉**）？只有借心齋的工夫了。妄心與常心，並非兩顆心，而是心的兩種不同狀態；前者為妄心執心，此類妄執，若能經由集虛養氣、斷除知障等工夫，即能廓掃塵翳，成為虛靜心。

虛靜心虛而待物，所以能見物之本然，荀子曰：「心何以知道？曰虛壹而靜」，就是指此而言。它由忘知而呈現，故為虛、為靜；因為虛，所以意識自身的作用和被意識的對象才能同時呈現；因為靜，所以富、貴、嚴、顯、名、利不能在心上起執。東坡〈送參寥師〉所言「欲令詩語妙，無厭空與靜；靜故了群動，空故納萬境」，於此體會甚切。

空與靜都不是指詩句而言，而是說唯能虛靜其心者，才能照見萬境、才能掌握群動，不以物擾心，而優遊自得，詩語才能妙。遊誠之詩：「閑處漫遊當世事，靜中方識古人心」，陸放翁詩：「人情靜處看方見」，都是就此而言。因為這種靜，是存心之靜，故外在形跡之靜動與否實不相干，《鶴林玉露》卷六：「列子曰：『仲尼廢心而用形』，淵明詩云『形跡憑化往，靈府常獨閑』說得更好。蓋其自彭澤賦歸之後，灑然悟心為形役之非，故其言如此。果能行此，則靜亦靜、動亦靜，雖過化存神之妙，不外是矣」，淵明上句之根，即在下句，靈府獨閑，是用莊子〈德充符〉物不足以滑和之意。靈府虛湛，自然行跡隨化，動靜無礙。此與朱子論心之所以為體者寂然不動相似：「寂而常感、感而常寂，君子即可以此致中和。」（**見《文**

集》卷卅二〈答張敬夫書〉）

致中和，必須同時講到天地位、萬物育，於虛靜心亦然；但偏重在萬物皆自得這方面：以虛靜心觀一切物，而物皆在其自己，各以其物自身呈現。東坡〈書王定國所藏王晉卿畫著色山詩〉：「我心空無物，斯文何足觀。君看古井水，萬象自往還」（《詩集》卷三一），就是說至人之用心若鏡，物各以其本貌呈現。因其面貌並不被我所扭曲，所以靜觀萬物，物皆自得。這，就是虛靜心的作用——以「無」刮除一切造作與膠著，而觀照以顯一切有。

「無」，是指洗濯塵垢，斷絕知見的工夫，在莊子即名為心齋、坐忘。

老莊哲學中，無，本有工夫與境界二義，像蘇轍〈祭文與可〉文中所說的文氏畫竹「遇物賦形，得於無心」，就是由工夫轉化而出的境界。這種無的工夫，可以概括老子的「無為」、「無知」、「無心」、「無欲」、「無身」、「虛其心」、「致虛極、守靜篤」，莊子的「無己」、「無功」、「無名」等，而都落實在心上。心有執有知，所以要去執忘知，層層剝落，以顯純粹意識。〈齊物論〉一開始就談「吾喪我」，〈逍遙遊〉也載堯「往見四子藐姑射山，窅然喪其天下焉」，可見其對這一問題的重視。喪，即是忘，成疏說：「喪之為言忘，是遣蕩之義」，郭注也說：「都忘內外，然後超然俱得。」遣、蕩、喪、忘、滌除玄覽、損之又損，其目的都在無為，使物無所容心，而達到無為而無不為的境地。這種進路，頗與宋人之論克私去欲相似，故其歸趣，亦往往合轍。[59]

這種合轍，當然也是基於文學本身的考慮。朱子〈書屏山先生文集後〉說：「其精微之學、靜退之風，形於筆墨，有足以發蒙蔽而銷鄙吝之萌者」，陸游序曾裘父詩集，也認為詩的最高境界，應能讓「讀之者遺聲利、冥得喪，如見東郭順子，悠然意消」，這都是就文學作品的效應上說的。但，要讓人如見東郭順子，須得自己是東郭順子。這就非用莊子這套心齋坐忘的工夫不可了。

正如郭象所講，忘，必須內外皆忘，才能超然自得。在內，必須忘我；在外，則必須外物、忘象。詩人本來皆不免於偏執，甚且以此偏執自樂，方勺《泊宅編》卷上嘗說韓詩多悲、白詩多樂，袁文《甕牖閑評》卷五也說「情之惑人甚矣，自非胸中有過人者，而能以理自遣，不為陷溺者幾希矣」，清趙起士即本此說，謂：「詩本性情，多悲多樂，不免性情之偏。」

詩人本身是性情有偏的，而其所以有情有偏有執有病有愁有苦有大患者，為其有身。他們雖然也常因其本身才性、感情、思想秉賦之異常，及對理想世界追求之渴望，而隱含有宇宙萬物的同情或哀矜，體念出人世靡常、我執非真的道理。但那往往只是一種知解，並未切實深下無己的工夫。是以閉門造愁，吐作千詩；而詩裡清愁，又惹閒情；如斯輾轉，遂至沉溺不可收拾，不死不已。要想脫執解縛，唯有在生活或藝術創作中，實踐地忘我：東坡謂文與可畫竹時，見竹不見人，「豈獨不見人，嗒然遺其身」，就是說文氏在藝術創造活動中，能因神凝智解，而消解我執，與竹冥化。郭熙謂畫家詩人，「不因靜居燕坐，明窗淨几，一炷爐香，萬慮消沉，則佳句好意，亦看不出；幽情美趣，亦想不成」（〈圖畫見聞志畫意篇〉），則說藝術家必須在生活上體驗虛靜，以養其心、澄其慮。前者徑用〈齊物論〉，後者則與莊子〈達生篇〉梓慶為鐻，必齋以靜心，然後成見鐻，完全相同，也是一種神凝智解的工夫。神凝，故可以「齋」來形容，東坡子由都曾說文與可畫竹，是「縱橫放肆，久而凝神；晚歲好道，耽悅至理，洗濯塵翳，湛然不起」，可見這種實踐地忘己工夫，實乃誠敬篤實、真積力久所致。伊川喜教學者靜坐，又以主敬代替主靜，原理亦與此相似，非可以放閑隨意得之，而須以齋敬之心處之。一位藝術家若能凝神不釋，自然神與物化；能主客合一，自然遺去機巧；能意冥玄化、遺去機巧，自然陶融太和，如醇酹、如享太牢，在沛然充足中，顯現心之自由與無限。這便是技進於道的境界了。

所謂神與物化，正是《鶴林玉露》卷六記曾無疑論畫草蟲所說的：「不知我之為草蟲耶？草蟲之為我耶？」我與物、主與客之間，無一毫間隔，化合為一。董逌說范寬作畫「神凝智解，無復山水之相」者，即是此境——忘象之境。

忘象也者，如前文所舉雪中芭蕉、六月冰峰之類，皆是忘象所得。作者玄覽冥契，自然無定象可執，所以它與忘我是相依而生的。在虛靜心的觀照下，見物我之同一，將外物所附著的知解誘引，完全消納喪忘，於是我執遂也因喪失了對象而無所掛搭，由內至外、由外至內，層層擺落，而顯虛靈不昧、覺而能照之心。

在這種情況下，物我自然玄同為一。這是主客合一或無主客對立的超經驗觀悟，我見物之自然，我本身也隨物之自然呈現而存在，人見其人、物見其物。此事在哲學修為中不難理解，但在藝術創造中卻成為一種吊詭。因為無論作詩、畫畫、或彈琴，都必須觀象而不能忘象；其經營與表現，更須藉助線條、文字和音符。此即有「跡」，有跡便有執者，便不能見道。此所以宋人要說「小詩妨學道」，而老莊也要強調言不盡意了。然而，事實上語言與線條等，乃是無法拋棄的，《容齋隨筆》便說：「老莊滅絕禮學，忘言去為，而五千言與內外篇，極其文藻」（卷十六），直接指出這層吊詭。要解開這個吊詭，只有仍回到老莊的系統裡去，採取「言無言」的態度。

本來所謂忘言，即類似前文所說佛家異法門的遮詮方武。因為以言不能盡意，故所言者並非意之本身；但言畢竟不能完全拋棄，那麼就只好「忘」了。忘言，故其言乃是「言無言」、其無言乃是「淵默而雷聲」：無言之中有至言妙道，而至言妙道雖瀾翻泉湧，言之不窮，而終若未嘗言。王夫之《莊子解》：「莊子既以忘言為宗，而又繁有稱說，則抑疑於矜知，而有成心之師。且道惟無體，故寓庸而不適是非；則一落語言文字，而早已與道不相肖。故於此發明其終日言而未嘗言之旨。使人不泥其跡，而一以天均遇之而得魚兔以忘荃蹄」（〈解寓言篇題旨〉），即指此義而言。

以東坡為例，他曾有詩說「師已忘言真有道，我除搜句百無功」，有道僧人之忘言，本是與詩人搜句恰好相反的態度，但等到詩人轉而說「清吟雜夢寐，得句旋已忘」時，便是雖得句而未嘗得句，雖言而忘言了。且句而日得，又顯示了文章本天成，詩句本身乃是自然浮現的，詩人天機輻輳，妙手偶得，並非自我創造而來，故又有詩云：「春江有佳句，我醉墮渺茫。」曰醉、曰夢，其實都是「放入括弧」（einklammern）中止判斷的處理方式，也就是忘。他並不否定詩句可以為一客觀的存在對象，但他忘了；他是詩人，但是也已忘言了。

這種處理方式，為道釋所同，山谷《文集》卷七七《題趙公佑畫》：「余未嘗識畫，然參禪而知無功之功，學道而知至道不煩，於是觀圖畫悉知其巧拙功楛、造微入妙。」「無功」亦見莊子〈逍遙遊〉，可見此處山谷乃會合而言之，態度與東坡相同，故其論言與默亦相似。

〈聽崇德君鼓琴詩〉：

兩忘琴意與己意，乃似不著十指彈，禪心默默三淵靜，幽谷清風淡相應，絲聲誰道不如竹？我已忘言得真性。罷琴窗外日沈江，萬籟俱空七弦定。（《外集》卷二）

琴（客）我（主）兩忘，言相俱遣，即是崇德君琴聲的高境，彈者既不似十指所彈、知音亦在絕弦，豈不與董逌《廣川畫跋》卷四〈書李營丘山水圖〉所說「為畫而至相忘書者」、卷六〈書記室藏山水圖〉所說「初若可見，忽然忘之」，手眼相似嗎？非言非默，所以言無言，終身言，未嘗言；終身不言，未嘗不言。這是因為所言者為物自身，而物自身是物以自己而存有，因此言雖出自我口，卻等於非我所言，我本身並無心無情附麗於物上。

關於前者，蘇轍〈墨竹賦〉講得最好：「始也余見（竹）而悅之，今也悅而不自知也，忽乎忘筆之在手與紙之在前，勃然而興，而修竹森然。——雖天造之無朕，亦何以異於茲焉？」（《欒城集》卷十七）竹雖是我手所畫，而且畫在紙上，但那卻只是物自身之呈現，天機森然，並無造之者。其所以如此，是因作者忘言，而且絕待，故竹紙筆皆非聳立在我面前的對象。⑥⓪

關於後者，真德秀〈送蕭道士序〉講得最精彩：「今子戒於言而歸於默，善矣；顧未能亡琴與詩焉。是知多言之害，而未知多藝之累也。子默然而笑，曰：『有是哉？然琴以養吾之心，而吾本無心；雖終日彈，而曰未嘗彈可也。詩以暢吾之情，而吾本無情，雖終日吟，而曰未嘗吟可也。琴未嘗彈，與無琴同；詩未嘗吟，與無詩同。曾何累之有哉？』余曰：『子之言達矣！』」（《文集》卷廿八）以無心無情應物，何晏所謂聖人無情，人哭亦哭，人慟亦慟，陶潛所謂真意既得，方欲辨之，即已忘言，都是此說的遠源。他們視有心有情於物，為知識與耳目的錯覺或陷溺，所以擺脫自我情識的執著，因物付物，藉無心而忘言。㊶

透過這些方法來忘言，究竟有什麼好處呢？一真絕待的「道」，固然是超絕言鑒，非語言所能見能盡，但詩所表述的經驗並不等於「道」，何以也必須忘言呢？

忘言在藝術創作活動中最大的好處便是：唯有忘言，才能發揮語言最大的功能，並最精確地表現宇宙。杜夫潤（Mikel Dufrenne）所說「藝術家的語言，越缺少表現力——亦即越沉默、越謹慎、越非個人——他越能表現自己」，或可為此提供一個注腳。㊷凡是越注重語言表現的藝術家，其執溺愈重，因為他在創作時，對象兀然森然矗立眼前，他一方面受這個對象（文字）所牽引、限制，無法超越文字所提供的認知經驗，而獨觀萬物；一方面又視文字為外在的敵手，與之搏鬥，努力地去馴服它、鍛煉（依自己的意思去扭曲）它。其結果便是陷落在文字中，左纏右縛，如涉大海。山谷說今之詩人，玩於辭，以文物為工，終日不休若舞，故其聲譬如候蟲（《文集》十六〈畢憲父詩集序〉），指的就是這種情況。㊸

放翁也宣稱：「恨我未免俗，吟諷勤雕鐫」（〈夜雨〉），「林逋語雖工，竟未脫纏縛」（〈湖林梅開〉），並叮嚀詩人：「叮嚀一語宜深聽：信手題詩勿太工。」（〈和張功父見寄〉）文字工巧，只是俗調，避俗求雅，唯在信筆。信筆，正是無所用心之意，與「忘」有相同的效果。

《苕溪漁叢話》前集卷十九引《蔡寬夫詩話》說：

> 子厚之貶，其憂悲憔悴之歎，發於詩者，特為酸楚……卒以憤死，未為達理也。樂天既退閑，放浪物外，若真能脫屣軒冕者，然榮辱得失之際，銖銖校量，而自矜其達，每詩未嘗不著此意。是豈真能忘之者哉？亦力勝之耳。唯淵明則不然，觀其〈貧士〉、〈責子〉與其他所作，當憂則憂、遇喜則喜，忽然憂樂兩忘，則隨所遇而皆適，未嘗有釋於其間，所謂超世遺物者，要當如是而後可也。

透過一切無的工夫，剝除人我言象諸障，而顯萬法自在，則其虛靜心自不膠滯於任何人、事，此則能與世淡然相忘。如陶淵明之類，便是宋人所欣常的一種典型。然而我們若再看郭思言其父郭熙作畫時，「每乘興得意而作，則萬事俱忘」，便可知道：藝術創作本身便是剝除桎梏、澹然忘世的工作，一位心法無執的作家，不但可以藉詩畫而忘世，也忘了詩畫本身，不用智巧，臻於無待。

無待，是從一切形器之拘限中，得到大自由、大解脫，如樓鑰《攻媿集》卷七十〈跋東坡題韓幹馬詩〉所云。就作者而言，其無待必須擺落的「待」（對象、憑藉），包含一切人事與所要創造的藝術作品兩方面，已如上述。前者是忘我忘世，後者是忘象忘言。一切藝術評價的標準，即以能否經此忘喪而無待來判斷。例如山谷《畢憲父詩集・序》分析詩的三個層次：

（1）以文物為工者，如候蟲之聲。

（2）不得其平而鳴者，如澗水之聲。

（3）寂寞無聲者，如金石絲竹之聲。

——第一種未嘗忘言，第二種未嘗忘我忘世，第三種才是淵默而雷聲的大雅之聲。陸放翁也有類似的區分，《文集》卷十五〈曾裘父詩集序〉說：「若遭變遇讒，流離憔悴，自道其不得志，是亦志也。然感激悲傷，憂時閔已，托情寓物，使人讀之，至於太息流涕，固難矣。至於安時處順，超然事外，不矜不挫，不誣不懟，發為文辭，沖澹簡遠，讀之者遺聲利、冥得喪，如見東郭順子，悠然意消，豈不又難哉？」意指山谷所說後二者而言，高下顯然可判。且放翁此文專談詩人之志，而不及其藝術表現，也可以讓我們知道山谷所說寂寞無聲的無待之境是包括這兩方面的。

今若不管詩人之志，專就藝術表現來看，則我們也應該考慮兩方面：一是忘言的創作活動本身，二是忘言時作者與其描寫對象之關係。

就如山谷、放翁一樣，當時人多認為詩歌創作活動中，境界最高的應是忘言的創作型態。徐瑞〈論詩〉詩：「大雅久寂寥，落落為誰語？我欲友古人，參到無言處」（《松巢漫稿》），鄧允端〈題社友詩稿〉：「詩裡玄機海樣深，散於章句領於心。會時要似庖丁及，妙處應同靖節琴」，都代表了這種看法。靖節琴，就是彭澤意在無弦的無弦琴。琴意既在無弦，詩意亦當忘言無言。64何以如此？言以表意，但意卻非言語所能盡，因此讀者必須因言以求意，勿泥言語以為即是意，所以要忘言而得意；至於作者亦然，技巧與語言本是工具媒介，意雖藉此以傳達，言語卻非道意本身，所以山谷才說「覓句真成小技，知音定須絕弦」，陷落在文字窟裡的人，是不能瞭解詩意的。葛立方《韻語陽秋》卷三說：「劉夢得稱白樂天詩云：『郢人斤斫無痕跡，仙人衣裳棄刀尺；世人方內欲相從，行盡四維無處覓』，若能如是，雖終日斫而鼻不傷，終日射而鵠必中，終日行於規矩之中，而其跡未嘗滯也。山谷嘗與楊明叔論詩，謂『以俗為雅，以故為新，百戰百勝，如孫吳之兵，棘端可以破鏃；如甘蠅飛衛之射，捏聚開放，在我掌握』，與劉所論，殆一轍矣」，呼應山谷，頗得其實。

詩人唯有在忘言的藝術創作活動中，才能擺脫語言的限制，發展其無限可能。且詩人既能轉識成智，以法眼觀之，無俗不真；其語言之運用，當也應能化俗為雅，捏聚開放，在我掌握，「無窮出清新」。這種推論，完全合理。但我們應注意：詩既以忘言無聲為最佳，畫本身卻是無聲詩，因此這一詩往往與畫相同，東坡云「詩畫本一律」，又說「味摩詰之詩，詩中有畫」；山谷也認為蘇李畫枯木道士，是「取諸造物之爐錘，盡用文章之斧斤」（《文集》卷一）；此與歐陽修〈盤車圖詩〉所講「忘形得意知者寡，不如見詩如見畫」（《文集》卷二），原理相同。畫既畫意不畫形，詩若不能忘言得意，何以能如畫呢？

就作者創作時與描寫對象之關係而言，也會碰到同樣的問題。就如子由論文與可畫竹，是天造之無朕那樣，在忘言絕待之中，藝術創作本身乃是天機而非人力，「得句若有神」。其所以為天機者，在於作者不但不以作品為一對象（忘言），其所面對的宇宙萬物，他也不視為一峙立在我身心之外的對象，不是捫毛辨骨、揣色侔聲，而是身與物化、人與畫會，得其性、盡其情，故能傳其神。其畫物寫物，不以目視而以神遇，一出於玄心與達觀，所以物皆自得，自我呈現。

換言之，這是在創作時，以我之凝神，來掌握物之神，而相與俱化。晁補之〈跋李遵易畫魚圖〉說：「遺物以觀物，物常不能廋其狀……大小惟意，而不在形；巧拙繫神，而不以手」（《雞肋集》卷卅二），即是此意。前兩句謂觀物之態度，必須以遺物的方式為之，隳几脩然去智，以觀天機之動，不以物為對象，忘象而得意，則物之精神特性才能呈現；中兩句說觀物須得其意、得其神，而不可執著於物象，藝術創作時亦然；後兩句則說藝術創作之高下，在於作者能否以我之神見物之神，卻不在手筆技巧之中。

關於我之凝神，可以董逌評李咸熙畫的話為代表，他說咸熙「於山林泉石，蓋生而好也。積好在心，久則化之；凝念不釋，神與物忘，則磊落欹奇蟠於胸中，不得遁而藏也」。因神凝，而至物忘，自我與物化合為一，正是郭熙所謂「欲奪造化，莫神於好……目不見絹素，手不知筆墨，磊磊落落，杳杳漠漠，莫非吾畫」之境。作者由摹擬外物，變成自己與物共同參與天地之造化。

關於得物之神，是與得物之形相對而說的。張耒詩：「少年詞筆動時人，末俗文章久失真，獨愛詩篇超物象，只應山水與精神」（卷廿六〈李賀宅〉）凝神不分的創作型態，本是官知止而神欲行的，以此精神觀取外象，其所見當然亦屬象外之精神，而非象內之妍媸，得「象外之象，境外之境」（李洪《芸庵類稿》卷六〈檝株集序〉）。東坡題文與可墨竹說與可竹石「荒怪軼象外」，又說李龍眠〈陽關圖〉「畫出陽關意外聲」，關捩皆與此同。唯其超以象外，得物之精，故其作品有韻味。山谷〈題摹燕郭尚父圖〉說：「凡書畫當觀其韻。往時李伯時為余作李廣奪胡兒馬……余因此深悟畫格，此與文章同一關紐，但難得人人神會耳」（《文集》卷廿七），韻味是因得其神而來，觀者欲賞其韻，亦當以神會之，此文講得非常清楚。葛立方《韻語陽秋》卷十四分析歐陽修、蘇東坡等人的不論形似之說，云「非謂畫牛作馬也，但以氣韻為主耳」，也是此意。宋人論詩文之「高格」，亦往往以此辨之，故邵博《聞見後錄》卷廿七說：「意不在以者，太史公之於文、杜少陵之於詩也。獨長安中隱王正叔以余為知者。」前面，毫無問題，是以形似和神似為價值判斷的依據；最後一語，則似乎可兜回我們的論旨上：這不正是道家型態的轉識成智途徑嗎？

3. 禪宗：經三關而透脫

道家之淵默忘言，在宋朝詩人畫客的理解中往往與禪合論，如前所述，謂禪心淵靜則可忘言得性者，實不鮮見。據晁迥《法藏碎金錄》所說「白樂天有詩云：『是非都付夢，語默不妨禪』，余因擬之，稍加增易，別為七字句云：『色空辨相何妨道，語默由心不礙禪』」（卷四），「是非都付夢，南華真人指歸也；語默不妨禪，竺乾先生指歸也；和會發明，西鄂居士指歸也」（卷五），可知當時人在這裡往往是會合莊禪而說的，語默既皆不妨，故未必定屬言語道斷，這才可以開展出詩來。

然而，老莊以忘為工夫，當「無」以觀其妙，禪宗卻不許用工夫，即用工夫亦無一定之法則，這便與老莊異趣，也與詩無關了。無謂不許用工夫？這並非指禪宗之禪定禪觀不是修行工夫，而是說它與一般的工夫涵義不同。

一般哲學或宗教之講求內心修養時，若要求此心之自主，必以求得此心之能止能定為其目標；而其工夫下手處，則都是求此心之止於或定於其知之對象，而更與之冥合。《大學》的「定、靜、安、慮、得」或老莊之虛靜觀照，皆是如此。

禪宗則不然，禪觀禪定工夫，只在對一義一境已知已解而更求定止於其中而觀之時，才有禪定禪觀可說。[65]蘇轍〈書白樂天集後〉二首，論此義甚晰：「欲兩不墮，必辨真妄，使真不滅則妄不起，妄不起，而六根之源，湛如止水，則未嘗息念而念自靜矣。如此乃為真定；真定既立，則真慧自生，定慧圓滿而眾善自至，此諸佛心要也。」（《欒城後集》卷廿一）所謂兩，是指動念與息念，一般修行工夫，都是撥亂反正的路子，如儒者之克己去私、老莊之無知無欲，都主張澆熄妄念，則本心虛靈可顯。獨此不然，先辨真妄，唯有對真性已知已解時，妄心自然不起，慧善自然而至，日夜遊於六根而兩不相染。這事實上乃是無工夫的工夫，未嘗息念而念自靜，就是說未嘗用修行工夫而能達成修行的目的（已達此目的，而欲定止於其中游觀，才須要禪觀禪定的工夫）。《傳燈錄》所說精修用功無與根本，正須如此理會。

一入手即擒住根本，明心見性，自然成佛，這在理論上固然精彩，但實際修行時卻很難如此，仍不能不有一定的修行次第。早期的禪觀，多主張須歷種種位次（如五停心、四背舍等）以成觀。慧能以後，既以明心見性為宗旨，理論上即不得不排斥修行次第之說，如永明禪師《萬善同歸集》中引《思益經》云「人正位者，不從一地至十地」，並說：「《楞伽經》之寂滅真如，有何次第？何乃捏目生華，強分行位？」但事實上唯識法相的《楞伽經》本身是講修行位次的，禪宗雖在理論上否定修行位次，而實際修持中卻不能捨棄，所以又為調停之說云：「於無次第中而立次第，雖似升降，本位不動」這種理論上的轉變，證諸後期禪家實際參悟的情形，尤為明顯。

據宗密對禪宗的分析，禪家略可分為三宗：

一為息妄修心宗，息我法之妄，修唯識之心，為禪宗之漸教，與天台及神秀門下意趣不殊。

二為泯絕無寄宗，萬法本來空寂，法界固為假名，心亦無有，故無法可拘、無心可修，石頭、牛頭、徑山屬之。

三為直顯心性宗，自性本來清淨，若明本心，立地成佛。

宋代禪學，如臨濟、曹溪、洞山諸宗，大抵都屬第二、第三類，而尤以直顯本心為主。但是這些直顯本心的禪師們卻無不講究參禪，參本身即工夫義。這種工夫固然是「於無次第中立次第」，不須有一定的次第，而可隨機自運，構成禪機，然其為工夫自若。不但如此，禪師之參悟，也必求人印可，《宋元學案・衡麓學案》引胡寅《崇正辨》說：「自達摩而後，凡參禪悟徹者，必求人印證」，即指此言。何以要印證呢？因為無任何工夫之保障時，直指、立地，其所見之心所明之性，究竟是邪魔？外道？小乘？還是大乘？印證就是要對參禪者境界和工夫作一估量。⑯禪本身是不講工夫的，修行中雖不能不有工夫，卻無一定次第；可是這一印證、這一估量，卻顯出次第來了。

這個次第，便是禪宗的「三關」之說。三關之作，始於百丈大師。而禪宗自南嶽青原二支以下，五家七派，花樣百出，參其旨歸，則都不外乎三關。有趣的是：三關與華嚴四法界、天台五略二諦，原理幾乎完全一致，所以宋人往往喜歡講禪教合一，如本嵩《華嚴七字經題法界觀三十門頌》一書，就以禪宗的具體譬喻華嚴的真空觀、理事無礙觀、事事無礙觀中之各門；法眼宗之十玄六相、曹洞宗之依理事言五位君臣，也有取於華嚴。至於永嘉玄覺《證道歌》及臨濟之「重、破、奪」等，由天台轉手，尤不待論。教外別傳者，浸假而同於教下，關鍵就在工夫之不可捨。

就詩來說，詩人消除生命中的雜染、勘破文字的執障，都是息妄修心宗，而非直顯心性或泯絕無寄。後者開展不出詩來。詩人論參禪工夫，也僅就辨詩道之正邪與得人印可上說，初不管詩人是否能無念寂照、直顯本心。如滄浪之辨大小乘與邪魔外道，韓子蒼之論詩文須得文人印可乃自不疑，都與參禪學詩之說有密切的關係。尤其是韓子蒼，一方面講飽參得正法眼，一方面又主張詩須本之於學⑥⑦，可見參詩也者，著重其工夫義，其工夫之進程，則為三關。不同的工夫，顯出不同的境界，故三關同時也顯示了參禪學詩者的造詣。

再就禪與老莊的分際來看，直顯心性的禪宗，認為一切眾生皆具如來智慧，為其本覺。覺則為佛，不覺即有妄想、即為眾生，確與莊子喪我則為天籟、執我則為地籟人籟之說相似；但莊子心齋坐忘皆其工夫，禪則無此工夫，有之，則為三關之說所顯現的工夫境。巴壺天《藝海微瀾》一書中曾舉莊子〈應帝王〉篇壺子四示一段，與禪宗三關相比較：

《莊子・應帝王》有關壺子四示一段原文	成玄英說（見《莊子疏》）	釋德清說（見《莊子內篇注》）	楊文會說（見《南華經發隱》）	胡遠濬說（見《莊子詮詁》）
鄭有神巫，曰季咸，知人之生死、存亡、禍福、壽夭，期以歲月旬日如神。鄭人見之，皆棄而走。列子見之，而心醉，歸以告壺子曰：「始吾以夫子之道為至矣，則又有至焉者矣」。壺子曰：「吾與汝既其文，未既其實，而固得道歟？眾雌而無雄，而又奚卵焉？而以道與世亢必信，夫固使人得而相汝。嘗試與來，以予示之」。明日列子與之見壺子，出而謂列子曰：「嘻！子之先生死矣，弗活矣。不以旬數矣。吾見怪焉，見溼灰焉」。列子入泣，涕沾襟，以告。壺子曰：「鄉吾示之以地文，萌乎不震不正，是殆見吾杜德機也。嘗又與來。」	壺子示見義有四重，此第一示，妙本虛凝，寂而不動也。	此下三見，壺子示之心不測之境，此即佛門之止觀，乃安心之法也。地文乃安心於至靜之地，此止也。	此以奢摩他顯真諦，理證空如來藏。	地文示以純坤，老子所謂歸根也。而巫咸但見其靜，故謂之死。

明日又與之見壺子，出而謂列子曰：「幸矣，子之先生有瘳矣。全然有生矣。吾見其杜權也。」列子入以告。壺子曰：「鄉吾示之以天壤，名實不入，而機發於踵。是殆見吾善者機也。嘗又與來。」	此第二示，垂跡應感，動而不寂也。	天壤謂高明昭曠之地，此即觀也。	此以三摩鉢提顯俗諦，理證不空如來藏。	天壤示乾坤交媾，老子所謂虛而不屈，動而愈出也。巫咸但見其動，故謂之有生。
明日又與之見壺子，出而謂列子曰：「子之先生不齊，吾無得見焉。試齊，且復相之。」列子入以告。壺子。壺子曰：「鄉吾示之以太沖莫勝，是殆見吾衡氣機也。鯢桓之審為淵，淵有九名，此處三焉。嘗又與來。」	此第三示，本跡相即，動寂一時也。	言動靜不二也。初偏於靜、次偏於動，今則安心於極虛。動靜不二，猶言止觀雙運，不二之境也	此以禪那顯中諦。理證空不空如來藏。衡氣機，止觀平等也。	太沖莫勝，示以太極，《陰符經》所謂相勝之術也。而巫咸但見其動靜無端，故謂之不齊。
明日又與之見壺子，立未定，自失而走。壺子曰：「追之！」列子追之不及，反以報壺子曰：「已滅矣！已失矣！吾弗及也！」壺子曰：「鄉吾示之以未始出吾宗，吾與之虛而委蛇，不知其誰何，因以為弟靡、因以為波流。故逃也。」	此第四示，本迹兩忘，動寂雙遣也。	宗者謂虛無大道之根宗。安心於無有，了無動靜之相，即佛氏之攝三觀於一心也。		至未始出吾宗，則示以無極，而動靜泯絕。巫咸莫測誰何，宜其走矣。

上列表中成玄英、釋德清、楊仁山等人所釋四示境界，均援用佛理，「雖有四示，實為三關」：有↓空↓雙照雙遣。宋人之所以能以莊合禪，基本上亦建立在此一基礎上。明乎此，而後可以論轉識成智的禪宗途徑。

葉夢得《石林詩話》卷上：「禪宗論雲門有三種語，其一為隨波逐浪句，謂隨物應機，不主故常。其二為截斷眾流句，謂超出言外，非情識所到。其三為涵蓋乾坤句，謂泯然皆契，無間可伺。其深淺以是為序。余嘗戲謂學子言老杜詩亦有此三種語。」雲門三句即是三關，據《五燈會元》十五〈德山緣密章〉，此三句可依《起信論》一心開二門之說為釋：涵蓋乾坤為一心門、截斷眾流為真如門、隨波逐浪為生滅門。萬物生滅流轉、心識隨之，故為隨波逐流，如「春照陽和花織地，滿林初囀野鶯聲」，如「落花遊絲白日靜，鳴鳩乳燕青春深」，妄念流轉，對外境攀緣不止。這是有境，是重關，是立一切法之假諦。外止諸緣、息滅妄念，則為截斷眾流，石林以「百年地僻柴門迥，五月江深草閣寒」、天柱靜以「昨夜寒風起，今朝括地霜」擬之，都是指其刮除剝落或遠離一切境之攀緣，「遠離憒鬧，心如牆壁以入道」。這是初關，是空境，是泯一切法空諦。至於涵蓋乾坤，則統一切法之中諦，首山念以「普天匝地」、石林以「波漂菰米沈雲黑，露冷蓮房墜粉紅」、柏子地以「祥雲彌宇宙」擬之，表示十方虛空、地水火風，諸色聲香味觸法，盡是本分，皆是菩提，無一物非我身，無一物非我自己。境智融通、色空無礙，獲大自在，所以是牢關，是最上關。[68]

這重關、初關、牢關，就是石林所說「其深淺以是為序」的修道歷程，可見工夫之深淺；所以他又說：「若有解此，當與渠同參。」學詩如參禪云者，應從此處談起：

參透黃陳向上關，肯將風月乞揚旛？（劉克莊《後村大全集》卷十九〈又和張使君〉八首之五）。

士貴切磋寧獨學？僧雖苦硬有同參？（同上卷廿二〈寄題徐仲晦〉）

少日曾經諸老學，傳家自有祖師關。（張孝祥《于湖居士文集》卷七〈次韻黃子餘〉）

受業初參且半山，終須投換晚唐間，國風此去無多子，關捩挑來只等閒。（楊萬里《誠齋集》卷卅五〈答徐子材談絕句〉）

吾支蕭東夫，今日陳後山……鄰邑黃永豐，與渠中表間。黃語似蕭語，已透最上關。（同上，卷卅六〈答賦永豐宰黃岩老投贈五言古詩〉）

要知詩客參江西，正似禪客參曹溪。（同上，卷卅七〈送分寧主簿羅宏材秩滿入京〉）

在這些文獻裡，所謂參三關而透達向上一關，指的都是工夫進程，例如楊誠齋所說，學詩須由半山上溯晚唐、再進接國風，拈定關捩，則其事不難，正如禪家之一鏃破三關。這樣的講法，完全不觸及心識轉變或見性修心等義理問題，而只表示了一種詩學的工夫意義（雖然這種工夫意義必須建立在類似嚴滄浪、韓子蒼那樣劃分詩道的基礎上，才能成立；但所謂大小乘聲聞辟支果等分判，原是佛家通義，與天台、華嚴之判教相同，與禪家義理本身並無必然關聯）。在此處論學詩如參禪時，參可能就只是指多讀、多看、多作、多學等純粹用功的層面，而這也是宋人論參詩時最基本的層面。參之參之，經之營之，以待其不日成之，則豁然透悟，四竅玲瓏。韓駒〈贈趙伯魚詩〉所云「學詩當如初學禪，未悟且遍參諸方」，葉茵〈二子讀詩戲成〉所云「翁琢五七字，兒親三百篇，要知皆力學，未可以言傳」，均指此言。

這種工夫（參），是始境而非終境，是用功處，而非歸趨處，所以葉詩又說覺悟之後，「殊途歸一轍，飛躍自魚鳶」。

飛躍自魚鳶，是指「覺」「得」之後，見物自身活活潑潑自得自在。這在理學家亦常如此說，可見從釋從儒，其參和學之目的並無二致；而參詩之參，除了工夫意義之外，也還常有目的的指向。這是宋人論參詩時的第二個層面。上文所舉劉克莊及楊萬里最後一語，都顯示了詩人參詩，所參之對象或參詩時的心理活動，皆與其目的指向有關，也與作者本身對詩歌創作活動之體認有關。試看葛天民〈寄楊誠齋詩〉所說：「參禪學詩無兩法，死蛇解弄活潑潑；氣正心空眼自高，吹毛不動全生殺。生機熟語卻不俳，近代唯有楊誠齋。才名萬古付公論，風月四時輸好懷。知公別具頂門竅，參得徹兮吟得到。趙州揮在口頭邊，淵明詩寫胸中妙」，可知參詩是以四竅玲瓏、透闢無礙、活潑自在為目的；認為一旦參徹，則氣正心空，所見即是所吟，口邊胸中了無窒礙。這種看法，當然必須瞭解他們對詩歌創作活動的體認，才能確實地明白。

根據他們的看法，詩道有邪正之分，文章也有皮骨之別。皮者文字聲律，骨者胸襟性情；學者若想換骨洗髓，不墮入邪魔外道，就必須參。參是以悟為目的的，悟者悟心；心若能活潑無礙，則口頭筆下無不外現為跳脫自在。戴復古〈論詩絕句〉中有云：「欲參詩律似參禪，妙趣不由文字傳，個裡稍關心有悟，發為言句自超然」，徐瑞〈雪中夜坐雜詠〉也說：「文章有皮有骨髓，欲參此語如參禪；我從諸老得印可，妙處可悟不可傳。」參是工夫，悟是歸趣；參是深究於文字之間，悟是參到無言之處；參而未悟，只是力學不成的半截人；參徹而悟，則胸中流出，心底快活，觸處皆詩，自不必學，也不必「作」。

戴徐諸氏所論，大抵即是這類見解。張鎡〈題尚友軒詩〉說：「作者無如八老詩，古今模軌更求誰？淵明次及寒山子，太白還同杜拾遺，白傳東坡俱可法，涪翁無己總堪師。胸中活底仍須悟，若泥陳言卻是癡」（《南湖集》五），也是此意。詩人之參詩，猶如禪客之參公案，未悟時遍參諸方，悟後一齊放下。若執著於公案詩句，則仍是癡，不是悟。換言之，詩人之「未悟且遍參諸方」，正是為了「一朝悟罷正法眼，信手拈出皆成章」。

「信手拈來皆成章」這種悟後之境，所強調的大致有三點：一是無言之言，二是無法之法，三是觸見成句。

所謂無言之言，是說詩人本為心悟，而非筆傳，他雖有豐富的知解知識、熟稔的詩學訓練，但基本上他的心靈或性情，若無詩人之敏感或其他特質，便不能成為一位詩家。所以詩人之所以為詩人，主要是心悟。語言本身乃是媒介工具，其所能觸及者亦只是經驗現象，甚至只是美的幻覺（esthetie illusion），如果作者不能自悟本心，而想將他人文字所表述的現象或幻覺轉化為自我的心源，那便是筆傳學語，而非心悟創作了。對此，詩人們呼籲：

> 心非言傳，則無方便；以言傳之，又成瑕玷。（惠洪《石門文字禪》卷廿）
>
> 李北海以字畫之工，而世多法其書，北海笑曰：學我者拙，似我者死。當時人不知其言之有味，余滋愛之。蓋學者所貴，貴其知意而已，至其蹤跡繩墨，非善學者也。（同上，卷廿三）

忘言之言，未始有言也；可道之道，未始有道也。（宋祁《文集》卷四五〈雲門錄序〉）

言既不足以傳心，所以必須得意忘言。不獨觀覽詩文時必須忘言得意，即使在創作時，也講究忘言而言，山谷所說「我已忘言得真性」，是一明顯的例證。

既是忘言而言，則其創作亦屬無法之法；無法之法，即是活法。活水死水之分，始見於東坡〈書蒲永升畫後〉⑲；於詩，亦有死法活法之分，《石林詩話》卷中：「今人多取其（杜甫）已用字模仿用之，偃蹇狹陋，盡成死法；不知意與境會，言中其節，凡字皆可用也。」活法因基本上只是心活，所以任何表現均可，本無一定規律。張元幹認為「風行水上，自然成文」，就是活法；張孝祥認為「縱橫運轉，如盤中之丸」，也是活法。此都極盡形容之妙。尤其是彈丸之喻，自呂居仁以來，詩家無不奉為圭臬，楊萬里云「句似金盤柘彈流」（〈和李子壽喜雨口號〉）、「炯如柘彈走盤圓」（〈和尤袤〉），都可以看出他們主張活法，是希望「句法天然自圓熟」的。如魚躍、如鳶飛、如水流、如風動，其中並不摻雜個人意念的造作，而是自然成文，意與境會。

這種意與境會的活法，就是我們所說的觸見成句。詩人在此，猶如「千載參渠活句禪」的悟道老僧，心機既活，則死蛇解弄，萬物無不以其本來面目示現，他信手拈來，無非禪機，更不必有心做作。山谷教徐俯作詩「不可鑿空強作，待境自生則自佳爾」，即是此意。南宋以後，如楊夢信〈題亞愚江浙紀行集句詩〉：「學詩原不離參禪，萬象森羅總現前，觸著見成佳句子，隨機短飣便天然」，張鎡〈攜楊秘監登舟詩〉「造化精神無盡期，跳躍騰踔即時迫，目前言語知多少，罕有先生活法詩」，〈覓句詩〉「覓句先須莫苦心，從來瓦注勝如金，見成若不拈來使，箭已離弦作麼尋」，〈詩本〉詩「詩本無心作，君看蝕木蟲。旁人無鼻孔，我輩豈神通？風雅難齊駕，心胸未發蒙。吾雖知此理，恐墮見聞中」等，皆屬山谷嗣響。張氏〈覓句詩〉後二語，即東坡「作詩火急追亡逋，清景一失後難摹」之意，注重觸境成句的「觸」，猶如風水相觸，亦是此理。在人境交觸中，作者無心以應物，而見物如實相，萬法森然，活活潑潑展現於眼前。這，就是參禪或參詩的最後境界：境智融通、色空無礙的最上關。

要能見這種物我無礙的最上關，必須具備一雙「正法眼」。楊萬里〈送彭元忠北歸詩〉「近來別具一雙眼，要蹈唐人最上關」，范溫《潛溪詩眼》「學者先以識為主，禪家所謂正法眼；直須具此眼目，方可入道」，講的就是這雙眼。山谷所云「句中有眼」，也須如此理解。

由上所述，可知轉識成智的禪宗途徑，乃是冀求作者能夠由參而悟，悟此本心圓覺，則一切自然實性圓成，不墮文字障中。三關之說，即在點明這種工夫的歷程，學詩者苦參硬參，遍考前作，然後在最上關的關卡上豁然大悟，打通關隘，跨入本體現象相即相涵的聖凡無礙境地。李之儀〈與季去言書〉所說「說禪做詩本無差別，但打得過者絕少」（《姑溪居士前集》廿九）就是說詩人要勘破文字之執障，而進入牢關，必須具有大魄力大見識才行。此處即需有悟，悟了才能打得過。換言之，轉識成智，關鍵即在此一轉，宋人每教學詩者要拈住關捩、要悟，正顯示了這是整個問題的中心。曾茶山〈讀呂居仁舊詩有懷〉云：「學詩如參禪，慎勿參死句。縱橫無不可，乃在歡喜處。又如學仙子，辛苦終不遇，忽然毛骨換，正用口訣故。——居仁說活法，大意欲人悟」，辛苦參習、退筆如山，只是工夫，為學不能沒有工夫，工夫卻非終極歸趣，倘不拈住這個關鍵訣竅，便很可能終身不悟，所以張煒〈學吟詩〉又說：「池塘春草英靈處，水月梅花穎悟時，我亦學吟功未進，每將此理叩心師」，池塘春草、水月梅花，皆自然呈現的物如實相，要見此相，須叩悟本心，此處說得極為清楚。

由此，我們可以發現：在參透三關的歷程中，擬喻學詩如參禪的先生們，在消除情念、斷絕妄緣、照見諸幻皆空等方面，幾乎毫無發揮；他們重視的是直顯心性而徹悟這一方面。這，當然十分吻合禪宗的特質。

但是，正如前文所說，在實際修行時，必須具有工夫，這工夫不只是要求學者參公案參詩而已，它的目的在悟。目的既然在悟，便須在心上下工夫；若完全不談息妄修心，工夫又著在哪兒呢？試看所有學詩如參禪的文獻，他們對隨波逐浪、截斷眾流等心識活動，雖然談及甚少，但對詩人朝向文字這種外境攀緣，卻非常在意，不斷警告詩人禪客勿參死句，勿執著於文字。然而，要不執於文字，必須先是心法無執，唯其「無」心，始能「無」言。要「無」心，即不能不藉重修行息妄的工夫。禪者在此，並無工夫，於是整個討論便很容易由「無言」而滑入莊子的系統，例如上文所舉張鎡〈詩本〉詩，謂詩本無心、如蟲蝕木，在山谷〈題李漢舉墨竹〉一文中就是以莊子的輪扁斫輪來解釋的（《文集》卷廿七）。

我們雖不必如徐復觀那樣，斷言一切以禪論詩文藝術者，講的其實都只是莊子⑳，但也應知道：在所有轉識成智的途徑中，禪宗的途徑最為奇特，看似熱鬧，其實門庭最為寥落。而且因它本身與詩文創作不甚相應，所以以參禪擬喻作詩時，糾葛也最多。一般學者，不瞭解這些糾葛，往往發生誤會。例如郭紹虞《中國文學批評史》下卷第二篇論嚴羽之妙悟，誤以為嚴羽只談學者須從最上乘具正法眼，而不太著重工夫方面的一旦超悟。正是因為他不瞭解悟與工夫方面的糾葛所在，所以認為前者本諸范溫、後者則為江西詩人所重。其實范溫《詩眼》之說，源自山谷，原為江西詩人之共識，故誠齋才有「要知詩客參江西，正似禪客參曹溪」之說。郭氏誤分為二，遂成了笑話。

又如嚴羽《滄浪詩話》中論「悟有淺深、有分限，有透徹之悟、有一知半解之悟。漢魏尚矣，不假悟也；謝靈運至盛唐諸公，透徹之悟也」，幾乎所有的研究者都搞不懂他的意思，認為滄浪既說漢魏晉唐詩為第一義，又說漢魏不假悟、晉唐為透徹之悟，「不免有些虛玄，措辭失於含混籠統」㉛。實則第一義與小乘聲聞辟支果等，均指其成就之高下而言，不假悟云云，則指其工夫進境而言。透過工夫修持而悟，其悟有深有淺，謝靈運至盛唐，是悟而透徹的，所以其成就是大乘的境界。但同屬大乘境界的漢魏詩，乃是本來如斯，自然呈現，不待工夫歷煉，故與晉唐不同。

學者不能沒有工夫，所以他要人「工夫須從上做下」，博取《楚辭》漢、魏、晉、唐詩集，朝夕諷誦，醞釀胸中，「久之自然悟人」。換言之，就參之工夫言，才有悟的問題；如果只是直顯本心，照見山河大地，則亦無所謂悟。就三關來看，悟亦是一種工夫的歷程，必有此工夫、必經此歷程，才能入道。包恢〈答傅當可論詩〉說：「前輩嘗有『學詩渾似學參禪』之語，彼參禪固有頓悟，亦須有漸修始得」（《敝帚稿略》卷二），只是惑於禪者頓悟之談，不知所謂一旦頓悟，即是漸修所得；但他發現了學詩參禪之說必須要講漸修，識力仍是超人一等的。我們今天處理參詩的問題，對於這些前車之鑒，自須格外留意。因為這種參詩如參禪的講法，才是宋代深受理學漬潤的文人詩客所能接受的，嚴羽朝夕諷誦以待其久而自然悟入，不是與朱子《大學補傳》所說「至於用力之久，而一旦豁然貫通焉，則眾物之表裡精粗無不到，而吾心之全體大用無不明」同一路數嗎？

真德秀〈跋楊文公真筆遺教經〉一文，更曾對這條路向有說明：「自禪教既分，學者往往以為不階語言文字，而佛可得。今觀此經以端心正念為首，而深言持戒為禪定智慧之本。至謂制心之道，如牧牛、如馭馬，不使縱逸，去瞋止妄、息欲寡求，然後由遠離以至精進，由禪定以造智慧，具有漸次梯級。非如今之談者，以為一超可到如來地位也。宜學佛者患其迂而不若禪之捷歟？以吾儒觀之：聖門教人，以下學為本，然後可以上達，亦此理也。學佛者不由持戒，而欲至定慧，亦猶吾儒舍離經辨志，而急欲大成。……儒釋之教，其趣固不同，而為學之序則有不可易者。」（〈西山題跋〉卷二）

4. 結語

一國的文學，必與其思想背景有密切之關聯，而我國之文學創作和批評，又特別重視作者人格生命之完成，因此，整個詩論或藝術精神之發展，往往與思想之架構及走向相符應。宋代之詩論及其他各種藝術理論，雖然流派龐雜，各人異辭，但其整體結構仍是可以勾勒的，其基本原理仍是可以描述的。我們的描述，借用了唯識宗轉識成智的理論模式。此一模式，大抵為儒道釋三教所共有，故宋祁《筆記》卷中說：「釋迦文殊，剟言之瘢、刮法之痕，與中國老聃、莊周、列禦寇之言相出入。大抵至於道者，無古今華戎，若符契然。」值得注意的是：這一模式不但顯示了儒道釋三教的基本特質，也是宋代或我國文藝理論的基本結構。我們可以斷言：要瞭解整個宋代詩學，除此之外，別無他途；而金元明清的文藝評論，基本上仍衍宋之緒，故亦不能自外於此一途徑。⑫雖然他們本身不一定能如宋人那樣，對創作或批評活動有充分自覺，但幢幢來往於此一思想文化系統中，大筋結大根本處仍是不可移易的。

從前的研究者，因為對此較無認識，其研究自然頗有些指鹿為馬的錯誤。例如郭紹虞，對宋詩可謂用破工夫，但其議論，如「宋詩純形式主義」、「反對浮華，為江西詩人時至骨換的關捩所在」、「陸放翁證悟到熾熱的現實生活才是創作的無盡寶藏。以此為前提，藝術技巧才能有用地為積極的思想內容服務」等，可謂觸處皆誤。⑬郭氏如此，其他自不必論。近數十年來，能認識到這一模式特質之重要性者，似乎只有徐復觀、劉若愚、葉維廉三氏。

徐復觀《中國藝術精神》一書，對超越主體的抉發，與莊學精神在詩畫方面的展現，論析甚精。但他忽略了儒釋兩家也都能開展出這一藝術精神；以至於把魏晉以後的藝術精神發展完全歸功於莊學之影響，並認為此一藝術精神只宜於山林淡泊之士，欠缺社會投入的一面。因此，就他的講法，幾乎根本無法處理學詩如參禪的問題；對宋代以後詩學理論的整理，也罕有助益。這點可以用徐氏自己的文章來證明。像他在〈宋詩特徵試論〉一文中，對參詩的問題便毫無解釋，對詩與人格修養的問題也一筆滑過，對山谷詩之剝落浮華、澄汰感情，則以感情之理性化為說。殊不知澄汰感情，透見物之本性實質，正是轉識成智的工夫，唯有轉化情識，才能進入道的境界。理性本身也是識執，識執加上識執，怎麼可能「要求詩像莊子之所謂道的境界與形象」呢？這些都是徐氏明而未融之處。至於魏晉與宋以後之藝術精神不同處，他也不太清楚。

劉若愚《中國文學理論》一書，特闢形上理論一章，根據徐氏所論，更加推衍，並援引現象學批評家杜夫潤（Mikel Dufrenne）之說輔助說明，非常清楚。然而，他雖一再申言表現理論與形上理論之不同，但事實上，所謂形上理論與表現理論乃是不可分的，必須就詩言「志」上說，才能發展出參悟之說，嚴羽《滄浪詩辯》劈頭就說學者入門立志須高，可以隅反。而且，像表現理論、審美理論、技巧理論、實用理論等平列的劃分，是否能表現中國文學理論的整體結構呢？據我們所知，技巧理論、形上理論等等之間，並非分隔的，而是一個系統之內的層次劃分，因此在評價時也有高下。像戴復古、黃山谷等人在參悟說的系統中談詩之實用問題，即不能脫離這一理論系統而單獨地瞭解。所以我們有必要將這幾類理論重新調整為立體的架構，許多理論間的複雜關係也才能得到清理。

徐氏強調的心齋坐忘，其本人曾以純粹意識來說明，劉若愚稱之為二度直覺（second intuitiou），葉維廉則名之為具體經驗或純粹經驗。〈嚴羽與宋人詩論〉一文中，葉氏認為像蘇東坡虛懷納物那樣的理論，正是直取具體世界或自然本身而擺脫知性干擾的直覺主義（intuitionism），而黃山谷等人則偏重法度格律的一面，因此而形成宋代詩論的兩大發展。這當然是種誤解，誤解來自於葉氏對山谷之所謂「眼」及嚴羽之所謂「悟」不太瞭解，以致把主張無意於文的山谷視為「刻意用心創作的詩人」，把主張多讀多諷誦的嚴羽視為不待工夫而悟。不過他文中也提到了兩個值得深思的問題：一是嚴羽禪悟之說似乎來自宋儒；二是這類理論帶有心學的色彩。這兩個問題，葉氏無力處理，但它在我們這一解釋系統中則都有完整的解答。⑭

現在我們推薦的這一理論系統，不但能補充上述諸家的缺憾，也能符合並解釋宋代所有詩學文獻，說明中國藝術精神的特質。而這一特質在與西方對照時更具特色：西方文學批評的理論，夙以重視邏輯分析、情欲之掙扎與衝突、悲劇精神為特色。而此一特色，可說是全屬於遍計所執、依他起性等識執的範圍；轉識成智，經由純粹意識之直覺而達成的自由與無限，在他們認為，乃是人所不能達到的，只有上帝才具備此一能力；因此它們是不能提升的，要提升只有迅速轉入宗教，在皈依中得到澄靜與安寧。

我們必須指出：不能經由純粹意識之直覺而展現人的無限，乃是西方哲學最大的局限。人不能具有這一直覺，見物自身便不可能；不能見物自身，物便永遠是人類識心之執的對象，形成主客對立的世界觀；由此世界觀發展出來的，乃是認識論、範疇、法則、邏輯、數學、理性等。⑮然而，造一切認知或感情對象之存有，可能正如佛家所說，是虛幻的。人如何肯定它們的存有和價值呢？這就只好歸為上帝了。以笛卡兒為例，笛卡兒懷疑一切事物的真實性，認為只有憑藉著理性之光所察照出來的一些基本原理才是真理。理性之光是什麼呢？即是「我」，我的思維。笛卡兒曾說：「我思，故我在（Je pense, donc je suis）」，這個我，是個思維我，思維的本體。這是一切存有被肯定的基礎。不過，此一思維我之存在，必須承認另外兩個實體：上帝與物質世界。上帝是人類先天本有的觀念（所謂內在觀念，innate idea），也是我之所以能恒存的保證；而因為上帝存在，它令我們感受到的物質世界也必然存在。這種哲學見解，把中世紀以前人類的存有觀念拉回到對自我主體的關注上，實為一大進步。但笛卡兒最大的困局，就在於他不能擺脫西方哲學傳統，要由理性、透過上帝來肯定物之存在。上帝雖然是整個肯定的保證，可是有內在的上帝觀念並不能保證上帝是真正的實體存在，所以在他的哲學中，真正的實體只有「我」，而這個我與客觀的物質世界又無路可通，這便如何是好呢？

在知識論中，「所有想藉由概念來擴展我們對象先驗知覺的嘗試都已失敗了」之後，康德提出了新的處理方法：將對象劃分為「現象」與「本體」（thenomenon and nounenon），物自身本體的對象，是人類純粹理性所無法達到的領域，唯有假借一種人類所沒有的直觀模式，才能察見。這種直觀模式，蔡美麗譯為睿知的（intellectual），牟宗三則譯為智的直覺。基本上他承認具有此一直觀能力的乃是「無條件者」（the unconditioned），是不在因果序列中的第一因，是上帝。但是，人類的純理批判只能想到本體，卻不能對本體有任何「先天的綜合知識」，我們對本體依然不能瞭解。所以到了最後，康德在第二版《純粹理性批判》的序文中，只好說：「我發現必須否定知識，以讓位給信仰」，信仰意志自由、靈魂不滅、上帝存在。[76]

海德格爾常說西方哲學自柏拉圖開始就走錯了路，因為他們將存有自我們的世界搬走了。亞里斯多德以迄中世紀哲學家固無論矣，即使是康德，仍然認為就純粹理性而言，本體是不可知的。胡塞爾與海德格爾的現象學方法，就是要突破此一困境，找回一個被排斥掉的世界。

胡塞爾的存而不論（epoche）方法，是要把外在世界和自我存而不論，單獨處理二次存而不論之後的純粹意識，處理超越主體（transcendenta subjectiuity）。他把傳統的主客對立化解為意識內容（noema）和意識作用（noesis），而意識作用本身乃是一種指向性，意識內容必須有指向性才能構成。於是主客合而為一，跨過了西方哲學裡的鴻溝。

海德格爾沿用了現象學的方法，並宣稱現象學即是本體論。然而，這套方法其實仍是認識論的老路，脫胎於笛卡兒，對本體之掌握，似乎仍有困難，海德格爾本人的哲學著作迄未完成，便是一個例證。

相對西方這個蹇困的傳統，中國哲學不需要上帝，便很自然地能在主客合一中求得自由與無限，實在是椿值得欣慰的事。在認識論系統中，人們對詩歌的瞭解，必須透過認知活動，思維地觀察，運用邏輯與分析；在主客合一的系統中，則詩本身不能視為外延的知識對象，必須與主體發生聯繫。

這裡我們稍就外延真理與邏輯概念分析二者，加以說明。海德格爾嘗云：凡通過概念、範疇等概念的分解（conceptu alanalysis）活動，而將一對象之各方面表示出來的，都是表象的思想（representative thought），這類思想不能進入存有論之堂奧。又，凡不牽涉主體而可以客觀判斷（objectively asserted）者，都只能成為外延真理（extensoinal truth）。——詩歌之鑒賞與批評，基本上乃是一種主客交融的美感過程，因此它必須是不能客觀判斷的內容真理（intensional truth）；它不能以知性的語言和概念的分解活動來獲得，因此它的批評方式，也毋須以詩的語言來喚起讀者的美感，成為創作的批評或抒情式的批評（Lyrical criticism）。⑰《周易正義》豫卦象辭《疏》說：「凡言不盡意者，不可煩文其說，且歎之以示情，使後生思其餘蘊，得意而忘言也」，正是我國詩評語言與觀念最好的說明。

這種觀念，和沒有悲劇精神一樣，都應視為中國文學的優點。所謂優點，是就轉識成智的理論系統所揭示的層次劃分和西方思想本身的障礙而說的。⑱我們深知價值判斷非僅不易，也易引起誤解，但即或不用優劣等字眼，我們也當知道彼此殊異的原因和狀況。而不應如朱光潛之流，隨隨便便地就說中國詩長在哲學思想荒瘠的土壤中；亦不應如老莊哲學輕視努力，主張人類回到原始時代的愚昧[79]至於新批評一派所強調的純就作品本身予以客觀分析，並詬病中國文學評論缺乏邏輯分析一類看法，尤應放棄。這是我們從宋代詩論中籀釋出中國藝術精神時所附帶論及的。

注釋

① 如Arnold Silcock著《中國美術史導論》（王德昭譯，台北：正中書局，一九六一年）第一〇五頁即如此說。另見杜松柏《禪學與唐宋詩學》（台北：黎明書局）、〈禪宗成立前後中國詩與詩學之比較〉（《中外文學》七卷六期）等。

② 詩與畫之南北宗問題，可參錢鍾書〈中國詩與中國畫〉（《文學研究叢編》第一輯）、徐復觀《中國藝術精神》（台北：學生書局）第十章。

③ 詳龔鵬程〈知性的反省——宋詩的基本風貌〉（《中國文化新論》文學篇二，台北：聯經）、〈試論江西詩社宗派的形成〉（《古典文學》第二集，台北：學生書局）。

④ 見宋牧仲〈西陂類稿論畫絕句〉王漁洋評點。漁洋論詩，雖以神韻著名，當時人則稱其為清秀李於麟，原因就在於妙不關文章者，正來自餖積細緻之中。觀《香祖筆記》及《古夫于亭雜錄》一再強調宋景文詩無一字無來歷之說，不難窺見此中消息。漁洋之根柢如此，故論詩特重黃山谷，以為「涪翁掉臂自清新，未許傳衣躡後塵」，「豫章孤詣誰能解，不是曉人休浪傳」，又說「山谷與摩詰貌相似」（《帶經堂詩話》卷廿七引《居易錄》）。持論如此，故能合骨力沉穩與興象倏然者為一，《帶經堂詩話》卷三引〈蠶尾文〉云：「唐宋以還，自右丞以逮華原營丘洪谷河陽之流，其詩之陶謝沈宋射洪李杜乎？董巨其開元之王孟高岑乎？降而倪黃四家以逮近世董尚書，其大曆元和

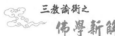

乎？非是則旁出，其詩家之有嫡子正宗乎！」不但將王維詩分文開處理，又合古淡閑遠與沉鬱厚實為一，而統稱為南宗，其言若與評點宋牧仲詩不同，其實就漁洋之詩學根柢來看，並無扞閡。

⑤見《潛溪詩眼》。然范氏以為：「蓋端叔詩用意太過，參禪之語，所以警之」，未免誤會東坡原意。其所以誤會者，正因宋人之論學詩如參禪，目的是要自得、要自然。范溫先入為主，故不免於誤會。詳後文。

⑥《詩人玉屑》卷一：「贛川曾文清公〈題吳鄭所刊東萊呂居仁詩後語〉云：詩卷熟讀，治擇工夫已勝，而波瀾尚未闊；欲波闊之闊，須令規模宏放，以涵養吾氣而後可。……（趙）蕃嘗苦人來問詩，答之費辭，一日閱東萊詩，以此語為四十字，異日有來問者，當膽以示之云：若欲波瀾闊，規模須放弘；端由吾氣養，匪自歷階升，勿漫工夫覓，況於治擇能，斯言誰語汝？呂昔告于曾。」

⑦近人頗有輯宗門語錄所傳說法偈子為詩集者，其實偈子與詩不論其形式是否相同，都不應混為一談，猶如道士金丹歌訣和寺廟籤條，不能視之為詩一樣。故《丹鉛總錄》卷十九譏嘲陳白沙邵堯夫詩，是「傳燈錄偈子也，非詩也」，方回《桐江續集・清濱上人詩集・序》亦云：「偈不在工，取其頓悟而已，詩則一字不可不工。」

⑧又見《漫齋語錄》。《苕溪漁隱叢話》又云：「無己詩云：學詩如學仙，時至骨自換。山谷亦有學詩如學道之句，若語意俱勝，當以無己為優。王直方議論不公，遂云陳三所得，豈其苗裔耶？意謂其出於山谷，不足信也」，後山所云，未必即出自山谷，但江西宗派中人，無不注意及此，則是可以確定的。

⑨由上舉數例，可以知道：在北宋末期，「學詩如參禪」尚未成為一句口頭禪，故或喻為學仙、或喻為學道、或喻為養內丹、或喻為服金膏，至南宋則普遍以參禪來擬喻了。

⑩清徐增《而庵詩話》亦云「作詩除去參禪，更無別法」，與此同誤。

⑪見方東美《華嚴宗哲學》（台北：黎明書局）、勞思光《中國哲學史》（台北：三民書局），牟宗三《佛性與般若》（台北：學生書局）下冊第三部。

⑫詳龔鵬程《林明峪禪機・序》（台北：聯亞）。其意與牟宗三較為接近，認為禪宗本身並無理論體系及思考法則，其思考方法即是簡化了的天臺華嚴觀法（此所以《傳燈錄》中即攀引天臺智者大師

為禪林達者），只不過配合他們特殊的接引方式和不立文字的精神表現出來罷了。但牟氏不承認禪宗不立文字的精神，具有與他宗對抗的特色，未免極端了些。因為不立文字固然不是禪宗獨有之義，但他宗並未以此表現其精神與價值，禪宗強調此事，形成特色的情形確是不容置疑的。

⑬這就是前人根據禪義來分析「以禪論詩」，而總是模糊玄妙、無法捉摸的原因。大抵說來，境界義，仍可藉圓教實教所開顯的境界來遮表；過程義，則斷不能不以權教來說明。「學詩如參憚」云云，注重的是個「學」字、「參」字，這都是工夫歷程之義，所以宋人才用三自性的理論來詮析，觀下文自見。

⑭龔詩第二句「語可安排意莫傳」，出自陳簡齋詩「忽有好詩生眼底，安排句法已難尋」（〈春日〉）。第三句「會意即超聲律界」，出自范溫「東坡作文，工於命意，必超然獨立於眾人之上」（《詩眼》），都是言意之辨的問題。

⑮這種思考模式，亦影響及於元明，如元葉顒云：「筆端妙語誠須識」（〈樵雲獨唱詩集軍中彥士〉），明鍾惺云：「要以古人眼，深著今人詩，直期於見道，迂豈至阿私，亦自關吾戴，安容苟爾為」（〈選蔡敬夫詩訖寄示三律〉）之類，輒可與此相發。正因為宋人這些見解，已逐漸成為中國文學與藝術精神之所在，所以本文在討論時，也偶引宋元以後文獻以供參驗，並示其影響承襲之跡，讀者幸勿誤會我們是以後證前。

⑯見呂居仁《夏均父集．序》（《四部叢刊》影舊鈔本《後村先生大全集》卷九五〈江西詩派〉引）。陸遊有〈答鄭舜卿詩〉，謂：「文章要須到屈宋，萬仞青霄下鸞鳳。區區圓美非絕倫，彈丸之評方誤人」（《詩稿》卷十六），意若不慊於圓美彈丸。但事實上是陸游對呂氏此語有所誤解，因為陸遊本人也主張「外物不移方是學，俗人猶愛未為詩」（《詩稿》卷四六〈朝饑示子聿〉）。

⑰詳鄭正博〈語言形式的約定原則〉（《鵝湖月刊》四卷九期）、卡納普《卡納普與邏輯經驗論》（馮耀明譯述，環宇出版社，一九七一年）。此所說語言的約定原則，也可以補充前注所說學詩如參禪逐漸成為口頭禪的原因。

⑱不僅佛家義理如此，道家如老子所說「道可道，非常道」，亦是此義。

⑲好句圓美如彈丸、活法，都由呂居仁所倡。活句須圓，「圓」者在意不在辭，非詩語流利之謂，故

謝邁〈讀呂居仁詩〉有云：「居仁相家子，斂退若寒士，學道期日損，哦詩亦能事，自言得活法，尚恐宣城未。徐侯南州傑，論文極根柢，讀君詩卷終，曰此有餘地，期君高無上，二謝以平視，要當掣鯨魚，豈但看翡翠。」（《謝幼槃文集》卷一）必須學道日損，始為詩文根柢，其意亦可見諸《詩人玉屑》卷四，文曰：「苟無意與格以主之，才雖華藻、辭雖雄贍，皆無取也，要在意圓、格高」，「物象為骨，意格為髓」。宋詩最高的評價標準，在於高格，而格主乎意，意圓則格高，則為活法。金王若虛嘗有詩云：「妙理宜人入肺肝；麻姑搔癢豈勝便？世間筆墨成何事，此老胸中具一天」，「百斛明珠一一圓，絲毫無限徹中邊，似渠屢從群兒謗，三害三光萬古懸」（《滹南先生文集》卷四五〈王子端云：近來徒覺無佳思，縱有詩成似樂天。其小樂天甚矣，余亦嘗和為四絕〉），不但說明了樂天精采處在思理而不在文字，其論圓亦本呂氏故蹊。

⑳ 三性是唯識學通義，但因前後期唯識學發展不同，對它們的解釋亦頗有差距。遍計所執性、圓成實性，皆玄奘改譯，真諦原譯為分別性和真實性。由玄奘的《成唯識論》立場來看，以依他起泯遍計執，就能現到圓成實性；但依真諦所譯《三無性論》所說，則分別性與依他起性事實上糾結不可分，都是俗諦；因為依他就是染濁依他，其中就存有分別性。本文因為只是借用唯識學的描述系統，所以在此合併兩家說法，態度與純講哲學不同，特予聲明。

㉑ 這裡也將成唯識論的看法併入合敘。理由是成唯識論視阿賴耶為藏識，其中含有無漏種子，可以經由熏習而轉化為真如，確與《大乘起信論》的基本理論相近；且成論事實上無法轉識成智，所以也無法別立一條。成論的困境，請參看方東美《華嚴宗哲學》第十三章〈就緣起論漫談中國大乘佛學思想演變過程中嚴重的疑難〉、勞思光《中國哲學史》第二卷第三章、霍韜晦〈如來藏與阿賴耶——從思想史上考察〉（《鵝湖月刊》四卷八期九期）、本書《孔穎達〈周易正義〉與佛教》。

㉒ 由學句法詩法而到得古人之意，以周必大〈跋米元章書〉講得最清楚：「因古人之法，而得三昧自在之力，此詞此字之所以傳世」（《益公題跋》卷九），這是由志學到從心的過程。推求詞源、擇用句法，歲鍛月煉數十年，然後經大徹大悟後，筆端有口、句中有眼，心聲心畫，唯意所適。另詳題跋卷四〈跋楊廷秀石人峰長篇〉，卷五〈跋文與可草書李賀銅仙人辭漢歌〉、〈跋東坡秧馬歌〉。

㉓ 姜夔詩說「三百篇美刺箴怨皆無跡，當以心會心」，既是以心會心，則所謂句法自須內求於己，此

所以《梅瀾詩話》載趙師秀論句法云：「飽吃梅花數鬥，胸次玲瓏，自能作詩。」《誠齋集》卷四也說「不是胸中別，何緣句子新」（〈蜀士甘彥和寓張魏公門館用予見張欽夫詩韻作二詩見贈和以謝之〉），又云「句妙原非作」（〈明發弋陽縣〉），句妙非由「作」來，與氣韻之不可「學」，原理正復相同，皆天機而非人巧也。

㉔遍計所執，即是識心之執。凡知性、想像，以及感性所發的感觸直覺，皆屬識心。而這一切識心之執，在佛家說來，都是情。華嚴賢首大師說遍計是「情有理無」，情有是因為執著定相而產生虛妄，理無是因為所見並非物如實相。這種區分，用來解釋宋詩，非常方便，因為宋人的哲學立場，正是以性為正、以情為邪的。情是人欲而非天理，故宋詩主於理而不主於情。《朱子語類》卷一三九論文上：「言文士之失曰：今曉得義理底人少，間被物欲激搏」，可以參看。

㉕陳含光〈論詩絕句〉：「如醉如狂畫不成。詩人豈有理堪評？」「待向宗門細細探，七情顛倒苦沈酣；詩家自是魔非佛，一語為君來發凡。」是我國論詩絕句中對這層執妄講得最精刻的。據此而談詩禪之異，當然較一般所說立文字與不立文字之分深入。另外，他有自注云：「詩人之情，當如醉如癡、如狂如寢，乃為至再，理與情相敵，故最忌理語……理語而不出於情則不佳」，也說明了詩人的認知活動恒在情意活動的控制下進行（唯陳氏誤以是非分別見是詩中所不需要的元素，未免未達，因為情執必起分別見）。

㉖錢氏詩話嘗云這種不可以理繩之的詩理，唯詩人知之。但事實上這是具有普遍性的認識問題，在哲學中可屬於主觀的觀念論，視物為我主觀意證內容所決定。在西方，此義最先見諸笛卡兒，其後則有貝克萊，至休謨而此說乃定，謂實在等於知覺（Esse=percipi），近代則由此而發展純粹經驗論等。然此類理論在哲學中亦如在詩學中所遭遇之批評，如羅鴻詔《認識論入門》即說：「主觀的觀念論中有一種奇怪的思惟傾向，在實踐行為上難以容納的，甚或可說是背理的；這不獨素樸的實在論者覺得如此，即我們大家都覺得如此的。」（台北：商務）

㉗以詩為魔，自中唐以來，漸成俗語，蓋凡能令人沉耽消散者，皆可名為魔也。如《詩人玉屑》卷十九「劉良左生平用力為詩，見稱於范石湖，誠齋亦喜其『睡魔正與詩魔戰，窗外一聲婆餅焦』之句」，是其例。

㉘其他類似之語甚多，以下數例，較為著名：放翁〈讀唐人愁詩戲作〉：「清愁自是詩中料，向使無愁可得詩？」「此懷豈獨騷人事，三百篇中半是愁」（《詩稿》卷八十）；范成大：「詩人多事惹閒情，閉門自造愁如許」（《石湖集》十七〈陸務觀作春愁曲甚悲，作詩反之〉）。二人觀點互異，正是對詩人是否應留居於愁中的思考。

㉙詩能窮人之說，起自宋代，基本上是由中唐之認識到詩人生命的僻執而來。韓愈《荊潭唱和集・序》：「和平之音淡薄，而愁思之聲要眇；歡愉之辭難工，而窮苦之言易好也」，啟其先聲。歐陽炯、歐陽修繼之，加以強化，則成為詩窮而後工的理論。所謂詩而後工，一般皆就詩人外在的不得意而說，其實歐陽修已說詩人之窮包括了「不得施於世」和「內有憂思感憤之鬱積」兩方面（《梅聖俞詩集・序》）。周必大也說：「昔人謂詩能窮人，或謂：非止窮人，有時而殺人？蓋雕琢肝腸，已乖衛生之術；嘲弄萬象，亦豈造物之所樂哉？唐李賀、本朝邢居實之不壽，殆以此也」（〈題羅煒詩稿〉），詩能殺人，說雖驚人，其實正緊扣住了詩人內在的病痛。楊萬里《陳晞顏和簡齋詩集・序》說：「大抵夷則遜、險則競，此文人之奇也，亦文人之病也。而詩人此病為尤焉。惟其病之尤，故其奇之尤。然則險愈甚，詩愈奇；詩愈奇，病癒痼矣！」（卷七九）論之最晰。

㉚有關六朝形似之風，參看王文進《論六朝詩中巧構形似之言》（師大國研所碩士論文）。與王文不同，我們以為三唐六朝固然詩以形似為主，畫也尚未完全脫離形似之風。南齊謝赫之六法中，氣焰生動其實是與經營位置、傳模移寫、隨類傳彩、應物象形等形似之風相結合的；唐張彥遠也以為繪畫應該「詳辨古今之物、商較土風之宜，指事繪形，可驗時代」（《歷代名畫記》）。到張璪才開始說「外師造化，中得心源」，這是種極大的轉變。另詳錢穆《理學與藝術》（《中國學術思想史論叢》六）、錢鍾書《談藝錄》第六六頁。

㉛根據柏拉圖的講法，自然是完美而永恆理念的不完美模擬，詩人和藝術家則模擬自然，因此藝術和詩在他的理論體系中地位甚低，離真實有兩層。此與佛教所云現實是一種幻象，而詩只是幻象的幻象相似。

㉜《韻語陽秋》卷十六：「人之悲喜，雖本於心，然亦生於境。心無繫累，則對境不變，悲喜從何而入乎？淵明見林木交蔭、禽鳥變聲，則歡然有喜；人以為達道，余謂未免著於境者也。」上半段說明了依他起與遍計執本不能分；下半則說明了依他起並非究竟義。

㉝宋人對唐詩頗為不滿，除葉適此文外，如惠洪云：「世稱唐文物特盛，雖山林之士輒能以詩自鳴。以余視之，如雙井茶，品格雖妙，然終令人咽酸耳！」（《石門文字禪》卷廿六〈題權巽中詩〉），張耒云：「唐人作詩，用思甚苦，而所得無多」（卷五八〈答李援惠詩書〉），皆可為代表。「得」也是指得道而言，因不得道，故終令人咽酸。趙汝回《雲泉詩・序》：「世之病唐詩者，謂其短近，不過景物，無一言及理。……人之於詩，其心術之邪正、志趣之高下、氣習之厚薄，隨其所作，無不呈露……自然而然。初非因想而生見者……故作詩貴識體，尤在養性，不養性則無本，不識體則無法」，指出了唐人之所以不得道的原因，在於：A因想生見，B寄妍於物。此與葉適所論相同，故可視為當時之共識。許多宋詩研究者都以葉適本文是在替唐詩張目，以羽翼四靈，但事實上葉適本人對四靈及唐詩皆不滿意，序王木叔詩時曾說「爭妍鬥巧，極外物之意態，唐人所長也；反求於內，不足以定其志之所止，唐人所短也」，正可為〈徐道暉墓誌銘〉作一注腳，也可見其宗旨本是一貫的。

以上這些說法，可能是熟悉《滄浪詩話》的讀者所無法接受的，因為滄浪認為唐詩全在興趣，不在形似。這個問題，《詩人玉屑》卷十九引《玉林詩話》即已提出（「水心所謂驗物切近四字，於唐詩無遺論矣。然與嚴滄浪之說相反」）；其根本原因，在於嚴羽是以宋詩見唐，故所謂唐詩妙境，實只是宋詩高處而已，非唐詩本貌。

㉞誠齋〈送彭元忠縣丞北歸詩〉：「近來別具一雙眼，要蹈唐人最上關，三春弱柳三秋月，半溪清冰半峰雪，只今六月無此物，君能喚渠來入筆。」（卷十六）A六月無冰雪柳月，卻要入筆，顯然與雪中芭蕉相同，強調詩人忘形得意的一面。B忘形得意為唐人最上關，此所謂關，是用禪宗三關的哲學理論。C誠齋所見唐詩，與滄浪相似，皆因宋求唐者。

㉟此所謂詩中有眼，與五七言第一二五字鍊字之說不同。說創自黃庭堅，其〈贈高子勉詩〉云：「拾遺句中有眼，彭澤意在無弦」，又評東坡「我攜此石歸，袖中有東海」，曰：「此皆謂之句中眼，學者不知此妙，語韻終不勝。」（《冷齋夜話》卷五引）語又見范溫《潛溪詩眼》，據范氏記山谷語云：「學者先以識為主，禪家所謂正法眼藏」，「直須具此眼目，方可入道」，溫即據其說以作《詩眼》一卷，稱：「識文章者，當如禪家有悟門。」此與惠洪所說「句中眼者，世尤不能解。語言者，蓋其德之候也，故曰有德者必有言」（《冷齋夜話》卷四），都顯示了詩眼主要是指作者本

身的人格識解而言，具詩眼，才能詩外見道；不滯於題，而有餘韻無窮。一般論山谷句眼，皆就鍊字而說，大謬。其誤蓋始於潘大臨，另見呂本中《童蒙詩訓》論響字條及陸遊《老學庵筆記》卷五李虛己學詩條。

㊱宋人經常討論杜陶是否見道的問題（大抵多為肯定），其原理正在於當時人極強調由象見道。

㊲宋人論詩、文、書、畫，皆以刻意求工者為俗。太精、太切、太工，在評價上都不高，故《竹坡詩話》云：「詩人造語用字，有著意道處，往往頗露風骨。不惟語稍崢嶸，兼亦近俗。」《劍南詩稿》卷四八：「恨我未免俗，吟諷勤雕鐫」（〈夜雨〉），亦是此義。

㊳依此，辭不能達意，故宋人所謂辭能達意者，必須即是能言外見意，蘇軾〈答謝民師書〉：「求物之妙，如繫風捕影，能使是物了然於心者……是之謂辭達」，是明顯的證據。達者，達物之妙，故須捕捉其形象之外者，陳模《懷古錄》卷上所說「杜詩……辭皆足以達其意也……而可憐之意，自溢於言外矣」，即是此理。章士釗《柳文探微》通要之部卷九論文一，痛斥言盡而意不盡之說，而主張辭以達意，殆不知此也。

㊴《詩人玉屑》卷一道章泉謂可與言詩條載有詩兩首：「山窮雲起初無意；雲在水流終有心，儻若不將無有判，渾然誰會伯牙琴。」「誰將古瓦磨成硯，坐久歸遲總是機，草自偶逢花偶見，海漚不動瑟音希。」上首言勿執於有，下首海漚不動，言不惑於象而見其體。此所以可與言詩。

㊵可參閱劉若愚《中國文學理論》，杜國清譯，台北：聯經，第一〇九頁。

㊶據《冷齋夜話》說，言其用而不言其名，或「比物以意，而不指言一物」，就是象外句。

㊷朱自清不解此理，〈論逼真與如畫——關於傳統的對於自然和藝術的態度的一個考察〉一文引清王鑒《染香庵跋畫》「形影無定法，真假無滯趣，惟妙悟人得之；不爾，雖工未為上乘也」語，而質疑：「他這些話並不曾解決了他想像中的矛盾，反而越說越糊塗」（《朱自清古典文學論文集》第一二二頁）。其實朱氏雖糊裡糊塗，王鑒、姚鼐卻是清清楚楚的。

㊸參見《韻語陽秋》卷二，杳冥寂寞皆形容心與道化的境界。又，《放翁文集》卷十三：「夫文章，小技耳，然與至道同一關捩。唯天有下有道者，乃能盡文章之妙」（〈上執政書〉），亦可參看。

㊹劉應時〈讀放翁劍南集〉：「飽參要具正法眼，切忌錯下將毋同，茶山夜半傳機要，斷非口耳得其妙」（《頤庵居士集》卷上），即指悟人在心而言。

㊺羅大經《鶴林玉露》卷六：「繪雪者不能繪其清、繪月者不能繪其明、繪花者不能繪其馨、繪泉者不能繪其聲、繪人者不能繪其情，然則語言文字固不足以盡道也。」

㊻有關心如明鏡之喻，可另詳劉若愚前引書，第九五至九八頁。

㊼懷抱清真，見《劍南詩稿》卷十七〈暮春詩〉。另詳劉後村〈跋傅自得文卷〉、〈跋毛震龍詩稿〉。

㊽宋人論淵源，恒包括兩方面：一是內在的心源，二是外在的師友傳習。

㊾朱子中年從胡五峰之説，先察識後涵養；晚年則數經變易後，主張涵養與致知如車之兩輪、鳥之雙翼，不可分割，且相穿透，認為「存養之中便有窮理工夫，窮理中便有存養工夫」（《語類》卷六二）。但就為學次第言，則「須當以涵養為先」（《語類》卷一一五）。

㊿理氣，在宋儒的講法中分歧很大，但基本上當是就氣以顯理，視氣為宇宙流行運化的實現原理，在氣化流行中顯其善否。

(51)識執，包括情欲與知識，已在上文論遍計執與依他起時申述頗詳。這不是佛家獨有的看法，而是儒者傳統的區分，《禮記・樂記》「知誘於外」，鄭注：「知猶欲也」；《易》乾元「各正性命」，疏：「天本無情，何情之有？而物之性命，各有情也。所秉生者謂之性，隨時念慮謂之情。」都顯示了知慮與情欲原本不分。

(52)上蔡、龜山及朱子等各系理學，對於仁的爭議，詳劉述先《朱子哲學思想的發展與完成》（台北：學生書局）第一部第四章。

(53)詳後文論轉識成智的禪宗途徑處。

(54)但禪家之講活法，多偏重於「活句」方面。參活句禪者，乃是不沾滯於語言文字之意，對於詩人的觀物態度則較少涉及。

(55)風行水上成文，是宋人常用的譬喻，《困學記聞》卷廿説蘇洵〈仲兄字文甫〉是衍《毛詩伐檀》釋

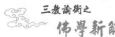

漣為風行水成文之語。但《毛傳》此釋，當亦衍自《易・渙卦》「象曰：風行水上，渙」。另詳錢鍾書《管錐編》第一一八頁。

56 詳朱熹《文集》卷六七〈觀心說〉。

57 心「齋」與祓垢，其實也都是《易・繫辭上傳》所說「聖人以此洗心，退藏於密」的洗心。《傳》又曰：「聖人以此齋戒，以神明其德」，注：「洗心曰齋」。莊子本之，云：「汝齋戒，疏瀹爾心，澡雪爾精神」（〈知北遊〉），「願刳形去皮，灑心去欲」（〈山木〉）。

58 心手相應，參看錢鍾書《談藝錄》第二四七頁、《管錐編》第五〇七頁。又，因為是得乎心而應乎手，所以也是不能言傳的，莊子輪扁之喻，又見諸歐陽修〈書梅聖俞稿後〉：「樂之道深矣，故工之善者，必得於心應於手，而不可述之言也。聽之善，亦必得於心而會於意，不可得而言也」（《外集》卷廿三）；詩為樂之苗裔，當然也是如此。所謂茶山夜半傳機要，斷非口耳得其妙者，與《宗鏡錄》卷四引古教所云：「無一法可得」、「無智亦無得」、「不得一法，疾與授記」等，正相符合。《困學記聞》卷十說：「莊子所謂傳，傳以心也。屈子所謂受，受以心也。目擊而存，不言而喻。耳受而口傳之，離道遠矣」，似乎也認為凡得乎心而應乎手之藝術，傳習者也應以得乎心為要，不是聲聞知見之類知識所能處理的。

59 所謂都忘內外，是連忘也須忘的。不但無是非利害之辨，亦泯人我心物之分，渾淪冥漠，內外皆盡，達到《維摩詰所說經文殊師利問疾品》第五「空病亦空」，《肇論般若無知論》第三「聖心虛靜，無知可知，可曰無知，非謂知無」的境地。

60 這種創作型態，正是《五燈會元》卷二一曇穎達觀章次記穀隱蘊聰語所說的「此事如人學書，點畫可效者工、否則拙，未能忘法耳。當筆忘手，手忘心乃可也」。由這條引文，不但可以知道當時談藝者每徵引哲學以為譬況，也可以看到他們用藝術創作來譬喻修道法則的例子。

61 此即無心無意於文，呂本中批評曹植〈七哀詩〉宏大深遠，「非復作詩者所能及，此蓋未始有意於言語之間也」（〈與曾吉甫論詩第二帖〉）。無心無意於文字，則其創作便不是「作」，正是言無言的型態。

62 詳劉若愚《中國文學理論》第一〇〇頁。

63 文字本身有其局限，亦具虛妄性。前者如黑格爾、尼采等人所說，文字宣示心蘊既過而又不及，或如歌德所說，事物之本質特性非筆舌所能傳；後者如邊沁謂語言能幻構事物，斯賓諾莎謂文字為迷誤之源。皆可與此處所論相參證。

64 禪家有時也把本心稱為「沒弦琴」。這也是藝術創作與人生境界之追求完全密合的例子。

65 參見唐君毅《中國哲學原論原道篇》（台北：學生書局）卷三第十四章〈宗密論禪原與禪宗之道〉第三節。

66 《滄浪詩話．詩辨》：「禪家者流，乘有大小，宗有南北，道有邪正。學者須從最上乘，具正法眼，悟第一義。若小乘禪、聲聞辟支果，皆非正也」；《詩人玉屑》卷五：「韓子蒼云：作詩文當得文人印可，乃自不疑」，「公云：詩道如佛法，當分大乘、小乘、邪魔、外道」。

67 韓駒論詩人須本於學，見《詩人玉屑》卷五。嚴羽也說：「若以為不然，則是見詩之不廣，參詩之不熟耳」，所以他主張採漢、魏、晉、宋南北朝、沈、宋、王、楊、盧、駱、陳拾遺、開元、天寶、李、杜、大曆十才子、元和、晚唐、蘇、黃以下等詩而熟參之。這幾乎是無書不讀了。

68 歷來對石林這段文字皆無解釋，張健《宋金四家文學批評研究》第二〇六頁、金英淑《葉石林的詩論》（韓《中國語文學》第二輯）雖有解釋，但因二氏對佛學完全外行，遂把涵蓋乾坤解為技巧高妙，把截斷眾流釋為開門見山，把隨波逐浪視為不用典不說教，均大謬。

69 見《經進東坡文集事略》六十卷。他認為蒲氏「性與畫會，始作活水」，與葉夢得把「意與境會」視為活法的創作基礎，機杼相同。

70 見徐復觀《中國藝術精神》第三七一至三四七頁；《中國文學論集續編》第一至廿一頁。

71 見張健《滄浪詩話研究》（台大「文史叢刊」）第廿二頁。

72 在此必須特別提醒讀者：詩學文獻中，雖然基本架構相似，而時代前後自有參差，派別不同，論點亦多爭議，其中個別差異仍是很大的。

73 參見郭氏《宋詩話考》第十、七九、八六頁，及其主編之《中國歷代文論選》中冊第二二二、一三六頁。

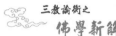

⑭此處所談，僅就涉及宋代詩學的部分而言。其他相關的文章與論旨，可參鄭樹森〈現象學當代美國文評〉（《中外文學》九卷五期）。

⑮悲劇精神，基本上必須建立在「對立」上，人與外在世界對立，形成命運悲劇的問題；人與自我對立，則形成性格悲劇的問題。性格悲劇之所以為一種根源性的掙扎與撕扯，正因為它本身是矛盾的。

⑯另詳蔡美麗《存在主義大師——海德格哲學》（環宇出版社）第二章。

⑰抒情式的批評，詳高友工〈文學研究的美學問題〉（《中外文學》七卷十一、十二期）。

⑱這點，將另文處理。另外，有關如何產生轉識成智思想型態之原因，它與中國藝術精神之關係等問題，也將待另文再談。

⑲朱光潛說見〈中西詩在情趣上的比較〉（《詩論新編》，台北：洪範書店，第一三一至一四五頁）。

八　袁中郎的佛教與文學

（一）不被人知的袁中郎

袁中郎的文集，在清朝常遭禁毀，事詳孫殿起《清代禁書知見錄》。其人其書，也正以此「異端」之形象而為近人所推重。但所謂異端，無非說他是儒者中的非正統派罷了，並不真以為他便是個異端學人。所以很少人真正注意到袁中郎與佛老的關係，即或發現袁氏也有許多佛學著作，仍不免漫然視之。周作人〈重印袁中郎全集序〉說得妙：

中郎喜談禪，又談淨土，著有《西方合論》十卷。這一部分我所不大喜歡。東坡之喜談修煉也正是同樣的一種癖。伯修與小修、陶石簣、石樑、李卓吾、屠長卿也都談佛教，這大約是明末文壇的普遍現象至於是否夠說信仰，那我就不好代為回答了。①

周作人從文人的異端精神這方面去推崇袁中郎，但對袁氏論佛學的部分，既無法喜愛，又缺乏足夠的學識去瞭解，故只能存而不論。六十年來談文學史者，全部採取了這個態度，不但對其論佛學處視若罔見，亦假設袁中郎講佛學的部分是可以和其文學見解及人格型態分開的，切掉不談，並無妨礙；或者，論者竟亦可以熱烈稱讚其人其文而不喜其談佛論禪；或率直地相信此不過文士談禪，未必定與信仰及思想有關。這是一種多麼奇怪的態度呀！

然如此論學，尚可說是安於無知。若錢伯城《袁宏道集箋校》一類著作，既不敢承認不懂佛學，遂徑謂袁氏之佛學毫無價值：「按，宏道於佛學並無深研，觀其《西方合論》，僅能以念佛誦號教人修行，可知與一般佛徒相差無幾。」（卷五〈曹魯川〉箋）②其實，是錢氏對佛學毫無瞭解，所以竟會說：「宏道有《西方合論》十卷，為談禪之作」，而不知其為談淨土也，見卷十一〈張幼於〉箋。此處他也連這位跟袁宏道論學的曹魯川是誰都不曉得。按，此公乃吳梅村之外曾祖，梅村嘗述其為學曰：魯川「著書數百卷，其論浮屠氏與孔子之道合」，「理學專門家，孔釋水乳合。諸方大尊宿，推重唯魯川，教律與論藏，一一手撰述」（見《梅村家藏稿》卷五一〈照如禪師生塔頌〉）。曹氏是當時講佛學的大行家，而向袁氏請教；袁中郎對佛學，能說是無甚深研嗎？且袁氏自稱：「僕自知詩文一字不通，唯禪宗一事，不敢多讓。當今勁敵，唯李宏甫先生一人。其他精煉衲子、久參禪伯，敗於中郎之手者，往往而是」；又說他哥哥「伯修與王以明皆真切學佛人」（卷十一〈張幼於〉）。可知他們兄弟對學佛是認真的，造詣也很精深。若謂此等自誇語，不能作數；則處明末佛學正盛之際，誰敢發此妄語？張汝釗〈袁中郎的佛學思想〉一文，盛稱其佛學造詣，實是有見於此。

張氏一文，是至今論袁氏佛學思想僅有的文字。其後融熙又有一書評，對蕅益大師稱道袁中郎「少年穎悟，坐斷一時禪宿舌頭」云云，提出了一些商榷，然亦發明無多。③且皆專就佛學而論，佛學與其人格型態、文學見解之關聯亦未齒及，其弊殆與周作人之類無異。我是個「嗜好與俗殊酸鹹」的人，對公安派及晚明文壇之理解，原本即與時賢不同；對於上述這些討論袁中郎佛學思想的不妥當現象，也很覺得遺憾。故願試就所知，談談這個問題。

（二）參究人天性命之學

中郎十八歲便曾與舅公龔惟長、龔惟學在二聖寺整理佛藏。該寺即惟長所建。可知袁氏家族本來便與佛教關係密切，而中郎研究佛學為時亦甚早。④

但中郎之學佛，途徑並不是如此直接的。他的啟蒙老師是萬瑩。萬氏旁通陰陽、堪輿、農圃、醫術、易數，袁中郎父子兄弟祖孫皆從受學，故此種雜學的性格可能影響袁氏兄弟甚大。一方面使得他們為學不以儒家自限，對於儒家以外的學問均能感到興趣；一方面也從陰陽易數這類學問中開啟了自身的玄理性格。《中郎集》卷三〈陶石簣兄弟遠來見訪，詩以別之〉說他們朋友間：「欲窮人外理，先剖世間疑；五行因何起？天地何高卑？鵠烏何白黑？日月何盈虧？生胡然而至？死胡然而歸？天胡然而喜？鬼胡然而悲？」此等清談，所談似乎就是從陰陽易數堪輿中衍生出來的論題，而其核心，則在於生死問題。

萬曆二四年中郎在吳縣時，曾與王輅以明箋，謂苦樂相生，唯「知苦樂之說者，可以長不死矣」。王以明「年二十即契無生之旨，一時如李卓吾、陶石簣、袁伯修俱為性命交」（見《湖北詩征》），是中郎的舉業師，也是他論佛學的好友。但此處所談卻只是長生之道，這顯示了什麼呢？高世泰《三楚文獻錄》記：「蔡復一撫黔，過而問學，輅著《師卦解》一卷報之」，顯見王輅對易學也甚為通曉。這個線索，讓我們再鉤合上文所舉中郎與陶石簣兄弟談玄事，便會發現它和陶氏兄弟訪中郎時「或言是山人，或言星相師」很有關聯。陶石簣後來信佛甚篤。但他們這批朋友，原先卻多是從論易談玄這方面進入探究生命問題之領域的。

中郎兄弟更是如此。中郎〈敘小修詩〉云：「弟小修獨喜老子、莊周、列禦寇諸家言，皆自作注疏，多言外趣。旁及西方之書、教外之語，備極研究。」（卷四）這是由老莊再旁通到佛家的路子。他哥哥伯修也是如此。卷二八〈途中懷大兄詩〉：「從茲稍談仙，習靜學觀鼻。朝坐一絲香，暮禪半幅被。闔門杜色聲，精神轉強銳。蒙莊不去手，卓有出塵志。幾年客金馬，漸識宗門事。乞差既還裡，刻苦相摩礪，且尋復旨披，研惟空有諦。」可見伯修不但也是從老莊進到佛學，更曾躬習道教靜坐之法，以求長生。而中郎之學佛，正是由伯修導領的。卷四十〈募建青門庵疏〉曰：

往余為童于時，與諸巾冠者遊，見圓頂而緇者，則群指曰楊、墨。稍長，讀於史書，旁及二氏，笑曰：「此何與予與氏舌？」而是時士競操觚案，以諛時目，故亦習子史及釋、老之淺易者。士之入伽藍者，揖必至踝，見僧乃不怒。迨先伯修既以中秘裡旋，首倡性命之說，涵蓋儒、釋，時出其精語一二示人，人人以為大道可學，三聖人之大旨，如出一家。見行腳之稍能談者，揖而坐上座，事二氏先師有禮，而所謂精藍禪室者，遂亦數數修飾，浸循有大國風。

這段話清楚地說明了中郎學佛是受了伯修的影響，且對佛教有一個從排斥到接納的心理歷程。當然，他之所以能如此迅速地轉變，乃是因早受萬瑩之教，對易理命數等天人之際的課題已有感會，又時與友人核究玄理，故亟欲窮極性命使然。其藉以通入佛學奧區者，則為老莊也。

他於萬曆廿二年有詩云：「蒙莊去已久，斯意竟誰陳？」（〈夏日鄒伯學園亭〉）萬曆廿六年三十一歲時則與弟小修同著推闡莊子義理之書，卷廿二〈答李元善〉稱：「寒天無事，小修著《導莊》，弟著《廣莊》，各七篇。導者導其流，似疏非疏也。廣者推廣其意，自為一莊」，即指其事。萬曆卅五年，亦即他卒前三年，又有詩示曾退如，云：「近日蒙莊通大旨，間燒藜火注〈逍遙〉」，是其於莊子思想可謂始終不替。凡此皆非專就佛學論中郎者所能知也。

世又以中郎師事焦竑，焦竑師羅汝芳，汝芳師顏山農，顏氏師王艮「得泰州心齋之傳」，遂常由所謂左派王學處尋中郎之學脈，亦大謬。焦竑自有《老子翼》、《莊子翼》，但解莊與中郎殊不相同。中郎對焦竑與李卓吾的佛學造詣當然也十分佩服，可是並非從他們那兒學來什麼佛學見解。⑤中郎兄弟於萬曆十八年始晤李卓吾，時中郎已成學，中道所撰中郎〈行狀〉說這一段，極為精彩：

（萬曆十七年）上春官，時伯修方為太史，初與聞性命之學，以啟先生。先生深信之。下第歸，伯修亦以使事返里，相與朝夕商榷。如是者屢年，亡食亡寢，心醉如癡。一日見張子韶論格物處，忽然大豁，以證之伯修。伯修喜曰：「弟見出蓋縛，非吾所及也。」然後以質之古人微言，無不妙言。時聞龍湖李子冥會教外之旨，走西陵質之。李子大相契合，贈以詩。

家塾的師友學術淵源，使他很早便接觸到人天性命之學。但觸機所發，影響最大者則是其兄伯修。伯修帶他進入了佛學的領域，並使他將儒釋老莊的藩籬一齊打破。透過莊子，進窺佛理之堂奧。精修得悟後，始持之與古今學說相印證。訪李卓吾於麻城，不過求其印可而已。印可之後，當然會令其更為精進，但不能說中郎之文學見解與禪學思想是由李卓吾處得來。⑥中郎好稱人善，如彼云：「潘雲松留吳二日，與之肆談，甚快。今世講學無出此公上者，有眼如天，有胸如日，有口如河。」（卷五〈小修〉）但我們很難據此便說潘氏與他真有什麼思想上的關聯。

同理，中郎有時固然也稱李卓吾為「龍湖師」，但那只是禮貌性的尊稱，並不表示思想上真有師承關係。他有時也稱李卓吾之弟子無念為「無念師」，師者，謂其為禪師耳。且中郎自謂「禪宗一事，不敢多讓，當今勁敵，唯李宏甫先生一人」時，是何種口氣？明屬敵體，非隸傳人。這是講學術史的人首應辨明的。《中郎集》卷五與〈潘氏書〉有云：「不肖終要自己尋一出頭，或仙或佛，決不敢從他人問路。」生死大事，自知自證，講得如此斬截明白，而謂其為龍湖傳人，可乎？卷十一〈與徐崇白書〉說得更好：「一切文字，皆戲筆耳，豈真與文士角雌較雄耶？至於性命之學，則真覺此念真切，毋論吳人不能起余，求之天下，無一契旨者。俗士不知，又復從而指之，可笑哉！」此為中郎真實語，論中郎者，須於此具眼。

（三）受用處在破執任性

與伯修商榷磨礪而漸開悟的袁中郎，在和李卓吾初晤之際，所開悟的境界是什麼呢？在佛學中，所得者又是什麼？

前曾談到，袁中郎自小受學即對性命之學有所啟發，後來伯修所教導者亦是性命之學。窮究生死，便成為袁中郎最主要的人生關懷。萬曆二十三年在吳縣做令時與王以明函謂：「作吳令甚辛苦，吳中人無語我性命者，求以明先生一毛孔不可得」（**卷五**），深以為憾。次年則有〈與龔惟長書〉，云擬辭官：「若得如願，尚當與尊窮極微茫，直抵佛位，人生事如此而已矣。」其〈與伯修書〉，謂：「顧湛庵是我輩人，不知生死心如何？」又〈與管志道書〉，云：「寄吳兩載，相知相愛，不盡無人，但其道義相與、傾吐肝膽者，唯足下一人。初意欲俟亂繩少解，鉛刀稍閑，便欲追隨，究竟儒佛之奧、商略生死之旨。」又次年辭官，在無錫〈與徐漁浦書〉又說：「窮天地之奧妙，發性命之玄機，究生死之根源，別儒佛之同異，足下儻有意乎！不肖願執鞭策而從事矣。」（**皆見卷六**）同年，往杭州，〈與朱司理書〉亦云：「近又聞黃山之中有一異人，甚得無生之旨，益深企慕，將遂策杖而往。如能因病發藥，療我百劫糾纏之病，不肖將祝發而從事，永作方外人矣。」（卷十一）凡此，均可見中郎念念不忘參究生死問題。這個問題，是他的人生核心關懷，重要性遠在創作詩文之上。

由於他的根本關切在於了脫生死，所以他不是就佛學來講如何了生死，而是以其關懷為核心，儒道釋各家，凡有助於解答這個問題的，都被運用吸取來，並不專守學術的客觀分界與門戶。這就不是學究式或教徒式的路子，而是講究如何「受用」的方式了。⑦

然則此時袁中郎自覺於三教義理之受用處為何？曰：破執任性而已。例如卷五〈王以明〉說：「人有苦必有樂，有極苦必有極樂。知苦之必有樂，故不求樂；知樂之生於苦，故不畏苦。中郎近日受用如此。」不求樂，不避苦，不切苦樂，當下擔承，「當此之時，百骸俱適，萬念盡銷」。此乃是以不執著於苦樂，而求「可以長不死」。斯義又發於《廣莊・養生主》，文曰：

> 養生者，傷生者也。夫生非吾之所得養者也。天之生是人，既有此生，即有此養，草木無知，亦能養生，若必自養而後生，盡天地之夭喬枯死久矣。聖人之于生也，無安排，無取必，無僥倖，任天而行，修身以俟，順生之自然，而不與造化者忤。是故其下無傷生損生之事，而其上不肯為益生葆命之行。古之善養生者有三家：釋曰無生、儒曰立命、道曰外其身而身存。既曰無生，即非養之所能生也。既非養之所能生，則不以不養而不生明矣。立命者，順受其正。順受故不欣長生、不悲夭折。外其身者可以存身，則內其身亦可以亡身。⑧

他的基本觀點就是破執，指出生死、禍福、功德與災害等均不可執著，因為苦樂並存、利害同生，所以人若利生益生，同時也就會害生傷生。只有不求樂不避苦，不刻意去養生也不故意去傷生，才能得生命之自然。此即所謂「任天」。他本此見解去詮釋儒道釋三家的義旨，充分顯示了一種三教注我的態度。

依這樣的態度，他把三教義理併合為一，顯露出一種融合三教的架式，認為三教在處理生死問題上有其一致性。據他看：「夫釋者之為生死，人皆知之。孔學之為生死，雖巨儒大儒，未有能遽知之者。人天導師，非孔誰歸？莊子去孔聖未遠，七篇之中，半引孔語，語語破生死之的。」（《廣莊・大宗師》）三教不僅都在處理生死問題，其義理歸趣也是一樣的。

然此乃基於解決他本身生命安頓之需要而消化三教，故對實際存在之三教即不能無所批評，不能不認為現實存在的三教均無法體現這種三教真正的精神。如〈大宗師〉云：「文章之士，以立言為不死，是故著書垂訓，砥毫吮墨，仰面觀屋。神仙之士，以留形為不死，是故鍛精煉氣，留心龍虎坎離及諸大丹藥物之術。三乘之士，以寂滅為不死，是故耽心禪觀，趨向虛無。遠離一切幻垢無明」，三教人士，中郎皆謂其有所執，「終屬有為，舍此趨生，焉知大道？」⑨

這基本上是吸收了老子「禍福相生」的觀念，以此破執，而契會於佛教人我法空之說，故曰：「我見尚在，處人間世之道未盡也。」（〈人間世〉）並認為唯有如此方能安於天生之自然，即以此解釋莊子，以此為他自己的人生觀。卷四〈識張幼於箴銘後〉說：「性之所安，殆不可強，率性而行，是謂真人。今若強放達者而為縝密，強縝密者而為放達，續鳧項、斷鶴頸，不亦大可歎哉？」正是這種思想。

這種思想可以掃去人對世界的貪欲，破除執障。如中郎在吳縣任官，不久即辭歸。某些人便解釋道：此乃當時朝政紊亂，所以中郎只好逃歸山林；或者說：這是由於中郎喜歡追求精神自由，不想受拘束，所以辭官以避為吏之苦。⑩

其實依中郎之見，苦樂並生，「有官之樂，即有官之苦。有病之苦，即有病之樂。官樂相隨，是消息理；苦樂相生，是輪迴趣」（卷六〈王孟夙〉），豈有刻意求樂避苦之理？何況同卷〈與江進之〉一函講得十分清楚：「年丈欲弟『忍』者，忍苦乎？忍病乎？若忍苦，則吳縣亦不甚苦，弟與兄遊戲亦能辦此，此不必忍也。」且為吳令亦不全是苦，卷五〈與龔惟長函〉云：「甥嘗謂吳令苦樂皆異人。而其任吳令者，見苦而不見樂，又不免畏過其實。甥意獨謬謂不然，故雖苦其苦，而亦樂其樂。」謂其為畏苦逃去，又豈有是理耶？彼之決意辭官，是因為：「人生欲願，決無了時。愛富貴之心，甚於愛生；惡貧賤之心，狠於惡死。茫茫不返，滔滔皆是，即賢智者不免焉。愚哉！貪哉！病中勘得此機甚透，故果於拂衣。」（卷六〈顧紹芾秀才〉）做了官，就會想做更大的官，終身攀緣外境，不斷馳逐，所以他才決意捨去，此即為其破執思想之一種表現。人一旦能破除對外境的執著，便不會被外境所干擾了，卷六〈與伯修函〉說：「前陶石簣兄弟見訪。自言為聞見所累。弟謂靈雲見桃，此亦見也；香嚴擊竹，此亦聞也。聞見安能累人哉？」就是這個道理。

除了要不執著於世事外境，亦應勿執於理。卷六〈陳志寰〉云：「眼前與人作障，不是事，卻是理。良惡叢生、貞淫蝟列，有什麼礙？自學者有懲刁止慝之說，而百姓始為礙矣。黃者是金、白者白銀，有什麼礙？自學者有廉貪之辨、義利之別、激揚之行，而財貨始為礙矣。諸如此類，不可殫述，沉淪百劫，浮蕩苦海，皆始於此。」對外物起分別心、對事理有分別見，素為老莊所反對，其欲絕聖棄智者，端為此故，禪宗之無執思想也正契合於此，故中郎曰：「是非之衡，衡於六根，六根所常，執為道理。諸儒墨賢聖，詰其立論，皆準諸此」（《廣莊・齊物論》），「法不梦，民不譎；道不梦，士不歧。吾欲為網罟，彼即為深阱，網罟者，深阱之始也。吾欲為法律，彼即為舞文。法律者，舞文之始也」（〈應帝王〉）。萬曆廿五年在無錫與朱司理書，自愧尚不能與人合汙，亦是此意。文曰：「名根未除，猶有好淨的意思在。於是有譽之為雋人則喜，毀之為小人則怒」，此是有病，而病即在於尚有執念。

（四）不拘格套獨抒性靈

破執任天以得性命之自然，其說雖根柢於老莊，亦誠得力於禪宗。中郎在這一段時期對禪誦是很用功的。

卷十一〈與王百谷函〉曰：「眼前事如牛毛唯有禪誦一事，近可以消遣時日，遠可以乞果來生。不肖所以自勵勵足下者，唯此一事耳」，卷十四〈戊戌初度〉詩又說：「灰心竟日疏莊子，彈舌清晨誦准提」，同年其父生日壽詩復云：「社中諸法友，勉力事禪那。」此與次年壽其兄伯修生日詩：「花中兄弟睦州禪，夢中煙月油江渡」云云，都顯示了他們全家正努力修禪。

但禪宗之破執，是連禪本身也不能執著的。中郎之有得於禪者，即在於徹底發揮這種遣執蕩相的精神。如卷廿一〈答陶石簣編修〉：「世豈有參得明白的禪？若禪可參得明白，則現今目視耳聽發豎眉橫，皆可參得明白矣。須知發不以不參而不豎、眉不以不參而不橫，則禪不以不參而不明，明矣」，一意參禪，便是執著於禪，所以他說應以不參明禪。其次，卷五〈與管東溟〉有言：「天台去書，議論甚妙。但以圓刺見地，以分判教體，未免意圓語滯。何也？若見定圓，則圓亦是方。見若定圓，見必不深。教若定方，教必不神，非道之至也。夫見即教，教即見，非二物也。公試思之，見即教，《金剛》以無我相，滅度眾生。教即見，《楞嚴》以一微塵，轉大法輪。」見謂見性，指禪宗。中郎這段話是說：學佛雖以見性為極詣，但教亦不可廢；且若執著於見，則見亦不成為見。見不定是見，教不定是教，依此當然又可以說禪教一致了。然「無執」「不定」也者，卻是真正禪宗的態度。同卷〈與曹魯川〉：

> 既謂之禪，則遷流無已、變動不常，安有定轍？而學禪者，又安有定法可守哉？且夫禪固不必退也，然亦何必於進？固不必寂也，亦何必於鬧？是故有脫屣去位者，則亦有現疾毗那者；有終身宰執者，則有沉金湘水者。且佛所云小始終頓等教云者，豈真謂諸教之外，別有一圓教哉？正以隨根說法，故有此止啼之黃葉耳。不知諸佛出世，小即是圓，何必舍小？圓亦是權，何必取圓？

修禪定兼及論華嚴法界，和前舉與管東溟一書適可同參。卷九《示雲上人》言：「笑殺觀世音，圓通卻成礙」，亦是此旨。卷十〈碧暉上人修淨室引〉更舉了一個例子，謂淨室僧碧暉無室無徒，頗為自在，「近日始有教之修淨室、學坐禪者，余謂碧暉自此多事矣」。在佛教中執定始終頓漸圓通藏別等區分，即無必要；修禪定者亦不必有定法。卷十一〈徐冏卿〉：

定功果有效，其益無量。但不知所守者，中黃邪？艮背邪？抑數息邪？夫定亦難，有出有入，非定也，故曰：「那伽常在定，無有不定時。」即出即入，亦定也，故曰：「恰恰用心時，恰恰無心用。」若大定則即疾是定，即老亦定，豔舞嬌歌，無處非定。僕少時曾於中小立基，枯寂不堪。後遇至人，稍稍指以大定門戶，始得自在度日，逢場作戲矣。

此亦言修禪定者不可執著定法，不可執意要定也。中黃、艮背、數息，皆煉士修養吐納之法，如林兆恩即行艮背法。中郎少年時也曾用功於此，所謂「小定卻疾，中定卻老」；至此乃悟大定無心自在之旨，以不定是定矣。⑪類似之語，又如卷十八〈八識略說敘〉云：「即城邑為娑婆者，籠統之所蔽也；謂娑婆非城邑者，邊見之所執也。即異為同，同相本空；由同觀異，異亦不立。是故趨寂而求者，知生滅之為識，而不知寂滅之亦識也。合之則娑婆見，故煩惱即菩提海；分之則界限立，故湛入歸識邊際」，唯無執者能去此界限，所以性宗與相宗也可以不必區分。無執的精神，通貫在他的佛教觀、人生觀及禪定工夫論等各方面，乃是顯而易見的。

這種破執任性的態度，當然會使他不滿於任何格套成法，亟欲脫黏解縛。卷廿一有書答梅客生說：「來書云：『實實有佛，實實有道，實實要學』，甚妙甚妙。格套可厭，氣習難除，非真英雄，不能於此出手」，學佛，要能精進，就得不斷破除執障，層層掃滌，拋捨一切舊習格套，以求「苟日新，又日新，日日新」。這個立場，放在詩文創作上說，即是「不拘格套，獨抒性靈」。卷廿一〈答張東阿〉：

唐人妙處，正在無法耳。此六朝漢魏，唐人既以為不必法；沈宋李杜者，唐之人雖慕之，亦決不肯法，此李唐所以度越千古也。兄丈冥識玄解，正以無法法唐。

無法，有兩層意思，一是指不效法某種典式，執謂唯此典式乃為佳構。二是指創作本身就沒有一定的法則，故卷廿二〈答李元善〉云：「文章新奇，無定格式，只要發人所不能發。句法字法調法，一一從自己胸中流出，此真新奇也。近日有一種新奇套子，似新實腐，恐一落此套，則尤可厭惡之甚。」⑫

弟少也慧，十歲餘即著〈黃山〉、〈雪〉二賦，幾五千餘言。雖不大佳，然刻畫飣餖，傳以相如左沖之法，視今之文士矜重以垂不朽者，無以異也。然弟自厭薄之，棄去。唯夫代有升降而法不相沿，各極其變，各窮其趣，所以可貴。今閭閻婦人孺子所唱〈擘破玉〉、〈打草竿〉

之類，猶是無聞無識真人所作，故多真聲，不效顰於漢魏，不學步於盛唐，任性而發。（卷四）

這段話第一部分敘述小修由法古到不法古的過程；第二部分強調詩文創作不應執著古法；第三部分再讚美當時之民歌因不學任何人，只「任性而發」，故是真聲。此真聲、真人之真，即〈識張幼於箴銘後〉所謂「性之所安，殆不可強，率性而行，是謂真人」之真。真人而曰無識，則是「不在識上做活計」之意。破執任性之說，得諸蒙莊禪宗，而通於詩文，湛然可見。中郎〈潘庚生館同諸公得錢字詩〉嘗稱：「每於詩外旨，悟得句中禪。」詩禪同一機軸，原不僅在句中而已，文心本於禪境，故能破法去執也。

（五）才性生命的轉向與修持

然而，所謂「性」可以有好幾種解釋，如袁中郎〈與仙人論性書〉說：「一切計較，皆緣見性未真，誤以神識為性。既誤認神便將形與神對、性與命對。性與命對，故曰性命雙修；形與神對，故曰形神俱妙。總總過計，皆始於此。」（卷十一）他反對道教的性命雙修，認為那個「性」只是神識，並非「真性」，真性是淨穢不能遺、萬念不能緣、智識不能入的。這時，性顯然被區分成兩種，分別以「真神真性」及「神識」來指涉。

此可見袁中郎對於性義是能夠掌握的，禪宗所謂明心見性之性，乃超越的本心明覺，而非神識才性，這封信裡講得非常清楚。若識得這個性，用《宗鏡錄》的話來說，就是「真如之性，靈通自在，照用無方。於一切處，無系執、無住著、無所求，於一切時中，更無一法可得」（卷四九）。用馬祖道一的話來說，則是：「無造作、無是非、無取捨、無斷常、無凡無聖，只如今行住坐臥應機接物盡是道。」中郎破執任性諸說，無非發明此理。

但見性時行住坐臥是道，並非自然的行住坐臥本身即是道。中郎未能辨此，故其〈識張幼於箴銘後〉講「率性而行」、《廣莊・養生主》講「任天而行，順生之自然」時都誤以自然之才性為真性，故說只要任此天生才性以應機接物，則行住坐臥均可得大自在，豔舞嬌歌，無處不是。

如此言性，便成一才質主義，甚且流遁於情欲之中。像他序小修詩，主張「獨抒性靈」；然所舉出說明者，則僅為小修「性喜豪華，不安貧窘。愛念光景，不受寂寞」、「沉湎嬉戲，不知樽節」、「不勝其哀生失路之感」等部分，謂此為「任性而發」，實則不過表現了小修的情欲嗜好而已。他稱道這樣的創作態度，亦不以此種人生為非，彷彿是與其修道參禪相矛盾的。可是事實上正是因為中郎以才性為說，始能成此妄見。

〈識張幼於箴銘後〉和同卷〈識周生清秘圖後〉論莊子才不才之說，都可以看出他以才質言性的方向。卷五〈與龔惟長先生〉更是以「目極世間之色，耳極世間之聲，身極世間之鮮」，蕩盡家產，狼狽托缽，恬不知恥為人生之大快活。如此以縱欲為真樂，殊乖禪家宗趣。難道中郎於此，真的缺乏自覺，無法辨明嗎？似乎又不儘然，他在該文中說：「大抵世間只有兩種人，若能屏絕塵慮，妻山侶石，此為最上；如其不然，於情極意，抑其次也。」什麼才是最高境界，他很清楚。但可能是出於少年矯激的心理，使他故意提出絕去俗情的另一端來揭揚，他後來常說早年持論往往矯枉過正，就是這種情況。也可能他只是在識解上見性，本身才性生命仍不能擺脫矜才使氣及情欲嗜好之牽動，所以只好從理論上替自己的行為進行合理化的辯護。

隨著年齡漸長，閱歷漸深，修為漸密，中郎在這一方面頗有改變。例如萬曆廿五年他在杭州淨慈寺見蓮池大師時，還沾沾自喜地說：「僧之好淨者，多強人吃齋。余不能齋，而蓮公復不強我，凡錫甑瓶盤之類，為僕子所膻，亦無嗔怪。二可喜也。余弟最粗豪，蓮公不厭。余性狂僻，多詆時，貢高使氣，目無諸佛，蓮公不以為妄。五可喜也。」（卷十〈紀藥師殿〉）這時的中郎，仍是任才使氣的；他也以蓮池能欣賞並包容他的才性之偏而欣賞蓮池。到萬曆廿七年，不吃齋且讚美和尚不強人吃齋的袁中郎卻吃起齋來了。卷廿二〈答顧秀才紹芾〉云：「近日漸學斷肉，此亦是學（陶）隱居之一端，將欲並禁諸欲，未免為血肉所使。常自諦觀宦情不斷之根，實在於此。受用幾數，而貪戀若是！吁，可笑也已！然竟亦須斷之。」不僅持齋斷肉，更反省到過去生命中的病痛就在於貪戀情欲，而擬禁斷諸欲了。

這種轉變，並非孤立的。袁小修所撰宏道〈行狀〉說：

> （萬曆廿七年）先生之學復稍稍變。覺龍湖等所見，尚欠穩實。以為「悟」「修」猶兩轂也，向者所見，偏重悟理，而盡廢修持，遺棄倫物、偭背繩墨，縱放習氣，亦是膏之病，遂一矯而主修，自律甚嚴，自檢甚密。

可見本年乃中郎學思之一大轉關。病昔日縱於嗜欲習氣之弊，轉而強調修、強調學啦。例如其〈金剛證果引〉批評當時之狂禪。廿七年又有一函答無念，謂：

所云意識行不得一著子，不知念禪如何受用？世間未有名聞利養心不除、煩惱火焰熾然，而可云意識行不得者也。生與公全不修行，我貢高，其為泥犁種子無疑，此時但當慟哭懺悔而已。公今影響禪門公案，作兒戲語。向謂公進，不知乃墮落至此耶？公如退步知非，發大猛勇，願與公同結淨侶。若依前只是舊時人，願公一字亦莫相寄，徒添戲端，無益矣。（卷廿二）

無念乃李卓吾弟子，但中郎責其為戲論、全不修行，語氣頗為峻厲，責人而亦自悔其舊也。同年〈答陶石簣〉曰：「妙喜與參政書，初入門人不可不觀。書中云：『往往士大夫悟得容易，便不肯修行，久久為魔所攝』，此是士大夫一道保命符于兄試看此書，與近時毛道所談之禪，同耶否耶？近代之禪，所以有此流弊者，始則陽明以儒而濫禪，既則豁渠諸人以禪而濫儒。禪者見諸儒汩沒世情之中，以為不礙，而禪遂為撥因果之禪。儒者借禪家一切圓融之見，以為發前賢所未發，而儒遂為無忌憚之儒？不惟禪不成禪，而儒亦不成儒矣。」抨擊當時汩沒於世情、肆無忌憚之狂禪風氣也極激烈，對陽明等人殊為不滿。其他強調修與學，則與〈答無念〉相似。次年又有一函寄李卓吾，謂：「世人學道日進，而僕日退，近益學作下下根行。孔子曰：『下學而上達』，棗柏曰：『其知彌高，其行彌下』。始知古德教人修行持戒，即是向上事。彼言性言心、言玄言妙者，皆虛見惑人，所謂驢橛馬椿者也」，對卓吾亦提出了針砭。⑬卓吾此時已撰《淨土決》，已不僅限於禪學，但中郎覺得他對於戒的部分尚少注意，所以希望他能「發明持戒因緣」，因為戒行才是救世良藥。

從偏重悟理、講無執境界、打通後壁說話，一轉而強調下學、修持守戒，對於自己之縱放習氣、放肆情欲痛切反省，是一大變。他在萬曆卅四年回顧舊事時，說明這個轉變，乃是「變為苦寂」：

近溪少年亦是撇清務外之人，故已登進士，猶為僧肩行李；已行取，猶匿山中。後來經百番鍛鍊，避之如毒蛇，仇之如怨賊，而後返吾故吾，故吾出，而真聖賢真佛子出矣。此別傳之正脈絡也。弟少時亦微見及此，然畢竟徇外之根，盤據已深，故再變而為苦寂。若非歸山六年，反覆研究，追尋真賊所在，至於今日，亦將為無忌憚之小人矣。夫弟所謂徇外者，豈真謂借此以欺世哉？源頭不清，致知工夫未到；故入於自欺而不自覺，其心本為性命，而其學則為的然日亡。無他，執情太甚，路頭錯走也。（〈答陶周望〉）

少年時藉口無執以遊戲人間，放肆情欲，是徇於外境，為物欲所汨沒。但矯厲持戒，刻意苦寂以療之，亦不免於另一極端，矯枉而過正，並非中道。所以說那也是務外撇清，仍不免於執情。必須遲至此時才可謂齊一變至於魯、魯一變而至於道。然非有初變時一番修證工夫，亦終不能抵此境界。

幡然改悟，主修主學，自然也就使其文學理論發生了變化。早期一意破執，但抒情而已，不必法古；縱使所抒之「性靈」僅為情欲嗜好，亦自不妨。現在則認為「學」還是很重要的。如萬曆廿七年〈答陶石簣〉言：「世間騷人全不讀書，隨聲妄詆，欺侮先輩。前有詩客謁弟。偶見案上所抄歐公詩，駭愕久之，自悔從前未曾識字。」他為什麼會批評當時文人多不識字不讀書呢？因為他自己便對其早年妄詆先輩頗為痛悔。故同年〈與馮琢庵師〉云：「宏近日始讀李唐及趙宋諸大家詩文，如元白歐蘇，與李杜班馬真足雁行，坡公尤不可及。宏謬謂前無作者，而學語之士乃以詩不唐文不漢病之，何異責南威以脂粉？」他三十二歲始讀唐宋諸大家集，並抄歐詩，可見其早年乃專恃才情肆口。⑭此時評王李諸子亦較和恕，〈敘姜陸二公同適稿〉說：徐禎卿、王世貞「二公才亦高、學亦博今之為詩者，才既綿薄、學復孤陋，中時論之毒復深於彼，詩安得不愈卑哉？」重視學問在詩文創作中的地位，與彼稱道其「門人某等留心學問，其為文根理而發，無浮詞險語，是可喜也」（卷十八〈敘四子稿〉），可謂同調。次年又有替江盈科寫的《雪濤閣集・序》，針對「法」、「復古」等問題提出了新的解說：

> 夫法因于敝而成於過者也。有宋歐蘇輩出，大變晚習，於物無所不收，於法無所不有，於情無所不暢，於境無所不取，滔滔莽莽有若江河。今之人徒見宋之不法唐，而不知宋因唐而有法者也。

這裡，他不再昌言無法，反而從有法這一面去推崇宋詩，不再說「唐人妙處正在無法」一類話了。而且，這時中郎的主要批評對象已是「今之人」，即不法古的不學之人，而非言復古的先生們。故下文接著說「夫復古是矣」，以復古為是，早年恐不肯做此語。蓋此時他已不再原則性地反對復古，只反對「以剿襲為復古」者而已；不再原則性地主張無法，說「代有升降而法不相沿」，而從法本身的變化上講詩文之發展。因此，對於江盈科「信腕信手，皆成律度」的作品，也不再滿意了，謂「此進之矯枉之作」。此等矯枉之作，係因「古今文人，為法所困，故逸士輩出，為脫其黏而釋甚縛」使然，充滿了破執任性的姿態，故近乎近俚近俳，乃早年中郎年與江氏共同主張者，今則惜其矯枉過正矣！袁小修說他詩文至此，「又進一格」，即指此種轉變。⑮小修《游居柿錄》卷九說：「（中郎）詩文，如〈錦帆〉、〈解脫〉，意在破人之執，故時有遊戲語。然其後亦漸趨嚴謹」，講的也是這件事。

（六）鼓吹西方彌勒淨

1.思想史的意義：力矯禪林通病

中郎撰《西方合論》即在萬曆廿七年，次年伯修序之。其書以華嚴教判，疏釋淨土，曾得到蕅益大師極高的評價，後來張明教又有標注行世。它代表中郎由禪宗轉向淨土的思想。

中郎對淨土本不陌生，如萬曆廿五年其〈與方文僎論淨土〉即深信人死後往生西方淨土之說，謂淨土是真有而非譬況，這是因為他與雲棲蓮池大師相游處的緣故。但當時他只說：「蓮池戒律精嚴，於道雖不大徹，然不為無所見者。至於單提念佛一門，則尤為直捷簡要」（卷十〈雲棲〉），未甚推許。其師友中兼論淨土者，則有李卓吾。李氏《淨土決》鼓吹彌勒淨土，雜采永明延壽《萬善同歸集》、宗本《歸元直指》等書而成，中郎對之亦無深契。

待中郎寫《西方合論》十卷，思想已生變化，始漸接近雲棲的立場。

聖嚴《明末佛教研究》一書，謂中郎此著「乃明末淨土諸書中，最具氣魄的一種。本書所用名數法相與一般淨土教迥異，使讀者頗有新鮮感」，頗為推崇。但他又認為「此書思想並無太多淨土思想的突破處，除在理觀上加深加廣，開拓了淨土法門的視界之外，對於實際修行生活的指點及方法的改革，未見新貌」，「正由於作者重視形式的雄偉壯觀，使淨土教有氣象萬千之勢，故有些敘述及組織，乃屬不切實際的鋪張」。⑯這樣的批評，完全錯誤，未注意到中郎轉向淨土的關鍵。

蓋中郎原本認為雲棲悟道未深，但一心念佛、戒律精嚴，亦堪敬重。後來自覺到自己和時人參禪者多偏於悟而修證不足，始轉而強調修戒。故其言淨土，不同於一般論淨土者。他在發明淨土義理之外，更欲藉言淨土以矯時人重悟廢修之病。宗趣如此，何必指點實際修行生活或改革修行方法？指出專意修戒，念佛往生之價值，證明淨土是圓極之教，不遜於禪宗，才是他的重點所在。

且他在《西方合論引》中說得很明白，彼以十十無盡，圓融周遍論淨土，乃是因自己和佛教「迨於今日，狂濫遂極。謬引唯心，同無為之外道；執言皆是，趨五欲之魔境」，所以他才提倡淨戒，非徒以示一形式上的雄偉壯觀而已。

《楞伽》傳自達摩，悟修並重；清規創始百丈，乘戒兼行。未聞一乘綱宗，呵叱淨戒；五燈嫡子，貪戀世緣。昔有道士夜行，為鬼所著，宛轉塚間。有甲父見之，扶掖入舍，湯沃乃醒。道士臨別謂甲父曰：「羈客無以贈主人，有避鬼符二張，願以為謝。」聞者笑之。今之學者，貪嗔邪見，熾然如火，而欲為人解縛，何其惑也！余十年學道，墮此狂病，後因觸機，薄有省發。遂簡塵勞，歸心淨土。禮誦之暇，取龍樹、天台、智者、永明等論，細心披讀，忽爾疑豁。既深信淨土，復悟諸大菩薩差別之行。如貧兒得伏藏中金，喜不自釋。

歸心淨土，代表他對自己從前貪戀世緣、墮於狂病的悔改。故主張淨戒，以期悟修並重、乘戒兼行。這個立場，在伯修序中講得尤其透闢。伯修謂當時禪門宗風日衰，人之根器亦劣，偶於佛祖機鋒及知識語言處，悟得本來成佛處與當下即是處，便任意遊嬉：

> 言戒則曰：本無持犯，何必重持輕犯？言禪則曰，本無定亂，何必舍亂取定？爭人爭我，說是說非。甚至以火性為氣魄，以我慢為承當，以譎詐為機用，以誑語為方便，以放恣為遊戲，以穢言為解黏。讚歎破律無行之人，侮弄繩趨尺步之士。偏顯理路，故窮玄極妙，莫之蹤跡；盡剗行門，故縱意任心，無復規矩。不念世間情欲無涯，堤之尚溢，如何日以圓滑之語，大破因果之門，決其防藩，導以必流，自誤誤他，安免淪墜？

當日人欲橫流之弊，即由談禪說悟者開之。所以他也倡言念佛，認為念佛可以提醒參禪之心，而藉參禪也可以堅定淨土的信仰，走一種禪淨合一、悟修並重、乘戒兼行的路子。他更舉袁中郎為例，肯定了此種悔改的價值：

石頭居士少志參禪，根性猛利；十年之內，洞有所入。機鋒迅利，語言圓轉，尋常與人論及此事，下筆千言，不蹈祖師語句，直從胸臆流出。活虎生龍，無一死語。遂亦自謂了悟，無所事事。雖世情減少，不入塵勞；然嘲風弄月，登山玩水，流連文酒之場，沈酣騷雅之業，懶慢疏狂，未免縱意。如前之病，未能全脫。所幸生死心切，不長陷溺；痛念見境生心，觸途成滯。浮解實情，未能相勝。悟不修行，必墮魔境，佛魔之分，只在頃刻。始約其偏空之見，涉入普賢之海。

他們兄弟不只是親情骨肉，更是修道同參，故本文對於中郎學問的進境，描述既親切又深刻。從這段話裡，我們即可發現中郎撰述淨土宗論，乃是由衷而發，一方面表達了他悟今是而昨非的喜悅，一方面顯現他這個時期的淨土見解，另一方面則是企圖藉此扭轉當時禪林及居士佛教的風氣。其在思想史上的價值，遠超過李卓吾的《淨土決》。

2.思想內容分析：藉華嚴以判攝

再從思想內容上看，袁中郎對淨土的理解與闡述是否「並無太多突破處」呢？聖嚴法師說中郎之論淨土，徒求形式壯觀，鋪張不切實際，只不過，將《阿彌陀經》舉揚為圓極教者以中郎為始，為一大特色而已。但是「為了維持他把淨土教的《阿彌陀經》置於圓極的地位，也不得不對華嚴宗的李通玄長者批評一番」，評價並不太高。事實是否果真如此？

淨土思想，係指相信諸佛與佛土乃確實存在，人活著時接受佛的攝護，死後也期望能往生於佛國淨土的想法。淨土，係相對於人現世存活之穢土而言。此乃佛教徒之基本信仰，屬於佛教之通義，故各宗均有此思想，教行普遍弘通。其自立為宗，遲至元明始然。因此從元明以後淨土立宗的角度看，早期唐宋間，天台、華嚴、禪諸宗之講淨土者，便被稱為台淨融合、禪淨雙修等等，其實乃是以天台言淨土，以華嚴言淨土，以禪言淨土或以法相言淨土等等。如天台自荊溪湛然以後，有義通、遵武、知禮、元照等宣說淨土，誓生西方。華嚴自法藏而後，有李通玄、澄觀、宗密等討論淨土。凡此之類，至明代仍存舊式。因為念佛主要是一種宗教的修持工夫，相信依這樣的修持便能往生淨土，則是基於宗教徒的信仰，其本身並不需要理論。但辯護佛確能往生，說明各色人等如何往生、各能生於何種淨土，分辨淨土之性質等問題，各宗均可依其本身之思路去解說，如此即構成淨土之不同論釋。

袁中郎論淨土之特殊處，就在於他主張禪淨合一，但其理論主要卻是從華嚴宗來的。

中郎之有得於華嚴，早在其論禪時已然。前文所舉萬曆廿四年〈與曹魯川書〉即謂「華嚴迴出常情」，並以華嚴之事理無礙來解釋禪宗的圓融不執。但這時中郎的思想尚偏於去執的一面，所以他同時也以禪的精神去解釋華嚴的判教，謂小始終頓圓等，小即是圓，圓亦是權。這種情況，就像他次年批評永明延壽一樣。永明延壽於五代宋初見禪宗之執理迷事而提倡禪淨雙修，立十門以明淨土，曰理事無礙、權實雙修、二諦並陳、性相融即、體用自在、空有相成、正助兼修、同異一際、修性不二、因果無差，影響極為深遠。然而，正偏於去執超悟的袁中郎，對此不甚能欣賞，謂：「永明入處廉纖，欲於文字中求解脫，無有是處。後來念佛修淨土，皆因解脫不出，心地宋穩，所以別尋徑路。今《宗鏡錄》中，可商者甚多，一見當知之。」（卷十〈南屏〉）顯見此時他尚不認為必須從事理無礙的講法去念佛修淨土，對舍禪悟而修淨土者亦殊不以然。

萬曆廿七年中郎轉向淨土後，對《宗鏡錄》的態度也不一樣了。萬曆卅一年，他定居柳浪，日課其書數卷，久之，「逐句丹鉛，稍汰其煩複，攝其精髓」，抄成《宗鏡攝錄》。據袁小修的品題，是「減去錄中數萬言，而全書畢具；爪甲粗刪，血脈自如」（《珂雪齋文集》卷三）。於永明宗趣，蓋已契合，而最主要者即在於以理事無礙來論淨土，遂亦採用華嚴之判教。

《宗鏡錄》自稱「剔禪宗之骨髓，標教網之紀綱」，據卷三四云，教指華嚴。其書引《華嚴經》及賢首宗理論亦最多，卷四六更說：「若究竟欲免斷常邊邪之見，須明華嚴之相義門，則能任法施為，自亡能所」，可見它是以華嚴教理闡釋禪家的心性。但永明也只由此一心講唯心淨土，呼籲眾生定心、專心，發願往生而已，對淨土本身是缺乏解說的。袁中郎在此，乃不能不接之以華嚴李通玄居士之說。

淨土為諸經之通說，然關於其土之性質及所居之人物，敘述不一。綜合經典所說，予以分類，始於慧遠。區別淨土為事淨土、相淨土、真淨土三類。其中真淨土又分為真土、應土，或法性、實報、圓應三種。謂人之業因不同，所感之土便有差別。自斯而後，論者蜂起。李通玄，是唐開元年間人，號棗柏大士，曾撰《華嚴疏》四十卷、《新華嚴經論》等，廣就諸經論所說，分別十種淨土，並判攝其權實。十淨土者：

一、阿彌陀淨土。凡夫未證法空，故示專誠憶念之法，使其心能一分清淨，以生淨土。此土「權」而非「實」。

二、無量壽觀經淨土。未信法空者，使其觀想色相而生淨土。亦權而非實。

三、維摩經淨土。以神力暫現的足指安地淨土，為實報土，然境不寬廣。

四、梵網經淨土。二乘菩薩示現之一分報土境界，尚未圓滿。

五、摩醯首羅天淨土。乃為權敬菩薩、染淨未亡者說，故尚非實說。

六、涅槃經淨土。以釋尊實報土為無勝淨土，乃為三乘權敬一分染淨未亡者而說。

七、法華經之三變淨土。為染淨未亡之權穀菩薩而說，仍非實說。

八、靈山淨土。引權教菩薩，令知即穢而恒淨，實而非權。

九、唯心淨土。心淨即佛土淨，自證己心，故為實淨土。

十、毗盧遮那佛所居淨土。乃蓮花藏佛國土，包淨穢又無穢無淨，上下彼此無自他相，一一佛土皆遍法界，故為真正實說之報土。

袁中郎吸引了李通玄這十種淨土論，亦分淨土為十，但他是倒過來講的；一、毗盧遮那淨土。二、唯心淨土。三、恒真淨土，即靈山上所指淨土。四、變現淨土。五、寄報淨土，如摩醯首羅天。六、分身淨土，涅槃經淨土。七、依他淨土，如梵網經。八、諸方淨土，佛佛各有淨土，皆是實報土。九、一心四種淨土（凡聖同居土、方便有餘土、實報無障礙土、常寂光土），十方剎土，隨心異見，約人天三乘，即前二種土；約菩薩佛，即後二種土。十、十攝受十方一切有情不思議淨土，即阿彌陀西方淨土。

中郎之書，名為《西方合論》，就是把諸經論中對於西方淨土的講法綜合起來說。諸經論之敘西方，各不相同，欲予綜攝，即如判教。李通玄的判攝，為中郎提供了一個基本架構。但是淨土諸說因各宗所奉經典不同，在價值判斷上本來就不一樣。阿彌陀佛西方極樂世界乃《阿彌陀經》、《無量壽經》等之說；靈山淨土與變現淨土，為《法華經》之說；《華嚴經》則講蓮花藏世界。

李通玄是華嚴宗，故以蓮花藏世界為真正實說之報土，認為西方淨土只是權不是實。袁中郎是主阿彌陀淨土的，所以他一方面將蓮花藏世界（毗盧遮那淨土）解釋為阿彌陀，謂：「毗盧遮那，即無量壽表義，豈有勝劣？只因如來為一分取相凡夫故，說有阿彌陀在於西方」，此事實上就是李長者的第一阿彌陀淨土。另一方面則將阿彌陀淨土改稱為攝受十方一切有情不可思議淨土。同時，在《部類門》中判《華嚴經》為「緯中之經」，而推阿彌陀、無量壽諸經為「經中之經」。《教相門》又說華嚴及彌陀經都是「應理圓實宗」。此皆可見袁中郎基本上是依華嚴而論淨土，但又轉而推崇阿彌陀。以此融攝經論，發明一念往生之義。規模閎闊，義理精深，實在是淨土論著中的巨構。聖嚴法師法眼偶誤，但見其批評李長者處，而不見其以李長者之說為骨幹，又不能明其宗趣，故評價其書顯有未諦。至於蕅益大師說中郎此書「字字從真實悟門中流出，故絕無一字蹈襲，又無一字杜撰」，推舉雖隆，也未能辨其持說之底蘊。

應該指出的是：袁氏論淨土，宗趣本異於蕅益智旭。因為明代言淨土者，多依天台教旨，如永樂間之密庵著《淨土指歸集》、《阿彌陀經略解》，妙葉著《寶王三昧念佛直指》，隆慶間之宗本著《歸元直指》等皆是。李卓吾《淨土決》主要就是選抄宗本之書而成的。同時如無盡傳燈依天台三諦三觀論一心不亂，蕅益大師亦以天台為說，曾著《法華經玄義節要》二卷、《法華經會義》十六卷等，此均依天台教旨而言淨土者。《蕅益選定淨土十要第四》更云：「作論通經，闡揚淨土，則當以天台智者大師《十疑論》奉為髦弁。」⑰在這種潮流中，袁中郎以華嚴論淨土，當然顯得較為特殊，故益批評他：「台宗堂奧，尚未詣極。」可是袁中郎對天台宗也不欣賞，〈題碧空禪人誦《法華經》引〉說：「余每讀《法華經》即不能終卷」，並敘其讀經時之疑問若干條（見卷五四）。所以他論淨土原本就與益宗派不同，蕅益智旭無法瞭解其理論依據也是十分自然的事。

（七）端重自守以歸平常

中郎之學思，進展至此，逐漸強調修、戒，除了在理論上偏向淨土外，也注意到僧伽紀律之問題，對明朝政府無法有效管理僧人深致不滿。卷五四〈新建眾香林碑記〉提出了他管理僧徒的辦法：

一曰「置郵」。郵即古之叢林也。郡邑大者三四，小者一，凡客僧至而他投者，以奸論。二曰「署師」。師即叢林主人也。取其賢而能不苛者，庸而能自潔者，暫寄而不長子孫者。方僧小過，則以規繩從事，大則付之邑長貳。其誰敢不肅？

有關叢林的制度，又詳卷四十〈眾香林疏〉、〈題供僧籍〉等。這些主張，在佛教史上當然都很有意義，從袁中郎本身思想的發展上看，也可以發現這代表了他對生命遊惰放縱的改悔。

陳眉公曾評袁中郎肅整僧徒紀律的構想曰：「如此紀法，便省游惰之習。」反對社會上民眾游惰，一如反對個人遊惰生命，這與中郎早年之以狂放自喜是全然異趣的。萬曆卅五年他撰〈壽劉起凡先生五十序〉，便特別提出「端重」來和「豪少年之輕逸」作對比，並以自己為例，說：「當余少年盛氣時，意不可一世士，見鄉里之銖寸守者，意殊輕之，調笑玩嫚，見於眉睫。中年以來，飽歷世故，追思曩日所懷，可愧非一。」對於自己少年時「浮慕意氣，時有矯激」、「拂情以為逸」，深表慚悔，而推崇「端重自守」、「不為過情之行以飾耳目」之風。此類口吻，正與萬曆卅七年彼主陝西鄉試時所作對策程文之批評任誕相同。該文第五問，特別針對狂者人格重作解釋，認為張良、謝安、李白、郭子儀等人「正吾夫子之所謂狂，而豈若後世之傲肆不檢者哉？夫傲肆不檢，則《魯論》所謂飽食終日無所用心者，游談不根之民而已矣」。這篇文章，乃「專為學狂而無忌憚者發」，也為那種「流連光景，頹然自放」任誕虛無而自托於孔門曾點者發。針砭時俗，甚為痛切。

當是時，曩之任情肆他以快意氣者，乃漸趨於平淡矣。袁小修所撰中郎〈行狀〉載：「其學亦日趨平淡。常語中道曰：『吾覺向來精神，未免潑散。近日一意收斂，樓成，每日坐三柱香，收息靜坐』，又曰：『四十以後，置粉黛、縱情欲，便非好消息也』。語多如此，不悉記。」用中郎自己的文章來說明，那就是〈遊蘇門山百泉記〉所言：「舉世皆以為無益，而各惑之，至捐性命以殉，是之謂溺。溺者，通人所戒，然亦為通人所蔽也。溺於酒者，至於荷鍤；溺於書者，至於伐塚；溺於禪者，至於斷臂；溺於山水者亦然」，「有大溺者，必有大忍。今之溺富貴者，汩沒塵沙，受人間摧折，有甚於水者也。抑之而更拜，唾之而更諛，其逆性反情，有甚於笑者也」。以嗜好為惑溺，持論自與早年不同。

修證至此，情欲嗜好漸次收攝消散，生命亦逐漸端重自守，不追逐風花光景，也不炫耀才情，而嚮往一種素樸平淡的境界。《壽劉起凡先生五十序》說得好：「孔子曰：道不遠人。彼所謂端重自守者，皆人情也，而余輩拂情以為逸，不惟無效，而且於道日遠。」⑱道不遠人，平淡自然即是道，常人自然的行住坐臥，事實上便通於最高的境界，他說：「三教之至，塗之人誰不具者？饑餐倦眠，夏寒衷，此亦仙之攝生也。遇於途則揖，於門則徐，此亦儒之禮教也。呼之則應，引之則行，此亦禪之無住也。達者之謂聖，充者之謂賢，日用不知謂百姓。」（**卷五四〈壽曾太史封公七十序〉**⑲）又說：「今之學者動喜奇氣勁節，其流弊與沈溺欲海者則一。噫！此東漢諸君子所未夢見者也。夫學不至於道，而趨天下之所重，其所重處即炎也，吾趨之之心則猶貢諛也。氣之所激，偶爾見奇，而造物者豈以是奇哉？」（**〈壽鄒南皋先生六十序〉**）⑳反對矯厲，也反對徇溺，謂平淡平常，歸於自然者，始通乎大道。其見解如此，故於王學之流衍如心齋一派深致不滿：

夫陽明之學，一傳而為心齋，再傳而為波石、三傳而為文肅，謂之淮南派。淮南王擔荷，而其子孫喜為拔俗之行，其弊至為氣魄所累。語云：「字經三寫，烏焉成馬。」淮南之後而為悍然不顧，其一短也。公證處不可知，大要夷然一出於粹，又淮南諸孫所未有。文肅別派為渠上人，渠之傳多在楚，而喜為任誕，公能矯之以行履。（卷五四〈壽何孚可先生八十序〉）

心齋一派，正所謂能赤手搏龍蛇者，故中郎說他們不免為氣魄所累；王學流弊，在於游談無根，所以中郎又說應該矯之以行履。什麼樣的行履呢？庸言庸行是也。惟其為庸言庸行，所以才是常道。若反常以求新奇，則反而會釀生災禍：

行出於仁義孝友，庸行也。有一人焉，破常調而馳格外，寂寞至於不可甘、泛駕至於不可羈絡，則相與侈而傳之。追稗官而退史籍、敢於侮聖人而果于宗邪說，其初止於好新耳。以為不奇則不新，故爭為幽眇之說以撼之；又以為不乖常而戾經則不奇，故至於叛聖賢而不自覺。世道人心至此，幾于白日之昏霾，而陰幾偏天下矣。嗟夫！漢之衰也以意氣，晉之衰也以清虛，宋之衰也以議論。夫意氣、清虛、議論，三者皆非致衰之道也。然意氣不已則為標目，標目不已則為悍激，是故有戈矛劍戟之象焉。清虛不已則為任誕，任誕不已則為棄蔑，是故有被髮左衽之象焉。議論不已則為分兢，分兢不已則為牽制，是故有削弱局促之象焉。（卷五三〈陝西鄉試策問第一問〉）

要改善這種弊病，唯有「信法而守常」。早年以破法去執自負的袁中郎，至此始可謂歸根復命矣。豪華落盡，浮囂俱去，歸於平淡真淳，其所謂真，所謂自然，實與早歲不同。用禪宗的話來說，即是經過「見山不是山」的曲折後，再回到「見山是山，見水是水」的境界，其曰真曰自然同，其真與自然則大異了。這時，他對世事時局的看法，是歸於道揆法守：「修祖宗之常法，而歸閣部之常職」，「綜名實以課功能，一甲令以定職業，宗禮教以甄流品，崇真儒以明正學」。對文學的看法也是如此。

萬曆廿九年，中郎在揚州，迎伯修之柩，登平山閣與江浦諸友論文時，即作詩云：「文心喻煙水，吞吐幾重重。」（卷廿六）文心曲折，乃是深識為文甘苦之言，與早期一味讚美「獨抒性靈」、推崇閭里婦孺歌謠為真詩，恰好相反。那時只曉得強調內在情感之發抒，而對如何發抒以及文章構成之法則均毫不在意，甚且以能破除此種法則自負。現在則重新發現為文並不如此簡單，必須透過博學的工夫、沉潛陶煉的人生修證過程，才能使情感具有值得表達的內容；而欲表達此種內容，又須透過文字的鍾煉，真積力久，方能逐漸達到「無意於文」的自然境界。㉑

萬曆三六年他撰〈行素園存稿引〉曰：

物之傳者必以質，文之不傳，非曰不工，質不至也。樹之不實，非無花葉也；人之不澤，非無膚髮也。文章亦爾。古之為文者，刊華而求質，敝精神而學之，唯恐真之不極也。博學而詳說，吾已大其蓄矣，然猶未能會諸心也。久而胸中渙然，若有所釋焉，如醉之忽醒，而漲水之思決也。雖然，試諸手猶若掣也。一變而去辭，再變而去理，三變而吾為文之意忽盡，如水之極於淡，而芭蕉之極於空，機境偶觸，文忽生焉。風高響作，月動影隨，天下翕然而文之，而古之人不自以為文也，曰是質之至焉者矣。大都入之愈深，則其言愈質，言之愈質，則其傳愈遠。夫質猶面也，以為不華而飾之朱粉，妍者必減、媸者必增也。（卷五四）

所謂質，就是指生命的品質。只有生命的品質好，才能保證文章的品質。而此高品質之生命內涵，又須刊落浮華，方能臻至自然之境。㉒此即中郎之文學晚年定論也，與其人生修證歷程適相符應。袁小修說他在主陝西鄉試以後，詩文「較前諸作，又一格矣」，是不錯的。

此時中郎對儒佛之態度亦有了些變化。在佛教部分，繼續修淨土，而放棄了禪宗的路子，說：「淨業如築土禦水，厚則不潰。訓講如饑兒入市店，只取充腹，過則為痞為困悶。參上乘禪，如劉項打天下，成則為帝，敗則為垓下之戮。淨業可以行證，訓講可以知開，唯禪也不可行不可知。」（卷五四〈題寶公冊〉）在儒佛關係及價值抉擇上，則漸歸於儒家。

萬曆卅二年中郎〈為寒灰書冊寄鄖陽陳玄朗〉認為儒佛一致：「佛氏以生死為一大事，而先師云『朝聞道，夕死可矣』，是亦一大事之旨也。余嘗謂唐宋以來，孔子之學脈絕，而其脈遂在馬大師諸人。及於近代，宗門之嫡派絕，而其派乃在諸儒」，這是從宗旨上說儒佛一致的。另一篇〈明教說〉則從另一角度說二者一致：「天地位，萬物育，此震旦古佛之教也，非身提而面命也。十方消殞，此西方聖人之教也，非黃卷赤軸也。不殞則不位，不位則不殞。殞與位，似相反而實相成也。」這類儒佛一致論，在義理上均不能成立，但我們應注意他立說之用意。中郎大約是以儒為主軸，試圖融攝佛教，並藉這種融攝來改革當時儒家的弊病。例如他批評當時儒者之流入二氏，是「彼以治世之外，別有一種性命之學，其說莽蕩而無歸，而稽之實用，若覓鳥跡於空，而求風浪於水也。其懶慢不耐世故者，則又曰吾姑且為二氏。二氏之學雖偏，然亦何嘗舍人以為仁耶？」（〈陝西鄉試策問第四問〉）其基本論理方式，是說二氏宗旨不異吾儒，吾儒真正精神血脈也不應自我放棄，本文可視為一典型。同例又如〈壽存齋張公七十序〉云：

> 江左之士，喜為任達，而至今談名理者必宗也。俗儒不知，叱為迂誕，而一一繩之以理。於是高明玄曠清虛淡遠者，一切皆歸之二氏，而所謂腐濫纖嗇卑滯扃扁者，盡取為吾儒之受用。吾不知諸儒何所師承，而冒焉以為孔氏之學脈也。公蓋白首於泮官黌舍之間者，一旦舍其窟宅，而逃於虛無恍惘之鄉。公之心殆醜夫腐濫纖嗇之儒，故欲去而遠之，而不知孔門之儒非也。顏之樂、點之歌，聖門之所謂真儒也。（卷五四）

他反對棄儒而入二氏者，故其基本立場是說：佛老兩家的貨色，孔家本鋪也有，不必外求。但既要求二氏於孔門，則其所抉發之孔門精華，便不能不以「孔顏樂處」為標目。此宋明理學家論儒釋關係之常蹊也。自北宋濂溪以降，都是如此講求，伊川就試，即論孔顏樂處。不料中郎之為學，迂曲盤旋，而亦卒歸於此，這不是強調中郎具有反理學傾向的人所能發現的。

中郎這種態度，事實上乃是一種儒家本位之立場，猶如理學家譏笑那些入於佛老者是：「拋卻自家無盡藏，沿門托缽效乞兒。」故表面上講佛孔不二，實以孔子為依歸（雖然在所謂「孔學」的真實內涵上可能已摻雜了佛教化的內容）。其〈陝西鄉試策問第一問〉，明以儒道為常道，適可見其祈向。他批評當時之風氣云：「今日之風尚，抑尤有可愕者，民服於奇淫，士競於吊詭，醜宿儒之所共聞，而傲天下以不可知。言出於六經、語、孟、常言也；有一人焉，談外方異教奧僻不可訓之書，則相與誦而法之。」言辭甚為愷切。因此，我們大抵可以說中郎到了晚年，在境界上認為平常是道，追求一種平淡自然，如潦水盡而寒潭清之生命狀態，掃棄風華。在人生歸向上，是順著早年孔佛不異及「人天導師，非孔誰歸？」等講法，逐漸放棄了禪悅，而主張儒道才是常道。至於生死問題，則繼續修淨業，以求往生。

（八）對袁中郎之再認識

中郎卒於萬曆三十八年，年僅四十三歲。中郎死後，其弟小修有〈珂雪齋記夢〉一文，說他夢見中郎已經往生西方極樂世界了。這個夢，替中郎一生亟思解答的人生生死問題，做了一個完美的答案。倘真如小修所述，則中郎求仁得仁，殆可無憾。

可是中郎短暫的生命，卻為人間留下了許多問題。

中郎基本上不是個文人。他「生死情切」，乃以修道證果之心處理自己的生命；文字，只是修證過程中的一點記錄而已。他對自己的文字毫無矜喜之意，但對自己的禪悟戒行卻十分看重。這樣的人，活在當時，無疑是寂寞的。他第一次赴京，即有《家報》謂：「天下奇人聚京師者，兒已得遍觀。大抵趨利者如沙，趨名者如礫，趨性命者如夜光明月，千百人中，僅得一二人，一二人中，僅得一二分而已。」在吳中為令，又說：「吳中人無語我性命者」（卷五）。凡此均可見中郎所追求的是解脫生死大事的性命之學，原本無意在文學上與人絜長較短。

但當時人顯然都把他看成一位文人、一位慧業才子。中郎對此情境，死亦不免於悵悵。他論詩文，好作遊戲語、驚人語、矯激語，除了掃執去縛思想使然外，這個心理因素實不能不予注意。如云：「世人喜唐，僕則曰唐無詩。世人喜秦漢，僕則曰秦漢無文。世人卑宋黜元，僕則曰詩文在宋元諸大家。」（〈與張幼于〉）如此論事，近乎與人鬥口，立異以鳴高，自非莊論。他自己又何嘗不曉得此皆權說而非實話？但他就是故意要如此說，把一般文人視為神聖重要的詩文祈向問題滑稽地顛覆一番。只有修持漸深、矜氣漸平之後，這種情形才逐漸減少。

可惜的是，言辭既已出口，便成為真實的事物，會形成具體的影響。中郎的矯厲語、遊戲語，在當時即有許多人視之為實話而非權說。小修序中郎詩時說：「〈錦帆〉〈解脫〉，意在破入執縛。學者不察，效顰學語，其究為俚俗、為纖巧、為莽蕩，烏焉三寫，弊有必至，非中郎之本旨也」，講的就是這種狀況。被害者還包括中郎的好友，如江盈科等人㉓。

中郎年輕時的好奇放肆、刻意癲狂，更使得這種影響越發嚴重。中郎幾乎成了名士輕狂的代表人物。他〈哭江進之〉一文自述他與江氏的文章中都有許多「矯枉之過，為薄俗所檢點者」。其實其行為遭世人指摘處又何嘗少了?袁小修〈告中郎兄文〉說當時人「疑其道不勝習」、「疑其懶不耐事」、「疑其以才軼法」（《珂雪齋文集》卷十），可稱實錄。

只把袁中郎看成是一位放蕩名士、不拘禮法的文人，是當時許多人看輕中郎的原因，也是清朝人鄙薄中郎的緣故。如汪大紳便說：中郎雖也談禪，但「袁氏禪未敢遽斷為口頭，得法於龍湖。龍湖不無狂魔入肺腑之證，至袁氏一轉而為輕清魔，墮在輕安快活裡作窠臼，日流在光滑滑處，無個銅山鐵壁時節」，以中郎為輕清魔，謂其學佛談禪可能只是口頭禪，其輕鄙可知矣。至於中郎所開創的公安派文風，更是「機鋒側出，矯枉過正，於是狂瞽文扇，鄙俚公行，雅故滅裂，風華掃地」（錢謙益《列朝詩集小傳》丁集「袁宏道」條），不值得作為準繩。

不料，到了五四反傳統時期，這樣一個放縱才性生命、以才軼法的袁中郎形象，竟大獲好評，論者嘉許他反禮教、縱情欲、破格套，稱之為文體解放、個性解放。這在價值判斷上固然與前人大異，觀看中郎的角度其實是一樣的。所以前人從他和李卓吾的關係方面去貶抑他，現在便由他與李卓吾有關係處去推崇他，謂中郎論詩文之所以能如此強調直抒性靈，即受李卓吾「童心說」之影響而然等等。

這類說法，目前仍充斥於我們的教材、文學史著、基本研究預設之中。可是它事實上不堪一駁。因為我們只要從袁中郎生命的全程，從他對生命的核心關懷去看，立刻就會發現中郎並不只是一位放蕩的文人。

那個放縱習氣，不守禮法格套，而又機鋒側出，主張破執任性的袁中郎，只是他在整體生命發展中的一個階段。被袁小修形容為「磨練習氣，日新不已」的袁中郎，很快就超越了這個階段，從知見和修為兩方面，努力地想矯正自己的毛病。且因其核心關懷是了生死的性命之安頓問題，故其反省著力處往往落在佛教部分。

由其修淨業、悔少作、責無念、勸卓吾、破狂禪、罪心齋，在在可見中郎進學之精勤；詩文亦因其人生命修為本身的變化而逐漸朝平正典重的方向走。中道言中郎於庚戌以後，嘗言為學須以敬持，以淡守；論詩文則云「我近日始稍進，覺往時大披露、少蘊藉」。所以說他是以生命之體證來探索性命問題，並以體證所得表現為藝術創造的人。僅以反文學擬古者視之，實不免太小看了他。

五四以來，論晚明文人、論公安、論袁中郎者，大抵都會談到他們與佛教頗有關係，但從來沒有人真正討論這種關係是怎麼一回事，對佛教的知識也不足以解讀中郎之書。再加上反傳統的意識形態偏見，硬是把一位「宗禮教以甄流品」的袁中郎，畫成了一個反禮教的輕佻名士；把一位專意商略生死之旨的思想家，看成講趣、講韻、講率真、講任性優遊的放誕山人。而所推崇者，如縱情欲、破格套等等，又皆為中郎所深悔的早年病痛。如此論史，危乎殆哉！袁小修《袁中郎先生全集・序》有幾句話很值得這些先生們參考，錄於後，以終本篇：（1）小修謂中郎「學問自參悟中來，出其緒餘為文字」，故勉勵後學者若欲學中郎，須探其源。同理，欲知中郎，亦須得其學問之源、詩文之本。（2）小修云：「諸文人學士泥舊習者，或毛舉先生少年時二三遊戲之語，執為定案，遂謂蔑法自先生始。彼未全讀其書」（《珂雪齋文集》卷三），此語正為五四以來論袁中郎者發也㉔。

注釋

①周氏此文，是替劉大杰校訂本《袁中郎全集》（時代圖書出版公司）作的序，寫於一九三四年。

②錢伯城：《袁宏道集箋校》，上海古籍出版社，一九七九年。本文引用袁宏道詩文，皆出於此本。

③張氏〈袁中郎的佛學思想〉亦收入注一所引書中，錢氏《箋校》輯為附錄，可以參看。融熙評文，收入張曼濤編《現代佛教學術叢刊》之十五《中國佛教史論集》六，明清佛教史篇，大乘文化出版社，一九七七年。

④見卷一〈初夏同惟學、惟長舅尊游二聖禪林，檢《藏》有述〉，詩云：「昏黑談經人不去，知君學佛意初濃」，「我亦冥心求聖果，十年夢落虎溪東」，似極幼小時即接觸了佛學，寺則為其舅惟長所建。檢佛藏事，另詳卷四十〈補藏疏〉。自稱：「二聖寺藏經，余與龔惟學先生次其目，惟長先生補其亡」，是亦曾用心矣。然此時只能說他與佛教人士頗有往還，對佛教也有文獻及名相上的接觸，尚不能遽謂其於佛教已有鑽研。對佛教態度認真起來，事在其後，故〈與曹魯川書〉說：「走弱冠即留意禪宗」。依此言之，「十年夢落虎溪東」云云，湊典而已，非實事也。

⑤焦竑雖為中郎之師，但比袁宏道老壽，卒於萬曆四十八年。其論禪之語不甚顯著，論老莊則重在「因」，強調以恬養和、因順萬物；對史學用功尤深。此皆與袁中郎不同。且焦竑中年學變，傾心羅汝芳，中郎則謂羅氏僅為別傳之正脈絡（見卷四三〈答陶周望〉），此亦可以徵焦袁之異。

⑥袁小修說中郎見李卓吾後「始知一向掇拾陳言，株守俗見，死於古人語下，一段精光不得披露。至是浩浩焉如鴻毛之遇順風」，即是形容這種更為精進的狀況。但我們應注意，此時李卓吾也對中郎大為傾倒，故題其《金屑》曰：「誦君金屑句，執鞭亦忻慕。早得從君言，不當有《老苦》。」所以這是兩個人印證功力而相契合，非中郎單向地承受李卓吾之教誨或影響。袁中郎後來或稱李卓吾為師，係因其師焦竑早與李卓吾訂交之故。講思想史者，在此往往誇大了李卓吾對袁中郎的影響；談文學史者，又常把李卓吾的思想看成是「公安派文學之思想基礎」（錢箋本第七六頁）：均屬誤說。

⑦這與當時許多提倡三教合一的論者也很不同。一般論者乃是就三教義理之異同處，辨證歸向，而提

倡三教合一，以勸人修行。袁中郎則反之，他是為了自身生命問題的解決而理解、擇用三教的，故無三教應否歸一的問題，也不會站在某一教的立場上去護教。

⑧中郎此處所論，即顯然與羅近溪不同。近溪參祖師禪，《明儒學案》卷三四載：「問：如何了生死？曰：識得原無生死便是了」，此羅氏之宗旨也。中郎之說則與袁了凡較為接近，袁氏編《功過格》，教人誦准提咒，並說：「孟子論立命，曰夭壽不二、修身以俟。一切覬覦、一切將迎皆當剷絕矣，到此地位，纖毫不動，求即無求。不離有欲之中，直造先天之境。」袁黃主張「修」，與袁中郎這個時期的見解殊不一致，然其言立命、修身以俟、不求，卻是接近的。中郎對袁了凡也很尊敬。

⑨袁中郎針當時佛道兩教均有批評，卷四〈題江進之城隍疏簿〉：「往歲見羽流緇徒，每每借此以脂膏其腹，靈宇未就，而主者已充囊盈篋。上者為子母錢，下者為酒肉、為狹巷曲邪之用」，卷十七〈良鄉三教寺記〉又說：「今道士之纖吝不足論」。卷二〈白銅兒詩〉更是把儒道釋都嘲謔了一番，說道士「房中素女術無成，汞裡金丹採不得」，和尚「山僧醉後顏如赬」，儒生則「生乏白金獻天子，死無黃紙賂閻羅」。因此，他不是因為對當時實際宗教的嚮往而研究佛學，鑽研其義理，而是為著安頓本身生命問題之需要，在探索性命問題時，希望鑽研三教義理有助於他解決生死大事。此乃親行實證之路，非知解學人之路，亦非信徒教士之路。

⑩見劉大杰校訂本《袁中郎全集》之〈袁中郎的詩文觀〉。

⑪另參卷二十一〈答陶石簣〉末尾畢擔夫為例的那一段。

⑫為文如此，為人亦然，卷五〈徐漢明〉謂：「有種浮氣不切，依憑古人之式樣，取網聖賢之餘沫，妄自尊大，欺己欺人。弟以為此乃孔門之優孟、衣冠之盜賊，後世有述焉，吾弗為之矣」，也是說做人不能拘於格套。

⑬萬曆廿七年〈答陶石簣〉：「弟近日始悟從前入處，多是淨妙境界。一屬淨妙，便是惡知惡解。」（卷廿二）中郎的修證，大抵前期在於超凡人聖，後則知不能只在聖界，須做下學工夫，而逐漸由聖回凡，漸次達到聖凡一如。

⑭此一時期中郎用功讀唐宋詩人集，又見卷廿一〈答梅客生開府〉：「邸中無事，日與永叔、坡公作

對」，〈答陶石簣〉：「弟近日始遍閱宋人詩文」，〈與李龍湖〉：「學中又有廿一史及古名人集可讀，窮官不須借書，尤是快事。近日最得意，無如批點歐蘇二公文集。」

⑮ 朱彝尊《靜志居詩話》卷十六說：「中郎謂其（江盈科）矯枉之過，所謂笑他人之未工，忘己事之已拙，文人通病，大抵然矣」，並未瞭解中郎批評江氏的用意。

⑯ 釋聖嚴：《明末佛教研究》第二章，東初出版社，一九八七年。

⑰ 聖嚴對於智旭的思想另有解釋，認為智旭思想可能是以《楞嚴經》為中心，只是利用天台教觀作為注釋經論的方法。見《明末中國佛教之研究》，關世謙譯本，台北：學生書局，一九八八年。但他這種講法也不妨礙我此處的推斷。

⑱ 卷四四〈德山塵譚〉：「常見初學道人，每行人難行之事，謂修行當如是。及其後，即自己亦行不去，鮮克有終。可見順人情可久，逆人情難久。故孔子說：『道不遠人，遠人不可以為道』」，可與此處所論合觀。本文又論儒家順人情，批評「拂情以為理」者。熟悉晚明思想狀況的讀者當可立刻看出這裡含有反對只講「理」的意思。然而，中郎固然反對孤懸一理以絜量人之行為，主張「理在情內」，其所謂情卻不是五四反傳統者所講的情欲。否則他以端重自守為人情，便不可解。

⑲ 又見〈德山塵譚〉「一切人皆具三教」條。

⑳ 〈德山塵譚〉：「問：何謂無忌憚？答：不知中庸之不可能，而欲標奇尚異以能之，此人形跡雖好看，然執著太甚，心則死矣。世間唯此一種人最動人，故為夫子所痛恨」，又說學道須「安心與世俗人一樣」。

㉑ 中郎主張無意於文，另參卷四一〈議雪照證卷末〉。

㉒ 中郎注意人品，又詳〈陝西鄉試錄序〉，卷五四。特別是「夫士之有品，猶文之有質」那一段。

㉓ 見卷三四〈哭江進之〉詩及序。

㉔ 錢伯城《袁宏道集箋校》附錄所收袁氏《西方合論》尚且不是全本，其餘可以想見。近世紛紛，皆言中郎，誰曾讀中郎之書耶？

九　攝道歸佛的儒者：焦竑

（一）運用道藏

《道藏》係明英宗正統十年十一月頒印，嘉靖三年重印了一次（或其中之部分），萬曆廿六年大概也重印了一次。這幾次刊行，印量無法確考，但可能流傳並不甚廣，故明人運用這部大書的情況殊不多見。焦竑便是這少數能充分利用《道藏》的學者。他自己的著作，如《老子翼》、《莊子翼》，在他卒後十年也被收入《續道藏》，成為續藏的壓卷之作。這樣的學者，當然很值得注意。①

焦竑早年曾從耿定向學，後又接受羅近溪的思想，且與李卓吾交情極好，所以論明代學術史者，均將他列入「泰州學派」的譜系中，屬於陽明後學。但焦竑和一般講陽明良知學的人最不相同處，在於他博極群書，自經史以至稗官雜說，無不淹貫，這幾乎是「道問學」而非「尊德性」的型態了。尤其他在萬曆年間與修國史，得覽內府藏書，頗為注意史料之匯輯，迥非當時陽明諸後學所能及。《道藏》一書，大概就是他利用得窺內府藏書之機會而獲讀的。

但是，得讀《道藏》或能利用它，並不只是機會的問題。焦竑會想到利用這部書，實與其學術路向及思想內容有關。

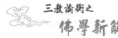

（二）詮釋道經

《四庫提要》曾批評焦竑與李卓吾「兩人相率為狂禪」②。然而實際上焦氏論禪並不狂誕，他的學術也不僅限於禪宗。他曾作《陰符經解》一種；所撰《易筌》六卷，也常引《列子》、《黃帝內景經》、《抱朴子》等書來解經。除了《老子翼》、《莊子翼》之外，尚有《道德經元翼》二卷，對於道教之學，殊不陌生。他之所以主張三教為一，即與此種學術背景有關。或者，也可以倒過來講：由於他相信三教不二，所以才努力疏通三教義理、詮釋三教典籍。

今考《老子翼》六卷，所引道教文獻有河上公、嚴君平、陳景元及《參同契》諸說。卷五附錄各家論老子語，又特別介紹：「碧虛子陳景元，師事張鴻，嘗著《道德經藏室纂微篇》又有所注《南華經章句音義》，凡二十餘卷，今併入《藏》。」他在卷六《考異》部分，校老子各種版本之異文時，很得力於這個本子。《莊子翼》更是如此。據四庫本，此書卷末有《莊子闕誤》一卷，全部採錄陳景元的校文（《道藏》本並未收這一卷，因為這些校文已見於陳景元的《南華真經章句餘事》了）。其文內論述，也常採用陳氏說，如卷二論〈人間世〉，引《筆乘》云：「吾行卻曲，當從碧虛作『卻曲卻曲，無傷吾足』，庶與上文相協。蓋由傳寫者誤迭吾行二字耳。」又，卷六解〈外物〉篇「靜然可以補病，眥可以休老」句，更是充分運用了他的道教知識，說：「須溪云：『靜非藥也，然可以補病。目無所見，雖病也，而可以休老』，不知眥蓋養生家之術耳。按《真誥》云：時以手按目四眥，令見光分明，是檢眼神之道。久為之，見百靈老形之兆，發於目眥；披皺紋，可以沐浴老容。」③

（三）反對仙道

這些地方，都可以證明焦竑確能充分利用道教的資料和學理來解析老莊。但是，與此同時，我們也應能發現他對道教的養生求仙之說是很不以為然的。

《老子翼》卷五引蘇軾〈上清儲祥宮碑〉說：「道家者流，本出於黃帝老子。自秦漢以來，始用方士言，乃有飛仙變化之術、黃庭大洞之法、太上天真木公金母之號、天皇太乙紫微北極之祀，下至於丹藥奇技、符籙小數，皆歸於道家。竊嘗論之，黃帝老子之道，本也；方士之言，末也。」這個態度，大抵也就是焦竑的立場，故雖推闡老莊而頗不慊於丹道術法。彼嘗引董思靖、邵若愚等人之言曰：

或謂微言隱訣多寓其間（按，指存在於《老子》書中），以故首章有無在二丹，神氣水火也；虛心實腹，則煉鉛之旨；用兵善戰，則采鉛之方；沖字從水從中，乃喻氣中真一之水；三十輻共一轂，為取五臟各有六氣之象，及準一月火符之數。如斯等義，今皆略之。何則？性由自悟，術假師傳區區紙上，烏足明哉？況是經標題道德之宗，暢無為之旨，高超象外，妙入環中，詎容以他說小數雜之乎？白樂天云：「玄元皇帝五千言，不言采藥不言仙，不言白日上青天」，亦確論也。（董氏語）

《抱朴子》第八卷云：「五千文雖出老子，然皆泛論較略耳。其中了不肯首尾全舉其事有何按據者也。」蓋其人多言房中黃白之術，執有為為事；將好利淫心，測度無為之道。是故不知首尾。又況不及此子者乎？又直以輕舉為上士，修習道德者其次。夫舉身隱形變化物象，在禁為妖。孔子不語怪力亂神，以其無益也。（邵氏語）

今道士修老子敬者，舍道本不言，而及方藥祈禳等事，其訛失本意，又益太遠。惟唐人白居易詩語能明其確……如何鑿空妄云有藥有仙及祈禳勝厭等事耶？（程大昌語）

焦竑藉他人酒杯，澆自己之塊壘，引用這些言論，力破道教方藥祈禳之術，應與他生存的時代環境有關。

明朝中葉憲宗、世宗等幾位皇帝都佞信道士，慕求道法；但都舍道本不言，而信扶乩齋醮方藥之事，整天忙著求仙求長生。嘉靖年間嚴嵩之擅權，自始至終，亦均與此一情勢有關。世宗喜用紅鉛，寵信方士陶仲文，尤為有氣節的士大夫們所痛心。因為所謂的紅鉛，乃是采女人，尤其是處女的第一次月經，用井水漂澄過後，加上丹鉛、沒藥等製成。這已經夠噁心的了，其中尚須加上童尿（煉成粉狀，名為秋石，大約即為尿素之類）等物。吃這些藥，旨在補虛壯陽，作為催淫的春藥，意甚顯然。而方士乃謂此為丹，為房中養生之術、升仙入虛之妙道。世宗幾次諭選處女，每次選數百人入京，為的就是煉丹，後來更因服此類仙丹而崩。此時，上行下效，上有好者，下必有甚焉者，整個社會也都沉浸在一種縱欲壯陽的氣氛之中，流傳「御女多多益善」的采陰補陽說。

據黃裳《榆下說書》載，明朝有一幅版畫，刻《內篇金液還丹次第圖》，圖中畫一位漂亮的少女，少女頭上寫著「無上真鼎」字樣，旁邊題詞道：「眉目無瑕性欲良，皮骨相宜音韻長，更推八字無沖克，始稱佳期作藥王。」極盡諷刺之能事。蓋以女子為鼎爐，正是當時的風氣，道教中講房中術者遂大行其道。內丹一派也有講男女交媾、夫婦合修的，所謂陰陽栽接，據說能逢山開路、遇水架橋，迅速結丹。辦法是選擇十四、十六、十八歲的少女作外鼎，或制「蟠桃酒」。當時又有如三丰采戰之類的「泥水丹法」。種種淫鄙，不一而足。

這類事件，對生於嘉靖十九年，且於嘉靖四十三年中鄉試的焦竑來說，少年聞見感受，必定極為深切。他特別甄錄了《舊唐書・憲宗紀》所載李播勸諫憲宗的話，說：「神仙之說，出於道家。道家所宗，老子五千文為本。老子指歸與經無異。後代好怪之流，假託老子神仙之說，故秦始皇漢武帝二主受惑，卒無所得」，當然是別有指涉的。

（四）修性養生

除了這個因素之外，焦竑身屬陽明後學，陽明學與道教內丹術之間的糾葛自然也會刺激到焦竑的思維。陽明本人曾修持道教多年，對張紫陽《悟真篇》所開之內丹一脈，很有瞭解，但終究不能接受其說。可是陽明門人，如王龍溪等，卻因此一因緣，對丹法胎息之道頗有涉獵。④一些接近陽明學路數的人，對道教丹道胎息等說法的依賴狀況，可能就更深了。這其中，最明顯的例子，是林兆恩。

林兆恩於嘉靖三十一年致書羅洪先，自述其三教合一之旨，云係以老子之得一、孔子之一貫、釋氏之歸一，合而會通之。他講三教合一的重點在於心體之一致，這很像陽明說的「四書五經，不過說這心體」。然而他強調三教真理不能脫離心體，其證悟心體的「九序心法」卻根源於道教的導引與胎息法。如其言「洗心退藏於密」時，即說：「洗也者，洗之也。心屬火而藏之，以背之水洗之之義也。退也者，退之也。心居乎前而藏之，以背之後者退之之義也。」（《林子三教正宗統論心聖直指艮背心法》）

這段話，從辭源上看，「洗心退藏於密」出自《易經．繫辭傳》，「艮背行庭」一詞也見諸《易經》。可是林兆恩所創立的這套心法，卻不僅是存心的工夫，更加上了打坐運氣。其法分成九層境界，又名九序，依序為：一艮背，以念止念以求心；二周天，效乾坤以立極；三通關，支竅光達以煉形；四安土敦仁，以結陰丹；五採取天地，以收藥物；六凝神氣穴，以媾陽丹；七脫離生死，以身天地；八超出天地，以虛太虛；九虛空粉碎，以證極則。這一套工夫，只傳弟子，不傳外人，弟子入教亦須發誓不泄心法。⑤

對於此種學風，同屬陽明後學的焦竑，實不甚贊成。他學從羅汝芳，羅氏師事胡宗正談道教、又師僧元覺談因果，《盱壇直詮》卷下並謂其「於釋典玄宗，無不探討；緇流羽客，延納弗拒」。因此對於佛道兩教，焦氏也都有相當的瞭解，並不以佛老為異端，更反對當時人把佛老視為異端的態度。但他把道教分成三類，一是爐火黃白之術及男女合氣之道，他最不贊同；二是清靜煉養的內丹之學，此雖較前者為勝，而焦氏仍謂其非至道；三是以老子為代表的道家清虛之學，這種學問，他認為才是與孔子釋迦同趨的。《澹園集》卷十六《盤山語錄序》說得很清楚：

> 老子豈異端者哉？古道不傳而世儒顧以老子為異，多黜其書而不講，至為方士所托。於是黃白男女之說皆以附著之。蓋學者之不幸而亦道之辱也。近世七真者，始一意清靜之說，擯棄有為，以復還太上之舊，其功甚偉。《盤山語錄》在《修真十書》，余少喜是書，不必鉛汞龍虎別安名目，與化金御女，別墮旁門，孳孳然獨治心養性之為務，此七真之正派也。

所謂七真，不知指南七真或北七真，但焦竑此處所要談的問題，主要應是針對南七真。南北宗的分別，一般均認為北宗先「性」後「命」，南宗則是先「命」後「性」。南宗授受，以張伯端之《悟真篇》為主，張伯端傳石泰、石泰傳薛武、薛武傳陳楠、陳楠傳白玉蟾。

而從王陽明開始，便對其說有所批評。陽明〈答人間神仙〉曾說：「若後世拔宅飛升、點化投奪之類，譎怪奇駭，是乃秘術曲技，尹文子所謂幻、釋氏謂之外道者也」；又有〈書悟真篇答張太常〉二首，第一首說：「悟真篇是誤真篇，三注由來一手箋。恨殺妖魔圖利益，遂令迷妄競流傳。造端難免張平叔，首禍誰誣薛紫賢。直說與君惟個字，從頭去看野狐禪。」焦竑顯然繼承了陽明這個觀點，因此，推崇七真，以斥破神仙黃白之術及男女房中法，然後再進而點化內丹修填之法，以歸於養性之學。

何以見得是如此？這就須考究《修真十書》的體例了。此書收入《正統道藏》洞真部方法類，凡六十卷。焦竑單獨摘出其中一部分來傳刻，所為何來？

蓋《修真十書》也者，正是南宗丹法的集錄，所收的書，除了《盤山語錄》外，有《雜著指玄篇》、《金丹大成集》、《鍾呂傳道集》、《雜著捷徑》、《悟真篇》、《玉隆集》、《上清集》、《武夷集》及《黃庭內景經》，亦即上承上清黃庭修真法門，下采鍾呂一脈以迄張伯端白玉蟾者。開卷便是金丹火候圖、大藥訣，所論者為華池、神水、黃芽、白雪、河車、交媾、聖胎、換鼎之類，重點在於如何結丹以求長生。故《悟真篇・序》云：「人身難得，光景易遷。不及早省悟，惟只甘分待終，雖悔何及？故老釋以性命學開方便門，教人修種以逃生」，「老氏以煉養為真」，悟命數之易盡，及早修真煉養，就是他們的宗旨。因此，其所著重者，軀殼臭皮囊也。

該書卷十八錄有煙蘿子〈體殼歌〉，道是：「無限荒郊堆塚墓，哀哉白骨被塵漫，往日英雄歸甚處？不如聞早身心誨，免使沉埋為下鬼。時人一死無復生，浩浩東流如逝水。我今求得長生訣，等閒休向他人說。」面對死亡，力求超越，擬藉由自己的力量來使人跨越身體自然的命限。

這就是南宗丹道的宗旨所在。人之所以有大患者，為其有身，身體是人生痛苦與恐懼的主要來源。但人能超越解脫的力量與依據，不在外在的神佛仙鬼，也不在於藥物，而就在人這個軀體本身。人身即同於天地，所以可以效法天地陰陽升降之理、五行生克之則、日月交合之度，取腎水中所藏先天元陽真炁以為丹本，以真陰真陽交媾和合，以陽煉陰，使精合於氣、氣合於神、神合於道，漸成金丹，超越肉體之限制，飛升長生。⑥

可是焦竑的想法不同，他認為修命並非性命之學的重點，重點應當是修性。所以焦竑《盤山語錄・序》說：「方士言長生者，不知養性之即為養生。世儒言性命而斥養生，不知養性者，同乎天道而不亡。」

養生，應該就是養性，而且只有養性，才能同乎天道而不死。《盤山語錄》乃是金末全真道士王志謹（一一七八至一二六三）所作，道派不同，不知為何被編入《修真十書》。北宗全真重陽派下，向來是先性後命的，所謂：「一念無生即自由，心頭無物即仙佛」，「吾宗唯貴見性，水火配合其次也」。與南宗修持之法並不一樣，編在一塊兒，應屬於附見性質。因《修真十書》前面收的是南宗丹法，後列全真語錄及上清黃庭內景法，蓋附錄以供參照，說明它們都是內丹丹法而已。可是焦竑卻敏銳地抓住了這一點，特別舉出此書，強調養生不死的要訣即在於養性。

（五）復命歸根

從這個角度看，則我們可以說：焦竑之注意到道教文獻資料，運用《道藏》、注釋老莊及《陰符經》、刊刻《盤山語錄》等等，都是有意識的活動，是針對道教在明代社會的實際影響、道教南宗內丹法的發展以及陽明以後學界講三教合一而逐漸流入胎息養生之趨勢而發。它之注《老》注《莊》注《陰符》，其立說之底蘊，胥將由此見之。如曰不然，那麼，請問：焦竑為何要注解《陰符經》？

《陰符經》在唐代出世，宋元以來，解經者多藉之以言神仙爐火之法，故《悟真篇》後序說：「修生之要，在金丹；金丹之要，在乎神水華池。故《道德》《陰符》之教得以盛行於世。」這部經，與以前一般道經講人應如何法天順天的路數不同，明言「宇宙在乎手，造化生乎身」，教人如何「盜」天地之機。所以經文只有三百字，影響卻極廣遠，解經者或用之以言兵，或用之以言金丹。

《修真十書》卷三《指玄篇》引陳翠虛《庭經》，其中便有一篇《陰符髓》，解釋陰符之意，可代表丹家典型的講法。⑦

據他說，《陰符經》所謂神仙抱一之道，即是將太乙真氣與我的真氣結合起來，修煉以成丹。如何修煉呢？他說《陰符》所稱「天有五賊，見之者昌，五賊在心，施行於天」，意謂運用天生五行之氣來修煉。五行即五臟，水得一氣，在人為腎。故應存其心、守其神，以心為性，以氣為命。心是整個修行工夫的中樞，所以說：「天以門為機，人以心為機。心者，機本也。」只有去除各種欲望對心的干擾，才有可能煉成大丹，「正其心，定其氣，守神抱一，至靜而日新，必達於源，至於神」，如此則可以不死矣。

在這一篇之後，陳翠虛又有《內三要》、《外三要》兩篇，注明：「出黃帝陰符經」。講的都是同一個道理。事實上，張伯端在《金丹四百字》中也早就提到過：「神氣精者，與天地同其根，與萬物同其體。得之則生，失之則死。以陽火煉之則化成陽氣；以陰符養之，則化成金精。」金丹之「金」，宗趣斯在。其他各家，如《道藏》洞真部果字號所收無名氏《擒玄賦》話內丹，分為還丹、道生一、道源、龍虎、秋石、河車、五行、胎息、盜機各篇；芥字號所收王慶升《三極至命筌蹄》，亦有《陰符破迷贊》。南宗如此，北宗亦然，如王重陽、馬丹陽都極推重《陰符經》，馬丹陽教人，尤其以《道德》、《陰符》兩經為主。他們講釋陰符的意涵及修煉之法門，縱或不盡相同，但這個解析路線是一致的。白玉蟾〈謝張紫陽書〉謂：「心中自有無限藥材，身中自有無限火符，如是而悟之謂丹，如是而修之謂道」，大約可視為這一派共同的主張。

道教發展到明朝嘉靖、萬曆以後，當然不只講丹法的這一類，就是講丹法，也發展出東派、西派、中派，以及主張仙佛合宗的伍柳派等各個不同的系統。其中更雜有以丹鼎為幌子，而實屬御女采戰之房中淫術者，以鼎爐玄牝為女陰，以劍為陽具，以鑄劍為性交，以抽添為火候，以媾精為工夫，種種淫穢，難以盡述。面對這些道派，那講房中男女者，比較容易對付，斥其為瀆濫便可；那講金丹大道者，事實上很難處理，因為它也是「性命之學」，且以性命雙修為號召，而重點又與陽明的良知學一樣，強調本心本性。

《悟真篇・序》說：「釋氏以空寂為宗，老氏以煉養為真。若得其要樞，則立躋聖位；如其未明本性，則猶滯於幻形。」故金丹道法，乃是盡性之學。唯其盡性，乃能修命。而這個性，又即是「本源真覺之性」。所以與孟子「性善」之「性」甚為近似。其修煉工夫，所謂「金生於水，猶情生於性；水隱於金，猶情復於性」，這種性情觀和復性之祈向，乃至依此而說三教歸一，起碼跟焦竑本人是很相類的。唯其相類似，反而容易引起爭端，「惡紫之奪朱也」就是這個緣故。品牌太類似，市場便不易區隔開來，學術發展本來也就存在著這樣的競爭關係。而要辨明這派道法仍非究竟之學，焦竑除了撰文直接批評之外，更有力的方式即是重新說明老子、莊子和《陰符經》之道為何，亦即透過對道家之學的重新詮釋，重建老莊與《陰符經》的心性修養論，來破斥金丹說及參采丹道煉養之說而形成的陽明學變體類型（如林兆恩「艮背心法」之類）。著《老子翼》和《莊子翼》、刻刊《盤山語錄》、注《陰符經解》等，都具有這樣的作用。

（六）攝道歸佛

既然如此，焦竑是如何建立他的新詮釋的？

焦竑《陰符經解》說：「此古至人化人為天攝情歸性之道也。謂天性非他，人是已。所謂人心非他，機是已」，以機論人心，以經為攝情歸性，均與張紫陽、陳翠虛相似。⑧但他反對運用五行之氣來修煉，把「天有五賊，見之者昌」解釋成「天一也，而分為五行。五行盜天氣者也。然合之而五則賊，攢之而一則昌」，所以重點不在五行而在能一，「人一天，情一性」。只要攝情歸性，人天合一、性情合一，去除貪嗜動欲等殺生之機，便能養性長生：

> 盜，即下「食其時」「動其機」之謂。時者，丹家所謂活子時，詩云：「前後際斷處，一念不生時」是也。機指殺機而言。食其時，識未萌也而百骸理，心有天遊，六鑿不相攘矣。動其機，情盡冥也而萬化安，天德出寧，雲行雨施矣。時之無作，機之未動，合元自歸不神而神矣。

要冥情去識，不動殺機，一念不生，該怎麼辦呢？他提出了一個以氣制心之法。說：「心有是非，故老子不欲以心使氣；氣無分別，故《陰符》欲以氣制心。氣制心，則太浩常存，情根內廢。雖萬境交馳，一念不作。老子云：『專氣致柔』，莊子云：『無聽之以心，而聽之以氣』，靈均云：『一氣孔神』，張平叔云：『真土擒真鉛，真鉛制真汞』，皆指此而言。」以氣制心，攝情歸性，才能達到一種至靜不生的境地。

這就是他對《陰符經》的新解釋。他自稱：「此古聖人復性之學，而解者率以有為之邪術混之，或辱以為強兵制勝之書。余因園廬之多暇，竊玄玄於道流，慨古微言日就湮沒，疏此以灑之」，可見此非無所為之作。不僅把丹家修命之術，全數掃除了；更把長生講成了不生滅的無生，說只有「未死而先死」才能得到長生。

如此一來，道教旨趣事實上便轉成了佛家的義理。四庫館臣認為焦竑這本書「雖引張平叔『真土擒真鉛，真鉛制真汞』之說，似乎神仙家言，而核其宗旨，實以佛理解之」，應該是非常精確的判斷。

他解《陰符經》是如此，解老莊亦復如此。《莊子翼》基本上是採用郭象注。採用郭注的原因，可能與他主張「冥情」有關。郭象注要人「不識不知而冥於自然，是之謂入於天」，正與焦竑冥情去識之說吻合（見〈天地篇〉注）。⑨對於養生的問題，郭注也不認為人應長生養命，注〈齊物論〉曰：「愚者竊竊然自以為知生之可樂、死之可苦，未聞物化之謂也」，注〈養生主〉曰：「養生，非求過分，蓋全理盡年而已矣」，「達命之情者，不務命之所無奈何也」，「以有繫者為懸，則無繫者懸解也。懸解而性命之情得矣。此養生之要也」。⑩這些論調都很符合焦竑反對煉養不死之說的需要，所以他不採用道教方面對莊子的解釋，而上溯至魏晉玄學，並進一步將這種意見和佛典結合起來：

「指窮於薪，火傳也，不知其盡也」按，佛典有解此者曰：「火之傳於薪，神之傳於形；火之傳異薪，猶神之傳異形。惑者見形朽於一生，便謂神情共喪，猶火窮於一木，便謂終期都盡，可乎？」此其說亦甚精矣，然舍生趨生，則猶未了之談。竊意以躍金不出乎爐、浮漚必還之海，以見其無死生，一也。

這裡所引的前一說，即神不滅論；後一說，則謂死生一如、色空不異。《老子翼》卷一解

「常有欲以觀其僥」曰：「微，言物之盡處也。列子曰：死者德之徼。非舍有以求無也。蓋當其有時，實未嘗有，此乃真無也。故不滅色以為空，色即空；不損事以為空，事即空」，大抵就表達了這個意見。為何有不是有而就是無呢？焦竑用佛家緣起說來解釋，云：「彼不自生，因此則有彼；此不自生，因彼則有此。故曰彼出於是，是亦因彼。此皆從無生有，所謂方生之說也。」（《莊子翼》卷一）所謂從無生有，不是有一個「無」生出萬物來，而是萬物皆因緣相生。因緣相生本身就是空是無，所謂「因緣所生法，我說即是空」。依這種空理所生之物，雖生雖有，實亦可說它是死是無，這就是死生為一了。他把老莊的「因」，解成佛家的因緣說，而講物之緣起性空；並言唯有知死生本一，人才能不愛生，《老子翼》卷三：

> 生之徒十有三，此煉形住世者也。死之徒十有三，此殉欲忘生者也。人之生，動之死地十有三，此斷滅種性者也。凡此十分之中率居其九，皆生生之厚者也。夫有生必有死，是生固死之地矣。兕虎甲兵將安避之？善攝生則無生矣何者？彼無地以受之也。然聖人無生，非故薄之也，本無生也。昔人云：「愛生者可殺也，愛潔者可汙也本無生，孰殺之？本無潔，孰汙之？知此者，可以出入造化、遊戲死生。」

意思是說：人若愛戀生命，整天怕死求長生，那麼一切刀兵虎兕都會造成對我們的傷害。但假如我們知道有生必有死，人活著本來即準備就死，而且生命原本即由無來或本即是無，生實無生，則又何必怕死？⑪他認為這才是老子的微旨。卷四另有一段說：

道以知入，以不知化，即釋氏之知無也。不知，即釋氏之無知也。始以知無遣其有，隨以不知遣其知，萬法歸無，無亦不立。凡有知，皆妄也。凡有妄，皆病也。知其為病，則勿藥而病瘳矣。知不知，所謂生而無生，真性湛然也。不知知病，所謂無生而生，業果宛然也。唯其病病，是以不病，所謂即幻即離，不作方便也。⑫

知無以遣有，只是前文所說「舍有以求無」的層次，但要從無再到「真無」的境界，才能生而無生、無生而生，即幻即離、即色即空。用華嚴宗杜順大師華嚴五教止觀的理論來說，大乘始教，所謂「生即無生門」之般若中觀思想，大體上講的就是這個道理。言法無自性，皆因緣所生，「因緣故有，無性故空」，所以生實無性，萬法皆空。唯此空亦不可執著，也要空掉，空空之後，才不會墮於斷滅空，此謂入法二空。空非斷滅空，有也不是「絕對的有」，如此才能進入大乘終教的事理圓融觀，即空而常有，即有而常空。這個道理，扣在老莊的玄言上講，當然不免夾纏，但若掌握了佛家緣起性空的理論要旨，倒也不難理解。

焦竑整個無的本體論與人性論，下文將會再予申論，在此，我們只是想說明焦竑是怎樣借著老莊來談無生、談緣起性空，又如何由此講出一套觀空復性的議論。在《老子翼》卷二中焦竑云：「知眾有即真空者，以能閱而知之故也。釋氏多以觀門示人悟入，老子之言豈復異此？故閱眾始則前際空，觀其僥則後際空，萬物並作觀其復，則當處空。一念歸根，上際永斷，而要能以觀得之。學者誠有意乎知常也，則必自此始」，「如釋典云：若見諸相非相，即見如來也」。從宇宙萬有之生起來說，乃是無生，是空，故眾有即是真空。觀此空空之理，便是學者工夫之所在。他把這佛家的真空妙有說，和老子的「歸根復命」、易經的「觀復」結合起來講，於是，觀復就成了觀空。同書卷一說：

> 試觀萬物：方其並作，若動且實，而實無纖毫動與實者。能如是觀，是為觀復。復者，復其始也。夫未能觀復，即止動求靜，欲靜轉動。當物芸芸，復歸其根，則一切諸念，當處寂滅，不求靜而自靜，乃真靜也。靜則復命矣。

觀萬物之有之動之實，知其即是無是靜是虛，這叫做於有觀無，見萬物之妙有而知其即是真空。唯人能觀空知無，才能歸根復性，故曰：「知七情無體，四大本空。如此則化有為無，滌情歸性。」（《老子翼》卷一）

但這只能說是復性，不能說就是老子講的「歸根復命」。所以焦竑要再解釋道：如此觀空，寂滅清靜，應該是復性，但老子鑒於性是可說的，命是不可說的，故刻意說復命：「不求靜而自靜，乃真靜也。靜則復命矣。不曰性而曰命者，性可言也，命不可言也。」這樣解復命，當然有些牽強，然亦可由此見焦竑老莊學的重點。

蓋焦竑的《老子翼》、《莊子翼》，從著作的體例看，實甚簡陋。《莊子翼》大體是抄一段原文，錄一段郭注而已，既無辨正闡發，亦無注釋訓詁，偶有一點自己的意見，敷展也很少，如〈逍遙遊〉全篇只有一條焦竑自己的看法，寥寥五十一字，〈德充符〉、〈大宗師〉也都只有一條自注。內篇尚且如此，外、雜篇有許多便根本沒有自己的見解。這樣的書，四庫館臣批評焦竑「好誇博奧，一核其實，多屬子虛」，還算是客氣的哩。《老子翼》情形稍好，但主要也是抄錄蘇轍的《老子解》，自己的按語僅有十七則；唯因所見版本較多，故考校文字及附錄甄采各家論老子語尚具價值罷了。這也能叫做著作嗎？

可是，從這裡我們就可以發現焦竑的寫作意圖。他這兩本書，原不是為了闡揚考究老莊而作，所以不必如其他注家那樣著力深入注解原文。他乃是想將老莊的解釋權從道教金丹說那兒奪回來，並將老莊義理講成是與佛教一致的。大量抄錄蘇轍、郭象等人的注解，實具有「重言」的效果。選擇郭注與蘇解亦有深意。特別是蘇轍的《老子解》，旨在言復性及佛老不二，所謂「雖山河大地，未有不變壞不常者，惟復於性，而後湛然常存矣」，與焦竑宗趣最切。焦氏曾將這部書介紹給李卓吾看，萬曆二年李卓吾又將之刻於金陵，且題其後曰：「獲子由《老子解》於焦弱侯氏。解老子者眾矣，而子由最高。獨得微言於殘篇斷簡之中，宜其善發老子之蘊，使五千餘言爛然如皎日，學者斷斷乎不可一日去手也。」⑬

因此，焦竑雖抄撮蘇轍解，實不啻自己在發言，只有在覺得蘇轍講得還不夠時，才會加強補充。這種著作型態，可稱之為「點化」，如仙家點鐵成金般，將老莊玄理轉化成佛教空理，而下手處只在關鍵地方點撥數語而已。例如《老子翼》卷二蘇轍解「希言自然，飄風不終朝，驟雨不終日」一段，只就「言出於自然，則簡而中；非自然而強言之，則煩而難信矣」來發揮，焦竑便說：

或曰：「《首楞嚴》言非因緣非自然，而老子以自然為宗，有以異乎？」余曰：「無以異也。

> 夫所惡夫自然者，有所自而自，有所然而然也。有所自而自，有所然而然，則是自然也，在有物之上，出非物之下，是釋氏之所訶也。老聃明自然矣，獨不曰無名天地之始乎？知無名，則其自也無自。其自也無自，則其然也無然。其自無自，其然無然，而因若緣豈能囿之？故曰精覺妙明，非因非緣，非自然非不自然，離一切相，即一切法。蓋所謂不可道之常道如此。」

蘇轍解這一般，講的是聖人體道，故「言出於希，行出於夷，皆因其自然」的層次。焦竑卻徑由此談「道」的性質。依老子說，道生一、一生二、二生三、三生萬物，這能生之道，即是萬物之本體；其生物的原理，則是自然。對這個本體，可以有各種解釋，如謂其為「無」，由無生有，便是實有形態的形上學之說法。焦竑認為此說是在「有物之上」及真空的「非物之下」，另設立了一個名為「無」的東西以為本體，故不贊成。如謂老子之道體，是萬物生化的超越依據，乃無形之形形者、非物之物物者，不是在萬物之上另有一個第一因，而是物之自生自化，自然而然。這仍與焦竑所相信的佛家說法有差距。因為依佛家說，五蘊法都無自性，因此萬法皆因緣生，其實性即為空，唯知空理，方能破相顯性。這麼一來，存有的根源事實上就是空，是無所本的，也是沒有創生義的；物之生，乃依因緣而非「有所自而自，有所然而然」。焦竑正確理解到這兩者間的差異，故經由對「無名天地之始」的再解釋，予以扭轉，批判自然說，而主張道體即真如。

這是對老莊所說道體性質的改造，這樣的改造當然也直接關聯到對存有的活動狀態的解釋。《莊子翼》卷一說：「『因』之一字，老莊之要旨，故下文累言以應之。總之只小因之一字盡之也。」這個因，就已經不是老莊因循說的舊義了，而是因緣的講法：「彼不自生，因此則有彼，此不自生，因彼則有此。」這樣的講法不僅異於莊子，也與郭象的自生說不同。郭象以自生說自然，云：「生生者誰哉？塊然自生耳。非我生也。我既不能生物，物亦不能生我，則我自然矣。」（〈齊物論〉注）焦竑顯然是採用了他的自生說來破本體義，再用因緣說來破自生自然說，存有的根源與活動兩層都徹底轉向佛家理路。

在工夫論方面，既知萬法因緣生，則須破相顯性，此即為復性之工夫。《莊子翼》卷四曰：「性非學不復，而俗學不可以復性。以恬養知，乃復性致明之要。以知養恬，恬即禪家所謂無知者也，知即禪家所謂知無者也」，先以知（知無）遣有知，再以恬（無知）遣其知，萬法歸無，攝情歸性，如此便能復性歸根了。

（七）三教歸一

焦竑這些攝道歸佛的做法，當然出自他三教不二的理念。三教不二或三教歸一，是明代許多人都喜歡講的話，其內涵則未必相同，焦竑所說，無疑應理解為：儒道二教所言皆合於佛法。

《老子翼》卷五引蘇轍《老子解・序》說：「余方解老子，每出一章輒以示道全，全輒歎曰：皆佛說也」，「凡《老子解》亦時有所刊定，未有不與佛法合者」。這幾句話其實也正是焦竑的心聲。

陽明之學，在當時即曾遭到不少批評，縱使不說他陽儒陰釋，也認為他是因佛說而悟孔孟心性義，所謂「借徑蔥嶺」。對於這些批評，陽明一派的辯護都是說：（1）孔孟之學的真意已湮晦了很久，至陽明才因讀佛書而得悟孔孟心性學的真諦。（2）陽明之所以讀佛書而能悟孔孟義理，是由於佛家所講，直指人心，跟孔孟心性論的宗旨剛好是一樣的。（3）為什麼中國的孔孟之學和印度的佛教，講的道理都一樣呢？因為學問講到究竟，都不能不是安頓性命之學，孔學佛學之所以一致，乃是回歸己心，故不能不一致。

這樣的辯護型態，焦竑也一樣採用了。如《澹園集》卷十二〈答友人問〉謂：「此理儒書具之，特學者為注疏所惑溺，不得其真，而釋氏直指人心，無儒者支離纏繞之病，故陽明偶於此（指佛書）得力，推之儒書，始知其理斷斷乎非後儒之所講解者。張商英云：『吾學佛而後知儒』，亦猶此也」，便是第一種辯護方武。同卷〈答耿師〉云：「孔孟之學，盡性至命之學也。釋氏諸經所發明，皆其理也。苟能發明此理，為吾性命之指南，則釋氏諸經即孔孟之義疏也，而又何病焉？」是第二種講法。同文又說：「總之，非梵學之妙，孔學之妙，而吾性之妙也。舍就事無微旨，恐不必會之而為一，亦欲二之而不能矣」，就屬於第三種辯護方式了。⑭

焦竑當然也運用類似的辦法來講佛老一家。但他們所採用的這個基本論式是不能成立的。因為我們固然可以說孔孟佛老都是心性之學，然而，「都屬心性之學」並不必然保證佛家所講的心性就是孔孟所說的心性。焦竑等人從來不就「佛與儒所言之心性可能不同」這一點進行討論，而都只採用了上面那樣的論式，推論到「大家都是講心性」之後，便直接說佛家講的心性便是孔孟的心性，然後雜引《中庸》「未發之中」去講「本來無物」、引孟子「盡心知性」去講「即心即佛」，彷佛如此便證明了儒佛本是一家，宗旨原來不異。其實這樣討論，並無論證的效力；而且根本不是藉佛說以發揚孔孟微旨，乃是把孔孟的心性論講成了佛教的真空妙有、即心即佛。所以三教歸一也者，實際上就是歸入佛家。陽明後學，多流於佛，殆為此故。明末以迄清初，常有人指摘陽明學是「陽儒而陰釋」，從這個角度看，亦非厚誣之辭，理據其實是非常堅強的。焦竑就是個好例子。

其次，縱使依他們所說，儒佛之同，同在二者均屬明心見性之學，這種同也只能在特殊的限定情況下說。因為只有把所謂「佛學」看成是如來藏一系法性思想時，此說才能成立。從唐宋以來，如來藏佛性法門，受到高度的讚揚，如來藏幾乎成為大乘佛學的通說，華嚴之言性起、禪宗之說性生、天台之云性具，說法固然不同，卻都是以如來性法性為宗本。在這種情況下，焦竑及許多陽明後學徑直以此系思想代表佛學，來和儒家義理比合，是可以理解的。

然而，若據中觀與瑜伽兩系思想來看，如來藏思想實為大乘佛學的不共法，可稱得上是別教，是不了義。因此，儒佛都屬見性之學，只能就如來藏清淨心這一系思想說，不能涵括佛學之整體，若從唯識學來說，儒佛即很難謂其為一。焦竑所處之時代，係唯識學復興之時代，著名的唯識學論者甚多，諒非焦竑毫無所悉，但焦竑等人並未由此悟到佛儒可能有所不同，不知是何緣故。唯一的理由，只能說是成見蔽人，他們本身所持受的良知心性說使他們很容易地接上了如來藏真常唯心的教法，而根本不能發現佛教內部也有大量非真常心的講法。

不過，如此一來，他們的攝儒歸釋，竟又曲折吊詭地反而成了用儒家本體良知的想法去看待、要求佛學，並認為這一種佛學是符合儒家良知教的。遂令所謂陽儒陰釋者，乃轉而形成佛家的儒家化！

這一曲折之發展，大體為陽明後學甚為普遍之現象，不獨焦竑一人為然。焦竑與其他人相較，其特殊性不在此。例如上文所述的陽明後學之有關儒佛是否合一的討論中，事實上很少涉及道家與道教。大多數人講三教歸一或三教不二，都只就儒佛立論，於道家道教只是虛說，或草草帶過。極少人正視佛道兩教在存有論上的差異、在工夫論方面的分歧，焦竑則否。他的《老》、《莊》、《陰符》注釋，及其他相關文獻，表明了他比其他人更注意也更努力做攝道歸佛的工作，成績亦甚可觀。

若進一步追索焦氏之所以能如此之故，那我們或許該注意他對死亡的重視。

李卓吾曾有〈與弱侯焦太史〉云：「兄以蓋世聰明，而一生全力盡向詩文草聖場中，又不幸而得力……故於生死念頭不過一分兩分，微而又微也」（《續焚書》卷一），似乎焦竑並不重視死亡的問題。其實不然，卓吾於此，殊未嘗知焦竑學術之底蘊，致為其博學多藝所震眩，誤以為焦竑無生死念頭，實乃謬以千里。焦竑他在前舉〈答耿師書〉中談到：有人指責佛說只是教人出離生死，他則認為「生死者，所謂生滅心也。《起信論》有真如生滅二門，未達真如之門，則念念遷流，終無了歇」。所以「即生滅而證真如，乃吾曹所當亟求者」，生死流轉，如何超脫，是他整個學問關懷的核心。解脫之道，在於知生滅即是真如，如《不增不減經》所云：「即此法身，隨順世間，往來生死」，「即此法身，厭離世間生死苦惱」。這是他的證解，也是他歸心佛教的原因。但由於他對生死問題的重視，使得他不能不面對道教，《澹園集》卷十二〈答友人問〉有以下一段文字：

問：陽明先生謂養德養身直是一事。則知立命之學，亦修性者所不遺也。以致今之士大夫，耽寂者謂佛氏之空足以不滅，談玄者謂老氏之虛足以長生。二氏之學，果能不滅且長生耶？

答：二氏原無此說，而傳之者之謬也。昔人云黃老悲世人貪著，故以長生之說漸次引之入道。知黃老則知佛矣。蓋佛因人之怖死也，故以出離生死引之；既聞道，則知我本無死。老因人之貪生也，故以長生久視引之；既聞道，則知我自長生，初非以軀殼論也。

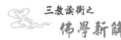

所謂我本無死、我自長生的「我」，乃是指「自定自息」的「人之性體」。能知其性，便知此性長存不死。此為焦氏長生立命之道，但非從軀殼體竅上著眼。這是他不重視軀殼生命嗎？不是。實只因他太注意形體會死亡的事實，才會想盡辦法來解脫人面對死亡的畏慄。《筆乘續集》卷二〈支談下〉曾提到：「世人顛倒無明從我生也。古人云：吾有大患，為吾有身。吾無有身，而有何患？如此則源涸流乾、根危葉謝，寧有無明復為我患？」充分顯示了他對軀體的看法。這個軀體不但會消亡，更是一切無明顛倒的依據。這種看法，不是佛家的而是道家的。若據佛家說，無始無明，豈會因個體生命之死亡而消失？如唯識之說，「一切行種煩惱攝者，聚在阿賴耶識中，此識滅故，一切煩惱滅」，也不從身滅上講煩惱消失。

因此，這只表現了焦竑對形體生命的歎慨。他的性體長生自存說，亦無非為了解除內在的這種焦慮罷了！〈答友人問〉的這段文字，在同卷另一篇〈答友人問〉中又重複了一次，並強調這種對生死的了悟是「入道之徑路」。而且他明白指出：人類之所以會想出佛家這一套超脫死生講法，其實正因人有悅生惡死之念。如無此念，佛書自可束諸高閣，何必再予講求？

這話講得真好。若不是有悅生惡死之心，焦竑又怎會考慮立命之道呢？

《澹園集》卷三〈送別詩〉云：

庭前有芳樹，灼灼敷春榮，秋霜中夜隕，枝條忽已零。我有同懷子，倏忽如流星。生者日已垂，死者日已泯。徘徊顧四海，誰能喻中情？

這首詩與另一首〈贈別〉相似：「顧影淒自憐，人生無百歲。況乃多憂煎，違己詎非迷？」這些悲歎都是用來送別「同懷」友人的。他們懷什麼呢？懷生命的飄忽、感死亡的壓迫，故為此耿耿，徘徊中夜。這種生命的實感，逼得他不能不思考如何解脫的問題。同卷有另一首詩，顯示他可能即曾因此而與友人共同修過丹道，冀求長生：

青鳥來雲中，翩翩墮嘉藻，上言勸加餐，中及長生道。一淨乃胚胎，三元若雕瑑，還丹術何神，童顏後天老。捧讀長歎息，聞此苦不早。因感瑤華贈，大藥期精討。何當懷中方，為我悉傾倒。願言謝纓紱，洗心遊浩浩，從君去不還，攀星戲穹昊。（〈答楊密雲寄丹書〉）

楊密雲顯然亦一同懷友人，寄丹方給他，即是邀他同修此道。焦竑的答詩，亦非泛泛應酬語。因〈贈別〉也提到他有故人，「故人遠來顧，殷勤相勞苦，慷慨出情愫」。談什麼？談「日月東西馳，觸目舉非故」，因而感歎：「靈藥能駐顏，至人不可遇。決策往尋之，五嶽恣高步」。又說自己準備「長揖辭世氛，拍肩追洪崖」，去做道教的神仙啦。

焦竑當然沒有真去隱居求仙，但他的朋友們有。卷四二〈讀齊雲山志寄丁以舒〉謂丁氏所居「煙暖瑤壇丹灶熟，雨深簾洞藥苗肥」，可見此公自是丹士。卷四五有〈游仙六章〉贈陳煉師、卷四六有〈水調歌頭〉贈姜煉師，這些煉師當然更屬道教中人，亦皆悅生惡死者也。

對生命的感懷，往往是一個人問學的基本起點，但其中也有些分別，例如感生命中無明欲望對人的折磨與干擾，而思淨化情欲者，是一種思路。這種思路絕對不會和感生命無常、死亡將臨，而企圖免於這死亡的恐懼之學問相同。像焦竑這樣的學者，他也講攝情歸性、講復性。但其所謂復性，重點並不在如何把性從情欲的汩亂中拯救出來，或如何以性制情、存天理去人欲，而是以養性為養生，以性體之不滅言我之不死。這樣的論理路數，自然是發諸其愛生怕死之心所致。甚至我們也可說，包括他講不殺生，也出自這種心理，如卷四七〈崇正堂答問〉云人不應殺生，所舉的理由便是「好生惡死，物與人同」，故人怕死即應推己及物，知物亦怕死而勿殺害之。⑮

焦竑所撰《焦氏筆乘》中之所以會特別搜錄許多藥方，大抵也應由此索解。其書卷五，全是藥方，如「韭多補泄，子甚溫，俗呼草鐘乳，《真誥》云：務光服韭煎，以人清冷之淵也」，「獐鹿，非八卦辰屬不葷膻，能溫補，於人生死無尤，道家聽用為脯」之類，引用道教及醫家之說法甚夥。《續集》卷六又補輯了三十九則，所引用者為孫真人書等。其他各卷亦間有論此類養生醫方者，如《續集》卷三〈刀瘡藥〉條、卷四《素問》條皆是。他尤其推崇《素問》，謂：「人之生也，分天地之和，不調則氣不平，氣不平則疾作。今人十二時中，寢食之外，皆徇外事。無一時調氣治身，安得不為疾耶？請挪十日之功，看《素問》一遍，則知人之生可貴也。氣須平也，和自此養，疾自此去矣。《素問》奇書，其精妙處三五篇，恐非醫者所能言也。」（《續集》卷四）又，《澹園集》卷四八〈古城答問〉亦載：

> 問養性。先生曰：「毋害性為養性」。問養生。先生曰：「毋伐生為養生。嘗讀《素問》云：『情計兩忘，不為謀府；冥心一觀，勝負都捐。故心志保安，合同於道』。又云：『恬淡虛無，真氣從之。精神內守，病安從來？』此古聖人之遺言，知養性養生，非二事也。」

勸人讀《素問》，是他引胡安定范仲淹等人之說，重言一番，他自己當然也是躬行其事的。⑯由此，他更發展出一套養性即養生的理論。這套理論，從其理論構造上看，是轉化形軀之保養為心性之修證，是把醫者道士所講的養生之學變轉成佛家的真常唯心。但從其歸趣上說，實乃欲以養性來達成養生的目的，徹底消解他對死亡的恐懼。《筆乘續集》卷一〈讀論語〉言：「未悟無生，則死生在前，不能無怖」，即謂此也。

因此，我們可以說，焦竑是基於怕死的心理，而對醫方丹術深具興趣，亦嘗與同懷之友切磋此道。但總覺徒修命宗，尚不能解決死亡的困擾，故提倡以修性來立命。此與一般儒者只講心性修養問題者，實大異其趣，因此他才會注意一般儒者不談的養生立命部分，注意到醫方丹法。他對儒道釋三教的掌握，事實上也都由這個角度進入。彼言三教合一，從理論上說，是三教皆為見性之學。從其立說的方向上講，則是把三教都看成了解決死亡問題的學問。連孔子說「未知生，焉知死」，對死亡存而不論，他也可解釋為：「世以出離生死之說，創於西極之化人，而實非也。孔子不云乎？曰朝聞道，夕死可矣。曰未知生，焉知死。曰原始反終。何謂原始反終？曰原始則無始無終，而死生之念息矣。」（同上）可見他確實是從這個角度來把握三教的。

（八）克己復禮

如此把握三教，則其工夫著手處便不能不採用道教的修行養生法門。他論王心齋，與一般論心齋者不同。世皆謂心齋泰州一派，猖狂橫恣，有狂者氣象，能赤手搏龍蛇；他則說：「心齋先生以修身為格物，故其學獨重立本。是時談良知，間有猖狂自恣者，得此一提掇，為功甚大。」（《澹園集》四九〈明德堂答問〉）可是他所理解的心齋修身立本之學，卻是一種道教的靜修法，故下文接著說：「國朝以道術著者不少，至能世其學者，心齋之子東岸、蘿石之子兩湖二家而已。泰州更有樵者朱樂齋光信、陶者韓樂吾貞事。」心齋東崖之道術，即是樵者陶匠之道術。此道術二字，必非一般意義，蓋專指一種隱者之學。故其〈奉懷王東崖先生卻寄詩〉云：「何日關門來紫氣，為余強著五千言？」

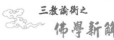

此類道術之修持，或許可以他在《陰符經解》所講的一段話來類擬。焦竑說：「火生於木，反以焚木，動生於靜，反以害靜。誠知動之所自生，如火生於木，奸生於國也，而修之煉之，就其出門，便求歸路，即事物並作之內，道混沌未鑿之先，則子母玄同，僥妙合一。」這種修煉之法，自與道教關係緊密。

《澹園集》卷四七〈崇正堂答問〉又論靜坐，焦竑說：「學以靜入則可。然才有所重，便成窠臼，不可不知。魏華存之言，『宗道者貴無邪，棲真者安恬愉，至寂非引順之，主淡然非教授之，正當因煩以領無耳』，因煩以領無一語甚佳，不然，未必靜之不為邪也。」魏華存乃上清派的祖師，可見焦竑對於儒者之靜坐，也採用了道教中的講法來調劑之，其餘如以老莊之「專氣致柔」論養氣，以老子「人生而靜天之性」論靜性之處不一而足。這些地方，均可證明焦竑只是說三教都屬見性之學，而以佛家之心性論說此性罷了。

具體的如何見性工夫，實仍兼採儒道兩家。只從佛教這一方面說，他倒覺得並無工夫可著，故《筆乘續集》卷二〈支談上〉云：「『空空之門，其下手云何修為？』曰：『無始以來，無修證佛。』『其了手云何漸次？』曰：『無始以來，無次第佛』。李宏甫先生云：『無門可入，更入何門？本無不了，更欲何了？』」也就是頓悟，一悟便了，不必修證，亦無工夫次第可說。但這只是順著禪宗的講法講如此一超直入如來地而已。真要面對生死問題，能如此一悟便決然不再畏死惜生嗎？且又如何能悟？這都不是空講人須悟本體就能解決的，否則焦竑也不必說學者要由靜坐入手，並要人情計兩忘、冥心一觀了。⑰

明白了這個道理，當可知以下二事：

1.焦竑對佛教的吸收，只是以佛家之心性論說性而已，並不接受它的「教」。《澹園集》卷四八〈古城答問〉謂：「問儒釋異同。先生曰：內典所言心性之理，孔孟豈復有加？然其教自是異方之俗，決不可施於中國。蘇子由有言：天下固無二道，而所以治人則異。君臣父子之間，不可一日無禮法。」這段話表明了焦竑對禮法的重視，也可見一般人以為陽明後學，特別是泰州、李卓吾等一系思想皆旨在反抗禮法，是完全錯誤的。焦竑有取於佛家者，在其直指本心；卻不能同意佛家在人倫禮法上有異於儒家的辦法。所以取其理而遺其教，將治世與求道分開來。

但這只是表示他認同佛教性體說而不能同意其工夫論，並非真要把求道和治世分成兩橛。他事實上是以行儒家之禮法為進德求道之工夫的。〈讀論語〉云：

老子曰：「失道而後德，失德而後仁，失仁而後禮。」老子豈不知禮之即道？顧離而言之哉？世方執名義膠器數，而吾指之曰非道，冀其進而求之也。求之而有契，然後知禮外無道，道外無禮。豈有轉徙恣睢流蕩之塗，而可長行者乎？

禮者，體也。仁不可名，而假於禮以名。蓋歧於己，則天下外矣。克夫己，則天下歸矣，歸即復也。克己矣，而又言由己，何居？己之為己，無不自由，而有己者恒失之，故克己斯能由己也。關尹曰：能克己乃能成己，能勝物乃能利物，能志道乃能有道。

道外無禮，禮外無道，是說由工夫見本體，即本體即工夫，二者不能分離。故克己復禮，就是為仁由己，也就是復性。說法雖略顯迂曲，但他以克己復禮為主要的工夫，卻是極為明顯的。用孔子的話來說：「我欲仁，斯仁至矣」，是頓悟仁體；「克己復禮為仁」，便是工夫下手處。焦竑在佛教那兒只取了上半截，下半段的克己本領仍由儒門得來。

克己復禮，禮，除了指禮法之外，還指禮文，指一切典章制度文化。所以見性亦須由博文的工夫來。〈讀論語〉記載：

禮者，心之體也。本至約也。約不可驟得，故博文以求之，學而有會于文，則博不為多，一不為少。文即禮，禮即文；我即道，道即我，奚畔之有？人之會道，常於至約，而非博學不能成約。

所謂約不可驟得，就是說不能沒有工夫，不能一超直入如來地，而博文就是其工夫。放在理學傳統中講，這即是「尊德性」與「道問學」的問題。著重尊德性者，輒認為應先立其大，時常舉陸象山「某雖不識一字，亦須堂堂正正做人」一語，謂讀書博古，不免流於支離。焦竑則不然，他主張以道問學成就尊德性，博文而約禮。這不但近於朱子的路向，他甚至還批評朱子不夠博哩。

《筆乘》卷四〈朱子〉條，指摘程伊川朱熹闢佛老之不當理由有二，一是「文義尚不知解，況肯會其意乎？」二是畫地自囿，界限太嚴，「唯其嚴也，是成其陋者也。夫物不通方則國窮，學不通方則見陋」。前者正是後來清朝漢學家用來攻擊宋明理學的口號；後者則指出了朱子等理學家對諸子學、佛教、道教及其他雜學技藝之無知。相對於陸王系統，朱子一系向來被認為是太強調道問學的，現在卻遭焦竑鄙薄其為寡學且不通文義，實在是很有趣的現象，焦竑被稱為「明代自楊慎以後，博洽者無過於竑」（見《四庫提要》卷四六）的人物，並不是沒有道理的。

這種態度，也通貫到他論詩文創作方面。《筆乘》卷四主張作詩須多讀書，云：「世乃謂詩有不關書者，遂欲不持寸鐵鼓行詞場。寧不怖死？」（〈作詩不讀書〉條）換言之，這位講本心良知的學者，並不因此而只說本心朗現、獨抒性靈。恰好相反，他強調學、強調博文、強調克己復禮。

2.以禮法禮文的踐履修習來歸仁復性，其實只是他工夫之一端，亦即是他有取於儒家的部分。因為無論他如何說禮即心之體、禮就是仁之顯於外者、禮不是自己以外的東西，禮法與禮文的學習踐行，終究是要從知識及外在的行動上展開的。所以他必須再講一種心上的工夫。此工夫為何？曰：亦艮背法也。

何以見得？請先看《澹園集》卷十二〈答耿師第三書〉。這篇文章說生命生滅流轉，念念不止，故「欲止其所不能已，以出離生死」。止念就是他出離生死的工夫。但這種止的工夫，「非殄滅消煞之云也。艮其背，非無身也，而不獲其身；行其庭，非無人也，而不見其人。不捐事以為空，事即空。不滅情以求性，情即性」。此即其艮背法，採《易經》艮卦所說的「止其所」之法為之。這個法門，在焦竑思想體系中佔有極重要的位置，所以同卷〈答友人問〉

又說：「周茂叔言：『看一部《華嚴經》，不如看一艮卦』。如何？」曰：「此言是也。學者苟能知艮卦，何須佛典？苟能知自性，又何須艮卦？」若知自性，即不必看艮卦。當然，因為艮卦乃是寂止的工夫，人可用此工夫以見性；倘已見性，又何必用此工夫。反過來說，這種工夫，總攝一切焦竑所理解的佛家修持止念法門，所以他認為若知此法，便不必再通過其他佛教教示。不但如此，艮背法亦攝道家，《筆乘續集》卷二〈支談中〉云：

人之一身，用而常止、動而常寂者，其背乎？故《易》曰「艮其背」。受而不取，納而不留者，其腹乎？故老子曰「為腹不為目」。

艮止如腹如背，乃是象喻，意謂止而動、空而有。這是通貫佛道而以《易經》艮卦表示的一種工夫，對這種工夫的詳細說明，可見以下兩段文獻：

「君子思不出其位」。《易》艮之象詞。曾子嘗稱引之以示人也。不出其位，即《易》言「止其所也」。人性自止，而役於思者不知其止。或思之役也，又欲廢而絀之。皆妄也。《易》曰：「艮其背，不獲其身。行其庭，不見其人。無咎。」蓋目動於色，耳動於聲，用而常止者，惟背為然。夫身之五臟繫於背，百骸九竅之榮衛，背為之輸，其用大矣。而謂之止者，用而無用也。視不以目而以背，則視而無視，視常止矣。聽不以耳而以背，則聽而無聽，聽常止矣。所謂不獲其身也。視而無視，則視不見色，聽而無聽，則聽不聞聲，所謂行庭不見

乎性宅，此則非斷非常，唯君子能之。（〈讀論語〉）

絀聰者也。謂之斷見。當念而不寂，則位離，幢幢往來者也。謂之常見，常應常淨，而泊然棲

其人也。有身而不獲，多其人而不見，是當念而寂，非雜念而寂也。離念而求寂，則思廢墮體

世人不識真清淨體，以無為為清淨者，非也。道家《定觀經》偈云：「智起生於境，火發生於緣，各得真種性，乘流失道原。起心欲息知，心起知更煩，若知知本空，知即眾妙門。」又釋氏《心銘》亦曰：「止動歸止，止更彌動。唯滯兩端，寧知一種？一處不通，兩處失功。迷有沒有，從空背空。」今以兩偈發明，即見清淨真體。《定觀》偈言：「智生於境，火發生於緣」，智與火即是吾心智。由智逐境，心緣物而情識生焉。乘其流散，乃失道原。然本是妙明真一種性，自然流注，非有別體。若生心取捨，起念息知，心不可息，祇益煩撓。若知吾心本無有異，由吾自戀，乃失淨體。念念自覺，念念皆空，則無始以來，粗重習氣，頓然清明。釋氏《心銘》，亦不異此。蓋以止止動，動未可止，更增止心。是迷有而入於有、從空而背於空矣。所謂一處不通，兩處失功也。寧知淨穢本空，動止本一，由吾自異，故彼成異。（〈支談中〉）

此言艮背，實與前文所描述的焦竑論觀空復性工夫同旨。所謂觀復，是說觀物之空，知物之即動是靜，故不止動以求靜。然此為一種觀法，亦為一種止法，亦可稱為止觀。〈支談下〉云：「問止觀。永明曰：但了能觀之心、所觀之境，各各性空，即妄心自息，此名為止。常作此觀，不失其照，此名為觀」，即指此也。⑱

但此處不言止觀而說是艮背，也有深意。之所以以艮背言止，就是說不在視聽言動思念之外求止。人性本來清淨，但為外物牽引鼓蕩，以致起計較、生執著、溺愛欲，緣物逐境而形成一種情識熾然的局面，「失其性矣」。現在要復性，並不說人必須懲忿窒欲，封閉耳目，不與物接，壓抑我們的情欲，止息我們的思慮，黜墮我們的聰明，唯用力靜止護攝本性就好了。這樣的止功，焦竑認為只是「斷見」，是以止止動。動尚未止，反而添增了一種對止的執著，故《老子翼》卷一謂此為「舍有以求無」。他主張另一種止法，即是不舍有而求無、不離念以求寂、不以無為為清淨，當念而寂、當思而止，念是此念，寂也是此念，所以用「思不出其位」來說明。⑲又稱為艮背者，因背雖在人體上具有極大的作用，卻彷彿靜定無用，故以此喻其即動即止。

（九）攝情歸性

焦竑之所以以艮背來講工夫，當然與他的佛教性體說有直接的關係，也與他所承繼的陽明良知說有關。但最直接的影響關係，則來自道教。羅近溪《盱壇直詮》卷下載羅氏年七十時，往訪王塘南，「王試問玄門之學，師曰：『豈嘗有所聞？盍言之』，王漫述艮背之說」，可見王陽明後學很多人都對艮背法感興趣，而其來源則出自道教。王塘南所得之艮背法不知為何，我們可以找到的另一個類似的案例，就是前文曾經談過的林兆恩。

林兆恩號稱林三教，自然是主張三教一致的。其所以一致，也是由於「教本於道，道本於性」，屬於心性上的一致。這個心、這個性就是「寂然不動之本體」。至於如何才能用工夫以悟此本體呢？林兆恩說：「金剛之降伏其心、道德之虛心實腹、周易之洗心退藏，其道一也」，這些工夫，也正是焦竑所採擷於三教者。而林兆恩又總歸這些見體之工夫為艮背心法。依其九序修行的次第，艮背為第一步工夫，其次為行庭，他說：

> 易曰「艮其背。」背字從北從肉。北方，水也，而心屬火，若能以南方之火，而養之于北方之水焉，易之所謂洗心退藏於密者，是也。其曰以念止念者，蓋以內念之正，而止外念之邪也。然聖人貴無念，而內念雖正，是亦念也，豈程子所謂內外兩忘邪？此蓋以妄離妄、以幻滅幻，而古先聖人所相傳受之心法也。故必先忘其外，而後能忘其內者，學之序也。（〈九序摘言〉）

> 吾知艮吾之背已矣，抑豈知外其背也而復有所謂身歟？蓋將以思不出其位而忘之也？吾知有吾之處而已矣，吾知行吾之庭而已矣。抑豈知外其庭也復有所謂人歟？蓋將以思不出其位而忘之也，此乃不獲之實義也。豈非其純一之守邪？蓋身在此則心在此，心在此則念在此，而念念不忘之下尚且不獲其身矣，而又身外之物也得而奪之乎？（〈心聖直解〉）

「不獲其身」，乃是忘己的工夫。人之所以不能忘己，是因不能「反」，所以此處林兆恩要求返歸自己，洗心退藏於密，且以念止念以求心。這種反歸的工夫，與焦竑《陰符經解》所稱「道以逆而成」是一樣的。《筆乘續集》卷二〈支談下〉云：「《首楞嚴》曰逆。逆生死、欲流返、窮根至不生滅是也。《陰符》曰：殺人發殺機，天地反覆是也。《文始》曰：冥，一情冥為聖人是也。皆迴光返照也」，又曰：「人唯逐於前塵，念念相續，故不能當念而寂。迴光返照，本地風光瞥爾現，一可亡，六可消矣。不特觀音大士也。十二菩薩皆此方便。如曰旋見循元、曰反息循空、曰還味旋知、曰旋法歸無、曰旋湛心光。旋者，迴光返照也。」這都是斷情識之流而歸攝於心體的工夫，所以說返、說歸、說反、說逆。而這種反，又不是離情識之外的動作；他們都認為情識本身即是性的動態狀況，故自動返靜，便是逆，便是歸性，《陰符經解》云「無靜而靜，靜乃至靜；靜以制動，動亦非動，所謂道以逆成」，就是此意。這個原則，是焦竑與林兆恩同樣認可的，所以兩人都用「艮背」來稱呼這種工夫。

但林兆恩的艮背法，重點除了以念止念之外⑳，更將「洗心退藏於密」實相化，使之成為形體胎息養生之法。於是，自反便是讓身體內的水火相濟，所謂「以心之火之南，而藏之於背之水之北」，「神則寄之於目矣，而夜寐既熟則藏之於腎」。心是火、陽、南，背是水、陰、北。陰陽交會、水火既濟，以背水洗心火，就是洗心退藏於密。焦竑可不講這一套，他說：「心者，七情之根，有喜有怒有哀樂，非心體也。滌情歸性，謂之洗心。心不離情，精純自注，謂之退藏於密。」（〈支談中〉）

所謂滌情、冥情、攝情歸性，其實乃是忘情。〈讀論語〉說：「能制一情者，可以成德；能忘一情者，可以契道。制情者，絕之始萌也。然制情情存，第不造於惡而已。忘情者，情未萌也。情既不萌，忘何所忘？情忘心空，道將來契。」㉑以忘情為反，實與林兆恩之以忘己為反類似，只不過不作形體修煉上的解說而已。而此種工夫，與道家之工夫甚為相似，也是顯而易見的。

在此也可見焦竑、林兆恩等人所講的「性體」畢竟只偏於靜的一面。強調收、攝、止、返、逆，只說生而無生，以知性體之空寂，破一切妄情，所謂「念念皆空，則無始以來粗重習氣頓然清明」，卻未能同時注意到性體無生而生的一面。這種偏向，係受道家影響，但也與他們吸收佛教性空思想有直接之關聯，用熊十力的話來說，即是：

> 印度佛家畢竟是出世的人生觀，所以於性體無生而生之真幾，不曾領會，乃但見為空寂而已。謂空宗不識性德之全，非過言也。印度佛家所謂真如性體，本是空寂的，雖其所云空寂並非空無，而是由遠離情妄染執，所顯得之寂靜理體，說名空寂，然亦只能說到如是空寂而止，萬不可說空空寂寂的即是生生化化的，生生化化的即是空空寂寂的。更申言之，只可以孔德言體，而不可以生德言體，只可以「艮背」來形容體（《易》艮卦曰：艮其背。艮，止也。背，不動之地也。止於不動之地曰艮背），佛書談體，曰如如不動是也，而不可以「雷雨之動滿盈」來形容體。《易》震卦之象曰：「雷雨之動滿盈」，儒家以此語形容本體之流行，盛大難思，可謂善於取譬。但在印度佛家則不可以流行言體。㉒

熊十力認為佛家的可貴處在於它能破斥「執著性的、對象化的存有」，可破相顯性，但卻未能即用顯體。故其所言之性體，乃是如王弼注《老子》所說的「空德」，有虛寂之義而乏健動之義，所以只近於「艮背」。熊先生自己提倡《新唯識論》，即在此等處與佛家展開商榷。而由他的言論，也恰好可以幫我們解釋為何陽明後學，如焦竑、林兆恩等均以艮背論攝情歸性之工夫。因為這些人均有取於佛老之本體論，故於陽明之說不免略有歧分。

依王陽明說，言性體之透明性與空無性，只是「無聲無臭獨知時，此是乾坤萬有基」而已。良知更應有明覺性與自由性，所謂「良知是造化的精靈。這些精靈生天生地，成鬼成帝，皆從此出，真是與物無對。人若復得他完全，無少虧欠，自不覺手舞足蹈，不知天地間更有何樂可代」（《傳習錄》）。焦竑對這一面就甚少發揮了。

從良知的自由性與明覺性說，良知既為造化之精靈，則舉措行止自顯天理流行，何必再講遵守禮法的工夫？只因焦竑論性體，偏於性空之一義，故順此義而以老莊的「收視返聽」、「歸根復命」，《易經》的「艮背」言止觀工夫，僅能消除妄心情識，而不能顯流行生化之機、顯開物成務之功。因此，內外便不能不分隔為二，內用艮背止觀明心見性，外則博文行禮以進德而成就人倫日用。

如此一來，就可能會形成一些矛盾。

由性空義言之，空諸所有矣，又何必曰博學？〈讀論語〉謂：「顏子之學，求之屢空。而子貢以多學而識失之。子曰：『汝與回也孰愈？』欲其自反也。乃曰：『回也聞一以知十，賜也聞一以知二』，其知識多寡之較，猶然瞶瞶也」，「老子曰：『道生一』。當其為道，一尚無有也。然一雖非所以為道，而猶近於本。多學雖非離於道，而已涉於末。二者則大有間矣。

奈何文滅質、博溺心者眾也。淮南子曰：『精神已越於外，而事復反之，是失之於本，而求之於末也。蔽其元光，而求知於耳目，是釋其昭昭而道其冥冥也。』噫！世之言學而不蹈此者幾希！」這幾段話，都是老子「為學日益，為道日損」的講法，反對知識問學，反對外求，與前文所舉焦竑主張博學的文獻，顯然矛盾。這在焦竑本身的理論構造中，固然可以用一種辯證的詭辭來調和，說「學」與「道」二者是有分別，但這種本末之分，仍只是為未悟者說法，「此為未悟者辨也。學者真悟，多即一、一即多也。斯庶幾孔子之一貫者已」。如是云云，固極融通，但實際作為一種修證工夫來看，學者究竟該不該博學聞識呢？若云「約不可驟得，故博文以求之」，則這時的博文活動既非在已悟己心的情況下為之，又如何能不使精神不越蕩於外呢？

同理，由其性空義言之，情識與性體是一非二，所謂「淨穢本空，動止一本」，情識即是「妙明真一種性，自然流注，非有別體」。順其說，當然就會強調不能離情識而言性或離形體而言性，如〈讀論語〉云：「離念而求寂，則思廢墮體絀聰者也，謂之斷見。」這就構成了「形色即天性」的講法。焦竑認為養性即為養生，也與這個理論的構成有關。〈讀論語〉說得好：

> 世儒類以信言果行者為躬行之君子，而實非也。彼以硜硜之小人，而欲冒君子之學，豈知其方圓冰炭不相若乎？唯視聽言功，默爾證真；行住坐臥，冥焉生覺，知大身為非身，悟形色即天性，斯孔子所謂躬行者也。

形色即是天性，所以要吃就吃、要看就看，道就在視聽言動之中，非離此乃別成其為道。這叫做躬行，也叫做踐形。《筆乘》卷三〈踐形〉條言：「形者，耳目口鼻也。彼欲如此，而我從之，謂之踐。目欲視，吾不遏其視。耳欲聽，吾不遏其聽。口欲味，而不遏其味。鼻欲臭，而不遏其臭……此夫子所謂七十從心所欲不逾矩也。」㉓

據此，則克己復禮又有何必要？形色即是天性，皮囊人欲盡成天理。豈不是替縱情欲者提供了一個絕佳的藉口了嗎？當然焦竑的意思不是這樣的。他是說：「惟聖人然後可以踐形，未到聖人地位則不可」；而且所謂踐形，是雖順從耳目口鼻之欲而終究仍能不逾矩，「雖從是耳目口鼻之欲，而不隨聲色臭味而去」。然而，推崇行住坐臥視聽言動即是大道，貶抑言信行果的守禮之士，必然造成流蕩不拘行檢的風氣，或替猖狂自恣者提供理論依據；而使他自己強調克己復禮的言論，也面臨著自我消解的危機。

其次，形色即天性，若只是到達聖人地位才能有的最高境界表現，那又如何躬行？換言之，躬行事實上只能是克己復禮的，以「形色為天性」解釋「躬行」，本身就會造成混淆。而且這種講法，又把工夫與本體區隔為二，判「顏子則非禮勿視聽言動。勿者，禁戒之詞，此所以未達一間也」，並非即工夫見本體、即本體即工夫，與他論性體處相枘鑿。

還有，如果修行者只能通過不斷禁戒欲望的方式去修證，什麼情況下才能豁然暢達，到達形色即天性的地步，發則天心，動則天行？反之，踐形者既要順從其欲，又要能不隨聲色臭味以去，這種力量由何而來？克己復禮只是第二義，那從心所欲不逾「矩」的矩，又如何安立？即欲即矩乎？諸如此類矛盾，都顯示了焦竑理論上的困難。此類困難，我覺得乃是由於他混融三教義理所造成的，無可避免。故其言語雖若圓融，實存槎枒骨鯁於其中。

（十）死生情切

焦竑是晚明重要的思想家。與修國史，編有《國朝征獻錄》、《國史經籍志》，在儒家經典的收輯和解釋權上，具有無可比擬的地位。老壽而博學，又曾任皇太子的教育重任，可說在儒林中位望俱尊。故連不甚贊同他學問的黃宗羲，在《明儒學案》中也不得不說「弱侯自是真人」。可是，這樣一位學者，只因他之好講佛學，乃不得不受某些儒家陣營裡的人士所指摘。特別是他與李贄的交誼，使得討厭李贄的人不免牽怒於他，謂其為狂禪，並認為他是用佛說解釋儒學。當然，這樣的評價在近代是翻轉過來了。五四運動以後，晚明成了五四在歷史上的精神投射對象，李卓吾等人成為「中國先進知識份子對於封建禮教與經學的長期壓迫所做的反抗」，是自由意識的醒覺，是獨立人格的建立。焦竑也被列入這個所謂反官學的系統中，視為泰州學派的同調。但在這種「愛烏及屋」的做法中，焦竑不過是個配角，很少有人真正研究焦竑的思想與主張。

但在李卓吾等人眼中，焦竑是極受推崇的人物。李卓吾自述：「宏甫之學，雖無所受，其得之弱侯者亦甚有力。」（《續焚書》卷二）公安三袁亦受焦竑啟迪甚大，袁中郎曾說：「自余山居七載，再遊南北，一時學道之士，俱落蹊徑。至白下，晤焦先生，使人復見漢官威儀。

有來詢者，余曰：『焦先生，洪鐘也，試往叩之。』夫使海內人士無志大乘則已，若也生死情切，則幸及此二老尚在，痛求緘札。余非阿私所好者，蓋余參學二十年，而始信此二老及自謂不至誤人。」（卷五四〈書念公碑文後〉）二老，指焦竑與李贄，可見焦氏在他們這批文人心目中之地位。

不過這也不能簡單地就解釋為李贄、袁中郎等人均受到了焦竑之影響，更不能遽謂焦袁等人思想一致。焦竑在其生活圈中，確有巨大影響和崇高之地位，然其生命關懷及思想內容，與李卓吾等人未必相同。例如他不像李氏那樣，徑行削髮出家，也不講淨土。由禪宗轉入淨土的思想轉折，對他來說並無意義；吸收禪學以言三教合一，其功能亦與袁中郎不同。就中郎言之，吸收禪學最重要的意義在於破執去縛，對焦竑來說則否。焦竑採取佛教法性論之作用，旨在說明性空，以破生死生滅之心，故強調見性。至於廣泛採擷道教言說並參酌轉化之，李卓吾、袁中郎等無此興趣，亦無此學力，更足以看出焦竑的特殊性。

由最後這一點來看，也可以發現：時代事實現象的存在，對學者來說，意義殊不相同，有時可能只是「無所覺察的存在」。例如明末道教之風氣雖然如此興盛，如前第三、四節所述，帝室風靡於求仙，社會上亦流行各種丹法道派，可是當時論三教合一者，卻有許多人不太討論道教的問題，或只是虛說道家道教；論三教合一時，也只把重點放在爭辯儒佛之異同上。對他們來說，道教之存在，實為無所覺察的存在，等於不存在一般。

造成他們對某些現象無所覺察的原因，並不是當時佛教比道教更健全更高明，故吸引了學者的眼光，而是學者本人的基本關懷影響了他的眼耳心志。在焦竑當時，高僧雲棲袾宏曾在《竹窗三筆》中大力批判當時佛教界僧人務雜術，「有作地理師者、作卜筮師者、作風鑒師者、作醫師者、作女科醫藥師者、作符水爐火煉師者」，「有手持緣簿如土地神前之判官者、有魚擊相應、高歌唱和、而談說因緣如瞽師者；有扛抬菩薩像、神像而鼓樂喧填、贊勸舍施如歌郎者；有持半片銅鐃，而鼓以竹箸，如小兒戲者」（《蓮池大師全集》卷四《雲棲法匯》）。可見明末佛教界事實上也極為腐敗，未必好過道教。然而，這些腐敗的現象，對焦竑不構成意義，他也不討論這些問題。對晚明興起的另一種反方向的佛教學術化風氣，即唯識學，他同樣不太關心。

關心，對了，研究時代與思想的關聯，不是從該時代有何現象，而此現象如何關聯著思想家之思維來討論的，而是要探索該思想者究竟關心什麼問題，由這個關切點上去追究他如何關聯於其時代。

以焦竑來說，他不太談唯識。可是當時如真可、德清、紫柏都以禪宗而兼弘唯識。焦竑之不隨風氣，原因可能就在於唯識學與他關心的問題不甚干切。唯識旨在說明人生和宇宙的原因，焦竑則只關心如何滅識。故講了緣生無自性之後，便接之以心性本淨之說，要求轉不淨無明煩惱惑染諸識為清淨心。同理，淨土家在晚明也很興旺，雲棲袾宏、無盡傳燈、藕益智旭諸大師外，李卓吾、袁中郎皆精嫻其法門。但對焦竑來說，淨土代表生命最後之依託，而他則不必再有這樣的依託，只要歸根復命、明心見性就足以滿足他的生命之關懷了。

因此，我們可以說：焦竑乃是基於他對生命之關懷來發展其思想，並注意到佛教的。他對道教的態度，當然也是如此。

舒茲（A. Schutz）曾把人知道自己會死亡，而我們又恐懼死亡這種基本經驗，稱為人的「基本焦慮」（fundamental anxiety）。他認為人都是由這個原始焦慮延伸發展出欲望與滿足、希望與恐懼、機會與冒險等彼此關聯的系統，誘發自然態度的人去企圖支配世界、克服障礙、進行計畫。㉔這個講法很有趣，因為我們可藉此檢視儒家與佛家的分歧。不論原始佛家與儒家之論點為何，起碼從宋朝以來，儒者即常以「對死亡的態度不同」這一分判標準來討論儒佛之分了。儒者常認為佛教就是針對人這種「基本焦慮」而發展成的宗教；儒家則不很重視這個問題，或者說儒者只教人順乎生死之自然，卻無法根除人對死亡的焦慮與畏懼，所以信儒的人便不斷流入佛教旗下。《程氏遺書》卷十五《入關語錄》謂：「儒者其卒必入異教，其志非願也，其勢自然如此」，即指此言。辨儒佛，亦必在此爭鋒：

> 佛學只是以生死恐動人。可怪二千年來，無一人覺此，是被它恐動也。聖賢以生死為本分事，無可懼，故不論死生。佛之學為怕死生，故只管說不休。下俗之人固多懼、易以利動。至如禪學者，雖自曰異此，然要之只是此個意見，皆利心也。學禪者曰：「草木鳥獸之生，亦皆是幻。」曰：「子以為生息于春夏、及至秋冬。便卻變壞，便以為幻，故亦以人生為幻。何不付與他？物生死成壞，自有此理。何者為幻？」（《程氏遺書》一，端伯傳說一〇）

> 釋氏立教，本欲脫離生死，惟主于成其私耳。此其病根也。（《語錄》上，傅予雲季魯編

錄三二、《象山先生全集》三四）

有生者必有死、有始者必有終，此所以為常也。為釋氏者，以成壞為無常，是獨不知無常乃所以為常也。今夫人生百年者常也，一有百年而不死者，非所謂常也。釋氏推其私智所及而言之，至以天地為妄，何其陋也！張子只尤所切齒者此耳（《程氏外書》七，胡氏本拾遺廿五）。

儒佛見處，既無二理，其設教何異也？蓋儒教本人事，釋教本死生。本人事，故緩於見性。本死生，故急於見性。（〈答李伯諫〉，《朱子文集》四三）

世間事有大於生死者乎？而此事獨一味理會生死。有個見處，則於貴賤禍福輕矣。此事老先生（司馬光）極通曉，但口不言耳。蓋此事極係利害，若常論，則人以謂平生只由佛法，所謂五經者，不能使人曉生死說矣。故為儒者不可只談佛法，蓋為孔子地也。（馬永卿輯《元城語錄》上）

第一、二則批評佛教以生死問題為宗旨，是欲以此恐動人心，觸動人的基本焦慮。人為了解決這個焦慮，自然就多歸向佛教。對此現象，儒者以「死生為本分」來應對，並指責人之求免於此一焦慮者均是為了個人之私利。這是宋代理學家對佛教的一種主要反擊模式。第三、四則可以看出儒佛兩家在這個問題上的根本差異。第五則承認生死問題為人類之基本焦慮，認為儒家經典不面對這個問題，但說儒者為忠於孔子，只好少講這一問題。這幾則文獻，把宋代理學家遭遇到佛教理論的重要衝擊和應變態度表露無疑。理學家在此衝擊下，不得不也效法佛家「急於見性」，或根本就「一味理會生死」。至於沖著孔子的招牌和面子，不敢公然從佛者，又豈僅一司馬光而已？㉕

此時，道家的問題便不重要了，儒家的主要論敵是佛家，故元豐己未呂與叔見程伊川時說：「今異教之害，道家之說則更沒可闢。唯釋氏之說蔓衍迷溺至深。今日是釋氏盛而道家蕭索。」（《程氏遺書》二上）其實道家之說不必再闢的原因，並非道教勢力小，當時以道教為國教，其門庭何嘗蕭索？此係因道教對儒家無大威脅，故不覺其勢力大；佛教對儒家有壓力，故覺其勢力盛，而且道家與儒家對生死的問題，態度較為接近。

朱子曾說：「六經紀載聖賢之行事備矣，而於死生之際無述焉，蓋以是為常事也」（《朱子文集》八一《跋鄭景元簡》）；老莊謂生死為旦暮之常，事實上也就是這個態度。因此惠洪《石門文字禪》二二〈普同塔記〉分析說：

「孔子但曰：原始要終，知死生之故」，對於死亡的問題，「蓋不欲深言之」；莊子雖然在〈德充符〉等篇講了「死生亦大矣，而不得與之變」之類話，但也是「莊子著其理而未盡其情」。唯有「西方之教，則痛言之而盡其情曰：若先有生而後有死者，則世未見不死而生；若先有死而後有生者，亦未見有不生而死。譬如尋始末於環輪之上、求向背於虛空之中，則死生之情盡」。由惠洪這一區分中，當可發現在儒佛對壘的緊張關係中，道家是站在中間的。彼雖言生死，然尚未盡其理，且因它僅教人安於死生之故，其型態實與儒家相近，故儒家不以之為敵手。但又因它畢竟曾言死生之理，所以在儒佛角力的場合，佛家便逐漸想到：要想辦法拉這中間人以形成同盟。

迨金元全真教等興起、明代南宗丹法大盛之後，情形就更明朗了。道教比老莊更深刻地體現了這種基本焦慮，對於死亡，不再「安時處順」，而是要刻意修煉，來改變天生的命限，突破死亡對我們的威脅。因此，相對於儒家，佛道事實上已聯結成同一陣線了，都屬於「一味理會生死」的悅生惡死之學。王陽明《傳習錄》上謂：「佛以出離生死誘人入道，仙以長生久視誘人入道」，「但仙家說虛，從養生上來；佛家說無，從出離苦海上來，卻於本體上加卻這些小意思在，便不是他虛無的本色了」。對仙佛兩家的異與同，說得十分清楚。這兩者雖說法略殊，卻都是理會生死之學。

由這樣的脈絡來觀察，我們就會發現：「生死情切」乃是焦竑這類儒士的根本問題意識核心，也是他們與羅近溪等仍順著王陽明良知學講定性識仁的儒者之不同處。㉖他們參禪學佛，並非隨順風氣或好奇呈異，也不是要以此對抗什麼「封建禮教」、「程朱官學」，而是為著解決他自己存在的焦慮。他們在處理這個問題時，會與宋代不同，不再認為道教之說可不予理會，也是為著更妥善地解決生命之基本焦慮。至於他們最後將此問題之解決，歸於佛理，三教合一，歸於佛說性體本空，似乎也是非常自然的。因為儒家原本並不專門針對這個問題說話，道教內丹法事實上從創立以來，本身也就已經融匯了佛家義理。「儒者不尚說乎死生鬼神之事」（契嵩《輔教篇》勸書第一），而「釋氏只是理會生死，其他都不理會」（《象山先生全集》二〈與王順伯〉），焦竑等人欲於生死問題上求一個解答時，會作什麼樣的選擇，當然是極為明顯的。焦竑《澹園集》卷十二〈答友人問〉記有人問王陽明批評佛家「以出離生死為念，則於無上不免加少意，所與吾聖人異」等語，焦竑答道：「世人因貪生乃修玄，玄修既徹，知我自長生。因怖死乃學佛，佛慧既成，即知我本無死。此生人之極情，人道之徑路也。儒者或謂出離生死為利心，豈其絕無生死之念耶？抑未隱諸心而漫言此以相欺耶？」顯然不同意陽明對佛教的批評。這就可以看出焦竑是如何基於他自己的生命問題，而對傳統進行解釋與選擇。

只有從這個線索看，我們才能瞭解焦竑思想中的許多曲折，並恰當地認識晚明三教合一思潮的底蘊，對儒道釋三教複雜的關聯也才能有深入之體會。空說什麼「晚明市民意識之發展」、「資本主義萌芽」、「反抗程朱官學及封建禮教」等等，都是文不對題的。

注釋

①《續道藏》尚收有《易因》六卷。《道藏提要》認為明代白雲霽《道藏目錄詳注》載其名為《李氏易因》，故應該就是李贄的《九正易因》。我則有點懷疑，因本書體例實與朱彝尊《經義考》及《四庫提要》所描述者不同。撰寫《道藏提要》的先生據古代著錄，謂李贄有一書名《易因》，恰與本書同名，且本書思想與李贄接近，其中又引萬曆時人方時化之言以總論卦象，所以「知此書確為李贄之作無疑」，卻忽略了焦竑也有一部《易因》。焦竑這本書，正是他與方時化講解《易經》時，汪本錡的筆記。書前且有李贄的《易因・小序》。其書以上下經分，每卦先列卦文、卦象、卦象及文言，後列講論，最末則為附錄，體例較接近《續道藏》的《易因》。

②見子部雜家類存目二論《焦弱侯問答》。此書當即為《澹園集》卷四七至四九摘出獨立刊行者。見李焯然《焦竑著述考》，《新加坡國立大學中文系學術論文集刊》二集，一九八七。按，四庫館臣對焦竑的理解，甚為偏頗，認為焦竑「於贄之習氣，沾染尤深，二人相率為狂禪。贄至於詆孔子，而竑亦至尊崇楊墨，與孟子為難」。其實焦竑是批評狂禪的，他的心性論也旨在發揮孟子。他固然也有論楊墨之語，更編輯評點了《九子全書評林》、《二十九子品匯釋評》、《墨子品匯釋評》等書，但那只是基於博學的需要，且皆為與他人合作者，跟焦竑個人的學術宗旨不能混為一談。

③《四庫提要》經部易類存目收有焦氏《易筌》六卷，也是雜引《抱朴子》、《黃庭內景經》以解經的。

④詳見柳存仁先生〈明儒與道教〉、〈王陽明與道教〉、〈王陽明與佛道二教〉諸文，收入《和風堂文集》，上海古籍出版社，一九九二年。林惠勝另有〈試論王龍溪三教合一說〉，刊《中國學術年刊》十四期，一九九三年。

⑤參看鄭志明〈林兆恩與晚明王學〉一文，輯入《民間的三教心法》，正一善書出版社。鄭氏《明代三一教主研究》（台北：學生書局，一九八八年）對此有更詳盡之分析。

⑥道教稱此為「性命雙修」。性指心性，命謂形體；精氣屬命，神屬性。道教也常據此批評佛家只修性而不修命。

⑦逆而成丹的理論，即由此發展出來；認為天地順化以生物，人則逆修返原以煉結金丹，盜天地生化之機，所以又稱為「還丹」。這種思想與《陰符經》的關係，詳施達郎《道教內丹養生學概論》（香港道教學院，一九九二年）第廿二頁。

⑧攝情歸性，是內丹法術語之一，如趙宜真《原陽子法編》卷上《還丹金液歌並序》云：「所謂內者自性法身，本來具足，不假於外，自然之真。其進修之功，則攝情歸性，攝性還元，有為之為，出於無為。」焦竑充分掌握並運用了這個術語與觀念，詳下文。

⑨冥情，《筆乘續集》卷二「一情惡為小人，一情善為賢人，一情冥為聖人」云云，可以參看。

⑩據陳榮灼的研究，王弼注易，是「以無為本」的，肯定無的先在性，認為無是獨立於天地萬物之外的實有型態之本體；郭象則反對「尋本」（見《東海大學學報》三三卷〈王弼與郭象玄學思想之異

同〉）。郭象此種無體之說，自亦與焦竑較為接近。

⑪《筆乘續集》卷一：「李漸庵先生曰：未悟無生，則死生在前，不能無怖。臨深履薄，有戰兢之心，皆怖也。心怖於中，斯手足無所措於外。無怖心者，無生死也。」

⑫焦竑同時也用這個說法來處理出世與入世的矛盾。《莊子翼》卷二：「〈養生主〉，是出世法；〈人間世〉，是住世法。余謂出世而後能住世」，又，「出世，為出即生也。道無生死，而人有二心，非棄道而何？怖死生、求出離，猶為第二義也」。

⑬焦竑、李卓吾、袁宏道兄弟等對蘇軾、蘇轍之學的推揚，很值得重視。這也是他們與程朱一脈理學家極為不同之處。甚至連與陽明學脈關係較為親近的黃宗羲，也在《宋元學案》中將蘇氏兄弟之學判為「雜學」，附錄卷末，稱為〈蘇氏雜學辨〉。此充分顯示蘇氏兄弟之學問型態及內容，與宋明理學存在著極為嚴重的緊張關係。但焦竑等人卻對兩兄弟的學術與文章極為傾心，萬曆廿五年，焦氏並為刊行《兩蘇經解七種》。此一線索，乃探究晚明思潮時所不宜忽略者。

⑭焦竑所謂：「此理儒書具之，特學者為注疏惑溺，不得其真」，是一種常見的論述模式。我在許多文章都曾指出：大凡在批判現存之傳統勢力，提出新見解時，往往採用這種方式，謂現存之傳統並非真傳統，自己提出之新說才符合古代傳統之真意。而焦竑批判之傳統，此處並不指程朱理學，乃是指向漢唐注疏。

⑮又見《筆乘》卷二〈戒殺生論〉。

⑯由這些醫方藥單來觀察，焦竑雖然在理論上強調以養性來養生，但實際生活中應該也是極注意醫藥養生的。

⑰〈支談中〉對於修與悟的問題，也有討論。一人問：「古人雖言無修無學，但恐落空，不免疑畏」，對此一問，焦竑仍就佛家之空理答之。〈支談下〉則又有一問：「學道先悟否？」答：「悟什麼？」又問：「然則先修否？」答：「何處修？」再問：「明瞭之人，究竟如何？」答：「亦無究竟。」又問：「佛說持戒，如何持戒？」曰：「教誰行持？」這些，均屬實問虛答，並未真正面對如何修悟的問題。

⑱《老子翼》卷二：「釋氏多以觀門示人悟入，老子之言。豈復異此？一念歸根，上際永斷，而要以

能觀得之」，可以參看。

⑲「當念而寂」，《筆乘續集》卷二〈支談下〉：「《首楞嚴》云：『初于聞中[竹流亡所，所入既寂，動靜二相，了然不生』，此分明示人入手也。偈云：『旋汝倒聞機，反聞聞自性』，蓋自性亡所，亡所曰寂。人唯逐於前塵，念念相續，故不能當念而寂』。明以此法為人手之方法。」

⑳林兆恩主張「以念止念」，焦竑主張「當念而寂」，二者殊不相同。

㉑焦竑在此，又提出了一種「去意」的辦法，如〈讀論語〉云：「意者，七情之根。情之饒，性之離也。故欲滌情歸性，必先伐其意？意亡，而必、固、我皆無所傅。此聖人洗心退藏於密之學也。」但此說乃在「性」、「情」之間，插入一「意」，與他主張忘情冥情即能歸性之說不完全相符；以意為情根，在焦氏文章中也少發揮。故我們可以暫時勿論。

㉒見《熊十力論著集》。林安梧《存有、意識與實踐——熊十力體用哲學之詮釋與重建》（台北：東大圖書公司，一九九三年），第一六三頁對此有所申論，請參看。

㉓《筆乘續集》卷一〈讀孟子〉：「孟子曰：形色，天性也。唯聖人可以踐形，形性豈二物哉？知形之非形，則形色即天性耳」，與此處主張相同。

㉔見《舒茲論文集》第一冊，盧嵐蘭譯，台北：桂冠圖書公司，一九九二年。

㉕本節多參考《平川彰博士古稀紀念論集，佛教思想の諸問題》所收土田健次郎〈道學における佛教批判の一側面——死の問題を中心として〉一文，昭和六十年，春秋社出版。

㉖羅近溪之學，以定性議仁為主，與焦竑其實並不相同。而最大的差異，在於羅近溪沒有這種面對死亡的焦慮。《盱壇直詮》卷下載羅氏病危時，「南城四君魯文問疾，請曰：『老師疾，宜用玄門工夫』」，近溪不以為然，認為他講良知就夠了。「諸孫復懇如魯請」，近溪仍堅稱：「汝輩與諸友著緊此學，便是延我命於無窮。不爾，年歷數百，奚益哉？」這就仍是儒家的傳統態度，承認個人肉體生命是有限的，所以根本不考慮死亡的問題。死就死了，只求死得有意義，或個體生命的志業仍能由後人繼承光大，便覺得可以「不朽」、「無窮」，不認為要長壽不死，或死亡有什麼值得憂慮。

十　蕅益智旭唯識學發隱

對於晚明思潮，學界大抵視為變革期。強調王學是程朱理學的反動，申張個我意識的文學和藝術又是儒學的反動，重視情欲則是講性理講道學的反動等等。這種斷裂的、分異的歷史觀與個我意識，我以為乃現代觀念之投射，非晚明之實況。當時思潮的趨向，應是融合而非分異，不僅講三教融合，在三教內部也存在著融合的動向。本文以當時高僧蕅益智旭為例，說明這一點。

論晚明佛教，又有一傾向，即泛說其為禪，或以禪為大背景去看當時佛教及儒佛關係。不知晚明佛教甚為複雜，天台、淨土、禪、律，各有名宿，且多朝綜合的路子在走。智旭法師就是個重要的例子。他修禪、持律、宏天台、闡淨土，閱藏知津，甚至還注解過《周易》。他如何綜攝會通諸宗，大堪深究。

但本文並不就智旭上述各方面說。晚明佛學，雖然研究者極少，但已有一些文章道及了智旭在天台、淨土、律學等方面的貢獻，故本文專就其唯識學申論之。唯識慈恩一宗，在窺基圓測之後，幾成絕學，晚明始復振興，智旭即為其中堅。然彼於慈恩宗旨，並不盡遵舊蹊，融合性相、法要觀心，勝義別有所在。本文略探其理論結構和立說之因緣，以供治史者參考。

（一）複雜的歷史形象

智旭（一五九九至一六五五）號稱明末四大僧之一，學問至為博雅，但定位甚難。淨土宗尊他為蓮宗九祖，天台宗則視他為最後的大師，近人弘一法師撰《蕅益大師年譜》，卻特別強調他在律學方面的貢獻。

據弘一云：智旭二十四歲出家，二十五歲拜見幽溪尊者，但當時「正墮禪病，未領片益」。二十六歲，甫受菩薩戒，即發心看《律藏》。二十七歲，閱《律藏》一遍，方知舉世積偽。錄《毗尼事義要略》，又寄剃度師書，痛陳正法衰替，戒律不明。三十歲，第二次閱《律藏》，成《毗尼事義集要》四卷，並刺舌血書大乘經律。三十一歲，為同學講四分戒本。又至金陵，「盡諳宗門近時流弊，乃決意弘律」，唯自謂「三業未淨，謬有知律之名」。三十二歲，「見聞諸律堂，亦無一處如法者」，故為諸友細講《毗尼事義集要》，並添初後二集。又擬注《梵網經》。至三十五歲，仍講《毗尼》，且「自念再三翻譯律藏，深知時弊多端，不忍隨俗淆訛」。三十九歲，述《梵網合注》。五十歲，自言：「吾昔年念念思復比丘戒法」。五十二歲，有心學律者十餘人，請大師重講《毗尼》，乃重治其書。五十七歲卒，遺著有《梵網合注》八卷，後附《學戒法》、《授戒法》、《梵網懺法問辨》共一卷；《優婆塞戒經受戒品箋要》一卷；《戒本經箋要》一卷；《毗尼集要》十七卷；《大小持戒犍度略釋》一卷；《五戒相行經略解》一卷；《沙彌戒要》一卷，等等。

依弘一法師這樣的描述，智旭顯然就應屬於律宗或是對律學深具其貢獻之人，其人之心願，也有一大部分寄託在律戒復振上。因此，弘一法師說：「時人以耳為目，皆云大師獨弘台宗，謬矣謬矣！」

一位智旭，而或以為是淨土，或謂其弘闡律學，或指其為台宗。何以如此？一是智旭本人的因素。智旭出家，是蓄疑以往，求解疑惑。故於佛教整體義理儀制，靡不銳意求索，以期證解。他是極少數通讀過大小乘經律論，且讀了好幾遍的人。如此用心、如此勤苦，適足以見其求索之殷切。這樣的人，由於通貫整個佛教，因而也就很難以某一宗派來限定他。且不說後人拿宗派之見去看他，往往不得要領，就是他也常搞不清楚自己的位置究竟應該放在哪兒。

他三十三歲時，曾作四鬮問佛，問自己應該宗哪一派，一曰宗賢首，二曰宗天台，三曰宗慈恩，四曰自立宗。結果拈得天台鬮，於是究心天台。這真是一件又嚴肅又好笑的事。平生宗趣大事，居然以拈鬮來決定，豈非兒戲？但若不是他自己彷徨難定，又怎會在佛前求鬮？此即可看出他心理上的迷惘。就其學問之博而言，氾濫旁沛，究竟該歸宗何處，確實抉擇為難。以宗教方式，請佛陀代為裁定，固然是一種法子；但事實上，專宗一家，又與他博涉全體佛教義海的情況不符，以至台宗一家雖是佛陀所定，畢竟難以令其安身立命於斯。故而智旭又總不肯為台家子孫，只說自己是私淑天台，並說：「私淑台宗，不敢冒認法派，誠恐著述偶有出入，反招山外背宗之誚」，「置弟門外，不妨稱為功臣。收弟室中，不免為逆子，知我罪我，聽之而已」。（〈復松溪法主書〉）對於自己不能盡守天台矩矱，他是十分自知的。這樣一個人物，說他是台宗，就與將他斷為淨土或律宗相同，都只能是各得一偏，且必不合乎實際。智旭復生，亦必不首肯也。

另一個原因，則是觀者論者的因素。對一位歷史人物，觀者論者各以自己的眼光去看他，仁者見之謂仁，智者見之謂智，乃是歷史認知活動中常有的情況。詮釋者各據其「先見」以觀人論世，自然是「物物皆著我之色彩」。何況有些論者還要借著論述古人古事來伸張自己當下的主張，於是述古之作看起來倒像是在吐自己塊壘。如弘一法師鉤稽智旭生平，特別注意其與律宗之關係，一再描述智旭痛陳正法衰替、戒律不行，欲弘律以救宗門流弊。這豈不是因為那恰好就是弘一自己的見解與宏願嗎？他借著描述智旭，同時也就在闡揚自己的主張。因此我們看《蕅益大師年譜》時，既看到了蕅益智旭的生平與志業，同時也聽到了弘一法師的心聲。①

現在，我也要來說說智旭。可是我要說的智旭，既非禪，亦非淨，也不是律，更不是天台，而是他拈鬮求佛啟示時所列的另一個宗派：慈恩宗。他在四十九歲時曾作《唯識心要》十卷、《相宗八要直解》八卷。可見他早年把慈恩宗列為平生宗趣的一個選項，雖未蒙佛祖許可，自己卻仍念念不忘，仍要對之述要鉤玄一番。而此一闡發唯識宗旨的舉動與其具體釋解內容，歷來學界與教界尚少注意，故值得略作介紹，以見智旭之學非一宗一派所能囿，其實走的是個大綜合的整體性佛教義理路向。

智旭在唯識學方面的重要著作，是《唯識心要》與《相宗八要直解》等，尤以前者為要，全名《成唯識論觀心法要》，凡十卷，乃是對《成唯識論》的疏解。這種疏解，實與弘一法師作《蕅益大師年譜》相似，也是借著疏釋古人之言論來表達自己的見解，既伸張了慈恩宗，又體現了他的態度。②

（二）唯識觀心之法門

佛教的空有兩宗，即中觀與瑜伽行兩派。傳入中國後，瑜伽一系的地論師分為南道派與北道派。南道派以真如法性生一切法，北道派以黎耶識生一切法，彼此爭哄。南道又分四宗，北道又分五宗。至梁陳之際，復有據《攝大乘論》而說之攝論師一派，立第九識，以第八識阿黎耶為妄，第九識阿摩耶識為真，紛紜不定。於是玄奘西行求法，欲以佛學本來面目，定群言之是非。歸來後除譯經外，依其在印度所得，發展成慈恩宗，其主要論說，具見於《成唯識論》。一般認為這是最原汁原味的印度佛學。但也因太原汁原味，未能與本土文化結合，故數傳而絕，須待清末才又復興。

大部分佛教史都是如此描述的，清末民初人講唯識，也自負是興復千餘年來之絕學，以繼玄奘未竟之業。而其實唯識雖中衰，卻也不是千餘年間真無嗣音。在唐到晚清中間，就還有一個晚明，是唯識學發展可觀的時代。據聖嚴法師《明末佛教研究》（東初出版社，一九九二年）考證，明末講唯識者，有普泰、真界、正海、真可、德清、廣承、明昱、通潤、王肯堂、大真、大惠、廣益、智旭、王夫之等。其他恐怕還有許多，如黃宗羲的弟弟黃澤望，或智旭

《成唯識論觀心法要》卷一序例所說的：

紹覺法師為之《音義》，一雨法師為之《集解》，宇泰居士為之《證義》，無不殫精竭思，極深研幾……嗣有新伊法師為之《合響》，力陳五觀，籠罩諸家，以其尚未刊行流布，故僅獲染指，不克飽餐。③

智旭曾批評這些對《成唯識論》的疏解：「諸家著述，貴在引證，以明可據。未免文義雜糅，不辨初機。」但同一時代既有如此多人關注唯識，唯識亦足以稱盛矣。其中新伊法師最為重要，弘一法師《年譜》云智旭廿四歲「即與新伊法主相識，爾後為忘年交，幾三十年。自庚午歲始（三十二歲），每一聚首，輒曉夜盤桓佛法弗置。學人從大師游者，皆全稟沙彌戒於法主」，可見二人關係深密。智旭唯識之學，不知傳自何人，或即與新伊法師切磋而來。新伊原有《成唯識論遺音合響》，智旭更作，不知其宗旨是承是革。其書既未刊佈，今亦不可究詰。然當時類此之例甚多，故研治唯識者雖夥，後世卻不甚知聞。加上《大藏經》缺收這一大批文獻，於是後人遂以為由唐至晚清，唯識之學中斷了千餘年，不知晚明正是中繼的一個小高峰。

智旭法師在這個晚明唯識學復興的浪潮中，講唯識而卻不盡依唯識舊蹊，這由他《成唯識論觀心法要》的書名上就可以看得出來。此書乃《成唯識論》之疏解，但特標觀心法要之名，即足以見宗旨。據其序例說：

萬法唯識，雖驅烏（沙彌）亦能言之。逮深究旨歸，則耆宿尚多貿貿。此無他，依文解義，有教無觀故也。然觀心之法，實不在於教外。試觀十卷論文，何處不明心外無法？即心之法，是所觀境。了法唯心，非即能觀智乎？能觀智起，則二執空而真性現。所以若境、若教、若理、若行、若果，皆名唯識，而五位五觀一以貫之。

其後文又說自己這本書「不敢更衍繁文，只圖直明心觀」，顯見智旭此疏之目的，便是要強調觀心。為何他要如此強調？強調觀心之法，為何又要以疏釋《成唯識論》的方式為之？這是首先要瞭解的兩個問題。

第一個問題，涉及智旭對當時佛教環境的認識與批評。弘一法師《年譜》已反覆說過智旭盡譜「宗門近時流弊」，亦即對時人多宗禪悟、禪家又多流弊的狀況頗致不滿。據弘一法師說，智旭乃因此而欲從律學上救治之。此固為一端，然智旭救治時弊之法，非僅此一端。提倡「教」以矯禪門僅重觀之病，即是他努力的另一方向，故《教觀綱宗探義》云：「沒做工夫，不以教師，則盲修瞎練，未免行險徑，名之為殆，猶云思而不學也。」教，指名言文字經典。禪宗不立文字，直指心性，雖有直指之利，卻也有盲修瞎練、思而不學之病，故以「學」矯之。

智旭的言論看起來是公平的，思而不學固然不妥，學而不思，唯讀文字，不解觀心，也一樣不好。可是，究其立言之情境，其說之目的並不是要各打五十大板，而是以此先將禪宗掃開，說禪只有觀無教不好。然後說教下各宗，其實也有觀，只是歷來大家不注意，以至於讀各教之經典多未受益。因此現在我們就要注意教中之觀，知觀教不可分。前面引文說「觀心之法，實不在於教外」或「耆宿尚多貿貿。此無他，依文解義，有教無觀故也」云云，都顯示著這個意思。另外如〈大佛頂經玄文後自序〉云：「痛觀末世，宗教分合，盡謂別傳實在教外，孰知教內自有真傳」，《教觀綱要》云：「佛祖之要，教觀而已矣。觀非教不正，教非觀不符，有教無觀則罔，有觀無教則殆」等，亦均是此意。④

如此便將人拉回教下。而教下諸家，智旭特推天台，謂其教觀並重。這就是智旭常被人目為台宗大師的緣故。⑤〈玄素開士結茅修止觀助緣疏〉曰：

> 惟台嶺一宗，始從智者、章安，中歷荊溪、四明諸老，近復得妙峰、幽溪諸大師，相繼而興。教觀雙舉，信法兩被，故能超賢首、慈恩數教之觀道寥落；亦勝曹洞、臨濟等宗之教法貿貿，東南一絲，信可繫佛法九鼎於不墜，末世津梁，舍此安從耶？

看這話，幾乎以天台為唯一教觀並舉之為楷模。以智旭為天台宗師，還有什麼疑問？可是，這話也不能泥看。發言各當其機，智旭嘗言：「余二十三歲即苦志參禪，今輒自稱私淑天台者，深痛我禪門之病，非台宗不能救耳。」（《靈峰宗論》卷二之五）其標舉天台，正為對治禪門之故，此其一。其次，「佛祖之要，教觀而已矣」，應是一個通則；但教應與觀並舉，「觀心之法，實不在教外」，若是通則，就不應只有天台一家具有這種性質，教下其他各家，也應該都要能符合這個命題，否則即不能說學佛就必須教觀雙舉。故智旭不說「教非觀不傳，觀非教不正」便罷，既要如此說，理論上便不能自我設限於天台一家，疏解《成唯識論》，且強調唯識亦有觀心之法，即緣於此一邏輯。

依他看，唯識之觀，過去並無人強調，但那恰是昔人不明唯識之故，即所謂有教無觀。同時，唯識不像天台一樣特主觀法，因此人不易曉，而這又恰好是唯識之特點。序例說：

文字為觀照之門，若不句句消歸自己，則說食數寶，究竟何益？故標題曰：觀心法要，以此論成，立唯識道理，即是觀心法門，不同《法華》別主觀心釋也。法華廣明跡佛法，故須更約觀心。此論直詮眾生心法，但可開粗顯妙而已。——眾生妄識本妙，由我法兩執，所以成粗。但破兩執，便顯妙理。

也就是說唯識宗把萬法唯識的道理講清楚了，讀的人明白了一切妄識皆由於我執與法執，真心自性就朗顯了。這就是唯識之觀法，故不必另立觀法。此乃總說，然細釋之，則「立唯識道理，即觀心法門」還可分為五種觀：

一、遣虛存實觀。唯遮外境非有，即遣遍計之虛，識表內心不無，是在依圓之實也。二、舍濫留存觀。若論自證分轉成見相二分，則相分內境本是依他起性，不同外境之無。應云唯見唯相，今恐相分濫同所計外境，故但去唯識，即是捨濫留純也。三、攝末歸本觀。相見二分，皆依自證分起，今攝相見之末，歸於自證之本，故直云唯識，即是自證體也。四、隱劣顯勝觀。若論心王心所，各有四分，應云唯心心所，但心所劣、心王勝，心所不能為主，心王有自在義，舉王則能攝所，如舉帝王必有臣佐。故隱心所之劣，但顯心王之勝，直名為唯識也。五、遣相證性觀。相者依他起性，如幻事等。性者，圓成實性，即二空所顯真如當知唯識二字，即是遣相證性。（卷一）⑥

以上五種觀，第一、第二「具遣凡外法我兩執，令達二空」，後三觀「為遣細微法執，令其深達法空」。合起來說，則是「立唯識觀，斷障證果為宗，攝之只是二妙空觀」，仍只是要人觀那個去除我執與法執之妄識的道理。

如此論觀，實與天台迥異。考天台之觀，並不只是觀，而是說「止觀」：止乃止寂禪定之意；觀則是智慧。觀之所以不只是一般的觀察、觀看、觀見，是因通過了止息散念、住心於內的禪定工夫，才能觀之思之而得智慧。故無止則無觀，無定則無慧，宋釋元照序智者大師《修習止觀坐禪法要》時說：「考諸佛之修證，莫若止觀，天台大師靈山親承，承止觀也。大蘇妙悟，悟止觀也。三昧所修，修止觀也。縱辯所說，說止觀也。舍止觀不足以明天台道、不足以議天台教」，即是此理。相較之下，智旭所描述的唯識五觀，就只是觀而非止觀。⑦

再者，天台的觀心，主要是觀當下一念心。智者大師《法華玄義》說：「佛法太高，於初學為難。然心佛及眾生，是三無差別者，但自觀己心則為易。」（卷二）這當下一念之心，乃是在世間與物相汩相蕩的心，所以智者說它是識陰、是惑本，教人觀而刈去之，「須伐其根，如炙病得穴」（《摩訶止觀》卷五）。爾後宋知禮云：「示觀門者，所謂舍外就內，簡色取心，不假別求他法為境，唯觀當念現今剎那最促最微，且近且要，何必棄茲妄念，別想真如？」（《四明尊者教行錄》卷二）即本於智者觀識陰之說。山外各家反對知禮之說，以為中道之觀，應該既不只觀妄心，也不只照真心，而是觀真妄和合心。相較於此二者，智旭所描述的唯識觀法，遣虛存實、舍濫留存、攝末歸本、隱劣顯勝、遣相證性等，均是別想真如的，卻也不是中道觀心。我懷疑他這是由智者大師另一段論唯識的言論中發展來的，《唯識心要》卷七：

《宗鏡錄》曰：智者大師《淨名疏》中問云：「今依龍樹之學，何用天親之義？」答：「龍樹天親，豈不同入不二法門乎？今何取捨定執也？若分別界外，結惑生死及諸行名義，當細尋天親所作，若觀門，遣蕩安心入道，何過龍樹？」若不先明識論，天親護法等剖析根塵，微細生死，又焉得依龍樹觀門遣蕩？若不先診候，察其病源，何以依方施其妙藥？

《宗鏡錄》所載智者大師語，以論萬法唯識屬諸天親，以說觀心法門屬諸龍樹。智旭引之，是用以說明性相融通，不應分別。但依智者說，乃是二路同歸，皆入不二法門。依智者說，則是二者為先後之作用。學佛者應先明識論，再遣妄執，於是明瞭識論，亦是工夫之一部分，可與觀法結合。繼而又說知唯識理便是遣蕩、便是觀心，則是更進一步的發揮，與智者之意甚或這裡所說均不相同。其所謂五種唯識性，其實亦類似於龍樹遣蕩之觀。

（三）通別兼圓的唯識

主張修道人應先明識論，再遣妄執，所以天親之學不可廢。如此說，便涉及了對唯識學地位的判定。

眾所周知：天台判教，以五味根機說、五時說、三教相說為主。五味根機說，謂佛經如牛乳，可分乳、酪、生酥、熟酥、醍醐五種味，眾生根機不同，可享用者也不同，又或人稟一味，或一人可歷五味。以經來說，《華嚴》為乳，《阿含》如酪，《方等》如生酥，《般若》如熟酥，《法華》如醍醐。五時說，謂佛陀說法，以時而畢，一為華嚴時，如日照高山，頓教；二鹿苑時，說阿含，漸教；三方等時，說由小入大，漸教；四般若時，漸教；五法華涅槃時，非漸非頓教。三教相，謂一頓二漸三不定。另外，智者大師又有四教義之說，云佛經教法可分藏、通、別、圓。《阿含》等小乘經論為藏；通，含《般若》、《方等》；別，指《維摩詰經》等；圓，二諦中道，事理具足，如《華嚴》、《涅槃》、《法華》。三教為權，法華為實。

智旭私淑天台，故亦屢用此天台之判教法。但他其實甚少說五味根機，也少說五時，而且他既要推舉唯識，天台的判教便不適用，須略作改造。卷七：

> 《大佛頂經》雖屬方等，然是純明圓理，故得出塵，而為菩薩。《成唯識論》雖亦大乘，然是帶通明別，故入無餘（涅槃）則無心智。即今所謂大自在宮，得菩提者，亦是帶名勝應身

相。以劣唯閻浮勝須華藏，今寄淨居，乃是梵網千釋迦之一耳。《起信論》中亦同此意。理雖圓別，事猶帶通，權實相須，其旨非淺。聖意難測，但應仰信。

卷九又說：「成唯識教，以別接通，以通含別，亦兼含圓。唯其帶通方便，故須立五性差別；唯其詮別理，故不斷十重障，登十真如；唯其兼含圓理，故云真如與一切法非異非不異。」原先天台智者大師判教時，慈恩宗唯識學並未出現，故在天台判教中無其位置，可是依其理論，唯識只應列在方等時、通教類。且該宗又依論不依經而立，在天台判教體系中，也不容易安置。智旭卻於此巧說以為釋，云其理圓事通，或通於通別圓三教，權實相兼。

這是為唯識爭取地位的說法。猶如他在《大乘起信論裂網疏・自序》中斥華嚴判教以《成唯識論》為立相始教、《中論》為破相始教、《大乘起信論》為終教兼頓之不當，並將《起信論》和《成唯識論》聯貫起來說，謂：「《唯識》謂真如不受熏者，譬如波動之時，濕性不動，所以破定一之執，初未嘗言別有凝然真如也。然則《唯識》所謂真，故相無別，即《起信》一心真如門也。

《唯識》所謂俗，故相有別，《起信》一心生滅門也。」對於一心開二門之解釋，以後再討論，今僅就其立言方式觀之，不是與前面引文相似嗎？把《成唯識論》跟《大佛頂經》、《起信論》並起來，說它們都是圓教，其中若有不圓者，乃是權實相須、兼別帶通，對於抬高《成唯識論》之地位，立說實可謂善巧矣！

卷九又說：「如來有隨性巧說，亦名隨他意語，亦名為權。如來有隨智妙說，亦名隨自意語，亦名為實。儒云：中人以上可以語上，中人以下不可以語上。應病與藥，權實並設。病去藥忘，權實俱泯，此可意知，不可言盡。」經典的不同，被他解釋為是權實之異。因病施藥，故不得不權，此意又見於《教觀綱要》所云：

因眾生病而設藥也。是思病重，為說三藏教；見思病輕，為說通教；無明病重，為說別教；無明病輕，為說圓教。

此喻乍看之下也沒什麼特別，但應注意：天台判教，五時五味三教四法，雖說是佛陀依人之根器不同而施，猶如因病設藥。可是因病不同，藥也就有了高下。病重則深，病輕則淺，故鹿苑時，為根機較淺的初學者說法，其說便淺，乃小乘說。方等時，為較高一層人講，就析小彈偏，恥小乘而入大乘。到般若時，則去大小二偏，顯諸法皆空。同理，藏教為初機人說，通教為一般人說，別教為菩薩說，圓教則只化最上利根之人，故圓教之經典地位也最高，義理最為究竟。在這種判教觀底下，不僅病有深淺，教法亦有高低。智旭此說，卻不如此。他乃是說：病不同故教不同，教法不同正顯示它針對的病不一樣，因此藥本身不應論高低，猶如人參鹿茸對於無病之人無用，不如飲水喝粥，可是不能因而就說人參鹿茸劣於稀飯開水。

智旭只是私淑天台的佛教學者，所以才能如此說，不像天台宗人說五時判教、開權顯實，其心中其實隱隱然都有宗派之見。講根器、說教法，實僅是為確立《法華經》為圓教、為經王張目。故五時四教，均有貶抑他宗他經，以獨崇本宗的意味。同時，此說亦倒轉了天台的判教。對無明病輕者才說圓教，意思當然仍是圓教只為最上利根之人之意。但就藥來說，這藥性自然就不甚強烈了。反倒是治重病之藥，恐怕才是大藥、才需好藥。教法本身的高低，評價剛好要顛倒過來，如《成唯識論》裡面那些「權說」、那些「帶通兼別」的部分，便因此而特具價值，值得一般人聽受。圓教太圓太高，一般人反而無從把搦，並不適宜作為修行入手工夫。

再者，從修行人之角度說，藏通別圓也可以不是指教法，更指修行者修持之境界。因藏通別圓四教既是對應人根器不同而來的不同教法，人在修行歷程中，根器即產生了變化，故應機之教、所證之理亦必不同。此是因修而見藏通別圓四境也。卷九：

由聞唯識性相而生信解，乃發無上大菩提心。從此熾然修集菩提資糧。資糧漸積，信解益深，即是觀行相似二位也。以定慧力加行決擇，伏除二取而引真見，即相似後心也。信解之時，先信解相隨既通達矣，即以所見真俗妙理數數修習，淨除習氣，即分證位也。習氣盡時，出障圓明，即究竟位也。約性則始終平等，約修則五位不同。然此五位，義兼通別，亦復含圓。若干慧名資糧，性地名加行，見地名通達、薄地以上名修習、佛地名究竟者，通教位也。若十信十住十行十向名資糧，十向後心名加行，初歡喜地名通達，十地等覺名修習，妙覺名究竟者，別教位也。若五品十信名資糧，十信後心名加行，初發心住名通達，住行向地等覺皆名修習，妙覺名究竟者，圓教位也。

位，就是修行者修持所到的境地，由聞唯識而生信解，由信解而通達，由通達而分證，由分證而究竟，是五層境界，名為五位。故云「約修則五位不同」，因修行者有此五位之殊，相對應地也就有藏通別圓各種教法與之相應的位，此即通教位、別教位、圓教位。這些教法由於均是從修行者說，所以又並不是隔斷的、孤立的。沒有誰永遠在分證位而不能達到究竟位，故又曰：

今資糧位中不立住行向名，故非純約別教。修行位中具列歡喜地等十名，故非純約通教。又歡喜地，頓斷分別我法二執，若唯別教，不應到此方斷我執。若為通教，不應能破法執無明。故知是通含別、別接通也。然設非圓教妙覺，胡能究竟明瞭唯識性相，盡未來時化度含識？故云亦復含圓。

這種講法十分特殊，通別圓三者事實上業已打通，兼通含圓，既是《成唯識論》的性質，也成了修行人的原理，因此他反覆以此為《成唯識論》辯護道：

大乘種性之人，先信解此唯識理，已發起深固大菩提心，於資糧加行位中，強觀諸法，皆悉無性。令二空觀漸熏漸著，乃至通達位中，頓漸分別二障種子，方實觸證真如法界之理，遍於五位百法無所不在。故遂能得百法明門，於彼一一法中具證真如無所不遍之性。由此位，初證真如本遍之體，獨得遍行之名，以後諸位不過隨德立稱，更無有二如也……故云初地具足一

切諸地功德。（卷九）

初地人只是信解唯識理、發起菩提心，可是依智旭看，一切後來的修行果位均由此而來，所以他特別看重這一段，說初地具足一切諸地功德。正因這一段（信解唯識理、發起菩提心）如此重要，故而《成唯識論》不可廢。卷九另一段話說：

問曰：「留煩惱障助願受生，屬何教義？」答曰：「此意不可粗浮輒判，何以言之？若藏教事度，三祇伏惑，總未先斷異生性障。若通教見地，菩薩所斷異生性障，與二乘同，曾無斷所知障之義。至菩薩地，正使斷盡扶習潤生，復無留惑種義。若別教登地，但斷所知障種，更無留煩惱義。圓教尤不必言。今約語言，則是通含於別，別入於通。若推意旨，則是密顯圓宗。」問曰：「何不直言初地分得一身無量身，所謂中道，應本猶如月印千江，乃云留煩惱障助願受生耶？」答曰：「若是，則為別含於圓，圓入於別。非復別入於通，通含別圓之義矣。」問曰：「直說別圓二教，有何不可？何必帶通方便耶？」答曰：「眾生未堪徑聞別圓，安得不帶通方便？是故化法四教，並是如來權實妙智，應機施設，何容偏廢？何容偏執？此《論》與《瑜珈論》位同《方等》，正破小乘法執，旁破凡外我執。若廢通教方便，則小機絕分，曷由引入別圓耶？」

此處三問三答。第一、二問，是說初地具足一切諸地功德，但畢竟仍在初地，所以《成唯識論》說：「修道位不斷煩惱，將成佛時方頓斷。」質疑者覺得強調煩惱障未除，不如直講初地具足一切諸地功德。智旭當然也講初地分得一身無量身，但他同時也要強調此說仍是兼通含圓的。後一問，則是質疑為何一定要說通教，直入別圓不是更好嗎？智旭才點出他這番理論與判教問題中如何安立《成唯識論》有關。他不反對天台宗將《方等》及與之類等的《成唯識論》判為通教，但他認為其通是通含於別且密顯圓教的。這幾段文字都很長，反覆析辨，適足以見其宗趣。

（四）以漸修矯治禪弊

其宗趣，便是前文所說：對禪宗流弊之矯正。由今日所存文獻來看，晚明實乃禪宗大盛之時，自萬曆元年（一五七三）到明亡（一六六〇）數十年間，所出禪史、語錄、輯本、注釋、編撰，凡五十種，達三八六卷，比歷史上任何一個時期都多。且不僅著作多，著名的禪師和居士也甚多。因此看起來確乎極一時之盛。可是從當時人著作中感覺到的，卻又截然相反，普遍對此禪風流行之景況感到憂慮，智旭即其中代表人物。他提倡「教」以矯禪門只重「觀」之弊，繼而說教下本亦有觀，唯識之觀，遣相證性，俱詳前文。他又說聞唯識理、發菩提心，便可精進以達究竟。以此為《成唯識論》爭地位固然是個原因，但他之所以如此說，亦表明了他的修行觀根本不同於禪宗。他藉《成唯識論》來闡發的這一套修行理論，即是要對治禪宗的。

智旭當時，曹洞、臨濟兩宗激烈爭論法脈，智旭就不贊成，說：「大迦葉、目犍連等皆俗氏也。阿難陀、莎伽陀、阿那律等，皆俗名也。出家證果，當時咸以此稱之，後世亦以此傳之，然則別命法名，已非律制矣，況法派乎？」（《靈峰宗論》卷五〈法派稱呼論〉）「謂之見之聞之則可，謂以是相傳，可乎哉？」（同上〈儒釋宗傳竊議〉）不贊成禪家講法脈心傳。但這些批評尚非探本之說。探本者，謂其根本反對禪宗講頓悟也。《唯識心要》卷十有跋語云：

> 一心實相，悉是諸法。諸法所生，皆從現行善惡熏習，第八識含藏種子為因，發起染淨差別報應為果。若不細微剖析，問答抉疑，何由到一心總別之源、徹八識性相之際？古德謂提綱意在張網，不可去網存綱。故知理事雙明，方通圓旨，教觀齊運，始達一乘。又云：若不因教所指，何由得識自心？設不因教發明，亦須憑教印可。若不然者，皆成自然外道、暗證禪師。

跋與序之功能類似，均有總括全書的意思。此處先是說唯識學辨析心法，可以讓人真正明白性相。再則說此種辨析非常重要，不通過它，徑去講圓說悟，就只是外道或暗證禪師。話語中，完全不承認禪家所謂的明心見性、自悟自知。卷十又藉〈成論〉說：

> 此初家答也。雖似有理而實籠統，無有的義。近時宗門及圓頓教，多墮此見。

理講得高、講得圓，在智旭看，恰好就是缺乏一番「細微剖析，問答抉疑」之力，故含混籠統，而且缺少教之發明與印證。奢言頓悟者，不但遺事去教，亦於唯識之理頗未通達。而廢修言悟，尤為他所不滿，卷九：

問曰：「上根之人，直達空有，皆不可得。當下安住唯識真勝義理，何須如此次第修習？」答曰：「汝今空有皆不可得六字，便是所取之名。妄謂我能直達，便是能取之識。暖位止觀尚未夢見，而言安住唯識勝義，夢語刀刀，此之謂也。汝若實證唯識性者，必應頓了唯識之相。如六祖雖不識字，然於性相宗旨，無不通達。觀彼轉識成智八句偈義，何等透徹？乃至《法華》、《涅槃》諸經，一入耳根，便達奧義，豈似今人妄稱悟道，乃於教法粗疎鹵莽者哉？」

也就是說，六祖之悟，實與他精熟通達於教法有關。此呼應前面引文所說「若不因教所指，何由得識自心；設不因教發明，亦須憑教即可」。講這些話，目的都在勸人勿貪圖禪宗那種頓悟、一超直入如來地的便捷法門，老老實實深入教法、次第修行。他所說的次第修行，具體言之，即前文所引「由唯識性相而生信解」論五位那一大段。卷七又以九定為說，云：

凡佛弟子，欲修滅盡定者，必依次第而修。謂先以覺觀淨除欲染，離生喜樂而入初禪，次以內淨舍離覺觀定生喜樂而入二禪。次更舍喜動喜離喜妙樂而入三禪。次更雙亡苦樂，舍念清淨而入四禪。次更滅色緣空，入無邊空處定，次更滅空緣識，入無邊四處定。次更滅識緣無所有，入無所處定。次更滅無所有，緣於非想非非想處入非想非非想定。次後了知此種極微細想，仍是有漏有為，即依此定，遊觀寂滅真無我理，伏藏第六心王心所，並伏第七識中俱生我執，令不現行，乃入此滅盡定。是故九次第定，此居最後。

四禪四空再加一滅盡定，凡九次第定。另有一無想定，亦用四禪四空為釋，云：「三禪以下想粗難斷，四空滅色存心，無想滅心存色」，也是次第修行的辦法。綜合起來，又云：

三乘聖者，或于初果位中，以根本智先證我空；或于初歡喜地，以根本智先證我法二空。然後隨彼二空之後得智，漸次伏滅三界思惑至都盡位，乃入此微妙定。是中二乘以我空後得智引發此定，但伏第七識中微細我執。故雖身心度百千劫，如彈指頃，不能現諸威儀，以未達法空故。菩薩以二空後得智引發此定，勇伏第七識中微細法執，故能不起滅定，現諸威儀，以得法自在故。（卷七）

整個修行工夫，都在漸次如何如何中說。其意略謂人須先斷下四地惑，後生上五地中。由欲界五趣雜居地，到初禪離生喜樂地，再到二禪定生喜樂地，三禪離喜妙樂地，四禪舍念清淨地、空處地、識處地、無所有處地、非非想處地。如此便可頓斷下九地之末那相應俱生惑。前六識之俱生煩惱可盡，但第七識中俱生煩惱，其相微細，須再至此微妙定中才能得法自在，此即所謂三界九地種子漸漸斷盡之說。三界九地漸斷之後仍非究竟，尚須再修，其工夫之難，顯然與禪家「一超直入如來地」迥異。

但他這樣的講法，理論內部不是沒有問題的，因此卷十另作了一番解釋：

難曰：「有為之法，可有數量。真如即非有為，安得有十？」釋曰：「但隨勝德，假立十名，其實無差別也。」難曰：「真如既無差別，則初地已證無差別性，名為遍行真如，何須設立後九？若初地所證不及後九，何名遍行？若初地所證已即後九，何須再證？」

這裡的詰難，是針對智旭的論點說的，骨子裡便是頓悟說對漸修說的批評。因為智旭本來就曾說過：信解唯識理，發起菩提心，「由此位，初證真如本遍之體，獨得遍行之名，以後諸位，不過隨德立稱，更無有二如也。故云初地具足一切諸地功德」（卷九）。既然初地發心，已證真如，那不就是頓悟了嗎？此後修行，難道還另有一個真如可證？對此詰難，智旭的回答是：

「所證理體，雖已頓達，而能證事行，猶未圓滿。為滿勝行，建立十名耳。」問曰：「能所不二，事理相即，今胡得云所證理圓，能證事行猶未滿耶？」答曰：「能所不二，亦不定一。理事相即，亦不相濫。若以事從理，以理攝事，則初地中亦能具足諸地功德而又不妨仍是初地。若以理從事，以事顯理，則後後位乃能漸顯本來法性，而又不妨仍自平等。《大佛頂經》云：『理則頓悟，乘悟並銷；事非頓除，因次第盡』，當知頓漸二悟，同名為頓。以即事之理，理仍無差別故。」

他在另一處又解釋頓與修不二：「不悟無性，則不能稱性以起真修。不事真修，則無以除障而顯本性」，「若唯約理，則長短並空。若唯約事，則長短各異」（卷十），大抵也是辨明理雖可以頓時證悟，事卻仍需修行，二者不可偏廢。此說固然善巧，但事實上已不反對頓悟了，與前文所引謂悟須是藉教而悟，又有所不同。蓋意在彌合，曲折地表達他重修甚於講圓講頓的立場罷了。

如此次第修行，要修到什麼地步呢？卷三說：「直修大乘者，須至八地以上，方得煩惱永伏，亦可名阿羅漢也。阿羅漢斷盡煩惱，名證有餘涅槃。由其異熟識體仍在，能持舊有漏種，令有根身壽命不斷，直俟餘殘果報既盡，方入無餘涅槃。」

（五）真常心與阿賴耶

阿羅漢斷盡煩惱，但其異熟識體仍在，即能持舊有漏種，以致有根身壽命不斷，果報未盡。此乃用唯識宗說。唯識云眼、耳、鼻、舌、身、意為六識，對此六識有所思唯有所意識則為第七末那識（mana），形成我執。而第八識阿賴耶識即是那個「我」，《攝論》卷一，所知依分第二之一說：「或諸有情攝藏此識為自我故，是故說名阿賴耶識」，即是此意。玄奘《八識規矩頌》云：此乃「受熏持種根身器，去後來先做主公」，便是說這個自我是受各種雜染所薰染而成的種子，而為身器之根，生之前死之後都不斷滅，因此果報也不斷。就雜染說，阿賴耶為一切因之果；就身命說，阿賴耶又為一切之因。故阿賴耶乃輪迴果報的依據，「離此命根，眾同分等恒時相續勝異熟果不可得」。

依此言，阿賴耶識類似靈魂、靈魂不滅等觀念，但佛教不信靈魂，所以說是種子。阿羅漢雖斷盡煩惱，但種子仍在，就仍會有作用、有果報。只有果報已盡，才能真正進入涅槃，蓋涅槃者：「不受諸因緣，是名為涅槃。」（《中論觀涅槃品》）

但我們知道：「本識及所生果不一不異」，斷果報，事實上就是斷阿賴耶。不斷阿賴耶，其異熟識體仍在，就不能入無餘涅槃（異熟識即阿賴耶識之別名）。可是要如何才能斷呢？智旭未說明，他只講「直俟餘殘果報既盡」。

這就有幾個問題：一是種子識仍在，因仍在，果就不會消，仍會續起作用。如何想像它像電池一樣，用久了就電力越來越弱，終至停歇？二是種子識之作用及其果報，如何能斷？此處亦未指出吾人可以修持著力之法，似乎只是等待，所謂「直俟」，待這顆電池日久自然殘餘電力既盡。三是斷阿賴耶才能入無餘涅槃，與「轉識成智」即能入無餘涅槃之說亦是不盡相符的。卷九《成論》原文說：「由數修習無分別智，斷本識中二障粗重，故得轉舍依他起上遍計所執，及能轉得依他起中圓成實性，由轉煩惱得大涅槃，轉所知障，證無上覺」，顯然是說只要能轉識成智，即能得涅槃，跟阿羅漢斷煩惱後仍不能得大涅槃之說並不相同。智旭在這裡的注解是說：

煩惱所知二障種子，皆第八識之所執持；菩提涅槃二轉依果，亦第八識之所本具。由煩惱種，障大涅槃；由智障種，障無上覺。今二障分分轉舍，則二果分分轉證，可謂無始流轉，安樂妙常。唯此八識更非他物矣。性宗謂「轉煩惱成菩提」，與此言「轉所知障，證無上覺」同也。

認為煩惱與菩提的種子都在第八識中，轉染得淨就可得涅槃。而且這種轉，他認為是和性宗「轉煩惱成菩提，轉生死成涅槃」一樣的，這樣解釋，就與上文所說有差了。

為何會有此參差呢？阿賴耶識本來就是個複雜的問題，智旭攪在這裡，當然也就不易清明。首先，依斷盡有漏種子才能進入涅槃之說，阿賴耶乃種子識，其性質當然應該是雜染的。它又稱藏識，謂種種我執所積藏，不斷受熏，名為種子，謂此藏識乃一切法之種子，隨時會發芽生出果來。阿羅漢「異熟識體仍在，能持舊有漏種」，說的就是這個道理。

攝論宗即依此而說阿賴耶識是雜染，轉識成智時必須要轉阿賴耶，才能由染得淨，《攝論》彼果智分第十一之一云「轉阿賴耶識得法身」者，即是此義。阿賴耶識被視為凡夫性及煩惱之根本。慧遠《大乘義章》卷三引《楞伽阿跋多羅寶經》說：「如來之藏，為彼無始虛偽惡習所熏，名為藏識，生無明住地，與七識俱，如海波浪」者，亦指此。

可是阿賴耶識既是染汙種子，要轉化它，得靠什麼力量呢？於是乃有其中一支另立第九識：阿摩羅識。謂此識為真如、為覺性、為無垢，靠這種覺性才能轉阿賴耶識得法身。

但立第九識之法，其他宗派並不贊成，地論宗即以為阿賴耶識就是如來藏、是真如。不過，地論派南道之說，如法上，是以阿梨耶為第七識，真如為第八識。法上弟子慧遠則以第八識為阿梨耶，第七為阿陀那。謂阿梨耶同於如來藏心，阿陀那同於根本無明識。如此，其實與立第九識的原理仍是一樣的，只是把末那識取消了而已，或將末那與染法阿賴耶合併，稱為第七識，然後說能轉染為淨的能力即在於如來藏中。

以上二說，一以阿賴耶為染，一以為淨。《大乘起信論》則認為它既是染又是淨，迷時是阿賴耶，覺了就成清淨如來藏。這種說法，是在識之外，另立一「心」。說阿賴耶識是心的一種狀態，「眾生依心、意、意識轉依阿梨耶識說有無明，不覺而起能見、能現、能取境界，起念相續，故說為意」，此意識、意及無明生滅心（即阿梨耶識），皆由心起妄念而生。故若能無心、無念、不見心即可去識，「若能觀察，知心無念，即得隨順入真如門」。這就是它所謂的一心開二門。未覺時為生滅心，覺時為真如心。此說十分善巧，亦可綰合阿賴耶是染是淨的爭執，但問題是：「若能觀察，知心無念」的那個力量由哪裡來？心既自迷，它又如何能自悟？

《成唯識論》跟《大乘起信論》說阿賴耶既是染又是淨（淨時已不名阿賴耶）不同，主張它非染非淨，是無覆無記的。可是所謂無記，只是說它不能說是染也不能說是淨，是中立的中容無記性。然其實質內容，卻既是染又是淨，因為它是「種子」，一切迷覺染淨，皆收入此種子識中。故既有雜染熏成的有漏種子，也有具覺悟動力的無漏種子，修行者轉識成智的辦法則是如前所說的「由數修習無分別智，斷本識中一切粗重，故能轉滅依如生死」。熊十力《佛家名相通釋》對此曾解釋道：「此第八識總有二位：一有漏位、二無漏位。無漏位者，謂諸眾生若勤修學，登地以去，淨種現起，有漏種子漸次伏除。第八地去，煩惱盡故，由斯永舍阿賴耶名。」（「諸識」條）

智旭據《成唯識論》作疏，當然要順著玄奘的講法說。但他與玄奘並不相同，不同之處何在？一是上面提到的阿賴耶斷不斷的問題，《成唯識論》的立場，用熊十力的話來講，最為明白。修行到八地以上就是阿羅漢，此時「既盡煩惱，即第八識唯是無漏之體，其染分已斷盡故，而賴耶遂不立，故云永舍此名也」。也就是說八地以上就已斷阿賴耶識了，不是如智旭所說的「異熟識體仍在，能持舊有漏種」。智旭在這裡，並未守住慈恩宗之矩矱，因此《成論》原文是說：

阿羅漢，斷此識中煩惱粗重，究竟盡，故不復執藏阿賴耶識為自內我。由斯永失阿賴耶名，說之為舍。非舍一切第八識體，乃阿羅漢無識持種，爾時便入無餘涅槃。

明謂阿羅漢已斷阿賴耶。因阿賴耶是染淨俱存的種子，有漏種斷了，自然就剩下無漏種。而無漏種是不能舍的，所以說舍的是執藏、是有漏種，非舍一切第八識體，如熊十力所釋曰：「舍賴耶，唯舍第八染分，非是第八識體全舍。第八淨分不可斷故。不爾，便同斷滅論。」可是智旭的注卻說成是異熟識體仍在，能持有漏種，顯然與原文頗為扞隔。

推察智旭之所以如此說，是夾雜了天台性具說使然。性具說認為性具善惡，染淨同俱，佛雖斷修惡，但性中之惡不斷，「如竹中有火性，未即是火事，故有而不燒。遇緣事成，即能燒物」（《法華玄義》卷五下）。因此修行之法，也要不斷無明而證法性。智旭對阿羅漢修行的解釋，便有性具說的影子。另外，在卷九他又說：

我執即煩惱障，法執即所知障也。豈有所知障種已斷，煩惱障種猶得實存？今去留障助願，明是巧用性惡法門耳！

所謂性惡法門，就是性具說。以性具說解釋《成唯識論》是很困難的。智旭以其貌似，而云彼乃巧用性惡法門，其實巧用這個法門的，正是智旭自己。因此卷十原文說：「一切如來身土等法皆滅道攝，故唯是善。佛識所變，有漏、不善、無記等相，皆從無漏善種所生。」這是形容佛所修至之境界，為遠離生滅之清淨法界，唯善無惡，一切有漏種皆所斷盡，唯於無漏善種中變現出各種相來。智旭的解釋卻是：

佛識所變相，自有二種：一者，大悲願力，同流九界，變為九界蘊處界相皆無漏善種所生，正是巧用性惡法門，故一切諸法，無非佛法也。二者，九界有漏不善無記相等以為本質，變起佛識無漏相分，所謂諸佛心內眾生，塵塵極樂者也。

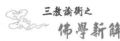

原文只說佛識所變，他加上了一個變起佛識，乃是玄奘沒有的意思。有漏為本，變起無漏相，用的是天台宗「無明即法性，不二不異」之說，佛識變相九界，他也說是巧用性惡法門，可見他確是夾糅了天台的觀點。

另一個與《成唯識論》不同之處，則是他雜糅了《大乘起信論》之說。《起信論》論阿賴耶和《成唯識論》不一樣，已詳上文。它是說心的，心迷時為阿賴耶，悟了就是如來藏。《成唯識論》不然，謂萬法唯識，不另立「心」為主體；它也說心，但其心與《起信論》之心不同。云識是異熟，藏有過去善惡各種業習，發起一切現行。前者是說它是被動的，能執能受一切種子；後者說它是主動的，能了別現行；故它「常與觸、作、意、受、想、思相應」，亦即與此五心所相應。識就是心，分說則曰心與心所，或說是心王與心所。此心自無始以來，念念生滅，故又云其「恒轉如瀑流」。《起信論》的心卻不是識，識只是心的一種狀態，是心生起妄念的狀態。可是心雖因無明而在染妄之中，心之主體並不壞滅，所以才能迷而仍能覺，可以起悟。⑧相對於《成唯識論》，這種說法並非萬法唯識，乃是萬法唯心，故曰：「三界虛偽，唯心所作」。以此一心，可開二門，真如門與生滅門，皆由心所開。智旭所作的《唯識心要》，其所謂心，大抵即用《起信論》的心去講唯識之心，如卷九：

唯識真如，即識之體性。生死如冰，涅槃如水，真如則如濕性，生死如轉，涅槃如不轉，真如則如本屋。生死如迷，涅槃如悟，真如則如本方。生死如狂走，涅槃如狂歇，真如則如本頭。迷之枉受生死，悟之便得涅槃，此不變常隨緣，體即用也。處生死而非染，在涅槃而非淨，此隨緣常不變，用即體也。

這就是一心開二門的架構。生死為生滅門、涅槃為真如門，他所說的真如，便是《起信論》說的一心，生死如冰，涅槃如水，而皆有濕性。濕性是本體，生死與涅槃是隨緣之變，所以說不變隨緣。雖然變冰變水，但濕性不改，所以說隨緣不變。這個說法，在他書中屢見，看起來與《成唯識論》說的「唯識真如，死生涅槃之所依」頗為相似，而其實理論結構十分不同。《起信論》屬於真常心系，《成唯識論》說的「唯識真如」則非真常心，而是說依唯識性：迷真如，即為凡夫，受生死苦；依真如，轉唯識性，即為聖者，得涅槃。⑨

（六）性相融合的宗旨

雜糅了天台宗或《起信論》的講法，而對慈恩宗旨趣頗有改造的智旭，顯然是有意識如此做的。他的書也就在這一點上旗幟鮮明，主張性相融合、空有不二，走一條大綜合的路子。相關的文獻如：

1、《宗鏡》云：「清辯為成有。故破於有；護法為成空，故破于空。菩薩造論如用藥，本為除病，而眾生執藥成病，菩薩亦奈之何？」故此空有二門，不執，則分而癒合，合則雙美。苟執，則會而愈離，離則兩傷。學者不可不慎思而明辨也。（卷三）

2、問曰：「如有經云：我是貪欲文殊、瞋恚文殊。又云：一法不舍，名為大貪；一法不取，名為大瞋，其旨若何？」答曰：此不思議無性法門，即修惡而達性惡，即性惡便是性善。如指冰即水，水現而冰自融。如指木即火，火出而木即盡。如因醜相而悟現像之鏡，知此醜像惟鏡所現。能現醜像之鏡即是能現美相之鏡，故得不離塵勞而見佛性。既見佛性，豈復滯塵勞哉？一法不取名大瞋，即是此中所謂無貪；一法不舍名大貪，即是此中所謂無瞋，誰謂性相二

家不一致也耶？（卷六）

3、《宗鏡》云：「若不了性，亦不了相，其相即妄；若不識相，亦不識性，其性即孤。應須性相俱通，方得自他兼利。」慈恩宗云：「識性識相皆不離心，心所心王以識為主，歸心泯相，總言唯識。唯遮境有，執有者喪其真；識簡心空，滯空者乖其實」，此之謂也。（卷七）

4、性相二宗，同條共貫，更無兩轍。智者、永明皆於性相融通若此，而今之學者猶復膠柱鼓瑟，不知會歸自心，不亦哀哉？（卷七）

5、「虛妄分明有」句，明染分依，但即是「有」，即俗諦也。「於此二都無」句，明遍計我法本空，即真諦也。「此中唯有空」句，明依他中有圓成實。「於彼亦有此」句，明圓成實不離依他，蓋是真俗不二，即顯中道第一義諦體也。故說一切法非空非不空，則一切法無非中道。一切法有即假也，一切法無即空也。一切法及有故，即中也，故《中論》云：「因緣所生法，即空即假即中。」此性相兩宗血脈關通最顯著處，人都忽而不察，奈之何哉？（卷七）

6、八識及心所，皆名俗諦。俗依真立，真依俗顯，譬如色依空住，空依色顯。又如波水依濕性立，濕性依波水顯。真俗不二之旨，復見於此，誰云性相不同轍哉？

7、一切大乘法門，皆令眾生即於現前諸法強觀無實；既知無實，便解如幻；既解如幻，便悟實性。既悟實性，方能從體起用。夫強觀無實者，遍計也。解如幻者，觀依他也。悟實性者，根本智也。故知《大乘止觀》《成唯識論》，觀心妙訣曾無兩途。（卷八）

8、欲知如外無識，先觀識外無如。識外無如者，圓成實性不離依他也。如外無識者，依他無性即圓成實也。此與依他非異非不異。又云：「此諸法勝義，亦即是真如，常如其性故即

唯識性」，而後之講者，妄謂法相宗中立凝然不變以為真如，不亦冤乎？（卷十）

9、統論唯識修證法門，總不離此五觀。以對南嶽《大乘止觀》，如出一轍。初遣虛存實，二舍濫留純，即分別性中止觀也。三攝末歸本，即依他性中止觀也。四遣相證性，即真實性中止觀也。五隱劣顯勝，即密顯染分三性、淨分三性，皆可具前四觀。通達三性及三無性，成就真俗不二觀門，此佛祖傳心要訣，法性法相真源。願有智者慎思明辨而篤行之，庶不負天親護法等諸大菩薩慈力，亦不負戒賢玄奘等師資授受苦心。（卷十）

以上第一、三、四則均引永明延壽《宗鏡錄》。智旭書中引用《宗鏡錄》者極多，這幾條不過是其中一小部分。為何引用如此之多呢？一是理論攸關，二是現實需要。慈恩宗在宋元幾乎已絕，明代才奇蹟似地再傳下來，王肯堂《成唯識論集解•序》說：「余聞紫柏大師言，相宗絕傳久矣，魯庵泰法師，行腳避雨，止一人家簷下，聞其內說法聲，聽之，則相宗也。亟入見，乃一翁為一嫗說，師遂拜請教。因留月餘，盡傳其學而去。」除了這樣神奇的口傳機緣之外，當時人對慈恩宗之學並無什麼材料可以參考。窺基、智周、慧沼之書，宋明均未入《藏》，因此《宗鏡錄》裡面引錄的一些材料就成為他們主要的資糧，王肯堂說他自己是：「閱《開蒙》，及檢《宗鏡》《華嚴疏鈔》，遇談此《論》處，輒錄之簡端，於是漸有一隙之明」（《成唯識論俗詮》），智旭也說：「賴有《開蒙問答》，梗概僅存；《大鈔》《宗鏡》，援引可據」，可見當時人想瞭解《成唯識論》，大抵均取途於《宗鏡》。既取途於此，受其影響也就不免了。

智旭許多性相不二的言論，都是順著《宗鏡錄》的說法說的。第一、三則引《宗鏡》主要都是在說空有不二，既破執有又破滯空。第五、六則也近於此，但以空假中三諦為說。這也是智旭常有的說法，如卷六：「權位菩薩以無明未伏，僅成從空入假之善。地前菩薩，欣樂中道，故能厭離兩邊。但以無明未斷，僅成相似中道之善。唯有圓人，欣樂無分別之實法，故能厭舍二邊虛妄戲論分別，於諸無明圓伏圓斷，成就無止具足妙善」，卷七：「今既云一切法非空非不空，則八識一一非空非不空，即是中道，法爾具足三諦，五十一心所，一一非空非不空，即是中道，法爾具足三諦」，把有宗所說唯識三性，跟空宗所說空假中三諦結合起來說，所以才能講性相兩宗血脈關通。

第八則，就是我們在上一節談的問題。他要以「真常唯心系」的理論去解釋「虛妄唯識」，勢必要立一真如，然後還要解釋此一真如與識心不一不二。卷十云：「既達真如，即識實性，方知真如亦即心所實性。既達識性之外別無真如，方知心所性外亦別無真如」，「只一識性，由熏習力，似有四分生起不同。克實論之，相見之末，何嘗離於識體？故《大佛頂經》云：『本是妙明無上菩提淨圓真心，妄為色空及方聞見，如第二月。誰為是月？又誰非月？』」都與第八則所說相似。實則慈恩宗既不立凝然不變之真如⑩，《大佛頂楞嚴經》所講的與無上菩提妙明淨圓真心，也不是慈恩宗的講法，智旭苦為綰合罷了⑪。

第二、第七、第九則是把天台宗和慈恩宗結合的努力。第二則說即性惡即性善，且就此云性相不二，是因《法華玄義》卷五下本來就已有「今但明凡心一念即具十法界，一一界悉有煩惱相、惡業性相、苦道性相，若有無明煩惱性相，即是智慧觀照性相」之類說法，其用天台宗義，甚為顯然。

但問題是：天台的性具說本來就是因反對緣起才提出來的。在智者大師創教時，固然尚無慈恩宗，可是地論攝論諸宗已然盛行。地論師主張諸法依法性真如而起，攝論師認為諸法依阿賴耶識妄心生起，對這些緣起說，智者均不滿意，故獨標性具，謂諸法非依緣起而生，諸法本具於一念之中，一切真心妄心，皆在此一念，故稱為一念無明法性心。於是諸法既不自生，也非他生，無須依持，不待緣起。（詳見《摩訶止觀》卷五上）此為性具與緣起之別。智旭法師解《成唯識論》所需面對的就是這根本的差異。由他的疏解全文看，他因是隨文作疏，是以整體結構上遵守著《成唯識論》的框架，仍采緣起說。但一方面用真妄不一不二的講法去說心，一方面又用三諦去講即空即假即中，即真即妄，即真假不二中道，如此，就把緣起和性具從理論上糅合起來了。

第七、第九談的是修行觀法上的事。以《大乘止觀》的空假中三觀去解釋唯識五觀和唯識三性。謂觀幻為遍我執，知幻為依他起，悟實為圓成實等。考唯識之修行，並不如天台那樣強調觀法，其修證過程，即所謂「唯識行位」，指的是：一、資糧位，乃求住唯識性階段；二、加行位，乃初觀唯識理的階段；三、通達位，為見道真之階段；四、修習位，為步步實踐，以伏斷諸障之階段；五、究竟位，為證了菩提的成就位。故所謂唯識五觀，主要是在第一第二位時的事，跟天台論觀的作用並不相同。可是我已說過，智旭特別重視觀，強調唯識之學並非有教無觀，故他凸顯觀之作用與地位，且將之與天台三觀並論。如卷九解三性三無性時說：「學者須以《大乘止觀》、三性三無性參之，必有恍然得悟者矣」，亦是著眼於可以三性三無性說觀空觀假觀中。然三性說或唯識五觀其實都與天台三觀有極大的差別，智旭說它們可「成就真俗不二法門」，是不確的。把它們和天台觀法鉤合起來，也只是如他形容的是「巧用」三諦法門。

其巧用天台者，尚有數例，可以合併討論。卷九《成論》談定學有四：一、大乘光明定；二、集福五定；三、賢守定；四、健行定。智旭解釋時，在「健行定，謂佛菩薩大健有情之所行」一句下說：「健行定者，首楞嚴三昧也，一心三止三觀，非大健有情不能行」，把一心三觀給偷塞了進去。又卷十：「一切有情，皆有初一。二乘無學，容有前三。唯我世尊，可言具四」，智旭亦用天台解之，云：

自性清淨涅槃，一切有情皆共有之。所謂心佛眾生，三無差別。亦有謂諸法從本來者，當自寂滅相，有佛無佛，性相常住，天台依此說六而常即，約性德也。二乘，更加有餘無餘二種。然未入滅時，但有有餘而無無餘。已入滅後，但證無餘，故云容有。惟我世尊，並具無住處義，所謂一切賢聖皆以無為法而有差別，三乘因果歷然不濫。天台依此說即而常六，約修德也。

六是指六界相性，《法華文句》卷三下：「十界相性，權實開合，差別若干，以平等大慧如實觀之，究竟皆等。若迷此境，即有六界相性。名為世諦。若解此境，即有二乘相性，名為真諦。達此非迷非解，即有菩薩佛界性相中道第一義諦。」智旭此處，即用其義。且說天台依唯識理而立義。這些都可以看出他的努力。同樣的做法，還可見卷七：

分別識者，即《頌》所謂非色識也。無分別識者，即《頌》所謂色識也。色與非色，皆名為識，識外更無他法，故稱唯識。此《成唯識論》之正旨也。以亂體名有分別色，以亂相名無分別色。有分別無分別，皆名為色，色外更無他法，故稱唯色。此天台唯色唯香等義所由立也。

天台的唯色唯香，跟唯識的唯識本非同一件事，他是刻意藉此以顯二宗宗旨相同或相通，以見性相不二的。

（七）思想史的意義

智旭闡揚慈恩宗，以矯當時禪林之病，可是又不盡守慈恩宗之立場，致力於融合性相兩宗，達成一致。這種特殊的立言方式，使他的唯識學既顯揚了慈恩旨趣，又扭曲了它，十分奇異。

由「學術」的角度看，如此勉強把原本不同的宗派、主張、理論拼合起來，必然帶來許多難解的問題。因為之所以會分成若干宗派，就是因為它們難以通融，所以才會析分開來。經由歷史上宗派間不斷地爭辯、競爭，其差異也就越來越明顯，遂亦不可復合。這時，反而要來說那差異都是假的、乃是大家搞錯了，它們原無二致，不免有些開歷史的玩笑。而其確然異趣之宗旨與理論，也不免會混淆。強將不可合者合為一爐、融為一冶，既困難，也吃力不討好，會顯得拼湊支離。智旭是個學問僧，這個道理他不會不懂，因此他的融合，出於誤解的情況少，大抵是刻意求合。為何他要明知故犯，為此大不韙之事呢？

我以為有兩個原因，一是宗教的，一是時代的。宗教的原因，是說智旭的工作，主要是針對教內說法。無論是欲矯禪林之弊或什麼，都是以一個教徒在為他所信奉的宗教做事的心情和立場在說話。由宗教的立場看，佛教分成這麼多系統，又是大小乘，又是性宗相宗。大小乘就不用說了，自鳩摩羅什以來，中國人就已經舍小就大，小乘都是以不對、不好、不究竟的形相出現的，因此智旭也不可能回頭過去倡申小乘，或主張大小乘歸一。可是在大乘裡面，性相兩宗壁壘也如此森嚴，對佛教的發展卻是不利的。智旭這些大和尚有必要告訴想學佛、信佛的人：性宗相宗，天台慈恩都是佛教，有其一致性，其不同只是說法教法之異。如此才能堅信受之心、省內哄之分。

當然，這也不妨礙在這番融通合會的做法中有抉擇。因為融通合會並不是和稀泥。故借著融通合會，智旭事實上同時在做著揀擇別裁的工作。揀擇性宗相宗兩邊某些東西，或天台、慈恩、禪、淨、律各宗的某些東西出來，予以會通。這就是會通與揀擇不二。像他批評禪宗，可是同樣也會通禪，上文所引卷七「此天台唯色唯香等義所由立也」底下，接著就說：「又臨濟大師依此義而立四句，有時奪人不奪境，即一切唯色。有時奪境不奪人，即一切唯識。有時人境俱奪，則色識兩亡。有時人境俱不奪，則色識宛爾。」這不就是嘗試著將禪與天台、唯識會通起來嗎？駁與取，同時都在進行著。

這種情形，也顯示在淨土方面。智旭的台淨融合思想，已頗有人闡發，淨土與唯識的結合卻還少人關注。實則他在《觀心法要》中亦不乏論淨土者。如卷六：「厭，謂慧俱無貪一分，於所厭境不染著故」，他的注便在厭字上大做文章，說有厭欲界者，有厭生死者，有厭偏真者，有厭二邊者，而以圓厭四穢者為最差。此等人「泯絕凡聖，不曆階級，一超直入，不思議之最勝善也。是故厭離娑婆，求生淨土，為第一圓頓無上法門」。

同樣，卷十：「如來由平等智示現微妙淨功德身，居純淨土」，「由成事智變現無量隨類化身，居淨穢土」，也被他逮住了說淨土：「純淨土，即實報無障礙土」，「淨穢土，為方便有餘土，及凡聖同居土」。同卷論自性身依法性土、自愛用身還依自土、他受用身亦依自土、變化身依變化土等幾段，他更是大力發揮，每一則的詮釋文字都很長，不具引。

誠然這是因原文已談到淨土問題，故依文作解，不能說他是附會。但原文說淨土，只是與穢土相對的意義。佛以平等智大慈悲，利他無漏，修成的境界當然是淨土；眾生未斷煩惱，所居便是穢土。在這個意義上，淨土乃佛教各經各宗之通說，《維摩詰經》說的，就叫維摩詰淨土；《梵網經》說的，則叫梵網經淨土；天台宗講它的法華淨土；華嚴宗說它的毗盧遮那佛所居淨土。唯識宗之說淨土，即是上面所看到的那些講法，相對於其他各宗來說，講得較為簡單，也沒說什麼方便有餘土、凡聖同居土、實報無礙土。

其次，淨土既為通說，淨土宗立宗的依據又在哪裡呢？或者說各家既都言淨土，淨土何以能別開一家？這就說明了淨土宗論淨土實有迥異於其他宗的地方。其他宗都是教人修證，修到佛境界或菩薩阿羅漢地步，自然就離穢得淨。淨土宗不然，乃是教人以信仰確有此佛土的方式，求生淨土。這種信仰之力，即可幫助你到達淨土。例如心中念佛或口中持念佛號，阿彌陀佛就會來接引你去淨土，此所以淨土宗自稱易行道，指那些靠自己努力修證的宗派都是難行道。《成唯識論》說淨土，不但無方便有餘土等細微的區分，更沒有求生淨土的講法，智旭卻說：「厭離娑婆，求生淨土，為第一圓頓無上法門」，這便可以看到他極力鉤合唯識與淨土的痕跡。

這樣的鉤合，我說過，是有時代因素的。明代中葉以後的思潮，總的趨勢正是融合。縱使是儒家的王學，我們現在看，覺得它是由理學中分出來，與程朱分庭抗禮的，其實王陽明當時何嘗如此想？陽明作《朱子晚年定論》，便是希望為自己不悖於朱子找一個依據。今人動輒以反叛、批判、反動、取代之類詞彙或想法去形容王學及明朝中晚期思想，恰好就顯示了現代人強調的是一種分異的、斷裂的歷史觀。對每個時代每個人每個學說，都期待它與別個不同。這種歷史觀和個我意識，並不是晚明人所熟悉或追求的。他們求的是合，因此儒道釋雖亦相攻相辯相分析，但整體上是三教合一。在三教內部，同樣有求其融通合會的需求。

像淨土，與智旭熟稔的居士袁中郎就寫了一部《西方合論》，把宗派中對西方淨土的各類講法綜合起來講，猶如判教一般。智旭序其書，深致推崇。可見這個方向原是智旭所心許的。⑫在當時講唯識的學者及僧人中，雖亦有明昱《成唯識論俗詮》、王肯堂《成唯識論集解》這樣專力唯識、不涉他宗者，但大趨勢也仍是合會。如紹覺、大惠、大真皆以天台合會唯識，通潤合會楞嚴與唯識，德清合會《起信論》與唯識，憨山合會禪宗與唯識，都是這個路數。⑬

智旭自己的融通合會，甚至不只表現在佛學內部，他還想合會儒家哩！他於四十三歲時作《周易禪解》就是儒佛會通之力作，謂「易即真如之性，具有隨緣不變、不變隨緣之義，密說為易。而此真如，但有性德，未有修德，故不守自性，不覺念起而有無明。此無始住地無明，正是二種生死根本，密說之為太極」云云。

融合會通，其實是非常困難的工作。把兩件不同的東西混為一談，那是沒搞懂，不是會通。會通融合，必須是在深諳雙方歧異之後，再去設法找出其可通可合之道。知其所以分，才能謀其可以合。晚明許多講三教合一的人，談不上是會通，倒是混淆，或亂點鴛鴦譜，「送作堆」的情況多些。智旭的表現，固然有時也不免牽強，但基本上可稱得是融合會通了的。試看以下這段文獻，卷九：

依《瑜伽師地論》等，則一切眾生定有五性差別。若依《法王經》、如來藏經等，則一切眾生定無五性差別。當知皆是悉檀益物，隨機異說。若依圓覺了義、楞伽心宗，則五性差別，歷然不亂，而仍一一無性。若遇如來，根無大小，皆能成佛。今謂五性若是定無，則如來不應為實說權，說三乘教。五性若是定別，則如來不應開權顯實，說唯一乘。若於《法華》三草二木一地一雨之喻深思細繹，則經論異說，互相影略，妙旨泠然。蓋蠢動含靈，皆有佛性；凡有心者，皆得作佛。此唯識性也。五性差別，種現不同，此唯識相也。相之與性，不一不異。儒云：中人以上，可以語上，中人以下，不可語上。應病與藥，權實並設，病去藥忘，權實俱泯。此可意知，不可言盡。今成唯識教，以別接通，以通含別，亦兼含圓。唯其帶通方便，故須立五性差別。唯其正詮別理，故云斷十重障，證十真如。唯其兼含圓理，故云真如與一切法非異非不異。又云若執唯識真實有者，亦是法執。又云俗故相有別，真故相無別，乃至舉一煩惱心所，亦能遍緣有漏無漏事境名境等也。

這就是佛學中最複雜的佛理問題。依《解深密經》、《瑜伽師地論》等之主張，有一部分人是沒有佛性也不能成佛的，如一闡提。但《法華經》、《華嚴經》等認為眾生皆有佛性，皆能成佛。二者矛盾。玄奘西行求法，其中一個困惑即為此。他後來接受了勝軍的種子出於新熏說及戒賢的涅槃畢竟無姓說，表現在《成唯識論》中的，便是他的五種性說。五種性，謂聲聞、獨覺、菩薩三乘、不定、無性有情。五者各有不同性質之種子，經修行可證得不同之果位。聲聞種性可證阿羅漢果，獨覺種性可證得辟支佛果，菩薩三乘可證如來佛果，不定種性則因無佛性，永受業報輪迴，修行亦無濟於事。

據宋《高僧傳》載云，玄奘曾對弟子窺基說：「五性宗法，唯汝流通」（卷四〈窺基傳〉），可見這是慈恩宗重要觀念，也是它與其他宗派十分不同之處。智旭既要詮解《成唯識論》，就不能避開此一問題。對於兩種截然不同的佛性觀，他顯然非常明白其間的差異，而他自己是主張眾生平等的，卷九云：「一切眾生平等，一切菩薩平等，一切如來平等，即是凡聖平等。因果平等、自他平等，亦所謂心佛眾生三無差別也。」站在一切平等的立場上，如何說一闡提呢？他說：

> 無性有情，謂一闡提，為此第八識之所漂蕩，令不出離。闡提不起妄執，猶得暫遊人天，若起分別，必墮惡趣。（卷三）

如此解釋一闡提，實與玄奘不同，可說是曲解，把眾生不平等的五種性說講成眾生平等了。《唯識心要》中如此曲解者，當然不少，但上引卷九那一大段就是會通了，他用一個理論去解釋佛學內部為何會有些矛盾，此等矛盾又應如何去看，理解它們其實並不矛盾。一是云其說話各當其機，所謂因應設藥，權實並施。二是說眾生皆有佛性，乃就性說；眾生未必均有佛性，確有五種差別，乃就相說，而性相不一卻也不異。如此兩說並存，皆得安立。即是他站在真常唯心系理論立場作的會通了。

或許站在唯識學的立場看，如此會通仍然是不能接受的。因為五性差別明明指性，怎能說是相？猶如樹木，種子本來就不一樣，所以開的花結的果才會不同。人之修行，果位不一，也即是種性不同使然，絲瓜不會結出葫蘆，一闡提又如何可以成佛？眾生平等，只是說來好聽而已，智旭既引孔子云中人以上中人以下，便當知人有上智下愚，是聖人對之也無能為力的。一闡提縱遇如來，如來也不能讓他成佛。

這類反駁文章，並不難做。但問題在於：如此爭辯，無非是把雙方矛盾再凸顯一次、雙方立場及理論再申述一遍罷了，不會有什麼創造性。兩方爭辯已歷千餘年，就是窺基和天台的交鋒，也歷有年所了，若能彼此說服，何需再來會通？若能消滅其中一方，也不勞再作會通。會通也者，實際上是就其可通者通之。至於它們原有的差異，智旭心知肚明，亦不用旁人再來提醒，他在《周易禪解》的序文中明說他這本書解的是易，卻也是非易；宗旨是儒，也不是儒；是禪也不是禪。然而觀者也可能批評它：「若所解亦易亦非易，則人將謂儒原非禪，禪亦非儒，成相違謗。若所解非易非非易，則人將謂儒不成儒，禪不成禪，成戲論謗。」可見他對會通之舉將遇到什麼指摘，更是心知肚明的。明知其如此，而仍執意要會而通之，這就是他的選擇。既回應了時代，也顯示了他在佛學上的取向及對佛教發展方向的看法。研究智旭的人不多，對於他的唯識學和綜合會通精神，闡發者更少，故我略為釋之如此。

註釋

①當代論智旭者，除弘一外，以聖嚴法師用力最勤，其博士論文《明末中國佛教の研究》，題目雖大，實僅以智旭為主。然其論智旭，強調他是以參禪始，歸宿則在淨土。云彼二十二歲時即「專志念佛」，二十八歲大病，乃以參禪工夫求生淨土。三十一歲拜見無異元來，知禪門流弊，棄禪修淨。四十七歲時，自稱念念求西方。這種強調，與弘一相似，既都只是側重智旭的某一面。

②今《卍續藏》所收智旭唯識學著作有《成唯識論觀心法要》、《唯識三十論直解》、《萬法明門論直解》、《觀所緣緣論直解》、《觀所緣緣論釋直解》、《因明入正理論直解》、《唐奘師真唯識量略解》、《八識規矩直解》八種，除第一種外，均為一卷。

③這是指紹覺廣承《成唯識論音義》、一雨通潤《成唯識論集解》、王肯堂《成唯識論證義》、新伊大真《成唯識論遺音合響》。新伊之書實未流傳，今收入《卍續藏》者，乃其弟子苕聖智素輯成之《成唯識論音響補遺》。另外，智旭《重刻成唯識論目考錄序》云：「萬曆初年，紫柏大師接寂音之道，盛讚此宗。爰有《俗詮》《證義》《集解》諸書，而紹法師《音義》為長。《音義》未全，故不流通。基法主續補成《疏》，亦頗簡要。惠法主謂《疏》多訛，復出此《自考錄》」，述唯識學之傳承，可與《觀心法要》序例合觀。

④聖嚴《明末佛教研究》第三章第三節，說智旭之所以「舍繁從簡，舍文義而重觀行」，是因當時唯識久成絕學，古疏多缺，能採用的資料不足，故不得不如此不重資料而重實用，誤。

⑤聖嚴上引書第三章第四節說智旭與紹覺、大惠、大真等均屬以天台一系之解釋唯識學者，智旭不僅釋經論均依天台方法，其唯識觀心法門，亦本天台。這也是錯的，詳下文。

⑥卷七又云：「是中唯遮外境非有，識表心及心所非無，即遣虛存實觀。不云唯相唯見，而云唯識，即拾濫留純觀。不云唯二分而云唯識，即攝末歸本觀。不云唯心心所，而云唯識，即隱劣顯勝觀。

無為即識實性，亦不離識，乃至如前文云：俗故相有別，真故相無別等，即遣相證性觀也。」

⑦觀此，便知聖嚴謂智旭是「以《大乘起信論》與《大乘止觀法門》為中心的唯識學」，並不準確。

⑧卷一：「或依發勝身語善惡思種子增長位立，或依定中止身語惡現行思立。故是假有」，智旭注：「發勝身語惡思，謂期心作爾許時惡律儀業，此心熏於本識，遂發爾許時無作惡律儀也。發勝身與善思，謂期心受何等善戒，此心重於本識，隨發何等無作戒也。」兩相比較，就會發現，智旭的解說中帶進了「心」。心為本識所熏，明指心為主體，跟識不是同一的。

⑨智旭另有《重刻成唯識論自考錄序》說：「馬鳴依一心造《起信論》，立真如生滅二門，生滅何嘗離真心別有體也？天親依八識造《三十頌》，明真如即唯識實性，與一切法不一不異，真如何嘗離妄識別有相也？龍樹《中論》指因緣生法，即空、假、中，是生滅外無真如。《楞伽》云：心、意、識八種，俗故相有別，真故相無別。相所相無故，是真如生滅非一異。而護法菩薩於《識論》（即《成唯識論》）中最出手眼，直雲為遣妄執心、心所外實有境故，說唯有識。若執唯識真實有者，如執外境，亦是法執。噫！苟得此意，何至分河飲水哉？」（《靈峰宗論》卷六之三）把各宗之說用佛教的「詭辭」統合起來，以免大家雖然都是佛教，卻「分河飲水」。此說把他的立場講得再清楚不過了。

⑩真如凝然，是窺基《法華經玄贊》中的講法，但不是說有個凝然不變的真心，如真常心系的主張，而是說真如不隨緣，不受熏，不作諸法，諸法之生起，全由阿賴耶識含藏的種子決定。

⑪智旭盛讚《楞嚴經》，說它乃「一代時教之精髓，成佛作祖之秘要，無上圓頓之旨歸」。因為它發揮了唯心宗旨：「大佛頂者，即心自性之理體也。隨緣不變，融四科而唯是本真；不變隨緣，妙七大而各周法界。喻冰水之始終，惟是濕性，譬太虛之群相，不拒發揮。」（《楞嚴經玄義》卷上）智旭許多見解都與此經有關。

⑫詳龔鵬程《死生情切：袁中郎的佛教與文學》，收入《晚明思潮》，北京：商務印書館，二〇〇五年。

⑬見聖嚴《明末中國佛教の研究》第三章。

十一　達摩《易筋經》論考

天下武學出於少林、少林武術創自達摩、達摩所著《易筋經》為天下武學聖典，是現今中國人共知的常識，也是武術派別、拳種、武俠小說、武俠電影電玩等據以發展的基石之一。

我這篇小文，則要說明此等常識概屬虛妄：天下武學固然不源於少林，少林武術也不創於達摩。然後再解說一下《易筋經》究竟是什麼東西、其功法之底蘊又為何，說明《易筋經》也不是佛教的功夫。

（一）少林武術不出於達摩

少林武術出於達摩這個傳說，起源本來就不太早，而且恰好就起於《易筋經》。《易筋經》，從天啟四年（一六四二）到道光二年（一八二二），一直只有傳抄本，道光三年起才印抄兼有。此後版本紛紜，繁簡不一，內容亦多有不同，但大抵都有唐初名將李靖、宋代名將岳飛的部下牛皋的兩篇序文。

據李靖序云：達摩面壁於嵩山少林寺，九年功畢示化，留下一口鐵箱，箱中藏經二部，一名《易筋》，一名《洗髓》。後者被慧可取走，前者經寺僧發揚光大。但寺僧「各逞己意，演而習之，竟成旁門，落於技藝，失修真之正旨。至今少林僧家，僅以角技擅名，是得此經之一斑也」。這個說法推少林武術之源於達摩，且謂後世少林武術皆源於《易筋經》。

但李靖這篇序文乃是偽造的。清朝凌廷堪《校禮堂文集》卷二五〈與程麗仲書〉已考證：唐代除了天寶三年至乾元元年改「年」為「載」以外，無稱載者，此序題「唐貞觀二載三月」，顯屬偽造。其次，虬髯客、扶餘國事，亦僅為小說語，非史實。一九二八年，徐震《易筋經洗髓經考證》又舉了幾個理由論證其偽：

1.李靖序文，自署「李靖藥師甫序」，據《舊唐書・李靖傳》，李靖原名藥師，靖字是後來所改，故撰序時不可能自稱「李靖藥師甫」。

2.序中說該經乃天竺僧人般刺密諦譯，「徐鴻客遇之海外，得其秘諦。既授於虬髯客，虬髯客後授於余」。虬髯客的事蹟也不是史實，而是唐末道士杜光庭所造的。

3.序文署明寫於貞觀二載三月，這時李靖正任關內道行軍大總管，以備薛延陀。身分與序文中自稱功成身退時的口吻不符。

4.序文說般刺密諦譯這兩部經典，時在隋代。可是這位般刺密諦是確有其人的，他於唐武則天神龍元年曾譯《大佛頂首楞嚴經》。倘若此僧真在隋朝便已來華譯《易筋經》、《洗髓》

二經，則譯《楞嚴經》時至少已在一百二十歲以上了。

5.此序之文詞非唐人語。①

這些證據，都很明晰，足辨其偽。序文既偽，序中云達摩傳經云云，當然也就不足信案了。此即所謂：「皮之不存，毛將焉附？」

但事實上，辨偽也不須如此費勁。因為佛典中凡稱經者，除少數例外如《維摩詰經》、《六祖壇經》之類，概皆為佛說，其經名、經文均有定式。而《易筋》、《洗髓》兩書卻完全不符佛教經典的慣例，故不僅非達摩所傳，亦必非般刺密諦所譯。般刺密諦所譯《楞嚴經》具在，稍一對勘，便知經文純屬杜撰。所以說，這是經偽、序偽、譯偽、所述事蹟亦偽之書。

再說，達摩曾在少林寺面壁之事，本身也是附會而成的。早期文獻，如《洛陽伽藍記》、《續高僧傳》均無達摩長住少林寺或在少林面壁九年之說。玄宗開元十一年裴漼〈嵩岳少林寺碑〉才說達摩與弟子慧可「嘗托茲山」。到北宋輯《景德傳燈錄》，始云達摩於後魏明帝太和十年居洛陽，後入少林寺，「面壁而坐，終日默然」，至太和十九年逝世。這是最早講達摩在少林寺面壁的資料，也是後人說達摩面壁九年之張本。因為由太和十年至十九年，恰好九年。

可是，大家忽略了：

1. 太和十年，嵩山根本尚未建少林寺；少林建寺，在太和十九年。
2. 太和亦非孝明帝年號，而是孝文帝。

3.所有唐代文獻，如武德四年〈秦王告少林寺主教〉、貞觀六年〈發還少林寺賜田敕牒〉、永淳二年〈重修少林寺碑記〉、開元十一年〈嵩岳少林寺碑〉、貞元十四年〈少林寺廚庫記〉等，也都不曾談及達摩面壁和少林武術與達摩之關係。②

由此可見，少林武術出於達摩、達摩在少林寺面壁九年、曾傳寺僧武術或留下經典等說法，全部都出自附會依託。達摩既未於少林寺面壁，又何來傳經授藝之事？此為本文第一個要辨明的問題。

（二）少林武術不本於佛教

第二個問題，是少林武術之內涵到底為何？

少林武技，見於史實，是因寺僧幫助李世民征王世充的緣故。原先，在大業末年，天下紛亂時，「群盜攻剽，此寺為山賊所劫，僧徒拒之」。後來李世民與王世充在洛陽對峙，王世充之侄王仁則據有少林寺附近，李世民致書寺僧，請其「擒破凶孽，廓茲淨土」。寺僧回應了，率眾與王軍作戰，而得到唐太宗的旌獎。

這時少林寺僧當然已頗有勇武，而這個光榮的歷史當然也可能使少林寺僧以練武為其傳統。但值得注意的是：

1.此後的唐宋金元時期，卻都沒有少林寺僧習武擅名的記載。因此隋唐之際少林寺僧英勇的表現，也可能是鑒於大業末年山賊曾經劫掠該寺，「縱火焚塔院，院中眾宇，攸焉同滅」，所以才奮勇起來護衛自保。也就是說，斯乃一時之激發、偶然之特例，唐宋金元之間，則少林寺未必有習武之傳統。

2.「十二棍僧救秦王」之類故事，固然由此衍出，但此時少林武技與佛教思想和僧家生活均無直接或間接之關係。

少林武術之盛，明確可稽者，實在於明代。具詳林伯泉《中國武術史》第八章第八節，此不贅。僅強調三點：

1.當時少林武術以棍為主，少林拳之威望則不如棍，故程宗猷《少林棍法闡宗問答篇》說：「少林棍名夜叉，乃緊那羅王之聖傳，而今稱為無上菩提矣，而拳猶未盛傳於海內。」

2.即使是少林棍，也仍在發展中，廣泛汲取各界之長處。如嘉靖四十年俞大猷路過少林，觀看寺僧練棍，就說其棍法「傳久而訛，其訣皆失矣」；所以挑了兩位僧人來教誨，要他們「轉授寺僧，以永其傳」。（《正氣堂集新建十方禪院碑》）足證此時還不是「天下武術出少林」，而是少林寺廣泛吸收天下武術之長以豐富其藝。棍法如此，拳法亦然。底下還會談到這一點。

3.少林武術跟佛教扯上關係，也由此時才開始，如程宗猷所謂少林棍法乃緊那羅王所傳云云，即屬此類。但此類說法，僅推源於佛教傳說；少林武術與佛學仍乏具體之內在關聯。而且這牽合武術與佛教的工作也仍很罕見。我們只能說這時確實是有不少少林寺僧人在練武罷了。可是他們練的武術與非出家眾並無太大不同。

少林非天下武學之源，乃天下武學彙聚之海，其武術本來就是吸收各界武術而成的，其拳棍同於方內之士，殊無足詫。據明末王世性《嵩遊記》稱他在少林寺曾見「中有為猴擊者，盤旋踔躍，宛然一猴也」。這是象形拳，取擬物類，與佛教思想可說毫無關係。明代已然如此，至今當然更為嚴重。③

以一九九八年出版的《中國武術百科全書》所載少林各種拳法來看，少林八卦拳，「按八卦相生之數，暗藏先天無極之象」；少林十三抓，「由龍行、蛇變、鳳展、猴靈、虎坐、豹頭、馬蹄、鶴嘴、鷹抓、牛抵、兔輕、燕抄、雞蹬等十三趟仿生動作而成」；少林五行柔術，「模擬蛇、虎、龍、鶴、豹五種動物形象。演練此拳，以氣功為上乘，而氣功之說有：日養氣、月練氣、氣養而後氣不動，氣不動而後神清，神清而後進退得宜」；少林五行八法拳，「包括龍、虎、豹、鶴、蛇五種拳法和內功，主張練功修心」；連拳，據傳為岳飛所創，後為少林藝。凡此等等，運用應物象形、五行、八卦、精氣神諸觀念構思其拳路，明顯非佛家之思致，而是吸收了社會上各色拳種才形成了這樣的結果。其中連拳本於岳飛、十三抓源於元代山西太原人白玉峰，更是該書業已聲明了的（中國大百科全書出版社，第一〇九至一一二頁）。

此外，如上海大聲圖書局纂輯出版的《拳經》，《中國武術百科全書》也說是少林拳術之專集。但該書第二卷論譚腿、太祖長拳三十二圖、內家張三丰內家拳、外家少林宗法等。可見「少林拳」也者，有時甚至包括了張三丰內家拳而說。什麼拳都可納入其名下，所以說少林已成天下武學彙聚之海。④

不過，把內家拳包括進少林拳中畢竟是較晚期的現象。在明末，少林拳是以剛硬著名的。所以相對於「內家拳」而有「外家拳」之稱。

此一稱謂，起於康熙八年黃宗羲〈王征南墓誌銘〉。該銘說：「少林以拳勇名天下，然主於搏人，人亦得以乘之。有所謂內家者，以靜制動，犯者應手即仆，故別少林為外家。」康熙十四年，黃氏子百家復撰《內家拳法說》，昌明其藝。雍正十三年，曹秉仁編《寧波府志》記張松溪與少林僧比武事，也談到：「蓋拳勇之術有二：一為外家，一為內家。外家則少林為盛，其法主於搏人而跳踉奮躍，或失之疏，故往往得為人所乘。內家則張松溪之傳為正，其法主於禦敵，非遇困危則不發，發則所當必靡，無隙可乘。故內家之術為尤善。」這些記載，均將少林拳與內家拳相對來說，而且認為外家不如內家。

少林拳面臨這種內家拳崛起的挑戰，對應之道，仍跟碰到俞大猷而發現棍法已經不行了一樣，其辦法就是以敵為師，採擷內家拳之長。所以後來少林拳拳經中才會論敘內家的張三手拳法。

故總結來說，少林武技首顯於唐初，以棍法為主。其拳名不甚彰，至明才漸大盛。不僅傳承棍法，而且開始刻意鑽研拳法，又廣泛吸收社會上各種武技，故越趨成熟，此其發展之大勢也。不過，也由於如此，少林拳只是僧人習武有成而已，殊難謂其藝與佛教有何內在之關聯。

（三）《易筋經》乃道教導引內功

跟少林拳比較有關係的，反而是道教思想。這是第三個問題，關於這個問題，我想藉用《易筋經》來作些說明。

一九一七年上海大聲圖書局另出了一種《少林拳術精義》，題達摩大師著、玉峰余問犀繕校。卷首有李靖貞觀二年序、牛皋紹興十二年序二篇。書末有天台紫凝道人宋衡作於明天啟四年（一六二四）的跋文，以及祝文瀾嘉慶十年（一〇八五）的序文。內分上、下兩冊，內容也分為兩部分，一是服氣、行功、排打練習圖勢與說明；二是總論、內壯論、膜論、陰陽配合論、靜功十段、動功十八式、神勇八段錦、神勇餘功等。

這本《少林拳術精義》，其實就是《易筋經》的翻版。改成這個名稱，適足以看出《易筋經》在當時人心目中的地位，認為它就代表了少林拳術之精義。

不過，清朝流傳之《易筋經》也有許多不同的本子。其一體例如上。另一本載十二圖勢，一般又稱為《易筋經十二勢》，凡有韋陀獻杵三勢、摘星換斗勢、倒拽九牛勢、出爪亮翅勢、九鬼拔馬刀勢、三盤落地勢、青龍探爪勢、餓虎撲食勢、打躬勢、掉尾勢等。這些勢，其實均非攻擊或禦守的架勢及招式，而是導引的姿勢。正如另一本《易筋經》上記載的靜功十段、動功十八式、神勇八段錦也都是導引勢那樣。

為什麼少林寺的拳法秘笈卻大談導引呢？

《易筋經》篇首雖有李靖之序，但前文已說過該序乃後人偽作。牛臯之序同樣出於偽造。凌廷堪說：牛序自稱「宏毅將軍湯陰牛臯鶴九甫序」，但牛臯為汝洲魯山人，非湯陰人，亦不字鶴九，宋代更無宏毅將軍、鄂鎮大元帥等官號。序中又云：「徽欽北狩，泥馬渡江」，然而欽宗廟號乃紹興三十一年乃定者，序既自稱作於紹興二十年，焉能預知欽宗廟號？牛臯卒於紹興十七年，卒時欽宗尚在。又，序謂牛臯為將，乃應岳飛之募，亦誤。臯初隸田師中。序中云云，全與史傳不合。徐震則考證道：牛臯序文中談到宋高宗「泥馬渡江」，斯乃小說家言，並非史實。其序自署紹興十二年作，並藏其書於嵩山石壁中；可是紹興十一年，宋已將河南割給金國了，牛臯又怎麼可能在次年去嵩山藏書呢？類似的考辨，清周中孚《鄭堂讀書記》亦曾論及，可見清人即已不信其書是唐宋傳下來的。現在因該書有天台紫凝道人宋衡序，故《中國武術百科全書》認為其書即宋衡所撰。

按，宋衡序文寫於天啟四年，然台灣「國家圖書館」（舊名「中央圖書館」）曾藏有述古堂錢遵王抄本《達摩易筋經》，即收有宋衡「後跋」。錢遵王與宋衡年代相仿，又為藏書大家，若該書遲至天啟間始出，遵王不應珍重乃爾，亦不應毫無鑒識能力。故由錢遵王之抄本，可以推想題為達摩所傳之《易筋經》，出現年代當在此稍前。前曾談及程宗猷說少林本以棍法聞名，明末才努力鑽研拳術。其時代在萬曆年間。因此，《易筋經》可能就是這個時候被造出來，用以改良少林拳法的。

其書甫出，天啟崇禎間猶未大行，錢遵王、宋衡應該都是熱心的推介宣揚者。一九六八年台灣自由出版社所印《真本易筋經、秘本洗髓經合刊》，另有順治辛丑海岱遊人張月峰敘記⑤。蕭天石〈重刊易筋洗髓二經例言〉復云其所據者，為蔣竹莊家藏明版本刻本，則明末傳抄刊印者已不乏其人。不過，明代已有刻本之說是可疑的，蔣竹莊藏本也不可能是明刻的。且相較於黃宗羲、黃百家對當時少林拳勇的描述，似乎《易筋經》仍在初推廣階段，對天下傳習少林拳者也尚未發生風行草偃、轉移風氣之作用。少林拳藝，當時仍以剛猛、搏攻、跳踉奮躍見長。

可是這種拳風在當時也正遇到空前的挑戰，無論是黃宗羲的〈王征南墓誌銘〉或曹秉仁《寧波府志》，都提到另一種以靜制動、內斂的拳術，而且評價在少林拳之上。這種內家拳術的崛起，事實上是一時風氣，如太極、形意、八卦這類拳術，其後均由此風氣發展而成；同時大儒顏元亦學運氣術，往往「夜中坐功」，並習雙刀單刀（見《顏習齋先生年譜》）。面對內家拳之崛起，少林拳遂不得不有所更革。或者說，內家拳之崛起，代表著一種時代新思潮，少林拳也在這一思潮中形成了變革。

內家拳之興起，乃是導引運氣理論與武術的結合。明末清初以前，所有武術著作都沒有練氣的講法，即使是戚繼光的《紀效新書》也沒有這類言論。但明末清初以後，練氣，卻成了普遍之觀點與功法。

乾隆間王宗岳（一七六三至一七九五）《太極拳論》明言使拳應「虛領頂勁，氣沉丹田」。同時期萇乃周（一七二四至一七八三）《萇氏武技書》也在論拳法時大談《中氣論》、

《行氣論》、《養氣論》，謂練拳者必須「練形以合外，練氣以實內」，「神與氣合，氣與身合」。一些武術名家，如康熙雍正間的甘鳳池，《清史稿‧甘鳳池傳》說甘氏「善導引術」、「拳法通內外二家秘奧」；乾隆時的唐際之，《清稗類‧抄技勇類》說他「能運氣。運氣到處，有硬塊墳起如核桃，刀石不能傷」。

一些民間宗教教派，如乾隆時八卦教張百祿，據《軍機處錄副奏摺》說其教徒「拜張百祿為師，學拳運氣」，「學八卦拳，並授運氣口訣」；嘉慶初，天理教任四等人「學習義和拳棒」，並「運氣念咒」；嘉慶八年，離卦教首領張景文教授徒眾，「同教中有僅只念咒運氣，學習拳棒者」；直到道光間，該教仍教徒眾「每日坐功運氣」。而這個教即與少林頗有關係，據《那文毅奏議》說，嘉慶間離卦教徒張洛焦曾習金鐘罩，時常來往少林寺。足證運氣之說已流衍天下，且往往與宗教結合，少林亦受此風氣之籠罩。故《清稗類鈔》說：「少林拳法有練功術，運氣於筋肉，則脈絡突起，筋如堅索、肉如韌革，刀擊之不能傷也」，鄭板橋也說湖北魏子兆「遇少林寺僧，授以運氣傳神之訣。魏習之數年，周身堅硬如鐵」，運氣時，雖刀斧不能傷。其狀大類前面所述及的唐際元。

這種重視氣的新武術觀，必然會將武術由形體動作、趨避騰挪、技巧姿勢、力量速度，轉向內部之血氣運行層面，此所以稱為「內家拳」。內向化，成為這個時期一種重要的趨勢。

《易筋經》就是這一趨勢最好的證例。它說練其功法，可使人「臂腕指掌，迥異尋常。以意努之，硬如鐵石。並其指可貫牛腹，側其掌可斷牛項」（〈內壯神勇〉）。這種效能，非一般之勇力，而是靠氣。故非外壯，而是內壯；非一般之勇力，而名為神勇。〈內壯篇〉說：

內與外對，壯與衰對。壯與衰較，壯可久也。內與外較，外勿略也。內壯言堅，外壯言勇，堅而能勇，是真勇也。凡練內壯，其則有三：

一曰守中道。守中者，專於積氣也。守之之法，在乎含其眼光、凝其耳韻、勻其鼻息、緘其口氣、逸其身勞、鎖其意馳、四肢不動、一念冥心。守在於是，則一身之精氣與神俱注於是。二曰勿他馳想。三曰持其充周。氣既積矣，精神血脈悉皆附之。守之不馳，揉之且久，氣唯中蘊而不旁溢，氣積而力自積，氣充而力自周。

內壯，是靠守中積氣，以達到積力之效的。其法則有三，而實僅專意守中一法（此法有操作上的下手處，也就是揉，所謂「其下手之要，妙用於揉」，詳下文）。守中，以及勻鼻息、緘口氣、鎮意馳、一念冥心等，誰都看得出來這乃是道家工夫。所以此處講精氣神，《總論》更申言易道與陰陽二氣之運，把「易筋」之「易」推原其義到《易經》上去：

其所言易筋者，易之為言大矣哉！易乃陰陽之道也，易即變化之易也。易之變化，雖存乎陰陽，而陰陽之變化，實有存乎人。人勿為陰陽所羅，以血氣之軀，而易為金石之體。

這是教人要掌握陰陽（所謂「陰陽為人握也」）。掌握之法，除了上文所說的守中積氣之外，還有采咽陰陽與配合陰陽之法。采咽陰陽，見〈采精華法〉，云：「太陽之精、太陰之華，二氣交融、化生萬物。古人善采咽者，久久皆仙。」這是道教服氣之法，亦甚顯然。配合陰陽，則見〈配合陰陽法〉，說人身為小陰陽，「凡人身中其陽衰者，多患痿弱虛憊之疾，宜用童子少婦，依法揉之。蓋以女子外陰而內陽，借取其陽，以助我之衰」，反之亦然。此乃陰陽調濟之義。

也就是說，《易筋經》主張內壯、追求神勇，提出來的方法則是守中積氣、吸日月之氣、借別人之氣等。整個拳術的理論完全沒有談到搏擊的招式技法，而是內向化地教人掌握陰陽氣運，涵養精氣神，以轉弱為強、變靡為壯。這與戚繼光《紀效新書》、程宗猷《少林棍法闡宗》、任伯言《白打要譜》等嘉靖萬曆間武術書實有完全不同的論述取向。

而這種路向跟道家道教的關係，則是相當明顯的。除了講《易經》、講陰陽氣運、講修煉、講煉氣、講守中、講采咽、講陰陽配補之外，它還有《外壯神功八段錦》，是直接採用道教導引術的。

八段錦之名，始見於南宋洪邁《夷堅乙志》卷九。云政和七年起居郎李似矩「以夜半時起坐，噓吸按摩，行所謂八段錦」。曾慥《道樞》卷三五〈眾妙編〉更詳述其法。《易筋經》所講的，其實也就是同一套功法。⑥

這樣子結合著道教導引運氣之法以改良少林拳，而託名於達摩的著作，在天啟間面世之後，配合著整個內家拳或拳術內向化的潮流，事實上對少林僧人產生了很大的影響，少林寺逐漸接受了它。

何以知道呢？據王祖源《內功圖說》云：咸豐四年，他隨兄長住在陝西時，認識了力士周斌，三人同至少林寺，在寺中住了三個月，得少林《內功圖》與《槍棒譜》而歸。《槍棒譜》，其實是少林寺的老東西；《內功圖》，就是新玩藝兒了，其內容包含十二段錦總訣及圖說、神仙起居法、內功圖說與五臟病因、易筋經十二圖訣、卻病延年法等。這是少林寺已吸收了《易筋經》的鐵證。

十二段錦與八段錦基本上是同一套東西，乾隆三十六年徐文弼編《壽世傳真》八卷，既錄了八段雜錦歌，又擴充為十二段錦，同時還有《修養宜行內功》一卷，述調息與小周天功法（含靜坐、內視、叩齒、漱津、運氣於任督二脈等）。少林內功圖的「內功」之說，遠仿《易筋經》，近采《壽世傳真》，是再清楚不過的。後來，光緒二十一年周述官編《增演易筋洗髓內功圖說》，就乾脆並用了「易筋」與「內功」兩詞。⑦

（四）援道入佛的新典範

採用了《易筋經》，而開始講究內功的少林拳，正是因為如此，才能把張三丰內家拳也包括進少林拳譜系中來，甚至造出張三丰源出少林的傳說。內家拳所創的點穴法（見〈王征南墓誌銘〉），認穴本同於醫家之銅人法，結果竟也形成了《少林銅人簿》一類講法，彷彿其技即源出於少林，實在是歷史上極饒興味的發展。⑧

不過，銅人之說，《易筋經》卷下〈玉環穴說〉有載：《玉錄識餘》云：「銅人針灸圖，載臟腑一身俞穴有玉環，余不知玉環是何物。張紫陽《玉清金華秘文》論神仙結丹處，曰心下腎上、脾左肝右、生門在前，密戶居後，其連如環，其白如綿，方圓徑寸，密裹一身之精粹，此即玉環」，則是尚不言點穴，亦不採銅人針灸圖之說。此即可見《易筋經》雖談內功，雖用導引法，其說終究與內家拳術不同。此處徵引張紫陽丹法，下文又談呼吸吐納、存想、咽津等，但事實上道教講這些，是要人養結內丹、修真登仙。《易筋經》雖用其法，卻並不是要讓人成仙。所以說它也與道教功法不甚相同。

這個分別，就像《易筋經》講內功、論內壯、說積氣，方向上固然與內家拳相同，都呈現著內向化的性質，但把它拿來跟太極八卦形意之類拳法相較，立刻便會發現它們仍舊不一樣。《易筋經》所要達到的，乃是剛的效果。它所謂的「神勇」，比一般的剛猛勇力更勇，「並指可貫牛腹，側掌可斷牛項，擎拳可擘虎胸」，「吾腹，乃以木石鐵椎，令壯漢擊之，若罔知焉」（海岱遊人〈敘記〉），「綿弱之身，可以立成鐵石」，「以血肉之軀，而易為金石之體」（〈總論〉）。內家拳則比較強調柔，因此多說鬆、虛、靜、用意不用力、氣沉丹田等。因此，我們可以推測《易筋經》是少林武者依少林拳之基本特性（剛猛），從內向化的思路上去採擷道教功法而成的，所以與內家拳、道教均有所差異。

這是目標、性質方面的不同。在具體功法方面，它也不純用導引，而是以藥洗、服食、揉打來配合意守養氣。

所謂藥洗，是用湯藥來洗身體，幫助筋骨堅實。服藥與揉打則一內一外，所謂「外資於揉，內資於藥」。揉，即按摩之法，以揉按心臍之間為主。心臍間的膜，不容易揉按到，則用杵搗捶打。詳見其〈膜論〉、〈揉法〉諸篇。這種揉法及對筋膜的解說，亦是道教所無的。般刺密諦對此亦特加按語解說云：

> 易筋以練膜為先，練膜以煉氣為主。然此膜人多不識，不可為脂膜之膜，乃筋膜之膜也。脂膜，腔空中物也。筋膜，骨外物也。筋則聯絡肢骸，膜則包貼骸骨。筋與膜較，膜軟於筋。肉與膜較，膜勁於肉。膜居肉之內、骨之外，包骨襯肉之物也。其狀若此。行此功者，必使氣串於膜間，護其骨、壯其筋，合為一體，乃曰全功。

這才是《易筋經》獨特的功法與見解。⑨在此之前，東晉已傳《天竺國按摩法》，見於《太清道林攝生論》、《正一法文修真要旨》、《備急千金要方》、《雲笈七籤》、《遵生八箋》等書中，共十八勢。又有婆羅門導引法，輯入王仲丘《攝生纂錄》，凡十二節。其中都有捶打的方法，但前者僅談到「以手反捶背上」，後者只說要「兩手交捶膊並連臂，反捶背上連腰腳」，沒有像《易筋經》這種按揉搗打之法，更沒有筋膜說。不過，我遍考了道教所有導引法門，均無捶打者，故也許可以說捶打為天竺按摩導引法之特色，而《易筋經》就是發展了這個特色。⑩

按摩捶打，是揉按、杵搗、捶打漸次加重的。木杆木槌之外，尚要輔以石袋石杵、木杵木槌，用於有肉處；骨縫間，則用石袋石杵。它與道教運氣法不同之處在於：道教主要靠存想，以意運氣，讓氣流走於任督二脈；它則是在揉打時，意注於揉打之處，所以揉打至何處，意與氣也就到了那個地方。先揉於前身心下臍上，「功至二百日，前胸氣滿，任脈充盈；則宜運入脊後，以充督脈」。共行功十二個月。

按月行功，是宋代發展出來的導引法，相傳出於陳摶。《四庫全書道家類存目》稱此為「按節行功法」，指它依照著氣節時令來行功，明朝頗為流行。《遵生八箋》、《三才圖會》、《保生心鑒》均載，羅洪先《萬壽仙書》稱為《四時坐功卻病圖訣》。《易筋經》沿用了這種按月行功的觀念，所以內中有〈初月行功法〉、〈二月行功法〉、〈三月行功法〉、〈四月行功法〉、〈五六七八月行功法〉、〈九十十一十二月行功法〉六篇。

經此十二月行功並服藥洗藥之後，神功已成，氣滿於內，但還有兩事須補充：

第一，揉打積氣，只在前胸後臂，故氣僅充於身體上，還不能把氣運到手上，所以接著要練手。怎麼練呢？一是仍用揉打之法，用石袋從肩頭往下打，直至小指尖再用手搓揉；二、是也用藥洗；三、是藥洗後加以鍛煉。先努氣生力，然後用黑豆綠豆拌在斗中，用手去插，以磨礪其筋骨皮膚，類似後世練鐵砂掌之法。

第二，是要學習賈力運力的姿勢和方法。全身積氣，殆如水庫蓄水，水既蓄滿，便須學怎麼行水用水，此所以又有《賈力運力勢法》篇。

此類勢法，其實就是八段錦、十二段錦之類導引動功，也有些版本稱之為「易筋經十二勢」，但它說這是佛家功法：

此功昉自禪門，以禪定為主。將欲行持，先須閉目冥心，握固神思，屏去紛擾，澄心調息。

至神氣凝定，然後依次如式行之。必以神貫意注，毋得徒具其形。若心君妄動、神散意馳，便為徒勞其形而弗獲實效。初練動式，必心力兼到。

早先所有動功導引八段錦、十二段錦、廿四勢之類，均只說明動姿勢，很少強調心的修養，這則是一個特例。後來徐文弼《壽世傳真》及王祖源傳出的《內功圖說》皆沿襲之，以十二段錦的第一式為「閉目冥心坐、握固靜思神」。

它把澄心解釋為禪定工夫，並認為除了在練八段錦時要用此工夫外，一切行功均以此為基本，這是其理論上一大特色。故般剌密諦在〈內壯論〉之後又特加識語謂：

人之初生，本來原善，若為情欲雜念分去，則本來面目一切抹倒。又為眼耳鼻舌身意分損，靈台蔽其慧性，以致不能悟道。所以達摩大師，面壁少林九載者，是不縱耳目之欲也。耳目不為欲縱，猿馬自被鎖縛矣。此篇乃達摩佛祖心印先基，其法在「守中」一句，其用在「含其眼光」七句。

守中，就是「一念冥心，先存想其中道，後絕諸妄念，漸至如一不動」。含其眼光等七句，指閉眼、凝耳、勻鼻、緘口、逸身、鎖意、四肢不動、一念冥心，講的還是澄心靜慮的工夫。它以此為禪定，乃是援道以入佛，希望達成一種綜合佛理與道術的新架構。後來佛門接受此經，且將之視為佛門武術宗源，亦因它具有這種援道以入佛的型態。

（五）仙佛武學的路向與疑難

《易筋經》在明末少林拳發展的關鍵時刻，吸收了道教的氣運學說，講呼吸吐納、守中積氣、采咽陰陽、修練導引，形成了一套配合少林剛猛拳風的內壯理論與內功功法，當然很快就奠定了它的典範地位。

但這種融合事實上是強水火於一冶，非常困難。《易筋經》也未能達致完美融會之境地，其理論與功法均有不少破綻。

先說功法。《易筋經》吸收道教功法時，混採了好幾種不同的路數，例如守中積氣是一種，服咽日月精華的服氣論又是一種，二者並不相同，經文兼取之，何者為正、何者為輔？守中固然可解釋為禪定，服食日月精華又與佛教思想何干？此即為其疏漏之處。

《易筋經》各本又多有〈內運入火候歌〉、〈行功要訣〉。此純是內丹法，又與服氣論、積氣論迥異。重點在於「顛倒陰陽，更轉互屬」，添水返火、運用鉛氣。且行功只在子午，要以河車逆運坎水上崑崙，共運三十六度，企求五氣朝元。若用此法，則大談服食日月精華、揉打搓洗，便歸辭費。抽添水火、氣貫泥丸，又與內壯神勇有何關聯？《易筋經》兼收並蓄，而不知實自陷於左支右絀也。

又，道教丹法中是有歧途、有旁門的。所以道教煉丹之士稱好的煉丹法為金丹大道；不好的丹法，例如藉助性交與采陰補陽者，便被稱為泥水丹法。

《易筋經》援用了道教煉丹術，卻對此無力檢別，只說功夫若成之後，「修身堅壯，不畏饑寒，房戰取勝，泥水采珠，猶小用耳。修仙成佛，要不外是」（《易筋經·意篇》）。它認為這只是功夫高下之分，殊不知修仙之法與陰陽采戰乃是兩條路，功夫並不相同。古修房中術者，固然有以性交為登仙秘徑者，但煉內丹之法，大興於宋元，尤其北派全真教均為出家道士，焉能以陰陽採補或房中征戰為說？故內丹家說龍虎交媾、陰陽配合，主要乃是以一身內氣而說。即使是東派男女雙修，亦與房戰採補者不同。《易筋經》不知此中分判，誤為一談，可謂大謬。

不僅如此，《易筋經》因正面肯定房戰採珠之功效，竟發展出了鍛練陽具之法：教人攢、掙、搓、拍睪丸；咽、捽、握、洗束、養陽具。洗，指用藥水燙洗。束，指用軟帛束之勿屈。練之久久，陽物便剛強了，「雖木石鐵錘亦無所惴」（〈下部行功法〉）。海岱遊人說在長白山曾逢一西羌人即曾習此功夫，可以「以長繩繫睪丸，綴以牛車之輪，曳輪而走，若馳也」。現今市井間有號稱全真氣功之「九九神功」，練的就是這類繫睪丸、吊陰莖的工夫。這種工夫跟武術有什麼關係？無非乞求增強性能力罷了！

故《易筋經》以此自詡：「以之鏖戰，應無敵手。以之延嗣，必種元胎。吾不知天地間更有何樂大於是法者！」「設欲鏖戰，則閉氣存神，按隊行兵，自能無敵。若於應用之時，加吞吐呼吸之功，更精神百倍，氣力不衰，晝夜不寢、數日不食，亦無礙矣。」它如此沾沾自喜其壯陽神效，是否恰當呢？若真是達摩傳經，授予少林寺僧，當然不會談這一套，也用不著這一套。且這種功法中顯示的性態度，是以性為天地間之至樂，以晝夜不寢不食地性交為樂事，更非僧人習武者所宜有。所以像這些地方，明顯地是為它所吸收的道教功法所誤，不及檢別，因而誤入歧途。⑪

經中功法其他妄謬之處，頗與此有關，如〈無敵神功密法〉教人「兩腳盤坐身項直，雙手捧托腎囊前。此段為運氣到莖卵功夫」。宣統三年梁子瑜刊全圖《易筋經》則引高子曰：「握固二字，人多不考，豈特閉目見自己之目、冥心見自己之心哉？趺坐時，當以左腳後跟曲頂腎莖跟下處，不令精竅泄云耳。」此皆妄談，乃讀丘處機《大丹直指》而誤者。

形成這類混淆與錯誤，或許也不能歸咎於古人造作經論時思慮欠周，而應考慮其時代風氣。宋元以來之道教丹法，本來就有三教糅合的性質；以長生為命功，以釋家明心見性為性功，而講性命雙修，更是普遍。故往往仙佛合言，混無生宗旨與長生久視於一爐。《易筋經》就顯示了這種理路。〈內運周天火候歌〉說：

> 易筋經，煉氣訣。定氣凝神鎖心猿，兩手插抱趺足坐，識得先天太極初，此處辨識生身路。冥目調息萬緣定，念念俱無歸淨土。
> 此是神仙真口訣，君須牢記易筋經。

既歸淨土，又成神仙，口氣與《易筋經・意篇》說「修仙成佛，要不外是」相同，都是仙佛合說。而在實際功法操作中，則是以修仙為成佛的。

此種型態，自宋以來已漸形成，至明末而大盛。如顏元就批評他家鄉「萬曆末年添出個黃天道」，「仙佛參雜之教也」，「似仙家吐納採煉之術，卻又說受胎為目連僧，口中念佛」。（《四存編・存人編》）黃天道，亦以煉成金剛不壞之體，撞出輪迴為說；也每日三次參拜日月；也主張雙修法，均與《易筋經》有相同之處。同在天啟年間的道教伍柳派伍沖虛所著《內煉金丹心法》，成於一六二二年，增注本刊於崇禎十二年，改名《天仙正理直論增注》，更是說「天仙，佛之至者也」。其弟子柳華陽《金仙證論・禪機賦第十三》則云：「恐後世學禪者不明佛之正法，反謂吾非禪道，故留此以為憑證耳」，也以仙佛合宗自命。《易筋經》處此時會，援道入佛，欲修命以成佛，也是可以理解的。⑫

此外，我們在前面曾經談過：明清朝時期一些民間教派常習武練氣。這些民間教派，都是混糅三教義理而成的，直至晚清均是如此。如道光年，揚州「周星垣，號太谷，能練氣辟穀遨遊士商大夫間，多心樂而口諱之，積中師事久，頗得其術，太谷門徒浸盛」（《山東軍興紀略》卷二十一〈黃崖教匪〉）。「宿州張義法者，從永城魏中沅學彈花、織布兩歌，皆邪教之隱語。又令盤膝靜坐，名為『坐蓮花』；兩手捧腹，名為『棒太極』；一日三次，默誦咒語，名為『三省功夫』。」（《金壺七墨》浪墨卷四〈教匪遺孽〉）光緒年間，「霸州城西魚津窩村，有密密還鄉道教門，即白蓮教門也。該教宗旨，恭敬孔子、老君、佛，吃長齋。日日坐功運氣，望死後往西方樂土，成仙作祖」（《拳時北京教友致命》卷八，北京救世堂一九二〇年刻本）。又光緒間，有「一炷香」教。該教創於明末，「以敬佛為宗旨，不殺生，不害命，吃長齋，焚香，日日坐功運氣，其經向望死後脫下皮囊，往西天成仙作祖，為樂境也。」

這些教門，有兩方面與《易筋經》關係密切：一是它們都屬於混淆佛道，甚或混糅三教之世俗宗教型態，其教義取便流俗信從，故理論都不嚴密，也不深刻。錯謬之處，往往而有。即使不錯，理境也不高。《易筋經》也有這種現象，重在可以實用奉行，而非造論之幽玄精密。其次，這些教派，常被官方或正統人士定義為「邪教」。除了教義未盡正宗之外，這些教派動輒舞拳弄棍、練氣習武也是一個極普遍且重要的因素。因此，它呈現的，是一種宗教、煉氣、習武混合的狀態。而《易筋經》所顯示的，也就是這個樣子。假若我們記得「火燒少林寺」的傳說，則這種類似性就更為有趣了。

少林寺在清朝事實上並未被火燒掉。但那是歷史上的事。在武術界，少林涉及天地會反清復明大業、少林寺被燒、少林五祖逃出、分別創立洪拳等等，則是各門派心目中傳承已久之另一事實。這些武術派別，奉達摩為祖師，謂其藝皆傳自少林，似乎也不能說他們都是神經病，明明沒有的事還相信得如此誠篤，明明沒有的人物偏要供來做祖宗。假若《易筋經》跟那些民間宗教一樣，也有一個教團，用這樣的功法來教其教民，將宗教、習武、練氣合而為一，以致傳其藝者均自稱少林門徒，以致朝廷忌憚而剿滅之，不是也很有可能嗎？不是比說練武的都是神經病更合理嗎？只不過，這個名喚少林的教團，未必即是嵩山那座少林寺。我們看這些故事，均自稱為南少林；包括敘述達摩授藝的部分。如尊我齋主人編《少林拳術秘訣》云：「少林技擊，以五拳為上乘。五拳之法，傳自梁時之達摩禪師。達摩師由北南來」，亦謂達摩是到南方授拳。豈不分明告訴別人：此少林非彼少林，此達摩非彼達摩嗎？達摩，釋典通作「達磨」，此則皆稱「達摩」，也有暗示畛域區隔之意。

這是一種推測。另一種可能性的考量，則是從明末另一本拳經覓線索。那就是乾隆四十九年（一七八四）曹煥斗整理出版的《拳經拳法備要》。

此書實為兩書。《拳經》為張孔昭撰，《拳法備要》則係曹氏自著。⑬張氏約為康熙時期人，其譜中有「少林寺玄機和尚傳授身法圖」，似其法本諸少林，後來張鳴鶚、張孔昭等轉益多師，又頗有自得之處，固已迥非玄機和尚傳授之原貌，但淵源本於少林，應是確實不誣的。

據其所述，則明末少林寺拳勇已著盛名，亦有傳授，流布四方，所以《拳經》中已出現「拳法之由來本於少林寺」之說。把宋太祖長拳、溫家七十二行拳、三十六合鎖、二十四氣探馬入閃、十二短打、李半天之腿、鷹爪王之拿、張敬伯之打，統統溯源於少林。

這些武術，其實均為《紀效新書》上的記載。可是在戚繼光的敘述中，它們是跟少林寺棍法齊名的，並非源出少林。可見明末清初，少林拳勇聲名漸著之後，少林徒眾張大其說，高自標置，自居為武術宗祖，把各家武術都講成出自少林，已成為一種風氣。

而事實上，廣泛吸收各界長處，才是此刻少林拳發展的真相。例如《拳經拳法備要》中有醉八仙拳，號稱「此乃拳家之祖，從此化出」。佛教少林拳法，緣何而取義於醉八仙？僧家戒酒，又不奉八仙，此類拳法，自是汲取自異教而來。拳法中又有「走盤太極八步全圖」，又講陰陽、剛柔、借力、偷力，此均與佛理無涉，而是近於道家的理論，與其拳法有醉八仙相似。

此書亦已提到氣的問題，〈提勁運用之法〉云：「大凡運勁之法在乎氣，而氣之虛實全憑小腹下運之。蓋周身運量，氣為之先。若氣不在小腹而在上胸，此上實下虛」，把力量歸原於氣，氣力則要由腰轉出。另有《氣法指要》云：

緊閉牙關口莫開，口開氣泄力何來？須知存氣常充腹，煞手休將氣放懷。回轉翻身輕展動，灌通筋骨壯形骸，終朝練習常如是，體質堅牢勝鐵胎。

這種氣法，便很像《易筋經》所述導引法。足證少林拳法在明末清初確是朝結合氣論、道教思想、道教導引法之方向發展的。佛、道、武，混而為一，這也是一種「三教合一」，只不過，含有不少混淆與疑難，不可不辨。

（六）《易筋經》的流傳與誤解

《易筋》、《洗髓》二經，武學界仰若泰山北斗，傳習者多，深自秘惜者尤夥，影響至為可觀。但傳習誦法者，或不知其來歷，或不明其功法之底蘊，或不辨其謬，更勿能審其於武術史、思想史之意義，矜習遺編，詫為奇術，聊資稗販而已。

以一九二九年張慶霖所著《練氣行功秘訣內外篇》考之。其書金一明序，謂其為少林衣缽，推崇曰：「練《易筋》者，不能比其神；練《洗髓》者，不能知其妙。」作者張慶霖本人亦於內篇第十一章〈氣功歌訣秘抄〉，亦即全書結尾處，抄錄〈內運火候篇〉、〈無始鍾氣篇〉、〈四大假合篇〉、〈凡聖同歸篇〉、〈物我一致篇〉、〈六六還原篇〉，然後說：「本歌訣已極氣功之能事，酣暢淋漓，毫無所諱。其法與《易筋》《洗髓》兩篇大同小異。至其道，則又高出《洗》《易》萬萬也。是均在有緣學者熟爛於胸中揣摩之矣。」又說：「易筋經《洗髓》訣，蔣竹莊家藏刻本中有，但不及涵芬樓手抄秘笈錄中之詳而雅。至本訣則為秘抄，從未見刊行過。」其實這六篇歌訣，第一篇即在《易筋經》中；其餘五篇，則為《洗髓經》之文字。張氏謂其「從未刊行過」，又誇稱其法高出兩經萬萬，真乃天大之笑話。蔣竹莊家藏本，便錄有此數篇歌訣全文，張氏蓋根本未曾寓目。涵芬樓秘笈抄本，則確實較蔣藏本篇「詳」，但所多出來的，乃是〈退火法〉及〈服藥十錦丸〉、〈五生丸法〉、〈五成丸法〉、〈十全丸法〉、〈便方〉、〈平起服法〉、〈平起洗法〉等藥方，又何嘗「詳而雅」？此即可見張氏大言欺人，非於《易筋》、《洗髓》兩書毫無所悉，即是陰竊其說，復張揚謂能勝於二經，以驚俗耳、以駭俗目也。此書有段祺瑞、金一明序。段氏非此道中人，或不嫻仙佛武術之事；金一明則為武術大行家，曾著《中國技擊精華》、《武當拳術》、《武當三十二勢長拳》、《練功秘訣》等書，乃竟隨聲附和，不知張氏此書不僅所抄錄者即為兩經之歌訣，其所述功法亦衍兩經之緒，誠可怪歎！

又，宣統三年梁士賢輯刊《全圖易筋經》，僅錄第一套十二式、第二套五式、第三套五式，共二十二式。附青萊真人八段錦坐功圖八式、陳摶功圖二式。此乃只以八段錦視《易筋經》，可謂管中窺豹，未見全貌。

蕭天石〈重刊易筋洗髓二經例言〉則說二經「為學佛坐禪之基先工夫」，「洗髓之於禪定，尤為重要，由此而入，方是坦途」。殊不知依二經之意，易筋、洗髓均須運用禪定工夫。

故非二者為學佛坐禪之基先工夫，乃禪定為其入門之坦途。蕭氏恰好說倒了。

蕭氏此刊，又自認其《洗髓經》係乾隆間排印本，且謂「經前並有慧可序；後有跋，係月庵超昱緒欣據內典翻譯。全部《易筋經》亦係據原本天竺文翻譯」。凡此，亦均為誤說。兩經皆無梵文本，亦不在《大藏經》內。慧可序、月庵跋，也均為偽託。凌廷堪考證謂：慧可序云「初至陝西敦煌」，後魏時敦煌焉有陝西之稱（《校禮堂文集》卷廿五）？《易筋經》乾隆間只有抄本，《洗髓經》時代更晚，是依附《易筋經》而造者，幻中出幻，乾隆間豈能遂有刻本？故此亦皆大言欺人而不識刊印之源流者也。書中又附所謂「易筋甩手功真傳」，云出道教《青城秘錄》等書。按，將此類功法與《易筋經》合刊，固足以供讀者參證，使知《易筋經》與道教養生功法之關聯；然甩手僅為養生之用，與《易筋經》之為武技內壯者功用殊途，恐不宜牽合。至於練易筋功時，「須絕對斷絕房事。期滿後，亦以少親房幃為上，能行而不漏者亦然」云云，以此懸為厲禁，而實乏根據，經中毫無證案，乃蕭氏虛聲恫嚇以增人信此功法耳。

蔡雨良另由棲霞山老道處得一兩經合抄本，一九八一年由真善美出版社印出。較蕭刊本多《推演易筋洗髓內功圖說》、《增廣易筋洗髓內功圖說》、《易筋洗髓支流匯纂》、《內外功集成》。易筋之學，流脈頗可考見，可謂洋洋大觀，裨益學林，不為無功。但刊印其書，旨在「發揚仙學」，提供給「有志性命雙修者」研究，則誤矣。《易筋經》本來乃是吸收道教導引運氣練丹之說，以發展武勇搏擊之術；此則遽以其言導引運氣練丹，而奉之以為成仙養生秘譜矣，豈不謬哉！

武術界所傳，別有五臺山靈空禪師《全圖練軟硬功秘訣大全》一種。凡總論、練軟硬功秘訣、練功印證錄、練功治傷秘方四章。所指軟功，乃朱砂掌、一指禪之類；硬功，乃金鐘罩、鐵布衫之類。其法實均由《易筋經》所述搓揉、藥洗、努氣生力、以手插豆之法發展而來。其用藥洗手之藥方亦然。第一章第六節並述《涵虛禪師練功學技談》，可知該書所論功法與少林《易筋經》肸向相通，淵源正不可掩。但區分武功為內外兩類，云：「內功主練氣，趺坐習靜，與道家之導引術約略相似。外功主練力」，則是將內外打為兩截，非以內功為筋骨力量之助。又述練外功之法，為「先練皮肉，次則練筋骨。皮肉筋骨既堅實，更進而練習個部之實力，實力既充，然後更進而練習運行氣力之法。練皮肉，用搓摩之法；練筋骨，用八段錦；練各部氣力，用努氣生力法，兼用石鎖鐵杠等器械之助」，均與《易筋經》同，然次序顛倒了。《易筋經》是以氣為主，充氣於內，以壯筋膜血骨，再練皮肉。靈空禪師此法，則有外無內，雖衍《易筋》之緒，而實失其真傳。⑭

也就是說，《易筋》、《洗髓》地位雖高，真賞殆罕。無論仙學抑或武學，承流接響者固不乏人，但誤解既多，或虛飾而增華，或變本而加厲，或源遠而歧，或流別而分，殊難使人明其來歷、知其底蘊，於明清之際佛、道、武學參合之跡，尤難考案，故本文粗發其凡，以俾考覽。

注釋

①見徐震《國技論略》上編〈辨偽〉中《易筋洗髓經不出於達摩》、《辨少林拳術秘訣言師授淵源時代之誤》二節（華聯出版社重印本，一九七五年）。又見唐豪《少林武當考》上編第五節《達磨與

易筋經》，華聯出版社重印本，一九八三年。

②另參林伯泉《中國武術史》第五章第八節，五洲出版社，一九九六年。

③象形拳，又稱仿生拳，意謂模仿生物而成。其中猴拳起源甚早，《紀效新書》已云：「古今拳家，宋太祖有三十二勢長拳，又有六步拳、猴拳、囮拳，名勢各有所稱，而實大同小異。」曹煥斗《拳經拳法備要》也有站步式，注云：「亦名瘋魔步，猴拳從此化」；鐵拐李顛樁式，注云「醉步此中生出，猴拳亦從此生出」。兩者對勘，可知猴拳流傳已久，而少林拳法中亦頗重視猴拳，其法則以癲醉佯狂之步法為之。然而，後世所謂少林五拳，卻是龍、虎、豹、蛇、鶴，見尊我齋主人編《少林拳術秘訣》，華聯出版社重印本，一九八四年。此蓋猴拳在少林宗派中漸失其傳，而亦可證明少林五拳之說屬於後世之附會。

④尊我齋主人所編《少林拳術秘訣》，亦以少林武術為「柔術」、「氣功」。此即其書晚出之證。

⑤海岱遊人敘記，一本題為元中統六年，見前引唐豪《少林武當考》。

⑥八段錦，有繁有簡、有坐有動，詳馬濟人《道教與氣功》，第三章十五至十九節，台北：文津，一九九七年。

⑦《少林拳術秘訣》將此八段錦十二式擴充為十八式，稱為「達摩所傳十八羅漢手」。該書並未引用《易筋經》，但這顯然由《易筋經》來。

⑧點穴法創自內家拳師，且與道流淵源深厚，後來少林才傳習其技，另見前引徐震《國技論略》上編《存疑》。

⑨論膜，極為特殊，後世少林拳術亦無承續其說者，僅《楊氏太極拳老譜》附錄有《太極膜脈筋六解》一篇。其中說：「膜若節之，血不周流。脈若拿之，氣難行走。筋若抓之，身無主地」，「抓膜節之半死，申脈拿之似亡，單筋抓之勁斷」，此似即與《易筋經》所言有關。該譜另有《太極力氣解》云：「氣走於膜、絡、筋、脈。力出於血、肉、皮、骨。故有力者皆外壯於皮骨，形也。有氣者是內壯於筋脈，象也」，與《易筋經》內壯的講法也顯然是有關係的。

⑩《楊氏太極拳老譜太極字字解》將按、揉、摩、捶、打諸法，由練功之法，轉為技擊之法，云：

「挫、揉、捶、打於人於己，按、摩、推、拿於己於人，開、合、升、降於己於人，此十二字皆用手也。」按摩捶打於己，就是練功之法，施之於人則是技擊之術。此顯然也是由《易筋經》所述按摩捶打之法引申變化而來。同理，《太極空結挫揉論》說：「有挫空、挫結；有揉空、揉結之辨。揉空者，則力分矣。揉結者，則力隅矣。若結揉挫，則氣力反，空揉挫則氣力敗」等等，也是把揉法之用轉為搏擊之術。太極拳法本以掤、擠、按、采、挒、肘、靠為之，初無揉法，抓筋膜、閉六脈，亦非拳式中本有之義，故此均應為吸收自《易筋經》之說。世之論太極拳者，惜尚未考焉。

⑪自由出版社所刊蕭天石編《真本易筋經秘本洗髓經合刊》即刪去有關下部行功法的部分，謂其易流於房中采戰，恐係後世重雙修法之房中家所羼入。

⑫為道家功法者，應推萇乃周《萇氏武技書》，次則為王宗岳《太極拳論》。但王氏之說與道教丹法無關，萇氏《中氣說》則明白指出：「中氣者即仙經所謂元陽，此氣即先天真乙之氣。文煉之則內丹，武煉之則為外丹。」

⑬此書作者，各家考證，見解不盡相同。羅振常認為全都是曹煥斗作。唐豪認為一部分為張鳴鶚編，一部分為張孔昭或其門弟子所作。我的看法，則與他們不同。

⑭周述官《增演易筋洗髓內功圖說》十八卷，作於光緒二十一年，刊於一九三〇年，卷帙最多，體例亦較特殊。其特點有三：一、將《易筋》、《洗髓》合為一體，認為兩者相輔相成、不可析分。二、兩經合論之後，他將《易筋》視為外壯功夫，謂《洗髓》為養心功夫。而所述功法，實偏於內養煉丹，已非武術神勇之技。三、他非常強調三教合一，是所有《易筋經》中唯一講三教合一的，不止為仙佛合論而已。周氏之術，據他說傳自少林靜一空悟法師。一九九一年北京科學技術出版社王敬等人編《中國古代密傳氣功》曾將此書重排了一次。

十二　人間佛教的開展

（一）人間的佛教

近年佛教團體都喜歡自稱他們是人間佛教，台灣佛光山尤其常被引為人間佛教之典範。但人間佛教，這個名詞以及它所代表的方向，都不是佛光山星雲法師創立的。

因為「人間佛教」也者，乃清朝末年以來整個佛教發展的趨勢之一，談論倡議者絡繹不絕。一九三七年，《海潮音》出過人間佛教專號。抗戰期間，浙江縉雲縣也出過小型《人間佛教月刊》，後來慈航法師在新加坡辦過《人間佛教》刊物、法舫法師在泰國也講說人間佛教。可見「佛教應該是人間的」這個發展方向早已被許多人接受了，也有不少提倡者。

相對於人間佛教之說，太虛大師另外提倡「人生佛教」。於抗戰時期，編述一部專書，即名《人生佛教》。據印順導師的解釋，太虛大師不採「人間佛教」之名，而主張「人生佛教」，其含義有兩個方面：「一、對治的：因為中國的佛教末流，一向重視於一死、二鬼，引出無邊流弊。大師為了糾正他，所以主張不重死而重生，不重鬼而重人。以人生對治死鬼的佛教，所以以人生為名。二、顯正的：大師從佛教的根本去瞭解、時代的適應去瞭解，認為應重視現實的人生。『依著人乘正法，先修成完善的人格，保持人乘的業報，方是時代所需，尤為我國的情形所宜。由此向上增進，乃可進趨大乘行。使世界人類的人性不失，且成為完善美滿的人間。有了完善的人生為所依，進一步的使人們去修佛法所重的大乘菩薩行果。』（《我怎樣判攝一切佛法》）大師曾說：『仰止唯佛陀，完成在人格，人成即佛成，是名真現實。』（《即人成佛的真理實論》）即人生而成佛，顯出了大師『人生佛教』的本意。」

雖然如此，印順仍覺得用「人間佛教」之說較好，因為人生佛教與人間佛教兩者，由顯正方面說，大致相近；而在對治方面，覺得後者更有極重要的理由。因為佛教是宗教，有五趣說，如不能重視人間，那麼如重視鬼、畜一邊，會變為著重於鬼與死亡的，近於鬼教。如著重羡慕那天神（仙、鬼）一邊，即使修行學佛，也會成為著重於神與永生（長壽、長生）的，近於神教。神、鬼的可分而不可分，即會變成又神又鬼的神化、巫化了的佛教。這不但在中國流於死鬼的偏向，印度後期的佛教，也流於天神的混濫，背棄了佛教的真義，不以人為本而以天為本（初重於一神傾向的梵天，後來重於泛神傾向的帝釋天），使佛法發生非常的變化。所以特提「人間」二字來對治他。這不但對治了偏於死亡與鬼，同時也對治了偏於神與永生。真正的佛教，是人間的，唯有人間的佛教，才能表現出佛法的真義。①

由太虛大師及印順長老對人生佛教和人間佛教這兩個名詞上的辨析，大抵已可以看出主張人生佛教和人間佛教者的基本想法。這個想法其實是目標一致的，都主張改革佛教之積弊，讓佛教由重視死亡與重視成佛轉而重視現世人生，認為唯有成就人道才能成佛。

（二）失敗的運動

但提倡人間佛教，要改革佛教之積弊，自然就會遭到佛教內部那些應改革者的反對。如太虛大師曾與仁山法師聯同社會黨員多人，「大鬧金山寺」，欲接管寺產，結果遭強烈反對而失敗。其他許多主張也大多難以實現，以致他同時撰有《我的佛教改進運動略史》和《我的佛教革命失敗史》。人間佛教的提倡，雖然在知識界或社會層面獲得極大迴響，教內也有不少人呼應，但相較於傳統勢力，改革的力量仍然不足以扭轉積習，所以太虛大師的改革運動終歸是失敗的。這種失敗，可以太虛大師與支那內學院的糾葛來示例分析。

據太虛大師年譜載：民國二十五年（一九三六）四月三十日，「大師作《論僧尼應參加國民大會代表選舉》。歐陽竟無致書陳立夫以反對之，以為『僧徒居必蘭若，行必頭陀』；『參預世事，違反佛制』。歐陽治佛書三十年，偏宗深究，宜其得之專而失之通！」

此事後來對太虛大師有重大影響。一九四六年以後，國共和談的傾向甚濃，同時共產黨及民主同盟等代表亦展開活動。太虛大師在此政治空氣中，也試圖尋求組黨或參政的可能性。結果雖然同年十一月，被國民黨蔣主席圈定為國大代表，仍因陳立夫的反對而變卦。《年譜》上說：「初以中國宗教聯誼會于斌之推薦，經蔣主席同意，圈定大師為國民大會代表。陳立夫力持異議，致其事中變。時京滬報章，多傳大師組黨及出席國大之說；鑒於政府歧視擁有廣大信徒之佛教，大師殊深悒悵！蔣主席與大師之友誼，久為近侍集團所礙，日以疏遠。」太虛大師為此甚感鬱悶，數月後即過世。

太虛大師在一九一三年即曾揭舉「組織革命、財產革命、學理革命」之說。但財產革命，在大鬧金山寺之後，即已證明它甚難成功；組織革命，則《整理僧伽制度論》所提倡者亦未能施行。在學理革命部分，和支那內學的主張便頗不相同，主張僧尼參政，更是受到歐陽竟無的反對。

在理論上，支那內學院是以唯識為主的，太虛則認為：「理論的說明上，自然在唯識學。但中華佛教，如能復興，必不在真言密咒或法相唯識，而仍在乎禪。」（**見《讀梁漱溟君唯識學與哲學》**）因此支那內學院企圖以回歸印度佛教來改革中國佛教，反對中國心性論以及如來藏真常心系的講法；太虛則著眼於復興中華佛教，更不認為佛教徒即不能參與世事政務。②

印順，從思想史的角度看，正是這一爭論的延續者與折衷者。他由《阿含經》中發現「諸佛皆出人間，終不在天上成佛也」的文句，證明了佛陀教人並不以出世離俗為主，因此同意太虛的人生佛教路向。但對於僧徒是否一定要參政，或人間佛教之實踐是否以政治為主，仍持保留之態度。

對於太虛與支那內學院在佛教義理上的爭執，印順的處理，基本上傾向支那內學院，認為影響中國較為深遠的如來藏真常心系思想，其實融入了印度教的「梵我論」，不及印度原來所傳純粹。但印度佛教空有二輪中，他不同於支那內學院的檢別，而主張性空唯名一系才最接近佛教的根本思想緣起說。在對中國佛教的排斥方面，他也不如支那內學院的學者那麼激烈。他覺得後期如來藏思想雖見理未徹，但也無大失，只是它的末流在印度成為「融神秘、欲樂而成邪正雜濫之梵佛一體」；「在中國者，末流為三教同源論、冥鏹祀祖、扶鸞降神等，無不滲雜於其間。」（《印度的佛教自序》）

因此，印順的人間佛教說，重點在於要人秉持正確的緣起觀。只要能知一切緣起，勘破自我，而求有利眾生，那麼，從事任何職業，在任何位置上都可以有益人群：「菩薩遍及各階層，不一定是煊赫的領導者。隨自己的能力，隨自己的智慧，隨自己的興趣，隨自己的事業，隨自己的環境；真能從悲心出發，但求有利於眾生、有切於佛教，那就無往而不入世，而無不是大乘！這所以菩薩人人可學。如不論在家出家，男眾女眾，大眾體佛陀的悲心，從悲願而引發力量。真誠、懇切，但求有利於人。我相信：涓滴、洪流、微波、巨浪，終將匯成江洋法海而莊嚴法界，實現大乘的究極理想於人間。」

這種講法，理論上頗為巧密。因此知緣起性空，是出世解脫；本此解脫出世之心，在世從事任何工作，則是入世，也是既入世又出世。出世的佛教，遂與人間佛教合為一體。

但如此說，其實也是虛說、是吊詭地說。為什麼呢？

1.本出世之心，為入世之事，因此即出世即入世，解脫之佛教，即人間之佛教，誠然。但這樣的論述方式，倒過來說，一樣可以成立。本入世之心，為出世之事，故入世即出世，出世不聞世事的佛教亦即人間佛教；以入世忮刻計較之心去從事各種工作，也「無住而不出世」。如此說法，能讓人心安嗎？如果不能，便可知所謂出世而不離世間云云，只是論說上的精巧，要判斷它是否可資遵循，還應考察論式之外的內涵問題。

2.所謂內涵，是指出世入世究竟何所指的問題。出世若指其知緣起性空，入世若指其所處之境與所任之事，則兩者其實屬於不同的層次，也是不同性質之兩回事，一屬聖諦，一屬世諦。已知緣起性空者，如何對他自己那本無自性之事業，仍相信它可有利眾生？對不必執著之事，如何仍能真誠懇切地去做呢？轉聖諦為俗諦，不是不可能，但須有一方法論上的說明，否則即為空說，即為戲論。

3.從悲心出發，但求有利眾生，則無住而不入世，無不是大乘云云，將成為倫理學上的動機論，成為「意圖倫理」。缺乏「何者方是真正有利眾生」的討論或認識，常會跟發諸慈悲的放生活動一樣，使其結果並不真能造福人間、有益環保。換言之，談人間佛教，而僅從聖諦這一面說，欠缺對於人間事務的理解與探討，處理世務，只怕會一塌糊塗。此時空說出世即入世，只讓人覺得是唱高調，缺乏實踐性。

因此，印順的人間佛教，我也不認為是成功的。我曾在另一篇文章中說過：

在理論上，印順導師極力論證佛教不應出離人世，而應實現人間淨土，對佛教之現代化影響深遠。然而，印老的研究，固極博瞻，但只是佛教宗旨上的辯說。在教內看，甚具價值。但從我們非純佛教學者的角度看，則成就殊覺有限。因為他只是在教理上確認了佛教應該入世、應不離世間覺、應實現人間淨土而已。由於他對「世學」並無深究，故除了這一方向上的提示外，不能談任何具體之問題。究竟此人間淨土應為何種社會性質？宗教入世之後，世俗事務之處理，如何與佛教所追求之超越性解脫目標結合無礙？達致人間淨土之方法又如何？在人間政治、經濟、社會問題的處理上，佛教又應以何種態度為之，始能創立人間淨土？這等問題，印老均乏析論。（《佛學義理與企業管理》，收入一九九六年佛光大學出版的《人文與管理》）

此段引文，與本文的說法類似，都對印老之說存著些遺憾。但那篇文章是就其論人間佛教而少談「人間」感到遺憾，本文則是對他仍被清末民國間的佛學爭論所繫縛而感到遺憾。從思想史的角度說，從清末唯識學復興轉到人間佛教的創立，其間不能沒有一個過渡、一個轉捩點。在支那內學院與武昌佛學院的論爭中，回歸印度和改革中國佛教，也不能沒有一個折衷兼善的處理。印順的歷史地位及不朽成就，正在於此。但此僅為舊時代之收束、新路向之點明而已，其歷史局限性也就表現在這兒了。真正開創出人間佛教的，不能不推年輩稍晚的星雲。

（三）佛教現代化

星雲曾自己承認甚為崇慕太虛大師，太虛的許多主張，如「佛教大眾化、通俗化」、「佛教入世，打開山門」、「佛教當以人為本」、「佛教以七眾為道場」等，也都被星雲實踐了。而且太虛討厭宗派主義，主張大乘三系平等、八宗融貫，又希望將佛教擴展成為中國本位的世界佛教，星雲亦與之若合符契。因此，民國以來佛教史中，太虛與星雲實在可說是先後輝映的。

正因如此，太虛所遭遇的批評和反對，星雲也必然會碰到。印順在《談入世與佛學》一文中曾說：「人生佛學，不是世俗化，不是人天乘，不是辦辦文化慈善、搞搞政治，而是有最深徹之意義的」，又說：「多數人不見他（太虛）的佛學根源，以為適應朝流而已、世俗化而已。」對於星雲，批評者何嘗不是說他世俗化、搞政治？而讚揚者，則亦不過認為人間佛教就是「辦辦文化慈善」罷了。

但如此褒貶，恐怕都不恰切。因為事實非常明顯，現在佛教各教團都在說要走人間佛教的路子，難道大家都世俗化了嗎？許多法師擔任政黨職務、國民大會代表，甚或參選立委，難道都是政治和尚？可見批評者只是泥於「僧徒居必蘭若、行必頭陀，參與世事，違反佛制」的出世思想，不曾看清民國以來整個佛教的大趨勢使然。至於以辦文化慈善來稱揚人間佛教，也對人間佛教，特別是星雲的人間佛教尚未能完全掌握。

此話怎講？

太虛曾說：「所謂改善佛教本身，將佛教昌明到全世界去，確為太虛之志願。但直到現在，尚無何等成績，不過發為空言而已，說之殊愧。」（《全書》第二十四冊，第四二五頁）他在佛教協進會、觀宗寺、淨慈寺的改革運動均告失敗。在《建設人間淨土論》中所提的具體建設，希望在普陀山設一處佛教的新樂園，也沒能實現。星雲恰好相反，不但在高雄佛光山成功地建立了一個理想中的教團甚至「理想國」，改革佛教本身及昌明佛教於世界，亦皆不僅托諸空言。為什麼兩位法師，在言論及想法上如此相似，結果卻極不相同呢？

由言論部分看。太虛氣局宏闊，所論包含之廣，實勝於星雲。在佛教內部，平章八宗，兼攝一切，創為法界圓覺之說以融貫之。論及人間佛教之建設問題，則分從一般思想、國難救濟、世運轉變諸層面來談。關於辯證法、經濟史觀，科學如進化論、相對論、國家生產計畫、農村復興方案、政體問題、馬克思主義之擴張、三民主義之內涵、東西文化之比較等，他都廣為討論，認為佛教需要面對人生、處理時代問題，這些都不能規避，都須與佛法求得一恰當之關係。這是他敏銳博雅之處，但亦可見他仍落在時代之中，被時代的許多個別問題拖著走，以致博而寡要、勞而少功。

星雲在辨明佛教應該朝人間佛教發展，以及建設人間佛教之基本原則時，所論其實並未超過太虛及印順之說。例如說人間佛教是入世重於出世，生活重於生死，利他重於自利，普濟重於獨修；又說人要有人天乘入世的精神，再有聲聞緣覺出世的思想，便是菩薩道等等，大抵與太虛、印順彷彿。但其特點在於：1.與印順相比，完全超脫了清末以來佛學界在「中國佛教／印度佛教」、「唯識／性空」、「大乘非佛教／大乘為佛說」、「真常本覺／性空本寂」之類爭論上的糾纏，截斷眾流，立基於中國佛教，而開展新的精神。③ 2.與太虛相比，不在時代思潮及事件等個別事務上多所牽扯，而能掌握大的時代方向，認定了整個時代社會變遷的總方向就是現代化，而將其人間佛教之建設工作落實為「佛教的現代化」。

這兩點，均可再加申敘。先說前者。星雲不會不知道佛教的基本思想在三法印四聖諦、在緣起觀，但他很少強調這個部分。事實上呂澂、印順等人都忽略了：主張緣起性空及虛妄唯識的佛教傳進中國，既然都不能廣為流行，反而讓所謂「偽經」、「偽論」所宣導的心性論占了上風，正表示在中國人的社會中，較能接受的仍是心性論傾向的說法。因此，講人間佛教而一定要立基在緣起觀上，其實並不切實際。星雲則說由空說有、由苦說樂：

我們都知道佛教傳統講經的方法，一開始就把經中對世間實相的分析，照本宣科的說出來：「苦呀！空呀！無常呀！」不錯，這些都是佛陀所說的法印。但在當今說法布教時，要應用善巧方便。佛教為什麼說苦？是為了要人追求快樂的。苦是人間的現實，但非我們的目的。

佛教的目的是要脫苦，尋求快樂。說到空，天也空，地也空，四大皆空讓大家都很害怕，覺得什麼都沒有了。其實「空」是建設「有」的，只是一般人不瞭解。空有空的內容，在空的裡面才能擁有宇宙的一切，不空的話，就什麼都沒有了。真「空」生妙「有」。我們先有「妙有」，才能入「空」，先建設現實「有」的世界，從「有」的真實中，方能體驗「空」的智慧。

支那內學院的學者批評中國佛教喜歡講「常、樂、我、淨」，不符合「苦、寂、滅、道」之旨，可是光說苦寂滅道，如何建設人間佛教？星雲所講，則基本上是順著中國佛教的精神，轉空苦之佛教為快樂希望的佛教。故其攝機之廣，非太虛、印順所能及。

由後者來觀察，星雲常以「佛教現代化」來概括他的建設人間佛教運動。這個詞語，代表了他對佛教改革的總體方向。若說人間佛教一詞仍屬借用別家品牌，則佛教現代化，便可說是佛光山的商標。這個詞，比人間佛教更容易懂，也更能獲得社會的支援，因為整個社會正在進行現代化轉型。佛教的現代化，無論是在精神或方法上，都具有正當性，都具有「改革者的正義」。而且，星雲在各個領域中的改革，例如傳教方式、寺廟建築、事業經營、財務管理、組織行政等，都可以擁有一個可以統一辨識的指標。他之所以比太虛大師更能得到認同，掌握了時代的脈動，無疑為一大因素。換句話說，星雲的人間佛教確實不只是世俗化、辦辦文化慈善、搞搞政治，它是帶動佛教整體走上現代化道路，而與社會之現代化相呼應相聯結的新佛教運動，是真正「在人間的佛教」。

（四）當代新佛教

星雲曾說：

現代化這個名詞，代表著進步、適應、成功、光明、自由、民主的意思。全世界不管在政治、社會、經濟、軍事各方面，不管如何傳統，但大家都能有一個共同的認識，只有在現代化之下，人類才能生存、幸福。將佛教推向現代化的新紀元，是我們歷年來努力的方向。雖然我們的宗旨、目標，不一定能為社會上的大眾所體會。但是要把佛教的真理廣大地傳播給社會，讓現代人們能欣然地接受、佛教走上現代化，是一條必然的途徑。

為了達成這種現代化，星云主張在技術層面要佛法現代語文化、傳播現代科技化、修行現代生活化、寺院現代學校化；在目標方面，要建設佛教成為生活樂趣的人間佛教、財富豐足的人間佛教、現世淨土的人間佛教。

這些，涉及的領域極廣，但從每個個別之處看，會覺得與其他法師大德或道場所作所為或許也沒有太大的分別。例如佛法要現代語文化，印順也提倡過，他在《編修藏經的先決問題》一文中即主張選擇約三百卷佛典為語體文，以便於普及傳播；又說為了讓佛法能傳佈於世界，宜翻譯佛典為英文。④傳播科技化方面，各道場做得也很不錯，編書、出刊物、錄音帶、錄影帶、電腦化、衛視，可說應有盡有。星雲說要「建設大乘普濟的人間佛教」，則慈濟功德會、佛濟基金會等團體，在普濟救施方面的成績，更是高於佛光山。星雲說現代佛教「要有利眾的事業」，應開辦各種醫療救濟、教育、文化事業，造福社會，佛教界如曉雲、證嚴、聖嚴等法師在這些地方也不遑多讓。至於修行現代生活化、寺廟功能學校化，也有不少教團在走這個路子。

固然我們可以說，某些團體在這些方面只能算是聞風繼起者，而且也做得不夠全面；真能開風氣之先，發揮先導影響力，又能全面展開的，仍然不能不推佛光山教團。但僅如此說，我認為仍是不夠的。星雲和其他法師的差異，可能不是量上做多做少，或時間上誰先誰後的問題，而是性質上的不同。相較於他的先行者，星雲的人間佛教運動有目標有方法，方法及目標又均以現代化為其主軸。因此它本身會形成一個「新佛教」的型態，與約略同時出現的「當代新儒家」一樣，共同標幟著我們這個現代化轉型時代的特徵。

這種新佛教，不只是寺廟建築較為新穎、人員較年輕有朝氣、宣教手法較活潑，較能參與社會服務而已，而是它基本上擁有現代社會的價值觀及運作邏輯，例如民主、法治、理性、財富、進取以及現代社會的理性化科層官僚組織等等。

星雲所建立的教團，依仁法師在《僧團制度之研究：印度、中國及現代台灣三階段之比較》一書中曾有分析，認為它是中國叢林制度的革新。⑤例如經選舉產生的宗務委員會及宗長，代表民主精神；強調「依法不依人」、「法制而非人制」，顯現了法治精神；行政和弘法上，又運用了現代化的行政管理與科技知識。這些無不體現了現代社會的現代性（modernity）。同樣地，星雲說：「建設財富豐足的人間佛教」、「要有人間進取的精神，在這個世界上，物競天擇，適者生存，每個人不是靠別人給我們財富，給我們救濟，都得靠自己去努力才能生存，所以人要有進取的精神」、「現代化的佛教是合理的，不是邪見的，不是迷信的」等等，也充滿了現代性。

現代社會之所以不同於傳統，並不在於科技及生活方式的不同，而是因為有了這些價值觀和運作的邏輯。工業革命之後，政治型態走向自由、民主，「法理社會」逐步建立，資本主義經濟高度發展，運用科層化體制，重構了許多人群組織，要求效率、追求財富，才逐漸形成我們今天這樣的社會。佛教發展到二十世紀，遭遇到空前的社會劇變，許多人都意識到要改變，也體認到佛教不再能出世離俗，要在人間生存下去，即須講人間佛教，但沒有人理解到這個人間已成為什麼樣的人間。人間社會的形態千差萬別，封建的、帝制的、資本主義的、社會主義的、無政府主義的、城邦的、部落的，在什麼人間去建設什麼人間佛教？只有星雲抓住了這一點，瞭解到我們是在一個「現代化情境」中來建設現代的人間佛教，所以要將佛教建設成現代佛教。這種現代佛教，擁有與現代社會相同的價值觀和運作方式，當然令人覺得親切，覺得它代表了進步，且其本身便是社會現代化的成就之一。

（五）超越現代化

假如詳細分析星雲如何將現代價值觀和佛教義理融合起來，或比較新佛家與新儒家在面對現代化挑戰時不同的對應方式，一定非常有趣。但篇幅並不允許，而且，此處我們談的是另一個更重要的問題。

現代化，固然是我們這個世界整體社會所追求的方向。但這個方向真的對嗎？好嗎？如果真好，那麼，業已現代化的社會為什麼仍然充滿了罪惡與災難？為什麼越是現代化的國家及城市，越是犯罪率升高、婚姻不正常、充斥著色情與暴力？現代社會中的人，也並不比古代人更快樂。

針對資本主義所造成的社會分配不公，出現了社會主義；針對現代社會人與人「疏離」的現象、人心的荒蕪空虛，出現了文學上的現代主義；針對工業發達、人類掠奪資源擴大生產而形成的環境污染破壞，出現了生態主義與全球環境保護運動；針對現代社會中人人追求成功、鼓勵競爭、追求財富，出現了提倡回歸自然的清貧思想與簡樸運動這些，都表明了：現代未必即是個理想的社會，其中蘊含的價值觀和它的運作邏輯恐怕均有商榷之必要。所以才會出現這一波波反現代的浪潮。

這並不是保守主義式的「抗拒現代化」，而是「在現代之後」思量如何超越現代化。

如果星雲的人間佛教，係以佛教現代化為其主軸，將佛教改造成為具有現代性的新佛教，那麼，在現代之後，這個教團以及它所代表的精神，只怕也不能避免遭到質疑。是否這個新佛教運動亦將如現代化一樣，已完成了它歷史的階段性任務呢？

其次，佛教的教義，和現代資本主義社會的各種價值觀之間，難道真能融合為一體，而不生扞格嗎？鼓吹消費、刺激欲望、不斷開發，即是佛教？

人間佛教的複雜處，即在這裡。一般人只看到他融合現代化的這一面，殊不知其現代化中可能包含了超越現代的部分，勉強稱說，可說是「即現代而轉化之」。

例如資本主義社會是講究財富積累的，星雲便也說要「建設財富豐足的人間佛教」、「佛教發財的方法」。但他的說法，乃是先講有錢不是罪過，「黃金非毒蛇，淨財作道糧」。然後接著講「外財固然好，內財更微妙」、「求財要有道，莫取非份財」、「財富對每一個人，並不都是最好的東西」、「怎樣處理財富」。就其前一部分講聚收金錢者觀之，實與佛教之傳統不盡相同，是以佛教來迎合現代觀念的。但後面這種講法，卻又從現代觀念翻上去一層，仍然站在佛家的立場，對現代觀念作了一番轉化，超越了現代，不被資本主義社會的財富觀所囿。

同理，他論欲望也是如此。古來修行者，都叫人禁欲、斷欲、節欲，他卻說「人間有欲樂，世人所需求」，不把欲望立刻貶為邪惡，且認為這正是每個人正當的需求。但接著立刻轉上一層，說：「這種欲樂並不是最徹底的，因為這不是佛教中真正的快樂。佛法所提倡的生活樂趣是法樂而不是欲樂」，故「我有妙法樂，不欲世間樂」。

如此說法，由其接引方便說，確實是十分善巧的：就人所處之地位而接引之。但這也可以不只是一種接引方式而已。它顯示的共同態度，正是承認現代性，但要求善於運用現代性，並從佛教的角度提出超越之道。大師曾發表過《佛教的財富觀》、《佛教的道德觀》、《佛教的女性觀》、《佛教的政治觀》、《佛教的未來觀》等文，幾乎都具有這種特色。由其結合現代觀念、承認現代觀念的部分看，他是反傳統的、現代的；由其轉化現代觀念的部分看，則他又是超越現代的。在許多地方，可與西方許多反省現代社會文明的後現代思潮比觀。

這樣的人間佛教，才不會只是現代社會的依附者，而真正可以提供新時代省思的方向。星雲所開啟的這個模式，我覺得是人間佛教運動幾十年發展中最值得注意並予發揚的。後起者，殆有責焉。

注釋

①詳見印順《佛在人間》，正聞出版社，一九八八年，《人間佛教緒言》。關於太虛與印順在「人生佛教」、「人間佛教」方面的爭議和差別，另參江燦騰〈太虛大師的人間佛教思想探源〉、〈論印順法師與太虛大師對人間佛教詮釋各異的原因〉，兩文均收入《現代中國佛教思想論集》，台北：新文豐出版社，一九九〇年。但他未引用本文所舉的材料。

②支那內學院是反對人間佛教之說的。呂澄《人生學》一書，以儒學為世間學，而以解脫之學為出世間學，已明顯將佛教定位在出世性格上。

③星雲這個態度，頗近於太虛。但太虛仍不免要面對晚清以來唯識學復興以及回歸印度的問題，星雲則不甚觸及此類爭論。

④收入《教制教典與教學》，正聞出版社，一九八八年。

⑤文化大學中華學術院印度研究所碩士論文，一九八五年。

十三　佛教模式與企業管理

（一）新萌芽的關係

在資本主義工商社會中，企業已成為社會的基本組織。宗教若要在現代社會存活，謀求發展，即必須與此基本組織取得某種協商關係。這與過去宗教在鄉村農耕社會傳佈的型態完全不同，故宗教在社會中所能發揮的教化功能也迥異於從前。

現代社會中的護教者，不再只是傳統意義的善男信女，也包括企業主。故而現代宗教所能提供的社會教化，除了傳統意義的淨化人心外，更須觀察它在促進企業合理化方面，能扮演何種角色、擔負何種作用。

因此本文擬由佛教和企業管理結合的社會面來分析（亦即只討論佛法如何被運用於企管界，而非探討佛教界如何運用企管知識以發展、管理其教團），探討佛教在現代社會中的新教化模式，並約略指出未來能再予深化的道路。

佛教運用於企業管理，感覺上現在已經從「搭截題」的形式漸漸發展成為一股趨勢力量，在企業管理學界及業界都已具有不少探討與實例。但是，台灣的企業管理顧問公司訓練中心安排的課程，開設「禪與現代管理」之類的仍不多。換言之，企業界及業界是否已真正接納此一論題，並對此已有開發之成果，並不如想像中樂觀。①

而且，市面上迄今尚無任何一本佛教思想與企業管理的論著。楊國樞、曾仕強所編《中國人的管理觀》（**台北：桂冠出版公司，一九八八年**）及曾仕強自著之《中國管理哲學》（**台北：東大出版公司，一九八一年**）亦均無任何一篇談及佛教與企管思想之關係。香港法住學院於一九九二年舉辦《東亞文化與現代企管》研討會中涉及佛教者亦僅兩篇，遠遜於其他部分。可見學界對此論題尚乏興趣，也少有研究成果可說。

再以中央大學過去所辦的兩屆哲學與企業管理學術研討會來取樣觀察，可看到其中僅有一篇〈佛教認識和人間管理〉，作者為留日學者陳宗元。如以哲學界和企管學界均不熱衷參與該會議之情況來揣想，哲學和企業管理畢竟仍是雙方均感生疏之論題。佛教和企管之關係，討論者自然就更稀罕了。②兩者之關係，仍極鬆散。

（二）企業內部統整

在企業界內部，情況似乎好些，許多企業團體都成立了佛學社、禪修班，提倡以佛法來協助企業內部之統整，達成管理之功能。

例如美商保德信人壽喬遷新址時，總經理陳履潔即敦請靈泉寺惟覺老和尚替新辦公室舉行灑淨儀式；陳總經理的辦公室也佈置得猶如佛堂。該公司內部之禪修班，每週打坐、學禪，參與者亦不在少數。力霸百貨公司的副總經理王韻如，也在力霸公司辦公室裡設了小佛堂，供自己及員工禮拜。

其他如電信局，在一九八九年成立了學佛會。

一九九〇年中央信託局成立佛學社，以禪坐共修為主，並赴法鼓山等道場參訪。

長庚醫院於一九八六年成立佛學講座，一九八九年設立佛堂，念佛共修，且為病患助念。

台塑的學佛團體，名為「福慧社」，以佛學研習和禪坐研修為主；該公司另有「中道社」，以研討佛學理論為主。

中鋼公司的禪坐研究社，則常與中船「真諦社」、中油「禪坐合作社」舉辦佛學講座。

高雄煉油廠，有「光照念佛會」、「禪坐研究社」，常與佛光協會南部各分會所聯合舉辦各類講座及活動。

台電核一廠，一九九二年亦成立了「核一佛學社」。

台大醫院於一九八七年成立了「慈光社」，念佛共修，幫病患助念，協助醫療救助。

榮民總醫院，一九八八年成立「慧心社」，活動包括演講、參訪、義診、行腳、朝山、聯誼等。

這些公私企業或機關團體，都與佛教結了厚緣，佛教對企業人、對於組織之管理，必然發揮了極大功能，影響深遠。依據相關之報導與調查，當事人及企業體對這一點也都表達了正面的肯定態度，承認佛教在企業經營管理及人員心理調適上確實具有很高的價值。

但是，我們若仔細觀察這些機關團體中的佛教社團，便會發現：它們所從事的，只是一般性的宗教活動，基本上與企業生活無關，亦與企業經營無關。

猶如學生在學校裡參加課外社團活動，或公務員在機關中結社去打排球、唱戲、跳韻律舞那樣，固然有調適身心、舒緩工作壓力、聯結同事情誼、陶冶性情、排遣公餘之寂寞與無聊等功能，可是和企業本身的經營運作、業務內涵是無大關聯的。③

這些社團所辦之活動，多以佛學講座、念佛或參禪共修、朝山、參訪、親近法師大德、社會救助、臨終關懷等為內涵。這些活動，與基督徒之聚會、禮拜、做見證、聽講道理、社會救助、臨終關懷，無多差異，都是宗教活動。透過這些宗教行為，人們可獲得身心安頓、有歸屬感等效果。這些效果，用佛教的術語來講，即是法喜充滿、觀照念頭、無我、忍辱等。用基督教的術語說，則是喜樂、神與我們同在、感謝主等。

凡此精神性宗教修持功能，無疑可有效紓解現代社會水泥叢林中上班族之疏離感，讓人在工作之外更擁有心靈溝通之機會，形成親密的次級關係，使喪失意義的人生重新得到意義，在價值迷失的時代再次體會價值。

但是，這不是只有佛教才能提供之功能，甚至也不是宗教才能提供的作用，因為此類功用，實僅具有應用心理學之性質。運動或參加藝文活動等，其實也可以達到類似的作用。

而且，此類活動基本上乃是非社會化的。如禪坐、靜修，是強調個人內心的感受與體驗；

去朝山、參訪古剎道場，也是走向社會之外，以求得心靈之清涼安定；到貧戶、醫院中去做善事行功德，亦是默默然於社會僻角中發光。這與其企業事務恰好是背道而馳的。其功能，則在於對資本主義社會進行平衡與補充，以降低社會對人的宰制。

企業人在社會上活動，發展其企業，向社會賺取利潤，再藉由朝山參訪去佈施，或通過社會救濟，把所獲取的利潤舍施給社會。這整個活動，可以被解釋為符合佛經所說的「轉」，所謂轉法輪而不為法輪轉。例如《慧炬雜誌》第三一三期刊有《如何把佛法發揮於企業經營之探討》一文，主講者沈來禎即云：「作企業、辦工廠，或者辦公司，或者開店，無論哪一種，當然都希望有盈餘。對不對？簡單講，希望賺錢。各位不要怕，你們經營企業的，要儘量賺錢。問題是，有了錢，你怎麼去用？我這個『轉』字，它的意思就是說我們不要怕，而是要能夠轉錢，不要被錢所轉。如果被錢所轉，就是做了錢的奴隸。把你合法賺來的錢，儘量用來幫助別人。」

此說誠然可以鼓勵社會服務之風氣，消解企業家賺取金錢、累積財富之後所形成的心理壓力，讓企業家把賺得的錢再釋放一部分出來，協助佛教事業或其他文教、社會救助事務之發展。但其實所涉及的乃是企業的社會責任以及有錢人如何運用其所得的問題，並非用這個佛經上的道理去「發揮於企業經營」。企業家既不能以此「轉」之原理去賺取利潤；此一用錢觀，也未必只能以佛理來詮釋。

因此我們可以說，在一片「把佛法應用發揮於企業經營管理中」的呼聲裡，基本上只顯示了企業界人士為了紓解其工作及身分壓力、為調節其職業與心靈之間距、為增進其宗教信仰，而在公餘親近佛法、學習禪坐而已。只表示佛教在社會各界普遍流行，商人們信從佛教的也很多，卻不見得能由此得出企業界運用佛法經營管理其企業之結論。

這自然也不能便說佛法與企業之經營管理無關，唯其關係是間接的、曲成的。

管理學，是由如何有效管理機構內員工，使其增加效率開始的。後來始漸注意被管理者的心理因素，研究企業組織內部的合作動機，例如如何激發員工之價值感、認同感，促進工作環境之和諧等，成為企業學界探討之重點，人性化管理之口號，漸為眾所熟知。更後來，管理思想才從企業個體、內部，著眼於企業體與外界的關係，認為企業應採取「利潤分享」、「回饋社會」、從事公益活動等方法，來創造企業形象，塑立企業精神，博取員工的價值認同。④

管理學的階段式進展，和企業界人士大量參與佛教信仰活動之現象，配合起來看以後，我們便可察覺此類宗教行為適巧暗合企業管理之原則。

例如學佛者在心靈上因為有了依託安頓，就不易躁慮，待人處事亦較寬和，協調性高，合作性強，對工作也不會有太大的排斥感，當然就有助於組織內部的整合，工作效率和氣氛都會有效提升。同事間如果有了共同的信仰，也有共同的修持活動，自然情誼也較厚。一家佛教氣氛濃厚的公司，信徒在其間工作，價值感、認同感當亦顯著增進。經營企業者，倘若發現了這個現象，因勢利導之，為設佛堂、聘人協助指導念佛或打坐、鼓勵結社、支援活動經費，其員工自必感念，向心力自必增強。此即符合管理思想中對被管理者心理因素重視的原理，故亦不妨稱為以佛法進行人性化管理。

又如企業體若能將所賺得之盈餘回饋社會，從事佛教界所呼籲或舉辦之公益活動，當然也可替其塑立良好之形象，博取員工價值上的認同，祛除社會各界對其為富不仁之印象。這便符合了前述「轉」的精神，也不妨說是運用佛法以經營其企業。

此皆屬於曲而成之之例。這類事例也最普遍，是佛教與企業管理的第一種模式，可概稱為台塑模式。

（三）建構企業精神

有些企業體則自覺地以佛理來建構其企業精神、企業理念，如巨東建設綜合集團便是一例。據巨東建設綜合集團副董事長胡迪化表示，該企業不但認同佛光山星雲法師「人間佛教、建設人間淨土」之理念，更以六波羅蜜為企業之大目標：

因為六波羅密的修行是最具入世精神的菩薩。就這點與其他以利潤為經營理念的企業，是非常不同且特殊的。大約在十年前，巨東的目標也建立在利潤的追求上，經過一段時間的經營，產生一個很大的疑問：企業的成就是否只在利潤的追求？人生的目的又是什麼？一個完整的企業是否應有完整健全的文化理念？在這一連串問題的反覆思索與討論後，決定將六波羅密的佛法理念融入巨東今天特殊的企業文化，在企業中追求人生的最高層次意義。巨東是以佛法的理念，建立佛法的事業，以入世精神行菩薩道。

本此理念，巨東對其職工平時之在職進修、訓練課程，都把佛理融入其中。職員裡信仰佛教者，則每週六及每月初一、十五辦有法會。其員工也常在佛光書局開討論會，或參與執行佛光青少年夏令營之類活動。該公司之戶外活動多安排佛教式行為，如朝山、參訪、推廣素齋、放生等。以公司名義辦理的公益活動，有救濟颱風災害、贊助老兵返鄉探親、送書到蘭嶼、捐輸救濟大陸水患等。該公司並成立了巨東建設公益慈善基金會，由其舉辦「關懷青少年」等活動。

如此一來，巨東建設綜合集團便類似一個宗教團體了。事實上，它四百位員工中有半數是佛教徒，該公司本身也就是由佛光協會中正分會獨立出來的「巨東分會」。

巨東佛教企業團體所提倡的六波羅蜜，也正是陳大雄認為可發揮於企業經營的佛法之代表。他解釋六波羅蜜道：「為什麼要佈施呢？主要是對治一般人的吝嗇。持戒，就是守法，不作壞事。就積極意義來講，就是行善、做好事。忍辱，就是為大局著想，對治不好脾氣、嗔心。精進，就是很穩定、很長久地來實行自己的理想。禪定，就是對治散亂與胡思亂想。智慧，對治愚癡。能實行這六件事，就是實行了佛法、佛學。」⑤

此類解釋，顯然是世俗化、通俗化的說法。但一個企業公司，在經營其建築事業時，能佈施嗎？抑或佈施只能在企業已獲贏利時實行呢？依佛家原本之戒律，佛子手不可捉金錢，商人如何持戒？忍辱之「辱」，主要指外來之困挫，也不是就自己的嗔心脾氣而說。因此，一企業團體縱或使其本身變成一佛教居士團，六波羅蜜之度行，若不迂曲解釋，仍是很難與其企業運作合拍的。

然而，企業體確立其經營理念，作為它經營策略之執行方針，並以其理念作為員工認同之指標，卻又正是現下企業經營管理之一般方法。有的企業體以其創業主之思想為依歸，如日本松下企業強調松下幸之助的精神，以其理念為導引。有的企業體，由其員工幹部討論出該企業之理念共識，作為它經營策略之指導，如日本本田公司之理念，即是創新、國際觀、追求獨佔利潤（**利用獨有技術，開發獨佔產品，追求獨佔利潤**）、廠商經銷商顧客三位一體。有的則援用宗教，有巨東這類本諸佛教六波羅蜜之企業；有根據一貫道規擘其經營理念的長榮集團；也有以瑤池金母信仰為底據的肯尼士企業。

所謂理念，不只是一套經營之策略或技術，而是具有人生觀、倫理意涵的意識形態，用以統合企業內部，構成企業精神。而依佛法形成企業理念，且使其本身成為佛教團體的企業，即可能發展成一種理想一致、物質共用的宗教共同體，具有責任與利益共有的特性，道德團體、宗教團體、企業團體合而為一。

企業主持者，本此方向規劃其企業形態與經營策略，確實是符合企業經營及管理原理的。

（四）志業生涯規劃

與巨東模式相對的，是慈濟模式。

企業體無論如何宗教團化，畢竟比不上純宗教之團體。但一般宗教團體又很難視之為世俗性的企業體。唯慈濟功德會不然，這是個特例。因為慈濟功德會的組織，其實除了證嚴法師及其弟子具有出家之身分之外，與一般社會財團並無不同，該會亦不舉辦傳統性的佛教活動，如講經、拜懺、打七、坐禪、法會、朝山等。它是個沒有宗教活動的宗教團體，也不太與其他宗教團體來往。以董事會財團法人型態運作，在董事會底下設委員與會員，負責推動其四大志業。該會每月平均以十萬人的速度成長擴大，目前已達到台灣每五人中即有一人是慈濟會員的盛況。一九九三年所收得之善款，更是高達四十億。⑥

慈濟榮譽董（近千位）行列中的企業家們，分析慈濟，認為它的組織管理體系遠比一般財團鬆散，也無繁複的管理制度，但其成功，主要在於：

證嚴法師本人慈悲、無我、無私、奉獻的精神，感召世人。巧妙結合閒置人口（如家庭主婦），有效拓展會員規模。善於發揮捐款效益，帳冊清晰。

全體會員皆以身為慈濟人為榮，自發吸引會員。

排除宗教迷信，不燒香，不燒冥紙，不傳教，也不排斥異教。

證嚴法師自己則認為：「現在大家談企業管理，都以為建立制度、管理，事業才能成功。然而，秉佛陀『無緣大慈、同體大悲』的心念，認為人應該不需要別人來管，而別人也不要一直想管別人。而是應該發揮『自我管理』的心態。所以，最理想的管理，應該是以『愛』為出發點，領導者以身作則，以啟發、影響他人的良知及向心力，終而讓每個人都能自動自發，做好份內的工作，道便是慈濟成功的理念。」⑦

證嚴法師本人對「慈濟經驗」的描述，太過簡單了。因為慈濟會員之自動自發，與其採取類似「老鼠會」形式之多層次傳銷方法恐怕就有直接的關聯。其會計徵信制度，更是普獲社會讚美。故慈濟的成功，其制度設計，不可能無所貢獻。刻意貶抑制度及組織管理之價值作用，並不恰當。

此外，慈濟的成功，應該還可以從志業生涯的規劃與發展之角度來分析。

企業體中的員工，基本上工作價值與目標本來只是為了物質上的滿足，為生活而工作。但漸漸地，為生活而工作，可發展到為工作而工作，也會發展到工作只是生活的一部分。為生活而工作，是不得已的員工；為工作而工作，是敬業的員工；工作只是生活的一部分，則是心靈另有縈注的員工，志業與職業是可以分開的。

從台灣經濟發展史來看，上班族在一九五〇、一九六〇年代大多處在為生活而工作的階段，衣食不周、謀職不易，能獲一職位工作，於願便足，不遑他求。

一九七〇、一九八〇年代，大約可說是為工作而工作的階段，各企業均要求員工能敬業、勤守崗位，把工作做好，「樂在工作」。一九八〇年代中期以後，新的工作群體逐漸興起，工作價值觀產生變化，生活較前豐裕，休閒消費態度亦與從前不同。有的人會質疑如此辛勞於工作，使得生活單調乏味，是否值得；有些人會希望工作除了能滿足物質收入之外，更能達到「自我實現」之目的，不只是為人作嫁，成為老闆的賺錢工具。

為適應此一變遷，企業教育訓練學界乃引進人力資源發展及事業生涯發展的觀念，期使企業目標和個人自我成就結合。從個人的角度，依個人之性向與需求規劃其志業發展，將事業之精神價值融入個人志業取向中；也從組織的角度，因應身工的需求，瞭解業事管理之過程及困境，滿足員工的成就感，以提高組織之生產力。

在此企管觀念之帶動下，企業主管經常協助員工作生涯規劃，讓個人生涯計畫得藉組織機構來達成。⑧

但是，在企業體內部進行這類工作，無論如何努力，仍有其根本困難。為什麼？

任何組織都無法提供所有高層次職位給員工，所以只能儘量增強其心理滿足感，以減少職位升遷上之挫折。但事業性質與職位又有直接之關係，職位上若不能滿意，要員工對其事業管理與發展保持良好之期待與滿意，是不可能的。其次，任何企業組織，均有其組織特性及限制，不可能完全依個別員工之意願與性向需求來規劃。個人在群體中，組織之發展計畫勢必被優先考慮。因此，所謂員工個人之生涯規劃、志業發展，永遠只能在配合事業組織的情況下進行，個人不可能擁有真正的自主性。

企業也深知員工若真發展其人生涯計畫，追求自己的天空，很快他就會跑走了，或去更好的機構謀差使、或換個更能吻合其興趣志向的組織、或乾脆自己創業。因此，企業中協助員工進行生涯規劃，其實都是培養員工對組織認同的手段，企圖建立早期認同，使員工在成長和調適中建立利益，然後再確立自己，把企業的生存發展視為個人生涯成就的指標，以建立並發展個人主體為名，而行消融抹除了個別主體之實。⑨

相對於這些企業體，慈濟功德會就不同了。慈濟功德會之崛起、膨脹，恰好在一九八〇年代中期。尋求自我實現的社會工作群體，正為其已模糊成形的志業生涯規劃意識而發愁。機構內部嚴密的組織關係，既一時之間無法提供其滿足，初步醒覺的主體意識又仍模糊不夠具體。慈濟功德會鬆散的組織會員制、所揭示的四大志業，乃立刻滿足了大眾的需要。

會員們以慈濟之志業為志業，固然也與企業要求員工以企業之志業為志業一樣，實際上是建立在對群體的價值認同上，抹消了個別主體。但因慈濟本身並非企業，它不賺錢，只舍錢，故它強調會員「發心」參與。參與者是自願的，自覺地本於主體良知而來行善濟貧，所以並無主體被組織消攝之不快，反而覺得有心安理得的喜悅自在。

慈濟的組織體制鬆散，內部無職位可以攀升追求，成就取向也不表現在因職權而來的事業性質上，只感受於行善施惠之際。在為貧者憐、為死者哀、為生者苦、為傷者痛的熱淚盈眶中，沒有人會去追問慈濟四大志業的合理性，以及個人是否也要以慈濟之志業為志業、以證嚴法師之人生為人生。

因此這是把志業生涯規劃理論發揮得最淋漓盡致的團體，可視之為佛教與企業管理的另一模式。然而吊詭的是：此一佛教團體，雖以其偉大管理經營成就為世人所稱羨，其經營管理本身卻並未運用任何佛法佛理。唯一可以勉強附會之處，或許可說它是以「佈施」來經營。慈濟救助佈施給社會的越多越好，社會上捐助它就越踴躍，它的組織成長得也越快、事業越大。

（五）可期待的未來

對佛教與企業管理之關係，本文將之區分為企管學界和業界兩部分來探討。前者主要是理論上的探索，但仍乏實績可言，佛教思想如何與現代企管思想相結合、相印證或相詰難，恐怕目前還未達到對話以融合再生的境地，然因其中涉及之理論問題較為複雜，本文不及處理，只能略舉一二現象，說明其間之關係仍甚鬆散而已。關於企業界運用佛教佛法進行其管理者，本文則列舉了台塑、巨東、慈濟諸模式來作說明。在我的敘述中，對現今運用佛法於企業經營管理者，其實已有若干批評。但這是因為佛教界人士對於如何在新社會中開展新教化型態尚不熟悉之故。對於如何致力於使企業合理化，佛教界亦尚缺乏關注，假以時日，情況應當會好轉的。

注釋

①我所依據的是《現代管理月刊》所刊載之訓練課程資料。該刊所收錄之課程資料雖不完整，但頗有代表性，主要的企管機構，如中國生產力中心、中華企管中心、哈佛企管訓練中心、YWCA管理學苑、洪建全基金會文經學苑、捷士企管顧問有限公司、財鑫企管顧問有限公司、文舜管理研究中心等均被收錄。

②該次會議，每場的參與者都很少，論文見《管理與哲學研討會論文集二》，中央大學企管系所編印，一九九二年。

③企管學界也有許多人參與禪修打坐。例如在十方禪林每週一晚間便有許多管理界人士共同打坐，包括商業專科評鑑的企業組評鑑委員尹衍梁、中華民國管理科學學會秘書長林英峰等。但此類打坐，只是讓人「面對日益加劇的工作壓力與責任，致力於修身修性的工夫，才能有勇氣承受壓力、履行責任、達成任務」，「活絡全身筋脈，達到身體內部器官運動的效益」（見一九九〇年七月號《現代雜誌》報導）。此類功能，正與林英峰同時也進行的太極拳運動相同。

④另詳龔鵬程〈商戰歷史演義的社會思想史解析〉，中正大學主辦第二屆台灣經驗研討會論文，一九九三年十一月。

⑤《慧炬》雜誌第三一三期〈如何把佛法發揮於企業經營之探討〉。

⑥功德會，一般是由護持教團的功德主組成的；慈濟功德會，卻是以出家法師為核心之功德居士團體。出家法師們有個人小集團的宗教靜修生活，如早晚課等；但慈濟功德會本身並不傳教，也不辦宗教活動。

⑦見一九九〇年十月號《現代雜誌》，謝淑惠〈以誠以正，無私無我——企業家眼中的慈濟經驗〉。

⑧蕭武桐〈志業生涯的規劃與發展〉（《普門雜誌》一九九三年七月十一號），即可代表有佛教背景的學者對此種管理思想引入的態度。

⑨王慧君〈企業主管協助員工做生涯規劃〉（《管理雜誌》第一九五期）即曾提到：組織推行生涯計畫方案，乃是希望回收下列效益：（1）讓最高管理當局看得見員工的承諾證明及他們堅定投入的行動；（2）滿足員工個人的需要；（3）改善在職訓練的績效；（4）增進員工的忠誠度和動機；（5）更有效率發展各部門或區域性的人力資源運用等。此即可見企業推動生涯規劃與發展之理念，其主要目的所在。

十四　佛學義理與企業管理

（一）佛學的管理學比附

將佛學禪學運用於企業管理，或討論佛學禪學如何與企業管理學相結合，目前在台灣已有了一些初步研究成果。在企管業界、人力資源開發機構、佛教靜修團體以及一般社會文化講座中，此類論題亦已普遍流行。

一九九五年六月，華梵人文科技學院曾舉辦「第一屆禪與管理研討會」。可見此一議題，也正式進入校園，成為學術研究的內容。討論此類課題，有一基本模套。大體上是先介紹禪宗或佛教之歷史與主要精神，然後說明在現代企業中，可以如何運用佛教的論點和精神，來提高員工的士氣，激發他們對工作的熱愛、對團體的認同、對社會的關懷與責任感等等。企業團體所辦禪修靜坐班，則致力於減低員工之工作壓力，欲以佛法來協助企業內部之統整，達成管理的功能。

從論述結構上說，這只是「格義」式的類比，講講佛學、講講企業管理學，然後找到雙方可以比附或雷同類似之處，而說其足以相資而已。對於禪和企業管理兩個學門之基本精神及目的上的重大差異，暫時懸擱不論。

因此，除了在論理型式上打成兩截，難以相互融通以外，實質的討論，亦彷彿中國古代「學詩如參禪」的類比，而往往以類比為事實，描頭畫腳，勉強去說兩者在境界與功能上如何相同。忘記了參禪者旨在破法執與我執，悟本來無一物；企業管理則不論如何講企業責任、講員工共同成長，卻必然是不奪人也不奪境、既執有又本我的。在這個基本差異之上論兩者結合之道，從學術理據上說，便必須有更複雜更嚴密的討論，且不能使其強合。但至目前為止，非常遺憾，學界還沒有任何這類的研究。

從論述功能上看，這也不是佛學「影響」或「運用」在企管學上，而是企管學界及業界吸納、收編佛學。

管理學，初期重點在於如何有效管理機構內員工，使其增加效率；後來才逐漸注意被管理者的心理因素，研究企業內部的合作動機，例如如何激發員工的價值感、認同感，促進工作環境之和諧等，遂有「人性化管理」等口號。在這種管理學術發展及現實需要中，企管學界與業界採用禪學，鼓勵員工參禪打坐，自然能有效地提高員工的協調性，降低其心理壓力，安定其身心。

其次，整個企業管理學界，在日本崛起之後，針對日本企業的特殊型態，發現日本傳統文化在其企業內部佔有極重要之地位，禪學、儒學或兵學在其企業體中被充分運用吸收。是以因此而形成了「經典管理」的新趨向，亦即由經典及傳統文化中提煉出可供現代企業管理之用的部分，以強化企管功效。熱切結合佛學與企管學，正是此一趨向中之一支。

可見這乃是企管學界基於其本身之需要，選擇性地採用佛學，以滿足其目的，佛學禪學只有工具性的作用。

固然佛教亦可藉此得以擴大傳播，使本無意於參禪學佛或與參禪學佛毫無關係的商業界人士也能接近佛教，也能試著體驗打坐、參禪、靜修的生活。而且這些人士亦可能「久假不歸」，從原本只是工具性地運用禪學，逐漸在接觸體驗之後，對禪或佛教產生了真切的信仰與愛好，轉而成為教徒信眾及支持者。但專從禪學被企管學吸納、收編這個角度看，其論述功能畢竟仍偏於企管一面。

也只有如此理解，才能明白為何此類討論都未能對禪學與企管學的異質之處立論，也不擬由禪學發展出批判、質疑、顛覆、超越企業管理學術的理論。整個討論的基調，乃是企圖說明禪學有什麼地方合於企業管理的需要，什麼地方可以和企管學相通。是以企管學為基本模型，來檢驗禪學佛學之適用效度，觀察它能扮演何種角色、發揮什麼功能，來滿足企業管理的需求。由企管學界及業界的立場來說，如此處理佛學與企管之關係，實亦無可厚非。因為唯有如此，方能符應企業界的需求，也才能呼應企管學術的進展。可是，從更廣泛的學術角度看，情況就未必如此了。

例如從哲學的角度，我們為何不能質疑：以「三法印」為核心的佛教哲學，怎麼可以和商業貿易、利潤盈虧、事業組織相結合？結合的哲學基礎是什麼？「苦、集、滅、道」四聖諦，只能在什麼層次上講利生利他？把企業管理和禪學結合起來講，在哲學上有何意義？整體學術領域又甚為廣大，不是只有管理學一門而已，管理學界將禪結合於企管的做法，自然也應面對其他學門的質難，或容許由其他的角度來看問題。

從學術立場說是如此，從宗教立場上看更是如此。宗教固應利世，固然可以不離人間，但它與世俗學問不同，必須要能提供人類解脫的智慧，而不只是幫助人在現實世界中成功立業。超越性的追求，為宗教所不可或缺。而此類追求與智慧，既非企業管理所需，亦非該學門所有。故禪學佛學並不以其不能與企業管理結合應用便顯得無用。贊成、鼓勵、推動，甚或扭曲教義，來使之相合，恐怕更不是宗教界所應為。

（二）佛教的現代性依附

目前對佛學與企業管理學之關係的討論，所以令人失望，更在於它所顯露出來的現代性（modernity）問題。

在社會現代化之後，或者更準確地說，在社會中人都認為應該讓社會進行現代化轉型之後，時間已被切隔成兩段：傳統與現代。經過揚棄「傳統」的過程，使得社會步入現代，則稱為現代化。

在這種認識中，傳統是負面的屬性，代表應被揚棄或超越之物。傳統若要予以保留，則須證明或顯現它具有現代性，能與現代社會之體質、結構、價值標準相適應相結合，或能對現代社會產生積極的作用。

這種觀點或心態，本來就是現代社會的現代性特徵之一。現代的歷史觀，是斷裂的。人類站在新的轉變起點，與古代傳統既無感情上的依戀或聯繫，古代傳統對於已在世界整體改變後的人們來說亦無實質之作用。

而歷史不但是斷裂的，更是「發展」的。發展這個詞，出自生物學之類比，現已被廣泛採用於社會演化進程的描述與期待中。人類的歷史，被想像成不斷向前進步發展的歷程。因此，站在歷史新變之後，新階段起點上的現代人，其實也就是站在歷史進步發展的最高點上。站在這裡，回頭去看傳統，自然就會覺得那些都是過時、陳舊且較粗糙的東西，揚棄傳統之心，油然而生。

在這種現代感中，才會有「重新評判一切傳統的價值」、「傳統好的要保留，其糟粕要揚棄」一類話語不斷出現。以現代人的觀點、需要、價值標準來評估傳統的價值，已被視為理所當然之事。

可是，假若我們舉個例子：孔子的學說有沒有精華與糟粕呢？客觀上講，當然是有的。然而，依我們的人格成就、道德實踐、見識體悟，是否真足以判斷孔子所言之是非高下、審知其為精華或糟粕？這不就像個幼稚園小孩對著有學術成就的大學教授說「我要重新評價你的學說之價值」或「你學問之精華我可以接受，糟粕則須揚棄」一樣荒謬嗎？

但在現代的思維脈絡中，我們不會覺得說那些話是荒誕且無意義的，反而會嘉許他能擺脫傳統的束縛、突破傳統的限制。而且，我們也都會很自然地忘了我們的淺薄與固陋，把古人學說當成我們學生的作業一樣，對之毫不客氣、毫不羞赧地批改起分數來了。

這就是新歷史觀給予現代人的驕妄。相對於此，傳統若要存活下去，不遭揚棄，就必須努力說明它具有現代性。例如現代人說佛教是迷信、不科學，應該拋棄；佛教界便出版了一大堆書，說佛教如何如何科學，用些似通非通、一知半解之科學知識以及科學主義之態度，來維護佛教的尊嚴。

強調科學，只是現代社會的特徵之一。現代社會的另一個重要性質，就是資本主義的發展。由傳統到現代的轉換，一般都認為即是由農業封建社會到工業資本主義社會的演變。工業生產、資本積累、企業營運，以及資本家的操作，組織了社會的基本結構。在這個新的社會結構中，人際關係、社會分化原理、倫理態度、生活規律，無不隨之改變。原本躬耕於隴畝的農民，逐漸離開其家園，流入都市，參與勞動生產體系，依附在企業體之中。

與佛教必須論證其科學性，才能獲得它存活於現代社會的身分證一樣，許多傳統事物，也都得思考它與資本主義的結合情況。如不能證明它有助於或無害於資本主義社會之發展，它存活於現代社會的正當性及其價值，便常會遭到鄙夷。

早期儒學的命運就是如此。韋伯討論資本主義的興起，認為得力於基督新教倫理，而儒家或道教的倫理態度則無法達致此種效果。此說立刻被理解為：儒家文化是現代化的障礙，講儒家也無法開展出資本主義工業革命。後來，則轉過來，講儒家並不是現代化的絆腳石。由「東亞四小龍」及日本的經濟發展經驗來看，儒家思想縱使不能說有助於資本主義的經濟發展，也可以說無害於此。

佛學與企業管理之關係，我認為即是一種相類似的論述，只是它發生得比較晚罷了。

在「儒學與現代化」的討論之中，企圖為儒學仍能存續於現代社會辯護的，大體上可分成三種論式。一是說儒學的基本精神並不違反現代社會的性質（如民主、科學、自由、工業化等等）與發展；儒學所強調的倫理道德實踐，則仍是現代社會中所需要的。但這種辯護太弱勢了，儒學精神所被認為仍能作用於現代社會者，其實只是現代社會現代性的輔助或補充，最多只能成為現代化發展過程中的調節因素。

第二種論式，則企圖說明儒學對現代社會之現代性，具有增進及強化的積極功能。但因整個歷史觀已轉向傳統與現代的斷裂關係，故若說由傳統儒學可以直接增進或增強現代民主科學工業資本化，很難令人接受，乃轉而說儒學可以曲折地開出現代。也就是說，儒學不僅可作為社會現代化的調節原則，更可通過「良知的自我坎陷」之類辦法，曲折地開出現代。而此種開出，因為儒學提供了實踐理性的另一面，所以其現代性會比只講現代而忽略了超越的心性本源者更為健全。

第三種論式，態度最積極，認為儒學可以直接作用於現代社會，可有效增進強化其現代性。「儒家思想有助於經濟成長」的討論，即屬於這類。

第一種論式，著重點在於儒學的倫理道德價值；第二種論式，著重點在於討論儒學與民主科學之關係；第三種論式，則側重於經濟發展。它們都是有選擇性的進行儒學現代性的辯護。

佛教的情況，大抵亦是如此：或云佛教的人生修養論，有助於現代社會中人際關係或個人心理之調節；或云佛教不違背科學，而且「是科學」、「最科學」，「比現在之科學知識體系更科學」。

但佛教的現代性討論，亦僅止於此。跟儒家現代化之研究相比，佛學界對整個現代性之理解與體會頗為不足，也不知如何關聯現代社會的政治經濟問題來展開探索。因此很少針對民主、資本經濟和佛教的關係進行什麼研究，也沒有形成儒學「曲成」、「良知的自我坎陷」之類理論，來解決佛學與現代性在本質上有所衝突，而又必須溝通結合的問題。

近些年佛學與佛教界所熱衷展開的佛教與企業管理之研討，如華梵人文科技學院已舉辦的、南華管理學院擬辦之討論會，可視為佛教所進行的一種類似「儒家思想與經濟成長」的論述，都是將傳統附納入現代，以具有現代性或能強化現代社會性來說明其價值的做法。

（三）現代化及超越現代化

佛教在說明它具有現代性的論述上，缺乏成績，另一重要原因是因為它本身正在配合整個社會的現代化進程，進行著佛教體制的改革，所以不但正面承認了現代社會的現代性價值，更有著「不改革，不能現代化，佛教就要被時代淘汰」的危機感。因此，佛教在此一時期，最好的研究與表現，並不在替佛教傳統依然有存活於當代的價值作辯護，而在於「佛教應如何改革其傳統，以適應於現代」的方面。

從太虛大師的人生佛教、廟產改革，到星雲法師所開創的人間佛教，所進行的都是這個方面的活動。佛光山所建立的制度，有取於現代社會理性化科層體系；其佛學教育系統，則與現代西式教育接軌；其近乎企業經營與管理之手法，更是充滿現代性格；星雲退位，由佛光山宗務委員會推選繼任住持宗長，也具有了民主化的意涵。

在理論上，印順導師極力論證佛教不應出離人世，而應實現人間淨土，也同樣是對佛教傳統的改革。

然而，印老的研究固極博瞻，但只是佛教宗旨上的辯說，在教內看，甚具價值，但從我們非純佛教學者的角度看，則成就殊覺有限。因為他只是在教理上確認了佛教應該入世、應不離世間覺、應實現人間淨土而已。由於他對「世學」並無深究，故除了這一方向上的提示外，不能談任何具體之問題。究竟此人間淨土應為何種社會性質？宗教入世之後，世俗事務之處理，如何與佛教所追求之超越性解脫目標結合無礙？達致人間淨土之方法又如何？在人間政治、經濟、社會問題的處理上，佛教又應以何種態度為之，始能創立人間淨土？這等問題，印老均乏析論。

這些問題，若無深入之討論，則所謂佛教現代化改革，自然就會留下許多理論的空隙。近幾十年來，印老反對阿彌陀佛西方淨土極樂世界、佛光山人間佛教之立場，屢遭教內排斥攻擊。例如譏嘲佛光山太企業化、觀光化，或批評星雲是政治和尚等，固然代表了佛教「傳統保守勢力」之觀點，其實也是現代化工作者在理論上尚不圓融，致予人可乘之隙。

但從另一方面說，佛教現代化所取得的成就，又鼓舞了人們重新認識佛教傳統的價值與功能。

也就是說：最早，佛教被視為傳統、迷信、現代化的障礙。為了改善形象與地位，也為了生存下去，佛教乃必須進行現代化改革，增強其本身之現代性。等到現代化到某個程度之後，它與現代社會的結構越來越類似，關係也越來越緊密，才可能出現前文所述那些論述，說佛教對現代社會中人具有調節的作用或積極強化的功能。

唯屆此為止，佛教界還不曾想到：也應該或可以從負面價值的角度來看待現代以及現代性。討論佛教與企業管理的文章，都是爬梳文獻，企圖說明佛學禪理、靜坐澄心如何有益於調理當代人之身心，有助於企業管理。卻為什麼沒有人從佛教的觀點去批判資本主義社會中的不公平、不正義、不人道，質疑科學主義的世界觀人生觀，反對科層組織官僚化的企業體系以及追求經濟成長的迷思呢？

從佛教的發展歷程上說，由一個現代社會的反面物、邊緣物、非主流體系，經過幾十年的奮鬥、掙扎，現在好不容易才在現代社會中站穩了腳步，實在也是難能可貴的。適應新環境，使佛學能與現代社會結合，會成為它主要的用心所在，自亦不難理解。但如此一來，我們也會發現，佛教的主體性正在消失。現代性的準則，已逐漸成為判斷佛理高下之依據。

同時，佛教已從非主流體系，上升進入了主流體制，與現代都會之政治、經濟緊密結合起來。企業人，替代了傳統所謂「愚夫愚婦」，成為佛教的主要支持群體，佛教已與現代資本主義商業體系有了複雜的共生關係。這種結構性的關係，也使得佛教在討論現代性之問題時，傾向維護現行體制或避開對主流社會體制的反省批判之現象。

近年佛教界所參與的環保運動，即是這樣的典型事例。本來環保運動是屬於現代新反抗運動之一支，是對資本主義工業社會佔有自然資源、不斷開發、刺激消費、挑逗欲望的邏輯之反省。藉由自然環境保護、野生動物保育，來提倡一種新的人生觀社會觀，認為人無權支配自然，不應佔有資源，也反對開發，鼓勵節儉樸素之生活態度。在這種「生存／佔有」、「自然／開發」、「追求經濟成長／負擔生命責任」的對抗中，所有環保團體都會批判佔有資源、支配自然、強行開發、製造污染的工廠與資本家，會抗議政經勾結的不正義公共政策體系。唯有佛教不然。

佛教在現代社會中繼續其現代化，以結合社會議題、適應現代需要的方式來積極參與環保運動，但卻未正視到環保運動之反現代特質。以至於佛教的環保運動，竟吊詭地轉成了「心靈環保」，或要求「人人用心做環保」，不但把深具社會批判性的運動，變成了指向自我的修養工作，也使環保云云，窄化或弱化成為打掃清潔、維持環境衛生的事。這實在是令人啼笑皆非。

佛教界的主事者，不但不自知如此做法之荒謬，反而援引經典，謂「心淨則佛土淨」；指摘一般從事環保運動者只知從事政治社會改革，未能直指人心，所以仍未達究竟，只有從人心做起，才能真正達到環保的效果。

殊不知這類講法不但模糊了問題，更使環保運動變質了。本來可使資本主義工業社會運作邏輯產生改革的運動，變成在資本主義工業社會中的人應該好好靜心養性或做好環境整潔工作。造成環境污染、資源枯竭、自然變色的資本家與政府決策體系逃避了批判。他們的罪愆，要由被害者（**社會大眾**）來承擔。因為，根據此類高僧大德的講法，這個環境之所以不淨，是因為我們大家心靈不清淨所致。天下有這樣的道理嗎？

如此歪理，被冒稱為佛理，正足以顯示佛教界對現代性毫無批判反省之力，故連「環保」這樣反現代的議題，拿到手上，也會轉成現代的。環保尚且如此，討論佛教或禪學與企業管理之關係時，當然就更不能發展出超越現代的論述了。

（四）佛學義理對現代的意義

方今佛教與企業管理關係的典型論式，以一九八二年中央大學所辦管理學與哲學研討會上陳宗元〈佛教認識論和人間管理〉的話來說，大抵如下：

筆者在這裡特別提到日本的經營理念，是想引申佛教的「緣起無我，自他一體」的思想，應用到現代管理哲學裡，是否可行？由佛教「慈悲喜舍」的利他思想，在只講求企業利潤和市場佔有率的經營原則下，是否能有它一定的位置。

以經營管理學為框架，收攝、吸納佛學，以現代商業市場體制及原理來檢視佛教義理，使佛學能在現代企業思維中找到一席之地，可說是講得非常清楚了。

這樣的論說型式，我在前文說過，有兩方面的缺陷，一是在說明佛學具有現代性上，欠缺深度；二是無法突破現代之格局，展開超越現代的論述。

那麼，該怎麼辦呢？讓我分成兩部分來建議。

1.佛教思想與商業資本主義的關係，不是以搭截的方法，將佛理「應用」於企管之中，即能獲得理論之說明。在這方面，重新回到韋伯，恐怕仍然很有必要。

韋伯討論加爾文教派倫理態度與資本主義興起之關係，其實只是他整體「經濟與社會」研究中的一環；在其《宗教社會學》中，韋伯又分析了猶太教、伊斯蘭教、佛教、早期基督教對經濟的態度，以及它們和資本主義的關係。

韋伯認為：猶太人雖然是成功且著名的商人，廣泛從事放債、典當業、批發、零售、掮客、貨幣兌換、租稅承包等業務，但猶太人缺乏新且特殊的現代資本主義之經濟形式，沒有工業生產（gewerblicharbeit）的組織化及工廠形式的企業。其原因在於他們的社會賤民身分以及理性主義態度。經濟活動，對猶太人來說，是個與宗教無甚關係的領域。因此他們並不像清教徒那樣，可以通過經濟活動來展示其宗教特點，所以也就無法發展出資本主義來。

伊斯蘭教，韋伯認為它並非救贖宗教，故亦無禁欲苦行之要求，只是以政治的特點來決定其宗教慣例。例如以戰爭掠奪和政治勢力來自然增加財富，禁止收高利貸，要交戰爭稅等。所以它的經濟倫理規範也是純封建性的，不可能發展出資本主義。

基督教，韋伯認為它是救贖宗教，但是獲得救贖最關鍵處，在於對俗世事務必須完全冷漠。要從世俗的家庭、財富之中解放出來，才能進入上帝的國。其無法開展出資本主義，亦不待言。

佛教呢？韋伯說佛教表現了一種厭世的倫理，「沒有什麼途徑可以把這種唯一的，真正始終如一的遁世主義，引入任何經濟倫理，或任何社會倫理」。

故依韋伯之見，唯有基督新教「入世禁欲」的方式，以通過致力於個人的俗世職業來尋求救贖的宗教動機，才能開出現代資本主義。

現在，佛學研究者說：佛教其實不是厭世遁世的，佛陀之本懷，是要人不離世間覺的。那麼，很好，請問：「這種『不離世間覺』的態度，與基督新教相同嗎？也是『入世禁欲』否？如不是，其倫理態度為何可以開出資本主義，或在現代資本主義社會中可以起著配合、促進、應用之功能？」

在儒學方面，進行這樣性質的研究，可以余英時《中國近世宗教倫理與商人精神》為代表。余先生認為明清商人曾從中國儒道佛三教中吸收了一些質素來發展其倫理態度，其誠、儉、勤均有近於新教倫理之處。固然此一時期之商人仍處在傳統時代，尚未能開創資本主現代社會，但類似人世苦行之倫理發生於中國歷史上宗教也正由「出世型」轉向「人世型」之際，卻值得玩味。

余先生所說的人世型的宗教，主要指禪宗和全真教。但依余先生所言，明清商人精神與禪宗全真教之關係，其實仍然極為迂遠。余先生是這樣推論的：

（1）禪宗與全真教，相較於早期佛教道教，都可說具有入世苦行的性質；宋代新儒家，相較於古代，亦然。

（2）新儒家，正是受啟發於禪宗，且更能入世的。

（3）明清商人倫理與儒學有密切之關係。這樣的推論，問題重重，且甚難直接說明禪宗與商人精神究竟有何關聯。但它畢竟為一「韋伯式的」（Webeian）研究。佛教界則根本還沒有人做過這樣的研究。

沒有真正討論過佛教倫理與商業活動、資本主義發展、商人精神之關係，要講佛理如何應用於企業，若不割裂、搭截與比附，如何講起？

2.事實上，要進行韋伯式的研究，佛教界仍須做大量的工作，方能明確說明佛學具有現代性。如果教界覺得工程實在艱巨，且效果難以預期，則我願推薦超越現代化的另一條思路。容我在此介紹蘇馬赫（E. F. Sohumacher）《美麗小世界》（Smalls Beautiful）的說法。

作者認為，現代西方所謂發達國家，其實充滿了弊病：專業化，大型化生產，導致經濟效率降低、環境污染、資源枯竭，人則成了機器的僕人。反省這些弊病，他乃提出「佛教經濟學」來相對照。

就像現代人的生活方式有其現代經濟學一樣，佛教的生活方式也可以有佛教經濟學。它們的不同可以從六個角度加以描述：

（1）勞動觀。現代經濟學基本上視勞動為一災難。雇主最希望的，是不用雇工即獲得產量；雇工則希望不必工作即能獲得收入。因此工廠採用自動化或勞動分工，來減少勞工支出而增加生產；工人則把工資看成是犧牲舒適與閒暇的補償。佛教徒與此相反，認為人格即在勞動中形成，不但人能在勞動中發展其才能，且能與他人合作而克服自私心理，勞動之生產更可提供生活所需之物品與勞務。

（2）商品觀。佛教的勞動觀，使其重視勞動與人性及才能發展之關係。現代經濟學則重視商品甚於人。為了增產商品，不但可能役使童工、女工，肆其剝削，亦將進行自動化及勞動分工，使工人從事零碎切割，且無益於知識、技術、人格成長之工作。

（3）利益觀。現代經濟學是商品利潤觀，獲取之利潤越大，表示經濟越成功。佛教則關心解脫，得到舒適的生命、身心安恬，被認為是最大的福利。

（4）消費觀。現代經濟學，按每年之消費量來衡量生活水準，消費量越高，生活境況就表示越好。故所謂經濟發展，就是通過最佳的生產方式來儘量擴大消費。佛教不然，認為我們應通過最少之消費方式，去獲得最大的滿足。

（5）生活觀。佛教認為若能以較低的消費獲得高度滿足，生活就不會感受有壓力；資源若能適度使用，也不會像大量依賴資源的人們那樣容易敵視。換言之，簡樸的生活，較能避免生存的競爭、衝突與暴力。

（6）資源觀。現代經濟學往往強調國際貿易，並以國家運輸系統運輸的每人每噸／公里數作為經濟發展的指標。佛教徒則認為用本地資源滿足本地需求，是最經濟的方式；依靠遠方進口，或為輸出給遙遠的人而生產，並不經濟。對自然資源的使用，佛教徒之觀點也與現代經濟學不同。

總之，依蘇馬赫看，當前所推行的現代化，對廣大群眾而言，結局甚為悲慘：農村經濟崩潰，城鄉失業趨勢上升，城市中身心都得不到培育的最下層階級人數擴大。因此，他選擇了「現代發展」與「傳統停滯」之間，被他稱為「中道」的佛教經濟學。對他而言，只有中道，才能獲得正命（**正確的生活方式**）。

此所謂「中道」，其實正是一條超越現代的思考之路。佛教之能貢獻於當今或未來社會者，或許不在於它能如何適應現代、在現代企業經營原則中占一席之地、可應用其理論於現代企管事業中、可調節現代人之身心壓力以增進勞動生產、可改善企業內部之人際關係等，而在於它與現代企業經濟原則的矛盾衝突之處。越能把這些與現代社會異質之處找出來，就越能建立更合理的企業管理學。

十五　佛教的非營利事業管理及其拓展性

（一）兩種管理學

1. 企業與非營利事業

在星雲法師的傳記《傳燈》中，作者符芝瑛描述了許多人對佛光山教團「企業化經營」的譏評，同時也表達了包括她自己在內的一種肯定與讚美態度，她說：

財務來源方面，佛光山出家、在家眾共數千人，還要辦教育、做慈善、興寺院，自然背負龐大財務壓力，必須有一些自主性財源，以維持基本生存，因此開辦了佛教文物流通處、雜誌社、出版社、幼稚園、中學等。許多人對佛光山這種「多角化經營」不以為然，批評他們「做生意」。多年來，不少傳播媒體報導佛光山，常形容它車水馬龍、不夠清靜；或販賣汽水、紀念品牟利；甚至說朝山會館有冷氣、地毯；出家人還乘汽車、打電話。結論是佛光山「世俗化」「商業化」；星雲則為「企業和尚」……

不可否認的，佛光山一無國家做後盾；二無財團當靠山，能開創這樣局面，經營上確有過人之處，包括開源及節流，均值得一般企業參考學習。對於佛教界來說，佛光山建立了一個傳統與現代互濟，下紮深根、上有無窮潛能的僧團典範，意義非比尋常。對公民營企業決策管理者而言，如果星雲是他們的競爭對手，不少自命高杆的MBA也要小心應付了。

以上這兩段引文，分別表現了兩種態度。前者對佛教團體「企業化」充滿了疑慮與敵意，後者則甚為讚賞，認為佛教團體已能充分進行企業管理，甚且已成為企管學界值得參考借鏡的模範。

這樣迥然異趣的評論，在我們社會上頗不罕見。但是它們都弄錯了。佛教團體企業化的例子很多，報章媒體指摘批評甚烈，可是其中有些卻是非營利事業管理。兩者性質不同，不能混為一談。因此，以企業化來指責某些教團，是不公道的，指鹿為馬，謬以千里。相反地，以擅長企業經營管理來讚美這些佛教界的高僧及其教團，也同樣不恰當。因為它們都未必是運用企業管理的知識與能力，而可能是進行著非營利事業管理。

2. 在企業管理之外

形成這樣的混淆，原因在於台灣社會上對經營管理學的錯誤印象，一談到管理，總想到企業。而事實上企業管理也確實是管理學界最先發展起來的學科，後來各種管理分項學科，例如媒體經營管理、財務管理、資訊管理、人事管理等等，大抵也都是以企業管理學為其基礎或模型來建構的。這種情形也不單是台灣如此，全世界皆然。管理學界向以企業管理為其主要研究對象與範圍，對非營利部門不甚注意。早期對此類事業之性質亦不瞭解，故或稱為「志願部門」（voluntary sector），或稱為「第三部門」（thirdsector），或稱為「獨立部門」（independent sector），或稱為「慈善部門」（charitable sector）。至一九七六年美國耶魯大學才正式成立第一個非營利組織的研究團體。一九八七年，該校出版《非營利部門研究手冊》。同年美國全美公共事務與行政聯盟（National Association of Schools of Public Affairs and Amdministraion）開始鼓勵其會員開設有關非營利組織之課程。一九九〇年《非營利管理與領導》（Nonprofit Management and Leadership）季刊正式發行，才逐漸在管理學研究領域中奠定了此類研究的正當性與必要性。

3. 難以界定的門類

但「非營利事業」這個概念及定義仍然有許多爭論。因為「營利事業」與「非營利事業」這樣的區分，類似邏輯上的「A」與「非A」。其關係猶如「大象」和大象之外所有的「非大象」。大象很容易理解，非大象則包羅萬象，難以確指其為何物。

目前一般是指在「企業」與「政府」兩大部門之外，包括衛生醫療團體、教育團體、社會與法律服務團體、公民與社會團體、藝術與文化團體、宗教團體、基金會等各種組織，通稱為非營利事業。政府代表社會上的公共部門，運作權力；企業代表社會的私人部門，運作經濟；非營利事業則號稱第三部門，雖私而公，進行公共服務（public service），以成就社會公益。三者之間，構成「權、錢、義」的關聯。

這樣區分，應該很清楚了，但實質不然。例如，由法律上說，公法人包括國家、地方自治團體、農田水利會等；私法人，包括社團與財團。社團是人的集合，財團是錢的集合。社團中有營利者，如公司、銀行；有公共服務者，如政黨；有與營不營利無關，僅具有人之聚合意義者，如同鄉會、同學會之類。財團則屬於公益性團體。因此若依法律界定，財團法人性質之基金會全都是非營利事業，但實際上並非如此。

因為有些基金會，根本就是政府的延伸，代表政府運作公權力，如海基會代表台灣當局與大陸談判，處理各種涉及公權力之事務，「國家文藝基金會」代替文建會審理各種藝文活動補助案之類，因此並非基金會都屬於非營利事業。至於某些基金會成為某些企業逃稅、節稅、分攤財產的一種形式，助其聚斂，更談不上是非營利事業了。

基金會如此，醫院、學校這些團體也是如此。醫院與醫生長期被視為高營利所得機構及職業，許多學校被批評為「學店」，都說明了營利事業與非營利事業之分，往往甚難由其法律規定或形式面上判定。管理學界一般均認為「為營利而設立，但無法賺取利潤的組織」、「非正式地由一群人所治理的組織，雖然這些人聚在一起，可能是為了某些公益，卻無法取得法定的地位」以及「IRS表明為非營利，卻沒有服務公眾的目標（如商會、勞工聯盟、俱樂部）」這樣範疇的組織均不屬於非營利事業，也是基於同樣的理由。

4.非營利事業的判準

換言之，營利事業與非營利事業真正的區分，恐怕還是在它的目的上。營利事業以營運獲利為目標，非營利事業則是為了公共服務，創造公共利益。這樣界定非營利事業是不得已的。本來在古代，一些公共服務機構或組織，定位都甚為明確，寺廟、社倉、義學、義塾、社邑，沒有人會把它們當做營利事業。但近代資本主義的發展，卻促使社會全面市場化了。宗教寺廟、傳播媒體、醫院、學校，乃至從前因寺廟為提供急難救助而成立的「質庫」，發展成了現代的銀行、金融借貸業，都可能成為一種企業。因此，我們不能說醫院、寺廟、學校、基金會等即是非營利事業，只能由它是否意在營利來看。不以營利為目的之學校、醫院、寺院是非營利事業；否則即是營利的學校、醫院、基金會。

同樣的，非營利事業也可能採用銷售手段，也可能甚具做生意的手腕方法，或也從事投資計畫。營利事業則也可能運用公益服務來增加其利潤。因此，行為手段亦不足以作為分判營利組織與非營利事業之依據。

例如山葉機車成立了一個「山葉崇學基金會」，推廣交通安全知識。一九九七年起，也曾委託研究騎機車戴安全帽之問題，其成果不但出版圖書，也上了ＢＢＳ，又出版錄影帶。這對社會公益顯然頗有幫助，值得鼓勵。但這仍與其營利事業有關，屬於間接創造利潤之方式。故該基金會實質上便屬於企業體之一部分，不宜視之為非營利事業。

又如早先中信發行「蓮花卡」時，是由消費者刷卡之後，公司在所獲利潤中提撥若干捐為公益費用，屬於企業體對公益事務的贊助。其後花旗銀行推出的「行善卡」，則由消費者在帳單上直接捐助，形成「你消費、你公益，而他賺錢」的結果。工商時報所編《企業情報站》一書將此類事例都列入「企業謀略篇」。可見手段固然是公益，此一事件本身以及整個公司畢竟仍是營利性的。

所以說，營利事業與非營利事業，區分的判準不在組織與方法上，而在其目標上。

（二）非營利事業管理

不瞭解管理學的人，可能會覺得用「目的」來分判營利事業與非營利事業太過抽象，或有動機論之嫌疑。但事實上，在管理學中，事業目的乃是事業體第一個該明確的範疇。整個事業的存在意義、組織型態、經營方法、社會責任，都隨此而定。故目的不同，所有的經營管理之方式也均不同。

以辦學來說。我國之大學，公立者仰賴國家撥款，屬於「政府」的一部份，因此頗乏成本效益之觀念；私立大學雖名為財團法人，但倚仗學生學雜費太深，又遭為社會指摘為「學店」。可謂左右為難。近年，企業經營管理之觀念逐漸在大學中紮根了，各界競以投資報酬率的角度來思考教育問題。私校中人往往覺得學校越來越像個企業，是要講究利潤的。公立大學也逐漸轉型，校長、院長、系主任，正從學者的角色蛻變為對外爭取經費、講究行銷的經營者（manager）。而學生則不少人自居為出錢購買知識的消費者，視學校為販售知識的商店，把老師當成店員。以至於學校中愈不能創造利潤的科系就愈不重要。學校視其教職員，亦漸如雇主對待其部屬。學生則抱著「出錢即是大爺」的心態，不但不受教，還自認為是教師們的「衣食父母」，時時流露出一副要維護其消費者權益的姿態。

可是，學校傳統上就一直是非營利事業，依現代法律，它亦是一法人團體，以提供公眾教育服務為宗旨，因此它事實上並非企業。對學校的管理，也不應采企業管理模式，而應採用非營利事業管理。目的不在獲取利潤，而在於服務社會，創造公共利益。我所辦的佛光大學，即採用此種管理模式。

非營利事業管理有何特點呢？

非營利事業（non-profit sector）的人員，與政府或企業最大不同之處，是它的志願工作者極多。即使是學校中的教職員，雖亦收取薪資，但其工作動機主要並不在那份薪水，而是參與教育工作的使命與抱負，故仍具有志願工的性質。對此種人員及組織之管理，當然與政府或企業不同，而其財務管理亦必迥異。非營利事業之經費，並不適用「使用者付費」的原則，要求受益者負擔，它通常一部分來自政府，另一大部分則仰賴募款，是由社會出錢、非營利組織出力，共同創造公共利益、協助應被協助的人。紅十字會、各基金會、各救援協助團體，莫不如此，學校亦然。

學生在學校中，就像醫院中的病人，心智上仍甚孱弱，須待醫療救治或予以調理養護。所以他們不是花錢來買知識、買文憑的消費者，乃是來此就診待醫之患者、待學校賑贍其知識饑荒者。對於社會上熱心捐輸米糧與醫療救濟的善士，自應心存感激，對於學校提供課程，以栽成陶育，亦當銘謝。

佛光大學認為：順著這樣的脈絡，方能重新調整校園內部的倫理關係以及運作邏輯，使學校和企業體區隔開來，恢復其講貫道義、揖讓習禮之氣氛。中國古代書院，提供膏火，以供來學者肆業於其間，即是此義。所謂「佛渡有緣人」，只要有心求道，有緣進入學校，即應不計一切地協助他、度化他。

教育之道，豈能斤斤計較收多少錢或賺了賠了呢？

佛光大學也認為資本主義社會所奉行的「使用者付費」觀念，在教育上並不適用。目前私立大學文法學院學生，每學期收費不能超過三萬七千元，公立大學學生則只需交萬餘元。可是培養一位大學生，每年的花費卻遠超過此數。以佛光大學為例，去年只招收八十人，一年僅收入六百萬。但該校籌辦至今，已支出十數億。未來數年，幾乎每年也都還要再投入數十億。倘依使用者付費之原則，豈非每位學生每年都須交一千萬以上的學費？因此，若要使學校能依學雜費收入來維持營運，除非擴大招收學生人數，否則，學生的學雜費用在整個學校經費中所占比例甚微，幾乎完全不起作用。但若那樣做，豈不成了名符其實的「學店」嗎？教育品質如何保障？

何況，依據研究，仍有不少家境清寒的優秀青年無法負擔大學學費，目前就讀私立大學的學生，家庭狀況及社會階層又較公立學校學生差。以辦企業追求利潤的觀點來從事教育，自有其盲點，運用非營利事業經營之方式，或許更能符合教育的意義。

這樣的對比，應當足以說明營利事業和非營利事業在經營管理上的差異，也能凸顯佛光山教團在非營利事業管理上的貢獻。

（三）向非營利事業學習

1. 企業倫理的議題

像佛光大學這樣的大學，過去幾十年不可能出現，即或出現，也無法被認同並獲得支持。因此，由這種大學的出現，便可說明非營利事業之蓬勃，以及人間佛教業已漸趨成熟。

非營利事業在現代社會中數量愈來愈多，類別愈來愈複雜，也是世界性的趨勢。在美國，單是基金會，就有三萬二千個以上，教團則超過三十五萬個。台灣僅僅「慈濟功德會」一個團體，就有志工數百萬人。據「財團法人社會大學文教基金會」之調查，全台灣願參與義務工作之人口，超過五百萬人，並已另行成立「中華民國義工總會」。可見志願服務及非營利事業之發展，均已愈來愈蓬勃。

非營利團體大量出現、宗教團體承擔了眾多社會公益服務事務，可以從社會面進行許多討論，由管理之角度分析，也饒富意趣。

據統計，一八九六年至一九八二年，日本前一百大企業，只剩下「王子製紙」、「鐘紡」兩家還在，其他都早已煙消雲滅。在企業界中，這種「眼看他起高樓，眼看他樓塌了」的情況可說甚為尋常。企業不能久長，追逐利潤者，終究如逐日之夸父，是要倒在追逐的路途上的。

這些衰敗的企業，難道都是不善於運用企業管理知識嗎？不然，在企業鼎盛之際，它們何嘗不被視為經營之神或企業管理的典範？眼前的例子，包括以《反敗為勝》刮起企管學界一陣旋風的艾科卡，寫下《教訓》傳授企管業者經營心得的王安電腦創辦人王安，其企業都已失敗了。曾經暢銷一時的《教訓》，事實上給了企管界極大的教訓，讓企管界不敢再誇耀其經營管理技能與知識，知道一個企業之所以成功或失敗，除了本身的企管能力之外，整個社會環境、外部的因素更為重要。全球經濟景氣狀況、政府政策、產業環境、社會支援度都是影響企業成敗的要因。

其次，企業以追求利潤為目標。既然如此，只要能獲得更大的利潤，什麼都能做嗎？非法營運、輸送不當利益，擴張事業外利益（例如發展政商關係），已成為現今企業界普遍的現象。這樣逐利不已，難道不會損及自己嗎？這種疑惑或體悟，也已在企管學界中逐漸形成。

在企業內部，老闆追求利潤，員工同樣也追求屬於自己的利益，上下交征利，是否一定能創造事業體之大利？抑或會形成彼此利益的矛盾與衝突，導致企業分裂或瓦解？把這些疑問加起來，就是企業倫理問題在企管界越來越獲重視的原因。大家發現賺錢可能並非企業唯一的價值與目的。

一九八七年，美國哈佛大學商學院獲得兩千三百萬美元的捐贈，指定用在企業倫理課程與研究的領域上。故由資深副院長派博教授（ThomasR. Piper）延攬了相關教師加入「決策及倫理價值」（Decision Making & Ethical Values, 簡稱D-EV）小組，並且實際著手創設此類的課程。

D-EV這個課程具有六個教學目標：一者，它討論現代企業責任的廣度、實際運作時的限制與權衡角度；二者，它強調如何在個人與組織效率的前提下，尋找出倫理價值的中心點；三者，它說明了忽視倫理後影響各方面的危險；四者，它提倡融合倫理價值來做企業決策的積極態度；五者，它著重衡量經濟與非經濟因素的企業策略與實施方案；六者，它鼓勵尊重法律並了解其限制。

該課程之目的，在於確認倫理及企業責任必須是專業性的管理學院的教育重心。而且認為每個讀企業管理的學生，都必須在自己所選擇的事業中注入興奮刺激的感覺，而這種感覺則源自於對員工、消費者、供應商與社區的責任、挑戰與機會。同時，它更規定每位學生在取得**MBA**學位之前，必須做滿三十小時的義工工作。

這個例子，可以具體說明企管學界追求改革、重視企業倫理之努力，而其改革，恰好與非營利事業有關。例如強調企業經營在營利之外，尚應尋找倫理價值，認為從事企業經營管理者必須有興奮感，且應擔任義工，由義工工作中學習成長，都是由非營利事業中取得的滋養。

因為非營利事業以公益服務為宗旨，所提供的正是「價值產品」，如文化、藝術、知識、宗教，而非「商品」。所以它不但本身在社會上的倫理價值十分明確，也向社會提供價值內容與方向。從業人員擔任此種工作，利潤報酬或許不高，但卻能充分獲得價值感，具有自我實現及成就社會價值之雙重意義。這些都是營利事業所難以達到的。企業管理若想轉型或提升，當然須借鑒於此。

符芝瑛在討論一般企業應向佛光山學習時，主要是就決策管理、開源節流等方面說，其實在有關企業倫理的問題上，企業得益於非營利事業者恐怕更多，也更是目前企業學界正熱衷探討的課題。徐木蘭在《共創企業淨土》（**天下文化出版公司，一九九四年**）中談到：

愈是先進的國家，非營利組織的數目與規模愈是迅速增加，受雇的人數也跟著水漲船高。以美國為例，三分之二的成年人至少隸屬於一個志願性的社團，而四分之一的成年人為非營利組織工作，支領薪水。面對這種社會結構的變化，傳統的管理學院雖未正式推出「非營利組織管理」的相關課程，但是透過「企業倫理」這門課在美國各大管理學院的興起，非營利組織的管理問題也已逐漸受到重視。另外，從實務的角度觀察，發現有不少營利組織，為了強化公司的社會形象與開拓管理者的視野，紛紛鼓勵專業經理人抽空投入非營利組織的管理工作。譬如，以卓越管理著稱的IBM公司，要求或鼓勵中階層經理人員，每週一天帶薪前往非營利組織內，進駐診斷與協助解決它的問題。（《重視非營利組織管理》）

講的就是這個現象。但這個現象中有些值得再予深論的問題，例如：為何「越先進的國家，非營利組織的數目與規模越多」？企業界因重視企業倫理而重視非營利事業，又鼓勵其員工投入非營利事業以開拓視野，為何遲遲在學院中尚不願正式推出非營利事業管理課程？又為何明明是要向非營利組織學習，而卻又只派人「進駐診斷並協助處理問題」？這些問題，都值得我們再思考。

2.企業管理的延伸

現代資本主義社會，乃是在累積資本、擴大開發、追求成本效益的原理中發展起來的。因此企業並不只是社會中之一部分，而是這整個社會的基本性質。前文說過，資本主義已使社會全面市場化，就是這個意思。

但這樣的社會越發展就越呈現其病態，成就固然非凡，毛病也著實不少。非營利組織，就扮演著對這社會進行調節、改善、批判的角色。它們不屬於「錢」和「權」兩大部門，代表社會的良知，追求公義，而非利益。因此它們向來是資本主義社會中非主流的部分，憐孤恤弱、濟貧贍愚、提倡文化價值、揭揚藝術美感、弘揚宗教理想，發揮其社會力，以匡政府及企業之不逮。

這樣的角色和地位，在發展中國家，向來不受重視。因為此類國家正以擴大開發、躋身於資本主義工商國家為急務，必須等社會逐漸成熟，漸漸具有反省能力以後，才會發現非營利組織的價值與需要。近年來，投身於非營利事業中的工作人員越來越多，就是這個道理。

企管學界，本來即是用以鞏固資本主義工商體制的一組配備，它所發展的價值觀和管理技術，都是呼應或強化資本主義發展的。要它回過頭來反省批判資本主義工商體制，實在是十分困難，因為那很可能會質疑並顛覆它本身所賴以建構的一些基本觀念。但在整體社會發展中，非營利事業既已如此蓬勃，企管學界自亦不能不予面對。因此它面對的方式主要有二：一是如前文所說，由企業倫理問題的討論，涉入非營利事業管理，在這裡獲取兩種管理學的交集。二是試圖運用企業管理學，來處理非營利事業的管理實務，如徐木蘭所介紹的：進駐非營利組織內診斷與協助解決它的問題。

一九九二年，台北市國際青商會與台大管理學院首度規劃了「變遷中台灣社團之發展與管理研討會」，提出了下列六個主題公開討論：

（1）社團專業經理人的培養及其管理挑戰。
（2）國內文教基金會的績效評估研究。
（3）從法律的觀點探討其對社團發展的影響。
（4）非營利組織稅負問題之研究。
（5）社團的行銷管理。
（6）社團組織在台灣的發展及其對社會的影響。

其後台灣教育部、內政部也分別委託洪健全文教基金會等機構賡續辦理相關研討。大抵仍不脫前述二種模式，以嘗試運用企業管理知識及技術在非營利組織之中為主，以社會責任、倫理課題為輔，但尚未真能反省到自身的不足，向非營利事業學習，故亦未能建立專業課程甚或科系。

（四）自主的非營利管理學

佛光大學南華管理學院在一九九五年即已規劃完成國內第一個「非營利事業管理學系及研究所」，擺脫了前述以企管為本位的態度，認為：

近年來，台灣民間意識蓬勃，非營利團體大量出現，充分承擔了社會服務性的角色。但因缺乏相關管理知識之研究與導引，往往無法有效發揮其力量。少數夙具聲譽之團體，大抵亦僅憑其經驗法則來發展；而其寶貴之實務經驗，則又未能予以歸納、研究、整理、傳續、拓展，至為可惜。時至今日，因非營利事業發展越來越快，相關研究不僅愈顯重要，更對企業管理提供了不少回饋，例如管理學大師彼得杜拉克（Peter F. Drucker）即曾呼籲企業界應向非營利部門學習；非營利事業，也應運用各種管理方法，來有效達成組織任務。

亦即以非營利事業為主體，發展其管理學，而非以企業管理技能延伸運用於非營利組織中而已。依此規劃的發展方向與課程架構為：

甲、發展方向

一、非營利事業管理學系及研究所培養之人才，應包括下列三類：

（1）培養能實際投入非營利事業管理工作之實務人才，使其成為具有專業素養之工作群體（非營利部門目前大多仰賴義工、臨時工或兼職工，雖具高度熱情及參與感，但欠缺專業之管理知識，以致成效不彰，功能未盡發揮）。

（2）培養嫻熟非營利部門之事務，足以擔任各種非營利組織諮詢顧問的人才，以協助其發展，或配合開設訓練課程及規劃活動。

（3）培養針對各種非營利事業之性質、組織、發展策略、與外在環境互動、資源交換等各項問題具有實證調查及理論思考能力之研究者，以建立並發展我國非營利事業組織管理之學術規模。

二、本校非營利事業管理學系，以培養第一類人才為主，第二類人才為輔。研究所以培養第三類人才為主，第二類人才為輔。

三、非營利事業與「企業」及「政府組織」之管理，各有異同，透過比較研究，頗有助於深入瞭解三者之特性及其關係。故本系將以「比較管理」為發展路向。

四、企業領域中，多國籍企業或跨國公司之興起與影響，允為六〇年代以來之大事。同樣地，非營利組織之國際化，亦為當前之重要趨勢，例如紅十字會、救世軍、女童軍、扶輪社、同濟會、獅子會、青年會、各宗教教會、國際救援組織等，均組織龐大，活力驚人，且各涉及種種複雜之政治、經濟、社會、文化問題。在企管領域已逐漸展開國際企業經營管理研究之際，本系除研究國內非營利事業外，亦擬以國際非營利事業之發展與互動為觀察重點，並透過「比較管理」之方法，分析各國的非營利事業管理模式，比較各國對國際性非營利事業發展之策略。

乙、課程架構

一、相關基礎知識政治學（2.2）

經濟學（2.2）

社會學（2.2）

統計學（2.2）
廣告學（2.2）
應用心理學（2.2）
應用倫理學（2.2）組織社會學（2.2）社會福利（2）
社會政策（2）社會工作（2）國際組織（2.2）

二、管理理論與方法

組織理論與管理（2.2）
管理哲學（2.2）
系統理論（2.2）
決策分析（2.2）
資訊系統（2.2）
商事租稅法（2.2）

三、非營利事業分析

非營利事業組織概論（2.2）
非營利事業與企業比較管理學（3.3）
我國非營利事業發展策略個案分析（3.3）

各國非營利事業發展比較分析（3.3）
非營利事業的合作與競爭（2.2）

四、實務與運用

人力資源管理（2.2）財務管理與作業（2.2）國際行銷管理（2.2）
行銷管理與績效分析（2.2）
管理會計學（2）
市場管理（2.2）
非營利事業模擬（2.2）
經營策略與規劃（2.2）
工作方案設計與實習（3.3）

這是台灣地區首度進行的非營利事業管理教學及研究機構規劃，當然還不完善，但對台灣管理學界來說，卻具有先導作用。目前佛光大學南華管理學院已以此計畫向台灣教育部申請成立，且已招生。佛光山在美國洛杉磯的西來大學則已正式於一九九七年起招收非營利事業管理研究所碩士班。中山大學等許多學校也相繼著手規劃非營利事業管理學系，可見這個由我在佛光大學所提倡的新方向已獲得管理學界的認同，未來應該是頗有可為的。

（五）結語

我曾在前文談到佛教學者討論實現「人間淨土」問題時的局限性，以印順導師為例說：

在理論上，印順導師極力論證佛教不應出離人世，而應實現人間淨土，對佛教之現代化影響深遠。然而，印老的研究，固極博瞻，但只是佛教宗旨上的辯說，在教內看，甚具價值。但從我們非純佛教學者的角度看，則成就殊覺有限。因為他只是在教理上確認了佛教應該入世、應不離世間覺、應實現人間淨土而已。由於他對「世學」並無深究，故除了這一方向上的提示外，不能談任何具體之問題。究竟此人間淨土應為何種社會性質？宗教入世之後，世俗事務之處理，如何與佛教所追求之超越性解脫目標結合無礙？達致人間淨土之方法又如何？在人間政治、經濟、社會問題的處理上，佛教又應以何種態度為之，始能創立人間淨土？這等問題，印老均乏析論。（《佛學義理與企業管理》，收入《人文與管理》，佛光大學，一九九六年）印老的局限，其實也就是近年來佛教界討論這個問題的局限。大家對於「人間佛教」這個方向大都是贊同的。對創建「人間淨土」之理想也深表期許。但講來講去，都是空說。不是將「世諦」和「聖諦」勉強比附一番，就是在宗旨、理想、精神、方向上繼續闡述。提倡人間佛教，對這個人間究竟能產生什麼邊緣性救濟功能之外的作用，實在少人探究。

因此，本文換個方式，從管理學的角度來討論兩個問題：佛教團體，在現代社會中作為一種非營利組織，其所能擔負之角色及功能為何？佛教教團在進行其非營利事業管理時，具體之成就與貢獻又何在？

在解說後面這個問題時，本文一方面借著區分營利與非營利兩種事業及其管理方式，來消解社會上對佛教團體進行「企業經營」的爭論，確定非營利組織管理的性質；另一方面則就企業經營管理學遭受到非營利事業挑戰的狀況，來觀察佛教團體對非營利事業的經營方法與成果，如何帶動整體管理學的拓展。

用以解說問題的例子，當然選擇了佛光山教團。主觀上的原因，是由於我較熟悉這個教團。而這也是客觀上的理由，因為討論管理問題，非有深入其中之瞭解不可，目前只有這個教團提供給我這種機會。同時，由客觀意義上看，佛光山既是目前佛教界最大的僧伽團體，其經營事業型態也最多，因此，它引起之相關爭論亦最激烈。例如佛教是否已世俗化？其經營是否為企業化？企業化經營是否能創建人間淨土？佛教團體推行人間佛教，其教團是否即應採用企業管理？這類典型問題，都發生在佛光山這個案例中。

依本文的看法，宗教團體在當代受資本主義之影響，事實上大體已世俗化、市場化、資本化。不要說那些借機斂財的「不肖」佛教團體及人士了，佛教團體要推展活動時，就應該會發現它已不能用「寺廟」來進行了。寺廟社團法人化，歸給了世俗的信徒與管理委員會。故佛教推展活動，往往須另行成立基金會。而基金會即是將教團財團化的型態。因此世俗化與資本化，是現代社會由體質上對佛教團體的改造，在這個大格局大環境中，很少佛教團體可以擺脫出來。

但業已資本化的佛教團體，仍然可以有些非追求資本累積的作為，而這些作為又可對資本主義社會產生調節、批判，甚或導引的作用。這就是本文所說的非營利事業經營管理。過去佛教團體在這方面已有了很好的表現，現在更藉其所創辦的學校來推動這種管理學術及模式。套用徐木蘭教授《共創企業淨土》那本書的書名，則我們也可以說：唯有擴大發展的此種非營利事業管理的學術與模式，影響企業及企業管理學界更重視企業倫理之問題，企業與非營利事業共同合作，人間淨土才能早日達成。

襲鵬程學・思・俠・遊特輯

三教論衡之 佛學新解

作者：龔鵬程
發行人：陳曉林
出版所：風雲時代出版股份有限公司
地址：10576台北市民生東路五段178號7樓之3
電話：(02) 2756-0949
傳真：(02) 2765-3799
執行主編：劉宇青　校閱：陳廖安
美術設計：吳宗潔
行銷企劃：林安莉
業務總監：張瑋鳳

初版日期：2023年3月
版權授權：龔鵬程
ISBN：978-626-7025-76-5

風雲書網：http://www.eastbooks.com.tw
官方部落格：http://eastbooks.pixnet.net/blog
Facebook：http://www.facebook.com/h7560949
E-mail：h7560949@ms15.hinet.net
劃撥帳號：12043291
戶名：風雲時代出版股份有限公司

風雲發行所：33373桃園市龜山區公西村2鄰復興街304巷96號
電話：(03) 318-1378
傳真：(03) 318-1378
法律顧問：永然法律事務所 李永然律師
　　　　　北辰著作權事務所 蕭雄淋律師

行政院新聞局局版台業字第3595號 營利事業統一編號22759935

定價：600元

國家圖書館出版品預行編目資料

龔鵬程學.思.俠.遊特輯. 3, 佛學新解 / 龔鵬程著. --
臺北市：風雲時代出版股份有限公司, 2022.02

ISBN 978-626-7025-76-5 (平裝)

1CST: 佛教

220　　　　111000837